千古人物

王曾瑜宋史人物传记

岳飞新传

尽忠报国

王曾瑜 ◎ 著

中国书籍出版社
China Book Press

寄题汤阴县岳飞纪念馆

汤阴战骨殉神州,

古国升沉八百秋。

遥想背嵬腾血马,

犹听父老哭牵牛。

山河兴废多雄鬼,

冠盖炎凉少义丘。

激烈壮怀终不泯,

大江后浪逐前流。

——王曾瑜

岳飞像，本书描写的岳飞形象即据此图。

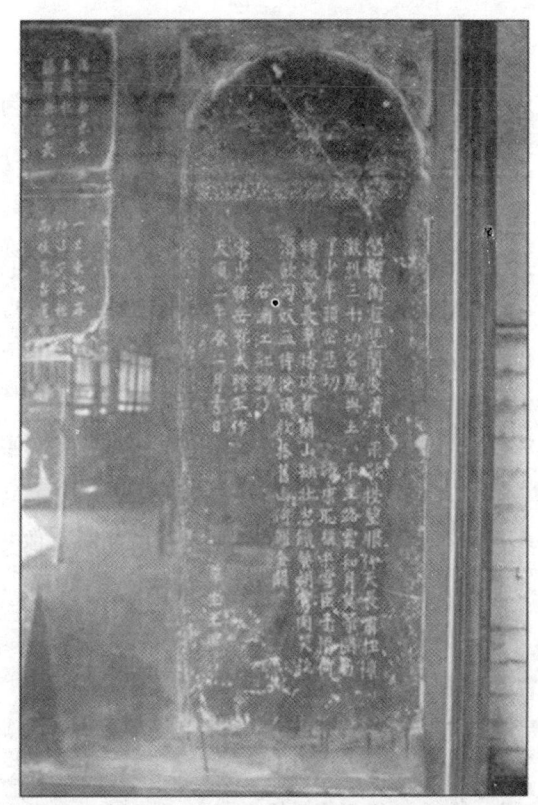

汤阴岳飞庙《满江红》词碑（词碑尾句作"朝金阙"，与流行的"朝天阙"一句稍异。）

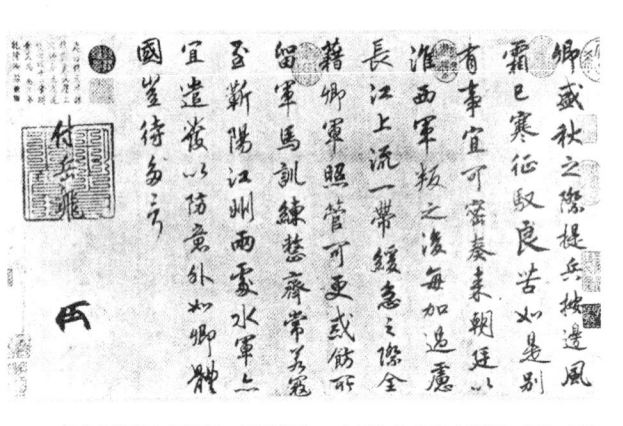

宋高宗绍兴七年赐岳飞手诏真迹，"🐦"为宋高宗御押，押为当时流行的签名符号。

岳飞墨迹 "通判学士阁下：飞已至洪井累日，只俟营寨了，便如长沙矣。此有所需，示及。飞再拜。""平虏亭记甚佳，可勒志石，但过情之誉为多，岂疎拙所宜当。悚仄！悚仄！飞再拜。"

此墨迹采自上海图书馆藏《凤墅帖》续帖卷4，徐森玉先生认为"岳飞的笔迹是道地的苏东坡体"，可与岳珂之说互相印证，"就能断定像'还我河山'之类的墨迹是不可靠了"。

第二版自序

860年来，岳飞一直是中国家喻户晓的历史伟人和民族英雄，他的崇高爱国气节受到中国人世世代代的尊敬和纪念，并且激励和教育着世世代代的中国人。岳飞是中华民族的骄傲，而他的悲剧至今仍然深深震撼着整个民族的心灵。人们不会去苛求他具有反对专制主义的超前意识，而他却是专制腐败政治的牺牲品。

历史伟人之所以成为伟人，在于他光明磊落的立身行事足以经受得住反面的揭发，在于他的崇高情操足以感召世人，他的丰功伟绩足以使人敬仰。岳飞生命的最后阶段，尽管蒙受奇冤和大辱，宋高宗、秦桧之流深文周纳，对他竭尽诋诬之能事。然而自宋至今，岳飞经受了反面的揭发，证明他确是一个当之无愧的伟人。

由于《说岳全传》、戏曲等影响，中国人对于岳飞的知识，大多得自虚构的故事，与史实出入极大。例如到底是否有岳母刺字？岳飞背上刺字是"尽忠报国"还是"精忠报国"？岳飞遇难的大理寺狱是否有风波亭？等等。"精忠"两字，其实出自杀害岳飞的元凶宋高宗的赐旗，他赐了"精忠"旗，却又无情地杀害了一个被他誉为"精忠"的将帅。时至今日，如果硬要违背史实，把杀人元凶的"精忠"两字，强加在岳飞的背上，就非常不妥了。

笔者有志于写一部完全依据史实的、详细的岳飞传记，力求雅俗共赏。1983年，此书由上海人民出版社出版，取名《岳飞新传》。此后发现，该书与李唐先生所撰的《岳飞新传》重名。故此次改写，就把"尽忠报国"列为书名，一以显示与李唐一书的区别，二以澄清史实，与宋高宗的"精忠"旗划清界线。

这次对十多年前的原《岳飞新传》的改写，大致有三个方面的缘由。

第一，原上海人民出版社的责任编辑，未经作者同意，就对传记原稿作了大量的修改和删略，被删除者有史实，有论述，更有大量注释。他的修改不能说没有得当之处，但在大多数场合，却降低了原稿的质量，并且增添了原稿未有的错误。待我见到此书的校样，大体已是生米煮成熟饭，为免除铅字排版条件下通版的困难，只能勉力作些修补，无法对校样大作改动，自己为此耗费了不少本可避免的精力和口舌。长期以来，笔者一直引以为憾，希望有一个据原稿重新改写和另版的机遇。事实上，在此次参对原稿进行改写时，仍发现在已版书中，尚有编辑所加，而笔者在读校样时未能搜剔净尽的史实错误。

第二，近年来，岳飞研究有一些新的进展和成果，其中既包括一些专家学者的，也包括本人的，可以对岳飞的传记作一些必要的补充和修订。笔者在1989年发表了作为将岳飞史料进行系统整理和考订的《鄂国金佗稡编、续编校注》，目今改写完的传记与1989年版的《鄂国金佗稡编、续编校注》相比，在若干问题上也有所深入和提高。

第三，在1983年版的《岳飞新传》中，有若干应由本人负责的缺陷。如从歌颂所谓农民起义的观点出发，承认岳飞平定吉、虔州之叛乱和杨么叛军，是他的过错。对岳飞的某些事迹介绍，也失之于略，甚至没有引起重视。例如已故的爱国学者刘子健先生对我提出："岳飞不是儒将，却是重儒之将。"此说是很中肯的，要了解和介绍岳飞，无论如何不能不研究中国传统儒家思想对岳飞的影响。笔者以往对此命题并不重视，因而在描绘岳飞真实形象时必然有所欠缺。此外，已版书中也有若干史实错误，需要订正。某些女真人名沿用金朝的习俗，有名而无姓，也应予补姓。此类缺陷在此次改写时，有了一个全面补正的机会。

此次改写和增补的岳飞传记，对原书的章节作了调整，新增第十一章"正己治军"，将原书"对岳飞的历史评价"改为附录一，新增了附录四"岳飞的部将和幕僚"，这对人们了解岳飞，并非是可有可无的。

我在"文革"后期开始撰写岳飞传记时，约为三十五岁，当时恶劣的社会政治环境，使自己感世伤时，真有一种古今祸难相通之感。如今转瞬间已是六十花甲之年，而那种古今一揆的感觉不仅没有淡漠，反而更加浓烈。我痛感中华民族过于多灾多难，数千年间，供奉在专制主义祭坛上的牺牲过于惨重。时值今日，中国改革开放取得多方面的显著成效，但社会积弊甚多，仅以此作，以为对祖国和中华民族的菲薄贡品，希望对祖国和民族的未来，起一点微小的助力。愿岳飞的崇高品格和伟大的爱国主义精神，激励我们中华民族的后代子孙，为着祖国的民主、进步、统一和富强，进行新的远征。

王曾瑜
1999年10月

第三版说明

增订本对本书作了数十处的修改,主要是以史料增补史实,也订正个别错误。衷心感谢责任编辑王书华先生的帮助和辛苦劳动。希望增订本成为我有生之年尽可能完善的定稿。

王曾瑜

2007 年 1 月 30 日

第四版自序

人们早已指出，写古代史其实也是写当代史，对当代社会和历史的各种看法，必然延伸到古史中。就我个人而言，《岳飞新传——尽忠报国》和《宋高宗传——荒淫无道》两部历史传记，在自己的史学作品中，有其特殊性，即有一定的文学色彩。两书的主题，一是歌颂李纲、宗泽、岳飞等人的爱国正气，二是批判宋高宗和秦桧酷烈的专制主义与卑劣的投降主义。在尊重客观史实的基础上，不可能不融入个人主观的对是非善恶的褒贬与爱憎。

两书确实激起了一些读者的共鸣。有三位先生，是看了拙作之后，与我交上朋友。一是李凌先生，他是我的大学长，当年是西南联大的地下党负责人，抗战胜利后，又转入北京大学史学系，曾任《人民空军》杂志政治组长。二是蒙古族那楚格先生。三是已故的杂文家牧惠先生，当时，他还专门在香港《大公报》2001年6月25日发表了一篇《"臣构"秀》，认为此书是"很有学术水平又有现实意义的好书"。另有章华、沈冬梅和王春瑜先生也写了书评。[①]记得王天顺教授对我说，过去对宋高宗还没有太多的恶感，看了我的书，才知道此人是"坏透了"。

但两部传记却也不可能激起所有读者的共鸣。且不说过去，最近就有两篇文章同我提出商榷。[②]我看了一下，认为如果认真读一下我的两份传记，其

[①] 参见《宋史研究通讯》1999年第1期章华先生《直笔书信史 奋意挞腐恶》，《中华读书报》2000年3月8日沈冬梅先生《历史遮蔽下的宋高宗》，《文汇读书周报》1999年9月4日王春瑜先生《笑区区、一桧亦何能》。

[②] 朱瑞熙先生《关于宋高宗的评价问题》，李裕民先生《南宋是中兴？还是卖国——南宋史新解》，载《南宋史及南宋都城临安研究》，人民出版社，2009年。奇怪的是我曾一再说，不能将《鄂国金佗稡编》的"稡"误作"粹"，"稡"在此处尚可与"萃"字通用，"粹"与"稡"二字不能通用，亦不宜随便改动古书名，见《致徐规先生的学术通信》，载《丝毫编》，河北大学出版社，2009年。但李先生的注中仍作"金佗粹编"。

实早已作了答覆，完全无须再浪费时间，逐一答辩。耐人寻味者，倒是《宋史研究通讯》2008年第2期的李辉先生《"中国南宋史国际学术研讨会暨南宋定都临安（杭州）870周年纪念会"综述》报道。其中说，文章"针对长期流行的'南宋小朝廷'这样的说法作了商榷，他认为南宋朝廷一直是在为实现中兴而奋斗"，云云。但正式出文集时，此段文字没有了，而其意犹存。是否李辉先生作了歪曲性的报道呢？我并不清楚。如果要使用"一直"，当然应是包括宋高宗和秦桧在内的，但如今正式发表的文章并无片言只语提及秦桧。至于对所谓南宋小朝廷之说提出争议，我利用电脑软件查了一下，史书上的"小朝廷"一般是作为褒义词的，可能唯一的例外是胡铨。"小朝廷"作为贬义词，是胡铨提出的，他上奏说："臣有赴东海而死耳，宁能处小朝廷求活耶！"[①] 他的意思是，既然企求屈辱苟安于半壁江山，就不配叫朝廷，只能叫小朝廷。另有陈刚中赠胡铨的书启中也沿用此说："谁能屈大丈夫之志，宁忍为小朝廷之谋。"[②] 看来只能找胡铨算账了，谁教他发明这个贬义词呢？

在此且不说设镇抚使只是昙花一现之类，也不说如杀害陈东、欧阳澈和岳飞，罢黜李纲，压制宗泽，举办文字狱等等，算不算是"一步一个脚印的""中兴"之"圣政"，[③] 光是突出绍兴和议，作为"中兴局面正式形成"，作为"中兴大业，它是有重大意义的"，确实较以前的某些评论更为拔高，只是不提大名鼎鼎的秦桧而已。绍兴和议能与宋高宗和秦桧剥离吗？难道不是他们的主要"圣政"之一？人们不妨将此文与下引邓广铭师的话对照，彼此是否持截然相反的立场和评论呢？

另一说提出宋高宗"功过参半"论，甚至还不忍用一个"罪"字。且不说他杀害陈东、欧阳澈和岳飞，举办文字狱等，当赵构当康王时，史料上"侍婢多死者"一句，即使从人道主义出发，又蕴含了多少无辜女子的血泪，算

---

① 《挥麈后录》卷10。胡铨此文，名震一时，各书记载其多，又见《三朝北盟会编》，以后简称《会编》，卷186，《建炎以来系年要录》，以后简称《要录》，卷123绍兴八年十一月丁未，《宋史》卷374《胡铨传》，《历代名臣奏议》卷348，《胡澹庵先生文集》卷7《戊午上高宗封事》等都有此语。
② 《鹤林玉露》甲编卷3《幸不幸》。
③ "圣政"一词，借用《皇宋中兴两朝圣政》的书名。

不算罪？前参知政事李光老而病，根本不可能对其降金政治构成任何威胁，可是在秦桧死后，实行宽大为怀的所谓更化之政时，仍是不予宽贷，坚持流放，使之到死也不能与亲人团聚，又何其狠毒！光是他在宫中白昼宣淫，听说金军行将杀奔扬州，吓得"遂病痿腐"，从此丧失生育能力，算不算荒淫？

应当说明，我决不想否认南宋在经济、教科文、军事等方面的成就。但必须与绍兴和议挂钩，似乎是托庇于绍兴和议的馀荫，就是十足的荒唐。宋理宗时灭金后，曾作出收复河南三京之地的努力，此后与蒙古的关系，也无论如何不像宋高宗对金那么卑屈。横扫欧亚大陆的蒙古军，唯有在进攻南宋时，遭受到最顽强的抵抗。这在某种意义上不正是纠正宋高宗的降金政策吗？

人们对历史上的人和事的不同评价，其实还是源于现实不同的生活态度和道路。任何史家治史，处理史料，不可能不受本人史观，或有人称之为意识形态的指导。例如谴责投降主义是一种史观，而力图肯定投降主义当然也是一种史观。

邓广铭先生在《陈龙川传》中，也对宋高宗使用"小朝廷"一词，并写上几段话，"翻开南宋的历史，呈现在我们眼前的，是一幅屈辱到令人气短的画图。""当群情失掉了常态，相率而走入放僻邪侈的路径之后，善恶是非的标准便也都随之而颠倒错乱。这时候，最狡狯和最少廉耻的，将最有用武之地，占取社会上一切的荣华富贵，受到全社会的奉承与喝彩；一个特立独行，操心危、虑患深的人，也便成了注定要遭殃的人。所以在这本传记中，将只看到对于天才人的迫害，对于正义感的摧残，使一个最清醒热烈的人，却因其清醒和热烈而受到最残忍最冷酷的侮弄和惩罚，困顿蹭蹬以至于死。""一个战时首都竟有'销金锅儿'之号。然而与这些金银一同被销掉的，却还有一种最需要培值、最值得珍爱的同仇敌忾的民气"。[①]其强烈的爱国义愤，溢于言表。即使六十多年之后，读来仍能体会到他当年感时伤世之激愤情怀，全身沸腾的热血。漆侠先生撰文，批判宋朝从守内虚外到斥地与敌，特别强调这是发挥邓先生之意。但邓先生又说："然而我绝对不曾忘记这里所需要的一份冷静和客观，我绝不滥用我的同情，致使其对于事实真象有所蒙蔽。

[①] 《邓广铭全集》第2卷第555页，557—558页，587页，河北教育出版社，2005年。

我只是努力把搜集到的一些资料，施以融铸贯串之力，藉以表现陈氏（亮）的活泼明朗的全部人格。"[①] 他的感情融入了历史，但又不滥用感情，首先还是注重历史的真实性。但在另一方面，也唯有其感情融入了历史，也方得以深刻体会和揭示历史与现实的真谛。如果说是"情绪化"的话，我的两部传记也是遵循老师的治史之道。

其实，我在《荒淫无道宋高宗》自序中也说："中国传统史学既强调奋笔直书，又强调褒善贬恶，即主观与客观融合，是不错的。作为人物传记，作者如果不是在尊重史实的基础上，既有褒善的仁心，又有贬恶的狠心，只怕很难有成功之作。若对历史上的罪恶一概采取平恕的态度，麻木不仁，似并不足取。事实上，面对各个时代横暴和腐败的专制统治，治史者的良心必然受到震撼，渴望着用自己的史笔去鞭笞罪恶。"也就是此意，如果认为此类是"老式"的史笔，就老式吧。新旧本来就与好坏不能等同，新不等于全好，旧不等于全坏，让广大读者各自去鉴别。

中华民族的正气和美德犹如潜伏地下的滚烫岩浆，关键时候，一定会爆发出来，并且决定着我们民族的长远走向。尽管进步的道路漫长而曲折，但没有理由对我们民族的前途持悲观态度。小而言之，我对自己的两部传记得到更多读者的共鸣，也抱有十足信心。对李纲、宗泽、岳飞和宋高宗、秦桧的是非善恶，尽管不可避免地存在歪理邪说，广大群众是会分辨清楚的。因为历史与现实本来就是一体，企图贬低李纲、宗泽和岳飞，而尽其最大可能肯定宋高宗与秦桧，广大民众肯定是通不过的。

王曾瑜

写于2010年5月4日五四运动纪念日和北京大学校庆日

[①] 《邓广铭全集》第2卷第558页。

目录 | Contents

第一章 佃农投军 /1
 第一节 从出生到成婚 /2
 第二节 韩府佃客 /5
 第三节 两次投军 /6

第二章 尽忠报国 /11
 第一节 金军大举攻宋 /12
 第二节 河东抗金 /14
 第三节 中原浩劫 /15
 第四节 背刺「尽忠报国」 /18
 第五节 从军元帅府 /19
 第六节 初隶宗泽 转战曹州 /21
 第七节 康王称帝 岳飞忧虑朝政 /23

第三章 屡折不挠 /25
 第一节 越职上书 /26
 第二节 张所知遇 /27
 第三节 苦战太行 /30
 第四节 北方民众抗金斗争风起云涌 /31
 两河形势图 /33

· 1 ·

第五节 再隶宗泽 /35
第六节 开封外围战 /36
第七节 宗泽之死 /38
第八节 进驻西京 /39
第九节 击破王善 /41
第十节 撤离开封 /43

第四章 建康风云 /47
第一节 初败李成 /48
第二节 马家渡之战 /49
第三节 南下广德军 /52
第四节 进驻宜兴县 /54
第五节 江南军民抗击入侵者 /55
第六节 驰援常州 /57
第七节 克复建康府 /58
第八节 献俘越州 /62
第九节 降服戚方 /63
第十节 题词张渚镇 /64
江南形势图 /61

第五章 苦战淮东 /65
第一节 就任通、泰州镇抚使 /66
第二节 楚州之围 /67
第三节 苦战承州城下 /69
第四节 退守江阴军 /72
第五节 张荣复淮东 /75
淮东形势图 /70

第六章 江湖转战 /77
第一节 建炎中至绍兴初的宋金对峙形势 /78
第二节 除内寇与连结河朔之谋 /83
第三节 再破李成 /85
第四节 招降张用 /88
第五节 屯驻洪州 /89
第六节 讨伐曹成 /91
第七节 吉、虔州平叛 /98
第八节 临安朝见 /104
岳家军进击曹成军路线图 /95
江西形势图 /102

第七章 克复襄汉 /109

第一节 襄汉失守 /110

第二节 上奏请缨 /111

第三节 岳家军第一次北伐路线图 /116

第四节 措置襄汉防务 /118

第五节 壮怀激烈 /121

第六节 初援淮西 /126

第八章 洗兵湖湘 /131

第一节 钟相叛乱 /132

第二节 杨么再起 /134

第三节 钟相、杨么叛乱地区图 /135

第四节 王璪惨败 /137

第五节 岳飞改变策略 /139

第六节 杨么军的瓦解 /141

第七节 对失败者的处置 /146

第九章 长驱伊洛 /149

第一节 岳家军兵力和编制的扩充 /150

第二节 连结太行义士 /156

第三节 目疾和母丧 /157

第四节 张浚改变部署 /160

第五节 第二次北伐 /161

岳家军第二、第三次北伐路线图 /165

第十章 进军蔡州 /167

第一节 再援淮西 /168

第二节 金齐进犯江汉 /171

第三节 第三次北伐 /172

第四节 储粮蓄锐 /175

第十一章 正己治军 /181

第一节 严以律己 /182

第二节 仁严兼济 治军风范 /187

第十二章 淮西兵变 /193

第一节 淮西军易将 /194

第二节 岳飞辞职 淮西兵变 /199

第三节 建议立储 /205

第十三章 反对和议 /209

第一节 宋金酝酿和议 /210

第二节 面折廷争 /213
第三节 群情激愤 /216
第四节 矢志燕云 /219
第五节 祭扫八陵 /220
第六节 北方抗金义军重新活跃 /223

第十四章 挺进中原 /227

第一节 金军毁约南侵 /228
第二节 宋军抗击 /230
第三节 违诏出师 /232
第四节 第四次北伐 /235
岳家军第四次北伐路线图 /238
第五节 孤军深入的形势 /238
第六节 郾城和颍昌大捷 /240
第七节 北方抗金义军胜利出击 /247
第八节 朱仙镇之战 /250

第十五章 功废一旦 /253

第一节 十年之力 废于一旦 /254
第二节 金军重占河南 /257
第三节 北方抗金义军的失败 /260

第四节 三援淮西 /261
淮西形势图 /265
第五节 削除兵权 /266

第十六章 冤狱碧血 /269

第一节 直道危行 /270
第二节 罢官赋闲 /273
第三节 张宪之诬 /276
第四节 千古奇冤 /280
第五节 蔓引株连 /286
第六节 绍兴和议 /289
第七节 冤狱昭雪 民众怀念 /291

附录一 岳飞的历史评价 /296
附录二 有关岳飞生平的史料 /304
附录三 岳飞年表 /311
附录四 岳飞的部将和幕僚 /315

跋 /394

壹

佃农投军

南宋临安年市图

第一节　从出生到成婚

奔腾万里的黄河，丰饶广阔的华北平原，是中华民族灿烂古代文明的发祥地，是民族伟大精神的哺育所。伟大的爱国主义者、中华英雄岳飞就诞生于此地。

"黄河二月冻初销，万里凌澌流剑戟"。① 这是北宋后期气温偏低、冰封初解的黄河风光的写照。宋徽宗赵佶崇宁二年二月十五日（公元1103年3月24日）夜里，在河北西路相州（治安阳，今河南安阳市）汤阴县永和乡孝悌里的一座普通农舍中，岳姓婴儿呱呱落地，发出雄亮的啼声。婴儿的乳名叫五郎，② 据说诞生时恰好有大鸟飞鸣于其屋上，故取名飞。依中国古代礼俗，男子年二十而冠，宋时俗称裹头。男子冠时，在名外取表字，名和字的含义往往须互相照应。但宋代或"男子年十二至二十皆可冠"，并取表字。③ 岳飞后取表字鹏举。

在中国古代的姓氏中，岳姓是个小姓。自宋以前，历史记载中尚无岳姓的名人。据传说，岳姓来源于唐尧时代的"四岳"，"因官以命氏"。④ 岳飞的籍贯今在河南省，而宋时却称河北人或河朔人。

岳飞的曾祖父叫岳成，曾祖母杨氏；祖父叫岳立，祖母许氏；父亲叫岳和，母亲姚氏；还有一个叔父岳睦。⑤ 岳家世代务农。姚氏生五郎时，已有三十六、七岁。⑥ 岳飞应有四个哥哥，都夭亡了。不久，姚氏又生了

---

① 《济南集》卷3《黄河》。
② 《鄂国金佗稡编》，以后简称《金佗稡编》，卷9《遗事》。《金佗稡编》卷4《鄂王行实编年》说岳飞出生"未弥月"，黄河决口，姚氏抱岳飞"坐巨瓮中"，"得免"。按《宋史》之《徽宗纪》、《五行志》、《河渠志》与《宋会要》之瑞异、方域都无崇宁二年黄河决口记载，今不取。
③ 《礼记注疏》卷2《曲礼上》，《事物纪原》卷2《字》，北宋司马光《书仪》卷2《冠礼》。南宋朱熹《家礼》卷2《冠礼》改为"男子年十五至二十皆可冠"。男子冠礼，俗称裹头。参见《应斋杂著》卷1《乞免临安府丁钱》，《东莱吕太史文集》卷3《为张严州作乞免丁钱奏状》。又《挥麈后录》卷1称苏过（字叔党）在元祐时"犹未裹头"。据《宋史》卷23《钦宗纪》，卷24《高宗纪》，卷115《礼志》，宋钦宗于十五岁时举行冠礼，宋高宗于十六岁时举行冠礼。
④ 《金佗稡编》卷4《鄂王行实编年》引《古今姓氏书辨证》和《姓源类谱》，邓名世《古今姓氏书辨证》卷36。
⑤ 钱汝雯《宋岳鄂王年谱》卷1。
⑥ 《金佗稡编》卷13《乞侍亲疾札子》载，岳飞三十二岁时，"姚氏年几七十"。

一个儿子，名叫岳翻。岳飞至少还有一个亲姐，后外甥女婿高泽民曾在他军中担任"主管文字"。①

岳和夫妻在临近绝育之年，居然得到了双子，自然欣喜异常。但是，他们绝不放纵孩子，而是"鞠育训导"，既有温暖的抚爱，又有严格的管教。姚氏作为慈母，更是克尽己责。② 所以岳飞自幼就对父母有极深厚的感情。

一个普通的农家子，体力劳动自然是其本分。岳飞自幼就参加各种劳动，如牧牛放羊、拾柴割草、烧火煮饭之类。因自幼严酷的劳动锻炼等因素，造就了岳飞惊人的膂力。

岳飞非常喜爱武术。弓弩是宋时的主要兵器，时称"军器三十有六，而弓为称首；武艺一十有八，而弓为第一"。③ 弩其实是弓的一种。弓可步兵和骑兵通用，弩一般用足蹶开张，故只能由步兵使用。弩箭比弓箭射程远，洞穿力强。衡量一个人的武艺，主要看他能挽多大的"弓弩斗力"和射箭的准确性，时称"射亲"。④ 岳飞年龄不满二十岁，已能挽弓三百斤（一宋斤约合一·二市斤），用腰部开弩八石（一宋石为九十二·五宋斤，约合一一○市斤）。按照宋朝军制，"弓射一石五斗"，已算武艺超群，可选充"班直"，当皇帝的近卫。北宋武士挽弓的最高记录也只有三石。⑤ 可知岳飞的挽弓能力已至登峰造极的境地。

岳飞十几岁时，曾向"乡豪"周同学习射箭。周同当众表演，连发三箭，都射中靶心。岳飞取过弓来，也射了两箭，居然射破周同的箭筈。周同大惊，立即将两张心爱的弓赠送岳飞。只花费数日工夫，周同就传授了全部射箭的诀窍。经过苦心和精心的练习，岳飞能够左右开弓，百发百中。

后周同病死，岳飞悲痛不已。每月初一日和十五日，都要到周同坟前吊唁。由于经济拮据，岳飞甚至典卖了自己的衣服，在坟前酹酒埋肉。岳和发现儿子的衣着突然一件件去向不明，便追问岳飞，甚至笞挞他，而岳飞却既不埋怨父亲，也不说实情。后经岳和暗地里跟踪，方才发现了儿子的秘密，转而称赞岳飞。

岳和一家祖祖辈辈扶犁握锄，不可能有多少文化。宋代的农村，有所谓"冬学"，从十月到十二月，利用农闲，由穷书生授课。课本有《百家

---

① 《要录》卷50绍兴元年十二月丁丑。
② 《金佗稡编》卷14《乞终制札子》。
③ 《翠微先生北征录》卷7《弓制》。
④ "弓弩斗力"和"射亲"两词，见《宋会要辑稿》，以后简称《宋会要》，兵2之56，《宋史》卷194，卷195《兵志》。
⑤ 《梦溪笔谈》卷3，《宋史》卷194《兵志》。

姓》、《千字文》、《杂字》之类，时称"村书"。农民们只要能积攒一点钱，还是很乐意遣送子弟入冬学，读村书。著名诗人陆游的一首诗说：

"三冬暂就儒生学，千耦还从父老耕。
识字粗堪供赋役，不须辛苦慕公卿。"①

官府摊派赋役，有大字张挂的榜帖、由子（通知单）、户钞（收据）之类；农民私人也有土地契书、借据之类。农家子弟认识一些字，可能会少受一些官吏、保正、保长、揽户（以承揽他人赋税的输纳为业者）和地主的欺诈。农家子弟入学，并非是为入仕当"公卿"。

岳飞可能也在冬学里念过村书。尽管他对文化知识如饥似渴，但在当时的社会环境下，农家子弟一般不可能在文化上得到深造。穷困的岳家无力购置高级的蜡烛之类，甚至也不用低级的油灯，在白天辛勤劳作之馀，岳飞经常借着燃烧枯枝败叶发出的火光，看书识字，以至通宵不寐。他天资聪颖，记忆力强，又有持久不懈的顽强毅力。后来当将帅时，终于有相当的文化水平，"略知书传"，即懂得一些儒家经典，能赋诗，填词，作文，写行书，其书法则学苏轼，"字尚苏体"。②

岳和家原是拥有几百亩瘠薄耕地的自耕农，他在岳飞和岳翻出世前，生活自给有馀。遭逢灾年，虽然自家口粮也相当紧张，他宁愿和姚氏用小米掺和野菜，熬成稀粥，一日只吃早晚两餐，将强行节馀的粥接济逃荒乞食者。他纯厚和善良的品德自然给岳飞以很深的影响。

随着岳飞和岳翻长大成人，由于各种原因，岳和的家境每况愈下，日益艰难。政和七年（公元1117年），相州发生涝灾，"夏雨频并"，③ 收成锐减。翌年，即重和元年（公元1118年），岳和抱孙心切，为十六岁的岳飞张罗婚事，娶了一个刘姓女子。一年以后，即宣和元年（公元1119年）六月，岳飞长子岳雲出生。④ 喜事临门，而岳家的经济负担却日渐沉重。

古代农民在无法维持生存的情况下，只能典卖田地，或者借高利贷。这无异于饮鸩止渴，而使自己的经济状况更加恶化，最后无非落到"公私

---

① 宋代农村冬学的情况，参见《剑南诗稿》卷1《观村童戏溪上》、卷25《秋日郊居》（其七），《南宋六十家小集》赵汝鐩《野谷诗稿》卷3《憩农家》。

② 关于岳飞的文化水平，岳珂在《金佗稡编》卷4《鄂王行实编年》中应有夸张，他在《鄂国金佗续编》，以后简称《金佗续编》，卷1更称岳飞"起自诸生，经通谊明，笔妙墨精"。今据《会编》卷208《林泉野记》。岳飞书法据岳珂《宝真斋法书赞》卷15《黄鲁直先王赐帖》，卷28《鄂国传家帖》，《文物》1961年第8期徐森玉先生《郁孤台帖和凤墅帖》。

③ 《宋会要》食货59之10。

④ 《宋岳鄂王年谱》卷1。

之债交争互夺，谷未离场，帛未下机，已非己有"的悲惨境地。①

岳飞新婚不久，便不能在家乡安居了。这个不足二十岁的青年，只能强忍悲痛，背井离乡，出外谋生。他万分依恋鬓发苍苍的老父和老母，却又不得不同他们离别。

第二节　韩府佃客

相州州治安阳县有一户世代富贵的簪缨之家——韩府。早先韩琦历任宋仁宗、宋英宗和宋神宗三朝宰相，是华宗盛族的奠基人。他的长子韩忠彦又在宋徽宗初年任宰相。韩府既是皇亲，又有许多贵戚。在宋帝国的上层，几乎处处渗透着这个豪门大族烜赫的势力。②

按宋时法律规定，本地人一般不准在本地任官。但是，为显示宋皇朝的特别恩宠，韩琦和长孙韩治、长曾孙韩肖胄都先后担任相州的知州。为炫耀本人的衣锦荣归，韩琦在安阳县筑昼锦堂，韩治筑荣归堂，韩肖胄又筑荣事堂。史书上将此事传为美谈。③ 从另一角度看，这也表明了韩府是本地极富极贵的豪强之家。

韩肖胄大约是在宣和元年，接替其父韩治，继任相州知州。当时他有四十多岁。大约就在韩肖胄的四年任期内，④ 岳飞作为一个不足二十岁的青年，自汤阴县来到毗邻的安阳县，当了韩府的佃客。⑤

宋朝乡村无地的佃农，一般须编入"乡村客户"的户籍。他们大抵租种地主的田地，而向地主缴纳实物地租。有些地主还出租耕牛和农具，甚至掠取高达八成的地租。尽管剥削量已经很重，某些贪得无厌的地主还经

---

① 《司马文正公传家集》卷48《乞省览农民封事札子》。
② 例如韩琦第五子韩嘉彦是宋神宗的女婿，到南宋初方才病死，参见《要录》卷21建炎三年三月甲申。韩忠彦长子韩治娶妻文氏，乃大臣文彦博的孙女，吕公弼的外孙女。韩治女婿郑亿年后降伪齐，归南宋后仍居高位。郑亿年之父郑居中为宋徽宗时宰相，郑亿年之母王氏又是秦桧岳父王仲山的胞姐，参见《会编》卷220《秀水闲居录》，《挥麈前录》卷2。拙作《宋朝相州韩氏家族》，《锱铢编》第245页，河北大学出版社，2006年；陶晋生先生《北宋士族——家族·婚姻·生活》第九章，中央研究院历史语言研究所专刊，2001年，可供参考。
③ 《宋史》379《韩肖胄传》。
④ 《宋史》卷379《韩肖胄传》说他"代其父任"，"在相四年，王师傅燕"，宋军伐辽在宣和四年，今依此推断。又《要录》卷161绍兴二十年八月甲子载韩肖胄死，今依卒年七十六岁推断。
⑤ 《会编》卷207《岳侯传》，卷208《林泉野记》，《朱子语类》卷132。

常使用各种手段，例如用大斗、大斛巧取豪夺，变相加租。高利贷也是地主掠夺农民的一种重要手段。"客户耕田主户收，螟蝗水旱百般忧。及秋幸有黄云割，债主相煎得自由"？①

在政治上，宋朝佃农的地位是低贱的。法律上甚至明文规定："佃客犯主，加凡人一等。"至于地主杀害佃农，可以不必偿命，所以有的"富人敢于专杀"，甚至视佃农的性命如草芥。②

岳飞和其他佃农一样，"寒耕热耘，沾体涂足，戴星而作，戴星而息"。③ 这个来自外县的谋生者，虽勤劳至极，但生计看来仍相当艰窘。

有一天，岳飞去韩府的庄墅借籴粮食，恰逢张超率几百名盗匪包围了这座庄墅。岳飞便凭借自己的高超武技，攀登上墙垣，引弓一发，利箭直贯张超的咽喉，即时毙命。几百名盗匪群龙无首，立刻溃散。

在养尊处优的韩家子弟眼里，本来决无一个普通的青年佃客的位置。此次意外的突发事件，使他们都认识了岳飞。后来岳飞成为名将，韩家子弟在官场中有意无意的宣传，使士大夫辈都知道了岳飞的低贱出身。

岳飞解救了主人的危困，但韩府似乎也并未另眼相看，厚待岳飞。岳飞受尽煎熬，眼看困顿的生活无边无涯，他寄身异乡，益发思念父母，思念亲人。最后，他不得不下定决心，离开安阳，返回汤阴。

第三节　两次投军

宋徽宗赵佶是个荒淫奢侈的皇帝，处理军国大事的昏庸和昏愦，与其在音乐、绘画、书法、棋艺、诗词等方面的聪慧，融合于宋徽宗的一身。这既是他个人的特性，也在相当程度上体现和反映了终宋一代当政者的特性。

宋徽宗君臣眼看辽朝行将被新兴的金朝所吞灭，便采取联金灭辽的政策，企图收复后晋石敬瑭割让的燕、雲等十六州。宣和四年（公元1122年）五月、六月和十月，宋朝两次集结时称战斗力最强的陕西军北伐。当时辽朝退守燕、雲地区，仅存撮尔之兵，居然将宋军打得一败涂地。最后，仍由金军攻占燕、雲地区，宋朝只能出重金高价，方买回了几座空城。

① 《南宋六十家小集》朱继芳《静佳龙寻稿·和颜长官百咏·农桑》。
② 《续资治通鉴长编》卷445元祐五年七月乙亥，《要录》卷75绍兴四年四月丙午。
③ 《司马文正公传家集》卷48《乞省览农民封事札子》。

宋徽宗君臣对内大肆搜刮，向人民加派许多苛捐杂税。最有名的，如东南的"花石纲"，北方的"公田"，全国范围高达六千二百万贯的"免夫钱"等。在河北等路，繁重的军事后勤供应，加之征辽军队过境时的骚扰和抢掠，更是鸡犬不宁，民不聊生。

岳飞回乡后，遭逢此种兵荒马乱的年景，生计更为艰窘。经全家再三商量，认为凭借岳飞的一身武艺，出外当兵，尚是一条谋生之路。

宣和四年，岳飞正好二十岁，已达成丁之年。① 年逾古稀的外祖父姚大翁很钟爱岳飞，得知岳飞准备投军，便想方设法，请来一位名枪手陈广，教授岳飞枪法。经过一段时间的刻苦训练，岳飞枪法精熟，汤阴全县并无对手。②

九月、十月间，真定府（治真定，今河北正定县）有一位文臣新知府上任，名叫刘韐。③ 按照当时崇文抑武、以文制武的体制，真定知府兼任真定府路安抚使，统辖真定府、相州等六个州府的军务。④ 前线第二次征辽的败报传来，刘韐感到惶恐，他担心辽军乘胜侵轶，便临时招募一批"敢战士"，岳飞也在应募者之列。⑤

刘韐在检阅应募者时，很快看中了这个青年。岳飞头颅颇大，方脸大耳，眉宇开阔，眉毛较短，⑥ 双目炯炯有神，身材中等偏高，极其壮实，生就一副雄赳赳的勇士气概。刘韐同他谈话时，岳飞申述了自己保卫乡土的决心，刘韐当即任命他为小队长。

事实上，辽军没有，也不可能乘胜攻宋。刘韐便使用这支敢战士的队伍，从事对内镇压。相州有一股"剧贼"，其首领是陶俊和贾进。他们"攻剽县镇"，杀掠吏民，屡败官军，祸害一方。岳飞请求为故乡除害，刘韐便派他率二百名兵士，返回相州。岳飞先派三十人假扮商旅，听任陶俊和贾进俘掠，收归部伍。他又命令一百人埋伏在山下，自己领几十骑前往挑战，佯败而逃。陶俊和贾进率众追击时，山下伏兵乘机出击，三十名伪

---

① 《宋会要》食货70之4，宋太宗时规定男子"年二十成丁"。
② 《金佗续编》卷28《孙逌编鄂王事》。
③ 《宋史》卷446《刘韐传》说："会郭药师以涿州降，戎车再驾，以韐议异，徙知真定府。"按辽将郭药师于宣和四年九月降宋，十月宋军第二次伐辽，可知刘韐任真定知府应在九月、十月间。
④ 《宋史》卷86《地理志》。
⑤ 《金佗稡编》卷14《乞终制札子》："国家平燕云之初，臣方束发，从事军旅，誓期尽瘁，不知有家。"《金佗稡编》卷4《鄂王行实编年》："真定府路安抚使刘韐募敢战士备胡，先臣首应募。"岳飞札子只是说明自己投军的时间，是在"平燕云之初"。估计岳飞初次投军，既不是参加征辽战役，也不是为防御金军，所谓"备胡"，应是指防备辽军乘胜侵轶。
⑥ 岳飞脸部特征据传世的宋人刘松年画像。

装的商人也充当内应，俘掳了陶俊和贾进，其馀党全部溃散。

接替韩肖胄的相州知州王靖向上司申报，保举岳飞为从九品的承信郎。不料岳和经历长期劳累和贫困的折磨，突然一病不起。噩耗传来，岳飞哀痛至极，急忙跣足奔回汤阴。朝廷因财政拮据，也将不属正式编制的敢战士裁撤。王靖的保举状就成了一张废纸。

按中国古代的规矩，父母死后，儿子守孝三年，实际上不满二十七个整月。① 自宣和四年冬至宣和六年（公元1124年）冬，岳飞一直居家。守孝期满，为了糊口，又去附近某个市当"游徼"。宋朝因商业繁荣，县以下有镇、市一类小工商业点。镇的地位高于市，市可升为镇，镇可升为县。游徼类似今之巡警。困顿沉闷的生活，使岳飞不免借酒浇愁。有一回，他竟然酗酒滋事。姚氏得知后，便严加训斥。岳飞本已懊悔，又一向孝敬老母，他郑重地向姚氏保证，从此之后不再喝酒。② 岳飞不当游徼，为了谋生，又再次投军。

宣和六年，河北等路又发生水灾，"民多流移"。③ 宋朝实行灾年招兵的政策，理由是"不收为兵，则恐为盗"。④ 将无以维生的破产和流亡的农民招募为兵，可以防止他们当盗匪，而将反抗的力量转化为维护统治的力量，这是统治者的如意算盘。

招募兵士，宋时称"招刺"。招募者先用刻着尺寸的木梃丈量被募者的身长，再检阅他们的跑跳动作和能否骑马奔驰，最后又观测其瞻视目力。凡合格者，就在脸部等处刺字，发放衣、鞋、钱币等。按各人之身材高矮，分别拨隶上、中、下等禁军和厢军。⑤

在军士脸部、手臂、手背等处刺字，标明军队番号和军人身份，乃是唐末和五代的藩镇遗制，目的在于防止军士逃亡，逃亡后便于追捕。刺字是耻辱的标记，只有罪犯、奴婢和某些官府工匠有此种待遇。当兵在宋时

---

① 《文献通考》卷122。据《金佗续编》卷8《服阕除起复二字省札》，卷29《乞起复》，后岳飞母姚氏于绍兴六年三月二十六日去世，岳飞"丁母忧"，至绍兴八年"六月一日从吉"。

② 《夷坚甲志》卷15《猪精》说岳飞当过游徼。《要录》卷8建炎元年八月乙亥说岳飞"尝为人庸耕，去为市游徼，使酒不检"。《金佗续编》卷27黄元振编岳飞事迹载，岳飞对部属说，"某旧能饮"，"尝有酒失，老母戒某不饮"。估计岳飞当游徼是在岳和死后。

③ 《宋史》卷61《五行志》，《宋会要》食货59之20。

④ 《欧阳文忠公全集》卷59《原弊》。

⑤ 《宋史》卷193，卷194《兵志》，《嘉泰会稽志》卷4《军营》。当时各等军的身长规格颇有差异，如上等的天武第一军（步兵）须五宋尺八宋寸，龙卫军（马兵）须五宋尺七宋寸；下等的神威军（步兵）须五宋尺四宋寸，威远军（马兵）须五宋尺三宋寸五宋分。上禁军、中禁军、下禁军和厢军的军俸待遇有相当差别。

是一种卑贱的职业，一个人不到万不得已，是不愿从军的。

岳飞在这个灾荒年景前往应募，再次沦为"行伍贱隶"。① 他大概不肯在脸上蒙受耻辱，凭借自己超群的武技，争取投充"效用士"，但仍不免在手背上刺字。② 岳飞被分拨到河东路平定军（治平定，今山西平定县）。平定军屯驻的禁军（正规军）编额有五指挥，每指挥名义上应有四百或五百人。其中神锐军两指挥和宣毅军两指挥，属侍卫步军司系统；广锐军一指挥，属侍卫马军司系统。③ 岳飞大概是编入广锐军，充当骑兵。④ 广锐军士的身长规定是五宋尺五宋寸，⑤ 约合今一·七〇米。岳飞投军不久，便升为"偏校"。

实行募兵制，用巨额军费赡养大批脱离生产的人口，成为宋朝社会的痼疾。军中发放的钱粮，不仅供应军士，还须兼及军士的家眷；军营中不单屯驻军人，也须居住家属。养兵百万，实际上是养五、六百万人。在生产水平低下的条件下，庞大的军费负担，压在好几千万农民身上；尽管宋廷竭泽而渔，财政开支仍经常极度紧张，甚至入不敷出。

其实，养兵费用相当部分是落入将领们的私囊。兵士们被克扣军俸，强迫当将领和其他官员的苦力，受尽凌虐。他们为了养家糊口，不得不兼营其他职业。军队内部存在着尖锐的官兵对立，兵士们常常走上逃亡和反抗的道路。军政腐败，军纪废弛，编制不满员，将领们有意保留缺额，以便冒领和私吞军俸。军队平日训练颇差，甚至完全没有训练；战时则一触即溃，甚至不战而溃。尤其是在宋徽宗后期，内有高俅，外有童贯主持军务，整个庞大的军事机构被蛀蚀得千疮百孔。⑥

自宣和六年冬至宣和七年（公元1125年）十月，这是金军南侵前的沉寂期，岳飞和刘氏住在平定军的广锐军营。军政的恶浊使他愤慨，军风的败坏也使他忧虑。他自幼听到不少有关三国时期关羽和张飞的民间故

---

① 《金佗稡编》卷17《申刘光世乞进兵状》。
② 据《续资治通鉴长编》卷245熙宁六年五月癸亥，《建炎以来朝野杂记》甲集卷18《诸军效用》，《盘洲文集》卷42《论招军之弊札子》，《相山集》卷20《又与汪中丞画一利害札子》等记载，效用创设于北宋中期，后演变为高级军士，军俸比一般军兵优厚。效用一般不刺面，是否刺手，却有不同记载。《庆元条法事类》卷78《招补归朝归明归正人》："小字于手背刺'某路安抚司效用'八字。"《会编》卷207《岳侯传》说，后岳飞投奔张所，"特刺效用"，故在此作刺手背处理。
③ 《宋史》卷188《兵志》。
④ 《金佗稡编》卷4《鄂王行实编年》载岳飞后率当地骑兵抗金。
⑤ 《宋史》卷194《兵志》。
⑥ 《忠愍集》卷1《再论高俅札子》，《靖康要录》卷7靖康元年五月二十一日，《梁溪全集》卷62《乞修军政札子》。

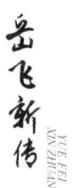

事。民间故事虽然夸张失实，却达到了"樵夫牧稚，咸所闻知"的地步。① 关羽和张飞成为岳飞十分崇拜的英雄偶像。岳飞当上偏校后，更向往着做一个文武全才，能与关、张齐名的大将。② 他操演武艺，训练军士，也努力学习文化，为尔后献身抗金事业，打下了坚实的基础。

---

① 《续资治通鉴长编》卷4乾德元年六月乙未。
② 《金佗续编》卷14《忠愍谥议》，《武穆谥议》，卷28《孙迪编鄂王事》引建炎四年邵缉荐书都谈到岳飞自年轻时便向往要在史册上与关羽、张飞齐名。这无疑是受了民间故事的影响，因为关羽和张飞本非三国时代的第一等军事英雄。

贰

尽忠报国

《清明上河图》局部

第一节　金军大举攻宋

女真族是中国的一个古老民族，长期居住在东北，是今满族的祖先。辽朝雄踞北方时，女真人本是一个受压迫、受歧视的少数民族，生女真又是女真族中比较落后的一支。公元十二世纪初，生女真在完颜阿骨打（汉名旻)①的领导下，反抗辽朝的统治，勃兴于白山黑水之间，建立金朝，完颜阿骨打（旻）成为开国皇帝金太祖。新兴的女真族盛行奴隶制，有强烈的掠夺性。金太宗完颜吴乞买（汉名晟）即位后，女真贵族最终吞灭辽朝，又立即准备发动侵宋战争。他们看穿了宋朝的虚弱本质，认为宋军是比辽军更不中用的对手。至于中原地区丰盛的物产，都市生活的繁华，统治者的无数金玉珍宝，更使女真贵族垂涎三尺。宋朝作为当时世界上经济和文化最高度发展的农业社会，正面临着一场空前的劫难。

金军的主力是女真骑兵，步兵只承担运输、掘壕等辅助工作，作战时用以张大声势。女真骑兵惯于披挂好几十斤的重甲作战，兜鍪很坚固，只露双目。他们擅长连续作战，如果一次冲锋，一个回合的交战失败，② 则败不至乱；他们可暂时退出战斗，重整队形，再次发起冲锋，时称"更进迭退"。"胜则整阵而复追，败则复聚而不散"。骑兵的负荷很重，却能连续进行几十个以至上百个回合的交锋，足见其坚韧的战斗力。这是残酷的军法，加上女真人原来落后困苦的生活条件造成的。女真骑兵的主要兵器是弓箭，"弓力不过七斗，箭镞至六、七寸，形如凿，入辄不可出"，"刀剑亦不取其快利"。他们长于弓矢远射，却短于白刃近战。"弓矢亦不妄

---

① 《金史》卷135《金国语解》："其臣僚之小字或以贱，或以疾，犹有古人尚质之风。"女真人名反映了该民族文化的原始落后，如"粘罕"的女真语义是"心"，"兀术"的女真语义是"头"。金朝灭辽时，女真人吸收了较高的文化，感到原来的名字不雅，又另取典雅的汉名。传世的女真人名有本名、汉名、宋人译名、清人重新译名等，造成不少混乱。本书所用女真人名一律以《金史》为准。
② 人们常受古代演义小说的影响，认为"回合"是古代战争中斗将的计量单位，其实，回合乃是指两军的一次交锋。

发"，"百步之外（内？），弓矢齐发，无不中者"。① 金朝拥有这支剽悍的骑兵，胜过了原先的辽朝和西夏骑兵。女真骑兵几乎是所向披靡，从未遭受严重的挫败。

然而女真人毕竟是人口较少的落后民族，在征服辽朝的前后，逐步将契丹人、奚人、汉人、渤海人、回鹘人、鞑靼人、室韦人、党项人、黠戛斯人等都征发当兵。② 复杂的民族成分不仅增加兵员，也弥补了女真骑兵的某些战术缺陷。时称"金人野战，长于用骑"；"金人攻城，长于用炮"。③ 如进行大规模的攻城战，先进的攻城技术的运用，复杂的攻城器械的制作，火药兵器的制造和使用等，显然本非女真人所擅长，而是在灭辽战争中逐步学会的。不能实施攻城战，就不能深入中原，这又是金军胜过辽和西夏军之优长。显而易见，在攻宋前夕，金军的实力是空前强大的。

宋廷对这场势不可免的战争却缺乏足够的警惕和准备。宋军的战略部署并未适应形势的变化，其重兵照旧屯扎陕西各路，以对付西夏；而在漫长的宋金边界，却兵力不足。至于宋军的素质，自更不待论。由于两次征辽的失败，宋朝不得不向金朝买得燕山府（治析津，今北京市）等几座空城，这本是一种耻辱，却被宋徽宗君臣当作一百六十馀年未有的光荣，大事吹嘘和庆祝。宋徽宗君臣一直沉湎于醉歌酣舞之中，直到燕北鼙鼓动地而来，才惊破了他们的好梦。

宣和七年十一月和十二月，金军分两路南下。西路由左副元帅完颜粘罕（汉名宗翰）统兵六万，④ 自云中府（治大同，今山西大同市）南下，进围太原府。东路由后升任右副元帅的完颜斡离不（汉名宗望）率兵六万，⑤ 直取燕山府。由于守燕山府的原辽朝降将郭药师倒戈，并充当向导，完颜斡离不（宗望）军遂自河北路长驱直入，进逼宋朝都城开封。

宋徽宗闻讯，立即传位于长子宋钦宗赵桓，自己逃往南方。宋钦宗即

---

① 据《宋史》卷366《吴璘传》，《琬琰集删存》卷1吴璘神道碑，《要录》卷174绍兴二十六年九月庚子朔，吴璘分析"金人有四长"，"曰骑兵，曰坚忍，曰重甲，曰弓矢"。关于金军上述特点，可参见《会编》卷3，卷30沈琯与李纲书，卷195吴玠墓铭，卷244《金房图经》，《宋史》卷366《吴玠传》，《历代名臣奏议》卷90吕颐浩奏，《云麓漫钞》卷4，卷6，《契丹国志》卷10，《裔夷谋夏录》卷1，《皇朝编年纲目备要》卷28政和四年，《说郛》卷25《北风扬沙录》等记载。金军铠甲的重量，并无记录传世，但据《要录》卷55绍兴二年六月丁巳，《宋史》卷197《兵志》，《宋会要》舆服6之28—29，宋人仿效金军所造的重甲，轻者近四十宋斤，重者近六十宋斤，约合五、六十市斤。
② 《会编》卷99《北记》。
③ 《历代名臣奏议》卷334章谊奏。
④ 《会编》卷99《北记》。
⑤ 《梁溪全集》卷56《上皇帝封事》，卷172《靖康传信录》。

位的明年,改元靖康。宋钦宗自幼循规蹈矩,面对复杂、险恶而多变的局势,毫无措置能力。他的全部作为,就是来回摇摆于轻率的冒险主义和卑怯的投降主义之间,并且以后者为主。

完颜斡离不(宗望)回避很多州县的攻城战,孤军深入,本是犯兵家之忌。宋钦宗不肯采取持重方针,在发动夜袭金营失败后,便慌忙与完颜斡离不(宗望)订立城下之盟,答应割让自太原府(今山西太原市)、中山府(治安喜,今河北定州市)和河间府(治河间,今河北河间市)三镇以北的土地,并奉献大批金银。完颜斡离不(宗望)因一时不能与完颜粘罕(宗翰)军会合,遂于靖康元年(公元1126年)二月撤兵。

于是宋廷又恢复文恬武嬉的故态。宋徽宗以为万事大吉,返回开封享乐。宋钦宗则抱着侥幸的心理,撕毁开封城下的和约,组织对太原的解围战。

第二节　河东抗金

太原守卫战是决定北宋帝国命运的关键性一战。

太原府城自宣和七年被围以来,宋将王禀誓死固守,并且反对和制止了知府张孝纯的投降企图。① 金军猛攻不克,只能采取长围久困的战术,修筑一道城墙,包裹了太原城。

靖康元年三月到五月,宋廷命种师中和姚古分兵两路,前往救援;六月到八月,又命刘韐、解潜、折彦质、折可求和张灏分兵三路,再往救援。由于宋军兵力不集中,各部又互不协同,金军以逸待劳,予以各个击破。

壮烈的太原守卫战坚持了二百五十馀日,守城将士粮尽力竭,几十万居民大都饿死,金军得以在九月攻陷府城,王禀力战殉难。②

太原府的失守,使西路完颜粘罕(宗翰)军得以南下,与东路完颜斡离不(宗望)军会师。在宋朝方面,则因号称最精锐的陕西主力军在两次解围战中耗折殆尽,开封的陷落遂成定局。

岳飞戍守的平定军与太原毗邻,他身处河东抗金的前沿。六月,为了给刘韐自真定府救援太原作准备,一个季姓的团练使、路分都监,命岳飞

---

① 《挥麈三录》卷2。
② 《会编》卷25,卷53,《挥麈三录》卷2。按王禀乃近代学术大师王国维先生之祖先,参见《观堂集林》卷23《补家谱忠壮公传》。

率一百多名骑兵，前往太原府所辖的寿阳县、榆次县等地，进行武装侦察，宋时称为"硬探"。在行军路上，猝然与一支金军遭遇，骑兵们有些畏怯，岳飞单骑突入，杀死几名敌人骑士，金军败退了。岳飞乘着黑夜，换上了金军的装束，潜入敌营。他遇到击刁斗的金兵，就说些女真话应付，走遍营寨，圆满地完成了侦察任务。上级为此将岳飞由偏校升进义副尉，这是不入品的小武官。

完颜粘罕（宗翰）攻取太原后，又出兵进犯平定军。他以为可不费吹灰之力，稳拿这座不大的军城。不料平定军的军民严阵以待，顽强抗击，使敌人损兵折将，一无所获。最后，在东路完颜斡离不（宗望）派兵支援下，金军支付相当大的伤亡，才占领了平定军城。①

岳飞勇敢地参加了平定军的守卫战，殊死苦斗。直到最后的危难时刻，他才不得不携带妻子刘氏、长子岳云和出生才数个月的岳雷，② 奔回故乡。③

第三节　中原浩劫

太原陷落后，宋朝的军事形势已非常严峻。老将种师道在病死前上奏，主张放弃开封，退避关中，积聚军力，恢复失地。④ 宋钦宗刚即位时，屡次欲步宋徽宗之后尘南逃，被力主抗金的李纲所制止。此次却莫名其妙地听从何㮚的建议，坐守开封，⑤ 作瓮中之鳖，他的主要对策只是不断地遣使乞和。靖康元年十一月、闰十一月，金左副元帅完颜粘罕（宗翰）和右副元帅完颜斡离不（宗望）两军会师，很快就攻破开封城，宋徽宗和宋钦宗二帝及皇族、官员等被掳北去，北宋皇朝随之灭亡，这就是历史上著名的"靖康之难"。

---

① 《会编》卷56将金军攻占平定军系于靖康元年九月，说金军丧士一万三千人，此数系夸张失实。《金史》卷3《太宗纪》，卷72《娄室传》，卷120《石家奴传》则说蒲察石家奴攻占平定军，时为当年十月。"宗翰闻宗望军已围汴，遣石家奴计事。抵平定军，遇敌兵数万，败之"。与宋方记载不同。
② 据《宋岳鄂王年谱》卷1，岳雷生于靖康元年三月。
③ 《金佗稡编》卷4《鄂王行实编年》说岳飞因渡河时丢失官告，"间行归相州"。丢失官告，不能成为"间行"的理由。岳飞既然戍守平定军，应是在军城失守后返回相州。
④ 《会编》卷60，《宋史》卷335《种师道传》，《宋宰辅编年录校补》卷13。
⑤ 《会编》卷65，卷79《靖康后录》。

落后的生女真脱离原始社会不久，盛行奴隶制。"野蛮的征服者总是被那些他们所征服的民族的较高文明所征服，这是一条永恒的历史规律"。① 女真族在灭辽破宋以后，也逃脱不了这条历史规律，它不得不逐渐被当时地球上最高度发展的汉文明所征服。但是，这需要有一个相当长的过程。

在北宋、南宋之交，处在落后文明阶段的女真奴隶主，使侵宋战争表现为强烈的野蛮性、掠夺性和残酷性。中原各地惨遭金军血与火的洗劫，广大汉族人口"或长驱不返（被抓去当奴隶），或迎敌而殂。威临而坠井、坠河者有之，势胁而自刎、自缢者有之。士民共戮，善恶同诛。有千里而离乡者，有一门而尽殁者。尸盈郊邑，血满道途"，"男女无分，白骨交横"。② "杀人如割麻，臭闻数百里"。人口的大量死亡，招致了可怖的瘟疫；瘟疫的流行，又招致更多人口的死亡。③ 广阔的原野"井里萧然，无复烟爨"，④ 到处是惨不忍睹的景象。

中国古代的汉人，包括男子，遵照"身体发肤，受之父母，不敢毁伤"的古训，⑤ 长期保留了蓄发的习俗。⑥ 女真统治者却按本民族的流行发型，强迫汉人男子"剃头辫发"，⑦ "仰削去头发，短巾左衽，敢有违犯"，"当正典刑"，"禁民汉服"，"削发不如法者死"，⑧ 采取了类似后来清朝初年留头不留发，留发不留头的政策。这对广大汉人当然是极大的民族侮辱。女真统治者还强征中原汉人当兵，时称"剃头签军"。⑨ 汉人签军在金军中地位最为低贱，充当苦力，"冲冒矢石，枉遭杀戮"。⑩

金朝初年，女真贵族在中原地区强制推行奴隶制，这成为一个非常突出、特别尖锐的社会问题。

在完颜阿骨打（旻）起兵抗辽之初，生女真社会很明显地存在着三个

---

① 马克思《不列颠在印度统治的未来结果》，《马克思恩格斯选集》第2卷第70页，人民出版社，1972年。
② 《金文最》卷65李致尧《汾州葬枯骨碑》。此文虽说是河东路汾州的情况，各地大抵如此。
③ 《会编》卷96《靖康遗录》，《要录》卷4建炎元年四月庚申朔。
④ 《会编》卷36《靖康遗录》。
⑤ 《孝经注疏》卷1《开宗明义章》。
⑥ 《名公书判清明集》卷12《诱人婢妾雇卖》引宋法："髡髪，徒一年半。"可知髡髪有法禁。
⑦ 《会编》卷115，《历代名臣奏议》卷85宗泽奏。
⑧ 《会编》卷132《金虏节要》，《要录》卷28建炎三年秋，《大金吊伐录》下《枢密院告谕两路指挥》。
⑨ "剃头签军"一词，见《金佗稡编》卷4《鄂王行实编年》。
⑩ 《宋会要》兵15之3。

阶级：一是奴隶，"即奴婢、部曲"；二是平民，即"庶人"；三是奴隶主贵族，即"有官者"。① 金朝灭辽破宋，进据中原后，落后的奴隶制经济规律不可能自行消灭，而是依然在广大的高度发展的文明地区起着反动和倒退的作用。

很多汉人被金军抓去当奴隶，用铁索锁住，耳朵上刺了"官"字，立价出售，在燕山府等地甚至专设买卖奴隶的市场。驱掳的汉人过多，就大批大批地坑杀，或者转卖到西夏、蒙古、室韦和高丽。奴隶的价格极为低廉，十个被俘的奴隶，到西夏只能交换得一匹马。② 女真贵族还大放高利贷，"下令欠债者以人口折还"，使很多人沦为债务奴隶，③ 有时则干脆"豪压贫民为奴"。④ 按照女真社会的法律，罪犯的家属可以充当奴隶。在金朝的户籍中，"凡没入官良人，隶宫籍监，为监户；没入官奴婢，隶太府监，为官户"。此外，还有属于私人的"奴婢户"。这些都算是金朝的正式户名。⑤ 在奴隶制下，奴隶的来源不外有战俘奴隶、罪犯奴隶、债务奴隶等，金朝初期几乎是应有尽有。贪婪的女真贵族通过军事、政治、经济等手段，部分地破坏了中原农业社会固有的土地租佃关系，而扩大其奴隶制经济。

金朝前期，很多女真贵族都是拥有几百名以至成千上万名奴隶。⑥ 金廷也往往以成百名、上千名奴隶，赏赐给女真贵族。⑦ 由于奴隶数量很大，在社会成员中占有相当的比例，金朝进行户口的"通检推排"时，规定必须"验土地、牛具、奴婢之数"，⑧ 奴婢和土地、牛具一样，成为各户财产登记的重要项目。奴隶主们将奴婢和金、银、羊、马同等看待，用作博戏时的赌注。⑨ 贵人们死后，还有"生焚所宠奴婢"殉葬的残酷陋习。⑩ 金军中拥有大量奴隶，缺乏军粮时，奴婢居然也和骡、马一样，被杀戮作

---

① 《金史》卷2《太祖纪》。
② 《会编》卷98《燕云录》，《要录》卷40建炎四年十二月辛未，《靖康稗史笺证·呻吟语》。
③ 《要录》卷132绍兴九年秋。
④ 《金史》卷84《耨盌温敦思忠传》。
⑤ 《会编》卷3，《金史》卷45《刑志》，卷46《食货志》。
⑥ 《金史》卷46《食货志》载，金世宗在金海陵王末年，尚有"奴婢万数"。《金史》卷80《突合速传》说，完颜突合速有二千名奴隶。
⑦ 参见《金史》卷72《毅英传》，卷77《宗弼传》，卷80《济安传》，卷82《乌延吾里补传》。
⑧ 《金史》卷46《食货志》。
⑨ 《说郛》引101 洪遵《谱双》。
⑩ 《会编》卷3。

食，① 真是惨无人道到极点。

女真贵族的种种倒行逆施，导致中原文明的大破坏和大倒退，引起了以汉族为主的各族人民激烈的、顽强的、持久的反抗斗争。宋金战争本质上是一次民族战争，是女真奴隶主和以汉族为主的各族人民之间的武装斗争，是奴役和反奴役之争，是野蛮和文明之争，是分裂和统一之争。

第四节　背刺"尽忠报国"

在归乡途中，岳飞和妻儿受尽流离颠沛的苦楚，极目所见，是山河破碎、人民涂炭的景象。他们历尽千辛万苦，终于挣扎到相州，而故乡的情况也并不比外地稍好。当年正月，金军曾攻破相州，② 而金将完颜兀术（汉名宗弼）还占领过汤阴县。③ 完颜兀术（宗弼）是金太祖的第四子，女真人惯称"四太子"，当时他尚是"二太子"完颜斡离不（宗望）的部将。④

女真铁骑所过之处，老弱惨遭杀害，妇女被驱掠，男子多被掳去，剃掉部分头发，结扎辫子，充当管马、负担等苦力。田野里纵横交错的尸骸还来不及完全掩埋，良田沃地已经荒芜，颓垣败屋也少有炊烟。金军的烧杀抢掠，即使对幸存者而言，也造成了极度的生活困难，乡亲们冻饿交迫，痛不欲生。⑤

岳飞见到怀念已久、存亡未卜的老母姚氏，总算得到了一点宽慰。但是，山河的破碎，人民的苦难，使这个青年悲愤填膺，卧不安席，食不甘味。在如此艰厄的世道，即使要贪生苟活，也极其不易，更何况岳飞又绝非是一个贪生苟活者。在河东的抗金战争中，岳飞已成为舍身于刀丛箭雨中的勇士。事到如今，他更强烈地感到，死难的乡亲必须用仇敌的血祭

---

① 《会编》卷215《征蒙记》。
② 《宋史》卷23《钦宗纪》。
③ 《金史》卷3《太宗纪》，卷77《宗弼传》载："宗望伐宋，宗弼从军，取汤阴县，降其卒三千人。"汤阴县地处相州通往开封的大道上，自然是金军必争之地。
④ 完颜兀术（宗弼）是金太祖的第几子，其说各异，今从《金史》卷77《宗弼传》。据《会编》卷18《金虏节要》，《松漠记闻》卷上，女真人惯称完颜斡离不（宗望）为"二太子"，完颜讹里朵（宗辅）为"三太子"，完颜兀术（宗弼）为"四太子"。
⑤ 《会编》卷36《靖康遗录》，卷106《赵子崧家传》所载金军所过之处的残破情况，相州和汤阴县也不可能例外。

奠，大地的腥秽必须用自己的剑铲除。他闻鼓鼙而思奋，决心重返前线，为光复河山而效命。

剩下的唯一顾虑，是年过六十的老母。岳飞离家后，一直在艰难困顿岁月中抚育自己的老母姚氏，自然缺少照应和保护，这又使他很难忍心为此。姚氏是个普通的农家妇女，深明大义，她决不愿意拖累儿子，而是积极勉励岳飞"从戎报国"。最后，岳飞决定留下妻子刘氏，照顾母亲。①

岳飞临行之际，姚氏请人在岳飞背上深深地刺上四个大字——"尽忠报国"。② 这四个字不仅刻在背上，也铭于脑中。在往后的峥嵘岁月里，岳飞始终以百折不挠的努力，履践着自己和母亲共同的庄严誓言。千百年来，"尽忠报国"成了中华民族爱国主义的一面大旗。

岳飞忍痛和母、妻、子等诀别，奔赴民族战场。

第五节　从军元帅府

在相州城里，武翼大夫刘浩负责招募义士，收编溃兵。③ 靖康元年冬天，岳飞前往投奔刘浩。他过去两次当兵，其实都是被迫的谋生者；现在第三次从军，却完全是一个自觉的爱国者。

刘浩询问了岳飞的经历，明了他从军杀敌、保家卫国的抱负，自然相当器重他。刘浩命令岳飞负责收编一支盗匪，其首领名吉倩。岳飞乘天色傍晚，率四名骑兵赶到吉倩营寨，规劝他们参加抗金斗争。吉倩等人表示愿意归顺，但又顾虑将被官府杀害，岳飞再三作了保证。不料有一个壮汉

---

① 《金佗稡编》卷9《遗事》，《会编》卷207，《要录》卷8建炎元年八月乙亥注，卷120绍兴八年六月丁卯。
② 《金佗稡编》无岳飞背上刺字的记载。《宋史》卷380《何铸传》说，后何铸审问岳飞时，看到"背有旧涅'尽忠报国'四大字，深入肤理"。《唐门岳氏宗谱》卷2载明万历张应登"节录"《忠武王传》和《宋岳鄂王年谱》卷1引《唐门宗谱》，说"尽忠报国"四字是在靖康初姚氏所刺。按《唐门宗谱》晚出，"讹谬甚多"，姚氏是普通农妇，没有文化，当不会自己刺字。即使从演义小说和戏曲看，如《全元戏曲》卷11《岳飞破房东窗记》，明成化时姚茂良《精忠记》传奇，嘉靖时《大宋中兴演义》，明末冯梦龙《精忠旗》传奇，都无岳母刺字的故事流传。清抄本《如是观传奇》，钱彩《说岳全传》方编写了岳母刺字的故事。"尽忠报国"，后世演义小说、戏曲等常误作"精忠报国"，在本书自序中已作说明。可参拙作《关于岳飞背刺"尽忠报国"和岳母刺字的传说》，载《丝毫编》，河北大学出版社，2009年。
③ 刘浩的武阶官衔据《会编》卷64，负责招募事宜据《要录》卷1。

猝然间向岳飞猛扑过来，岳飞机敏地予以还击，以手重劈其脸颊，将此壮汉打翻在地，并拔出佩剑，指向对手。吉倩等急忙罗拜求免。最后，岳飞引领这支三百八十人的队伍返回，他因此升为从九品的承信郎。

宋钦宗的九弟康王赵构，原是受命前往金朝右副元帅完颜斡离不（宗望）军中求和。他明知金军渡河南下，却反方向北上，在十一月二十日抵达磁州（治滏阳，今河北磁县），又与知州宗泽发生龃龉。相州知州汪伯彦随后派刘浩率二千名兵士，将他迎接到相州。①

康王在相州度过了闰十一月，由于接到宋钦宗的蜡书，便于十二月初一日开设元帅府，自任河北兵马大元帅，按宋钦宗的命令，中山知府陈遘任元帅，汪伯彦和宗泽任副元帅。宋时一般不设元帅，而陈遘等三人又全是文官，这是贯彻文臣统兵、以文制武的原则。康王命武显大夫陈淬任元帅府都统制，其下编组为前、后、中、左、右五军，其中前军统制就是刘浩。②

按宋钦宗蜡书的命令，元帅府的任务是火急救援开封，而畏敌如虎的康王却绝不敢尝试此事。他为确定今后的行止，便派兵四出，侦察敌情。

岳飞属刘浩的前军编制，他奉命带领三百名骑兵，前往北京大名府（治元城、大名，今河北大名县东）魏县（今河北魏县东北）李固渡③侦察。在一个名叫侍御林的地点，岳飞率领所部打败一队金军，杀死敌方一名枭将。他胜利归来后，因功迁三官，升正九品成忠郎。但因岳飞的曾祖父名岳成，按中国古代的惯例，必须避名讳，改为"寄理保义郎"。正九品的保义郎比成忠郎低一官，但加上"寄理"一衔，便与成忠郎同阶。

此次小胜虽然使岳飞快国仇于万一，却无补于抗金大局。康王身膺重寄，却深怕元帅府的名义树大招风，引惹敌军的兵锋。汪伯彦也竭力怂恿康王逃跑。两人经过密谋，决定先派刘浩领兵南下濬州（治黎阳，今河南浚县西北）和滑州（治白马，今河南滑县），扬言要解开封之围，迷惑金军，以掩护康王逃遁。康王和汪伯彦直至十二月十四日出行时，仍然对军士隐瞒真情，诡称南下汤阴县。但是，实际的行军路线却是出相州城的北门，往临漳县（今河北临漳县）方向进发，军士们都莫名其妙。康王和汪伯彦等避开李固渡的金营，诡秘地进入北京大名府。自开府至逃跑，为时仅半个月。④

在刘浩前军二千五百人南下之前，岳飞又奉命率一百名骑士到滑州侦

---

① 《会编》卷64。
② 《会编》卷70，卷71，《要录》卷1。
③ 宋时李固渡有两处，一在大名府，一在滑州。大名府的李固渡因金军在此渡黄河，筑有"贼寨"，分别见《会编》卷63，卷72，《宋会要》食货15之9。
④ 《会编》卷72。

察，刘浩还特地借他一匹自己的骏马。岳飞率部一直深入滑州南部近开封府的地界，当宋军回归时，在黄河冻冰之上同金兵发生遭遇战。一员金将飞马舞刀而来，岳飞迎击，双刃相向，岳飞的刀劈入敌刃一寸多，又抽出刀来，劈下其头颅。战士们鼓勇冲锋，将人数众多的敌军杀退了。

待到刘浩率军到达濬州，正值闰年冬暖，大河解冻。部将丁顺率五百人乘船抵达南岸，便被敌骑冲散了。刘浩感到形势严峻，自己兵力单薄，无法单独南进，只好带领人马北上，追赶退遁的大元帅。[①]

岳飞因滑州的战功，又升迁三官，为从八品的秉义郎。两次胜利，使他在元帅府享有"敢死"的勇名。[②] 他怀着南下解救开封的满腔热忱，但作为低级军官，又全然不知元帅府的内幕，更不了解这位大元帅的卑怯心机。眼见救援开封的计划已成画饼，岳飞虽然惶惑不解，仍不得不跟随刘浩前往大名府，心中却眷恋着故土，怀念着亲人。

岳飞未曾料想到，此次随军远行，与桑梓故里竟成永别。康王逃走仅十一天，金军便包围相州，鹤壁田家、南平李家、平罗兰家等大族所筑坞堡都相继投降。[③] 只有前相州通判、宗室赵不试代替逃之夭夭的汪伯彦，苦守州城，不肯屈服。岳飞的家乡汤阴县也沦陷了，金军还在当地构筑营寨。[④] 岳飞的妻子刘氏不能守节，忍受艰苦，先后两次改嫁，[⑤] 撇下岳母姚氏和岳雲、岳雷两个幼子，使一家老小越发陷于颠连无告的困境。

第六节　初隶宗泽　转战曹州

康王到达北京大名府后，河北路的几支军队都向此地集中，副元帅宗泽首先从磁州赶来。围绕着是否和如何营救东京开封府的问题，宗泽和另一副元帅汪伯彦的主张截然相反，发生激烈争执。最后，康王和汪伯彦私下商定，分兵两路，宗泽南征，康王和汪伯彦东逃。

康王一行逃往东平府（治须城，今山东东平县），住了一些时日，仍惶恐不安，又南下济州（治钜野，今山东巨野县）。康王居然还命令宗泽对外扬言，佯称康王在南征军中，企图以宗泽军作为饵兵，吸引敌人的兵

---

① 《会编》卷72。
② 《金佗续编》卷14《忠愍谥议》，《武穆谥议》。
③ 《会编》卷73。
④ 《要录》卷18建炎二年十一月癸未注。
⑤ 《会编》卷207，《要录》卷8建炎元年八月乙亥注，卷120绍兴八年六月丁卯。

锋，以掩护自己，苟全性命。①

年近古稀的宗泽，毅然承担了救援东京开封城的重任，而康王仅分给他一万兵力，②分成前、后、中、左、右五军。陈淬任都统制，兼领中军，刘浩部二千人编为前军。岳飞自然也列入前军的编制，这是他初次成为宗泽的部将。③岳飞精神振奋，根据宗泽的指挥和部署，南下出击。

宗泽在靖康元年十二月下旬进军开德府（治濮阳，今河南濮阳市），接连同金军打了十三仗，每战皆捷。④岳飞奋战疆场，杀敌立功。他在靖康二年（公元1127年）正月的一次战斗中，连发两箭，射死金军两个执旗者，又率领骑兵突击敌人，虏获一批军械。岳飞因此连升两官，为正八品的修武郎。

二月，刘浩的前军奉命转战曹州（治济阴，今山东菏泽市南）。岳飞披散头发，挥舞四刃铁锏，身先士卒，直贯敌阵。宋军以白刃近战打败金军，追奔数十里。战后，岳飞又升两官，为从七品的武翼郎。

刘浩的二千兵马进驻广济军定陶县（今山东定陶县）的柏林镇⑤后，元帅府又命令他改隶黄潜善，而取消宗泽对此军的指挥权。当时，元帅府已集结了八万兵力。其中归宗泽指挥的只有二万六千人，而归黄潜善指挥的却有三万六千人。⑥

文臣黄潜善原是河间知府、兼高阳关路安抚使，他率兵入援东平府，立即得到康王的宠信，先后被任命为节制军马和副元帅。⑦黄潜善畏敌怯战，只知保存实力，按兵不动，使宗泽陷于孤军苦战的境地。宗泽虽然取得一些战役上的胜利，自己的队伍也蒙受相当损失，更不能致敌人于死命。

当年四月，金军驱掳宋徽宗、宋钦宗等北撤。临行前，将开封城内和皇宫里的金银财宝、图书文籍等洗劫一空。金左副元帅完颜粘罕（宗翰）、右副元帅完颜斡离不（宗望）等另立原北宋大臣张邦昌为傀儡皇帝，国号楚。

---

① 《要录》卷1，《会编》卷73，《宗忠简公集》卷7《遗事》。
② 《宗忠简公集》卷7《遗事》说有二万兵力，今据《会编》卷73和《要录》卷1的考证。
③ 《会编》卷73，《宗忠简公集》卷7《遗事》载刘浩部改编为宗泽前军，证实《金佗稡编》卷4《鄂王行实编年》关于岳飞初隶宗泽之说是可信的。
④ 《宗忠简公集》卷7《遗事》，《宋史》卷360《宗泽传》。
⑤ 《元丰九域志》卷1载，柏林镇在曹州定陶县。又据《宋史》卷85《地理志》，定陶县后仍属广济军。
⑥ 《会编》卷79，《要录》卷2建炎元年二月癸未，《宗忠简公集》卷7《遗事》。
⑦ 《要录》卷2建炎元年二月癸未，卷3建炎元年三月戊午。

伪楚政权不得人心，无法维持下去。张邦昌不得不派人将御玺送到济州，奉迎康王为帝。四月二十一日，康王离开济州，前往南京应天府（治宋城，今河南商丘市）。出发之前，将元帅府所属五军重新编组，其中张俊任中军统制，刘浩任中军副统制。① 岳飞作为中军的一名偏裨武将，随同大队人马，护送这位行将登基的新君，前往南京。

第七节　康王称帝　岳飞忧虑朝政

五月初一日，康王在南京应天府即位，将靖康二年改元建炎元年，成为南宋的开国之君，后庙号称高宗。

宋高宗当年才二十一岁，他长期在深宫养尊处优，所擅长的只有享受和淫乐，统治经验还不丰富。他称帝伊始，迫于严酷的形势，不得不起用有重望的文臣李纲，担任宰相；而他真正言听计从的，却是黄潜善和汪伯彦，外加一些宦官，又坚决将元帅府的重要成员宗泽排除在中枢之外。

李纲于六月间自南方赶到应天府。他总结北宋亡国的惨重教训，审度宋金的实力对比，提出一系列正确的政策和措施。李纲采纳张悫等人的建议，号召民众组织忠义巡社，抵抗金军。② 李纲推荐宗泽任东京留守、兼开封尹，负责守卫京城；推荐张所任河北西路招抚使，傅亮任河东路经制副使，负责收复两路沦陷的州县。张所任监察御史时，力主抗战，用蜡书号召河北路人民参军杀敌，在当地有相当高的威望。宋高宗即位后，张所上奏，反对黄潜善和汪伯彦主张放弃河北与河东，与金朝划河为界，并且弹劾黄潜善"奸邪"，受到很重的贬黜。经李纲力争，方得复用。③

李纲积极贯彻抗战路线，却遭到执政黄潜善和汪伯彦多方的掣肘和刁难。按照宋制，如中书侍郎、枢密院长官等执政的地位仅次于宰相，却与宰相合称宰辅或宰执大臣。黄潜善和汪伯彦坚持迁都东南，以图苟安一隅，这正中宋高宗的下怀。

---

① 《会编》卷94。
② "巡社"原为民间抗金组织，建炎元年，宋廷将忠义巡社组织颁行全国，见《松隐文集》卷26《进前十事札子》，《宋会要》兵2之50—58，《要录》卷8建炎元年八月丁卯，《宋史》卷363《张悫传》。本书有关北方民众抗金的叙事，都参据黄宽重先生《南宋时代抗金的义军》，台北联经出版事业公司，1988年，此后不另作说明。
③ 《梁溪全集》卷175《建炎进退志总叙》，《要录》卷5建炎元年五月丙辰，卷6建炎元年六月乙丑，丁亥，卷7建炎元年七月丙辰，《宋史》卷363《张所传》。

岳飞处于黄潜善羁束之下，接连几个月无仗可打，闷闷不乐。他当然没有资格了解宋廷的许多谋议和争论。但是，从相州逃至北京，又从北京退到南京，皇帝的车驾愈走愈往南的事实，元帅府按兵不动，听任宗泽孤军作战的事实，使他不能不逐渐明白，朝廷显然并无认真抗金，收复失地的远图，只是一味消极地怯战和退避。最后，宋高宗准备往扬州（治江都，今江苏扬州市）等地"巡幸"的消息，也终于传到官卑职小的岳飞耳中，使他忧心忡忡，焦急万分，感到无法沉默了。事关大局，尽管自己人微言轻，却必须克尽己责。岳飞满腔爱国热忱便不可抑勒地迸发出来。

叁

屡折不挠

李公麟《免胄图》局部

第一节　越职上书

建炎元年六月、七月间，岳飞向宋高宗恳切上书言事。他责备黄潜善、汪伯彦等人无意恢复故疆，迎还徽、钦二帝，却欲退避到长安（即京兆府，治长安、万年，今陕西西安市）、襄阳（即襄阳府，治襄阳，今湖北襄阳市）、扬州等地，"有苟安之渐，无远大之略"。中原的百姓将会感到失望。即使将帅们拼死作战，也无成功的可能。岳飞请求皇帝改变主意，取消去三州"巡幸"的诏令，车驾还东京，主持大计。乘着金军怠懈的机会，亲率大军，渡河北伐，则"中原之地指期可复"。①

这是岳飞第一次正式批评朝廷的投降政策。北伐还是南逃，进驻开封还是退居扬州，是当时抗战派和投降派斗争的焦点之一。李纲和宗泽都是在这个问题上据理力争，寸步不让的。经过一年多的锤炼，岳飞作为一个二十五岁的青年，其批评居然切中了投降派的要害，这正表明了他已具备超人的见识。

在宋朝官场崇文抑武的风习下，武将被视为粗人，对其文化也并无什么要求，有的大将甚至目不识丁。② 岳飞本人自幼并无机会受良好的教育，至此居然能单独上书言事，足见他已有相当的文化水平。他身为"区区武弁"，③ 其见识却已不同凡响，这自然与本人的文化水平有关。宋时因印刷术之普及，文化教育势必有很大发展。南宋初年，文人上书言事，极为普遍。例如席益任中书舍人一年有馀，曾"阅二千馀书"，④ 足见其多。但是，岳飞作为一个低等偏将上书，则无疑是凤毛麟角，甚至是绝无仅有的。

---

① 岳飞上书有几千字，今已佚失，仅剩概略。据《金佗稡编》卷10《南京上皇帝书略》，岳飞上书，将李纲和黄潜善、汪伯彦一并指责，相提并论，这是他作为一个偏裨，不了解朝廷争议内幕之故。李纲六月到南京后，建议以长安为西都，襄阳为南都，建康为东都，但仅作为万不得已的退却之所，他主张皇帝仍应回开封去，参见《要录》卷6建炎元年六月庚申。岳飞上书应在李纲建议之后，即当年六月、七月间。

② 如刘光世和韩世忠文化很低，见《鹤林玉露》乙编卷6《乌石题名》，《梁溪漫志》卷8《韩蕲王词》。

③ 《金佗稡编》卷13《辞建节第三札子》。

④ 据《要录》卷33建炎四年五月壬子，卷47绍兴元年九月甲寅，席益任中书舍人一年有馀。他所阅上书见《金佗续编》卷27黄元振编岳飞事迹。

赵宋的家规是以文制武，有意贬低和压抑武人。按照官制，一般由文臣枢密使统管军政，与"三衙"（殿前都指挥使司、侍卫亲军马军都指挥使司和侍卫亲军步军都指挥使司）形成文尊武卑的关系。三衙长官虽为武将之首，参见宰相和执政时，必须"执梃""谒拜"，这是宋时偏裨参见将帅的"军礼"，辞别时，必须恭敬作揖。连武将参与军政大计，也被视为越轨行为。① 岳飞不过是个从七品下级小武官，在这个鄙视武夫的时代里，他居然上书规谏皇帝，指斥宰执，评议时政，这无疑需要非凡的胆识和勇气。

黄潜善和汪伯彦看到岳飞的上书，凭着两颗颟顸的头脑，自然是嗤之以鼻。他们轻易地作出了"小臣越职，非所宜言"的批示。② 岳飞不仅被革掉官职，还被削除军籍，赶出兵营，"孤子一身，狼狈羁旅"，③ 一时连生计也无着落。

岳飞遭到如此严厉的打击和迫害，但他胸中的烈火却并未被浇灭。他怀着"尽忠报国"的激情，直奔河北抗金前线。④

第二节　张所知遇

对岳飞说来，北京大名府已非陌生的地方。此地设两个重要机构：一是杜充的北京留守司，负责守城；二是张所的河北西路招抚司，负责收复河北的失地。当时，金军只占领河北和河东路的部分州县。河北失守的仅有西路的怀州（治河内，今河南沁阳市）、卫州（治汲县，今河南卫辉市）、濬州和真定府，其他的府、州、军都固守待援。⑤ 金军连从燕山府南下的通道也未能保持。张所就任河北西路招抚使后，积极招募民兵，筹划粮饷，准备先克复怀州等四州、府，再解除敌人对中山府的包围。⑥

---

① 《浮溪集》卷1《行在越州条具时政》，《会编》卷145，《要录》卷42绍兴元年二月癸巳，《齐东野语》卷2《张魏公三战本末略·淮西之变》。
② 《金佗稡编》卷4《鄂王行实编年》。
③ 《金佗稡编》卷11《乞以明堂恩奏张所男宗本奏》。
④ 岳飞建炎初南京上书，实为他个人成长史的重要篇页。在《金佗稡编》问世前，人们不知此事。李心传看过岳飞后来的奏，却"不知所论何事"，又在《要录》卷8建炎元年八月乙亥误作在康王称帝前，岳飞"至北京，论事，罪废"。
⑤ 《要录》卷6建炎元年六月甲子注有宋朝已沦陷的府、州、军统计，但统计不全，例如平定军就未列入。
⑥ 《要录》卷7建炎元年七月丙辰。

岳飞在八月间投奔张所的招抚司，并且坚持要求参见张所本人。他前后三次恳求，才达到目的。张所命他暂充效用兵，留在"帐前使唤"。① 招抚司有一位任幹办公事的幕僚，名叫赵九龄。他最初由李纲举荐，曾任"御营机宜"。赵九龄同岳飞有所接触后，很快便赏识了岳飞，认为这个青年是"天下奇才"。②

张所初步了解岳飞的经历和志向后，便有意考问他，说："闻汝从宗留守，勇冠军，汝自料能敌人几何？"岳飞回答说："勇不足恃也，用兵在先定谋。谋者，胜负之机也，故为将之道，不患其无勇，而患其无谋。"接着，他就将古代兵法中"上兵伐谋，次兵伐交"的道理说了一遍。张所大为惊奇，说："公殆非行伍中人也！"当即命岳飞坐下，两人促膝谈心。

岳飞畅谈自己的理想和抱负。他分析河北的重要性，说本朝以开封为京都，平川旷野，长河千里。如果不能收复河北，不仅河南无法守卫，连江淮也得失未卜。当年童贯买得燕、云地区，而没有防守金坡等关，得虚名，受实祸，这是惨重的教训。岳飞转念国耻家恨，不由慷慨流涕。他再三申明自己以身许国的宏誓大愿，表示决心随同张所征战，收复失地，万死不辞。

张所作为一个饱读经史的儒生，自经历此番谈话，便对岳飞刮目相看，十分器重，认定他将才难得，③ 决定予以破格提拔。张所将岳飞从自身的效用"借补"④ 修武郎、阁门宣赞舍人，⑤ 充任中军统领。接着，又很快超升三官，借补从七品武经郎、阁门宣赞舍人，升任统制。与岳飞被革职前相比，武经郎比武翼郎高两阶，其实是按"双转"制度升一官，又另外加阁门宣赞舍人一官。⑥

---

① 《会编》卷207《岳侯传》，卷208《林泉野记》说岳飞投奔张所在"靖康末"，系误。今从《金佗稡编》卷4《鄂王行实编年》和《要录》卷8建炎元年八月乙亥。
② 《金佗续编》卷27黄元振编岳飞事迹。《陈亮集》（增订本）卷22《中兴遗传序》说赵九龄在李纲属下便赏识岳飞，"言之丞相，给帖补军校"，系误。
③ 《金佗稡编》卷11《乞以明堂恩奏张所男宗本奏》："与臣言两河、燕云利害，适偶契合。"
④ 据《浮溪集》卷1《行在越州条具时政》："异时借补，犹须申禀朝廷，谓之真命。"
⑤ 《金佗稡编》卷11《乞以明堂恩奏张所男宗本奏》，而《金佗稡编》卷4《鄂王行实编年》作"阁门祗候"，稍异。当时武臣阁职有阁门宣赞舍人、阁门祗候等，作为荣誉加衔。
⑥ 《金佗稡编》卷11《乞以明堂恩奏张所男宗本奏》，而《要录》卷8建炎元年八月乙亥，卷114绍兴七年九月辛酉，《宋史》卷363《张所传》等载岳飞任"准备将"，系误。据《朝野类要》卷3《双转》："有军功人自武翼郎以上，每转一官，即双转两官。"

河北西路招抚司的工作遇到很大困难，主要是黄潜善和汪伯彦在宋廷从中作祟，连存放在北京大名府的兵器和甲胄也不准动用。九月中旬，张所勉强拼凑了七千装备不良的军队，命王彦任都统制，前去收复卫州等地。卫、怀、濬三州位于河北西路最南端，是金军揳入中原的桥头堡，对东京开封府和西京河南府（治河南、洛阳，今河南洛阳市）都构成很大威胁，势在必争。这是李纲和张所商定的战略部署。①

岳飞和张翼、白安民等十一将都隶属王彦，一起进发。② 当张所送他们慷慨出征时，岳飞万没料想到，这竟是他与张所的最后一别。李纲只当了七十五天宰相，即被宋高宗罢免，他的抗金措置也随之全部废弃。王彦军队离开北京大名府后，贬谪张所的命令便很快下达。宋高宗君臣将张所贬逐岭南，这是宋时对官员极重的处分。张所一片丹心，忠于职守，投降派其实根本搜剔不到什么罪名，居然下此毒手，作为对弹劾黄潜善的报复，也足见时政之昏暗。张所后居留荆湖南路首府潭州（治长沙，今湖南长沙市），被土匪刘忠杀害。③ 一位"有材气谋略"之士，④ 竟未得以施展半点抱负，赍恨以殁。

在岳飞一生中，感情最深厚的上级无疑是张所。两人相处仅有一个多月，而艰厄时刻的知遇，抗金志向的契合，却使岳飞终生铭感难忘。后岳飞身居高位，他花费很大气力，终于找到张所的儿子张宗本，"教以儒业，饮食起居，使处诸子右"。他上奏朝廷，"追复"张所，并将张宗本荫补为官。⑤

---

① 《梁溪全集》卷61《乞于河北西路置招抚司河东路置经制司札子》，卷175《建炎进退志总叙》。
② 《会编》卷113，卷198王彦行状，《要录》卷9建炎元年九月戊申，《宋史》卷368《王彦传》。
③ 《要录》卷9建炎元年九月壬寅，《宋史》卷363《张所传》都不载张所贬谪的原因，其实无非是反映了官史为宋高宗的失政避讳。又两书说张所死于岭南贬所，今据《金佗续编》卷9《照会追复张所左通直郎直龙图阁省札》更正。
④ 《梁溪全集》卷175《建炎进退志总叙》。
⑤ 《金佗稡编》卷9《遗事》，卷11《乞以明堂恩奏张所男宗本奏》，《金佗续编》卷9《照会追复张所左通直郎直龙图阁省札》，《赐张所一资恩泽仍支银绢省札》，《要录》卷114绍兴七年九月辛酉，卷133绍兴九年十一月己丑。

第三节　苦战太行

张所的革职，河北西路招抚司的撤销，使王彦一军很快成了断线风筝，得不到上级指示，也没有后援。他们所能依靠的只有当地民众。王彦屡破金兵，向各处传送榜帖，号召人民起来响应和支援。金朝立即调集兵力，准备认真对付这支宋军。

王彦驻军卫州新乡县（今河南新乡市）的石门山下，由于敌军的集结，他感到必须采取持重的方针。年少气盛的岳飞却不理解王彦，责备他胆怯，说："二帝蒙尘，贼据河朔，臣子当开道以迎乘舆。今不速战，而更观望，岂真欲附贼耶！"

王彦沉默不语，只是给岳飞劝酒。王彦的一位刘姓的幕属对岳飞凌犯上司颇感不平，便屡次在手掌中写一个"斩"字，以示王彦，王彦也不作表态。岳飞一怒之下，便率领部兵擅自出战。他夺取了敌军的大纛，在空中挥舞，以激励士气。于是其他各军也争先恐后地出击，攻拔新乡县，生擒金军千夫长阿里孛。接着，宋军又打败了金军万夫长王索的军队。①

金人两战两败，以为宋朝大军开到，就集结了数万大军，进行反攻。王彦的几千孤军遭到四面包围，敌人猛攻营垒，矢下如雨。最后，宋军在突围的战争中溃散了。

王彦冲出重围，转战数十里，收得残部七百多人，退守卫州共城县（今河南辉县市）的西山。为了表示宁死不屈的斗志，王彦和他的部属们都在脸部刺上"赤心报国，誓杀金贼"八个字。② 两河忠义民兵傅选、孟德、焦文通、刘泽等部纷纷响应。最后，王彦一军发展到十多万人的队伍，与金军战斗近百次，收复绵亘数百里的地区。敌人屡次进行围剿，有

---

① 据《会编》卷111《金虏节要》和《金史》卷44《兵志》，金军万夫长一般由女真人担任，专统渤海人和辽东汉人的万夫长只是个别的。又据《会编》卷3和《金史》卷135《国语解》，女真人的"完颜"汉姓为"王"，此处的王索大约是女真人姓完颜者，而用汉姓汉名。

② 《会编》卷113，卷198王彦行状和《宋史》卷368《王彦传》作"赤心报国，誓杀金贼"，后四字在《要录》卷9建炎元年九月乙卯条中，被清人修《四库全书》时删去。《会编》卷198《林泉野记》，《周益国文忠公集·平园续稿》卷6《高宗御批陈（思恭）奏札跋》作"誓杀金贼，不负赵王"，前四字在《建炎以来朝野杂记》甲集卷18《八字军》中，或被清人篡改为"誓竭心力"，见《武英殿聚珍版书》。《浪语集》卷33《先大夫行状》作"尽忠报国，誓杀金贼"。

一次甚至围攻王彦的山寨，都以失败告终。"八字军"的威名很快传遍天下。①

岳飞突围后，又在侯兆川②遭逢金兵。他鼓励士卒死战，终于击退敌人，而他本人也在战斗中受伤十馀处。岳飞的小部队苦战在太行山区。天寒粮尽，只能将自己骑乘的战马也宰杀作食，处于十分艰难的境地。

当听到八字军兴旺发展的消息，岳飞深感后悔。这个青年军人虽然性格倔强，还是能勇敢地正视自己的过错。他单身前往王彦的山寨，叩门谢罪。王彦对往日的嫌隙耿耿于怀，他不肯收留岳飞，也不愿借他粮食。有的部属甚至建议将岳飞处死。王彦对岳飞说："汝罪当诛，然汝去吾已久，乃能束身自归，胆气足尚也。方国步艰危，人材难得，岂复雠报怨时邪！吾今舍汝。"他用一卮酒将岳飞送走了。③

岳飞碰壁以后，并不灰心丧气，他回去率领部兵继续苦斗。在一次战斗中，岳飞所部俘虏金将拓跋耶乌，夺到几十匹战马。时隔数日，宋军又发现金军一支大部队，在蜿蜒的山路中行进。岳飞命令几十名兵士据守险要，虚张声势。自己舞动一宋丈八宋尺的铁枪，飞马驰下山岗，以迅雷急电般的动作，刺死金酋黑风大王。上万名金军猝不及防，以为中了埋伏，仓惶败退。④

第四节　北方民众抗金斗争风起云涌

当时，在金朝统治区内抗击金军者，并不止王彦和岳飞两支队伍。女真统治者的疯狂掠夺和残酷统治，激起各族人民如火如荼的反抗斗争。

燕山府刘立芸聚众起义，攻破城邑。他告谕民众说："吾欲致南北太

---

① 《会编》卷198王彦行状，《要录》卷9建炎元年九月乙卯，《宋史》卷368《王彦传》。
② 据《嘉靖辉县志》卷2《杂署》，《光绪辉县志》卷4《关隘》，《古迹》，《读史方舆纪要》卷49，侯兆川位于共城县西北。
③ 关于岳飞和王彦的矛盾发展，主要参据《金佗稡编》卷4《鄂王行实编年》和《会编》卷198王彦行状。《要录》卷9建炎元年九月乙卯叙事简单，大致照抄王彦行状，而《会编》卷207《岳侯传》，卷208《林泉野记》将两人之龃龉，归之于王彦忌妒岳飞才能，应与史实不符。
④ 《金佗续编》卷28《孙迪编鄂王事》引建炎四年邵缉荐书，说岳飞"顷在河北，尝以数十骑乘险据要，却胡虏万人之军"。《金佗稡编》卷4《鄂王行实编年》作"走其众三万"，应属夸张。

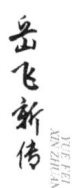

平。"起义者纪律严明，"蕃、汉之民归者甚众"。① 蓟州玉田县（今河北玉田县）爆发杨浩与智和禅师领导的起义，队伍发展到一万馀人。易州（治易县，今河北易县）的刘里忙年仅十八，他领导的起义军也有一万多人。他们扼截山险，邀击金军，对金朝形成一定威胁。②

从河北路的北部到南部相州，很多民众自动组织武装，结成山寨达五十馀处，每寨不下三万人，"皆以白绢为旗，刺血，上书'怨'字"，奋起反抗女真贵族的统治。③

河东路代州（治雁门，今山西代县）五台山和尚真宝率领一支义军，与强敌周旋，宁死不屈。④ 在文水县（今山西文水县），保正石頹率领的队伍占据山险，屡败金军。石頹坚持斗争八个月，被完颜粘罕（宗翰）军所俘，钉在车上，臀部插入利刃，以施加肢解的酷刑相威胁，石頹毫无惧色。完颜粘罕（宗翰）亲自劝降，石頹厉声回答："爷是汉人，宁死不降！"终于被害。⑤ 宋太原府将官（正将、副将或准备将）杨可发在繁峙县（今山西繁峙县）招集二万多人的队伍，以五台山僧李善诺等为先锋将，遭完颜粘罕（宗翰）大军的攻击，义军战败，杨可发刺腹自杀。⑥ 另一武官何宏中也"收合散亡，立山棚七十四所，号令所及，千里而远"。⑦ 石州（治离石，今山西吕梁市离石区）也聚合一支几万人的抗金义军，为首者号称"阎先生"。⑧

解州（治解县，今山西运城市西南）的邵兴和邵翼兄弟团聚义兵，占据神稷山抗金。金兵俘虏了邵翼，企图胁迫邵兴投降。邵翼大骂敌人，惨遭杀害。邵兴誓不降敌，屡次痛击金兵。此外，由邵雲领导的一支民间抗金武装，也同邵兴会合，两人"约为兄弟"，坚持斗争。⑨ 小吏张昱"聚

---

① 《要录》卷16建炎二年七月。
② 《会编》卷98《燕云录》。《靖康稗史笺证·呻吟语》说杨浩是燕山府潞县知县，玉田僧名一行，又说刘买（里）忙是中山府人，与《燕云录》有异。
③ 《松隐文集》卷26《进前十事札子》，《石林奏议》卷2《申大元帅府缴纳告谕军民榜牒状》。
④ 《宋史》卷455《僧真宝传》。
⑤ 《朝野遗记》作"石頹"，《会编》卷143《金虏节要》作"石靖"。
⑥ 《会编》卷51《中兴遗史》。杨可发外号"杨麻胡"，《金史》卷82《郭企忠传》也有关于杨麻胡的记载。
⑦ 《中州集》卷10何宏中传，《齐东野语》卷11《何宏中》。
⑧ 《金史》卷82《郭企忠传》。
⑨ 《会编》卷104，卷117，《要录》卷5建炎元年五月，卷16建炎二年七月，卷31建炎四年正月丁巳，《宋史》卷448《邵雲传》。《会编》和《要录》都说邵翼是邵兴之弟，据《忠正德文集》卷8《丙辰笔录》说，邵隆（邵兴后改名隆）"与其兄纠率乡民，屡与敌战。兄为敌获，大骂而死"。

众数千"，一度占守慈州（治吉乡，今山西吉县）。①

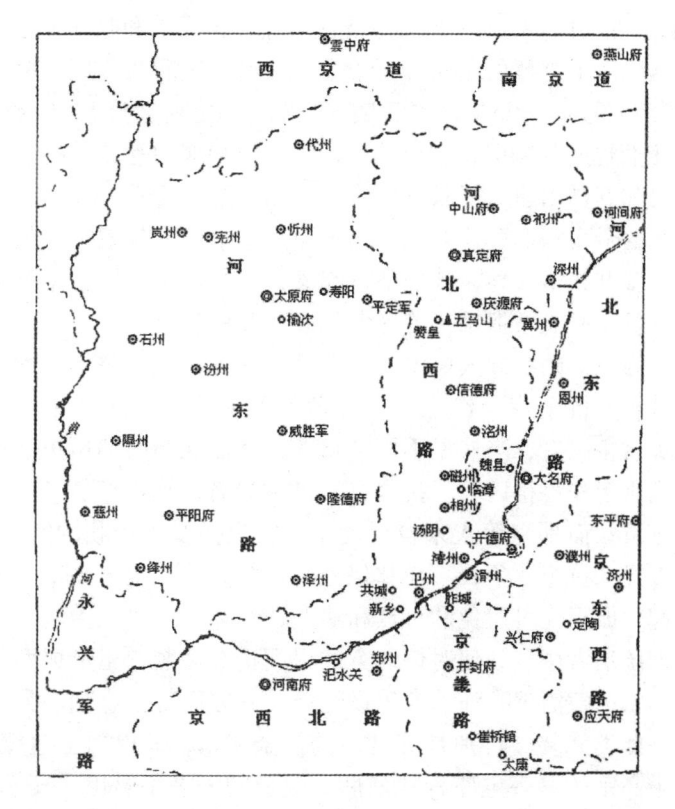

两河形势图

在建炎初年的北方民众抗金斗争中，除了王彦的八字军外，力量最强、影响最大的还有河东红巾军和河北五马山起义军。

河东红巾军看来不是一支统一的队伍。宋时百姓起而造反，或为盗匪，往往"私制绯衣巾"。② 红巾军即是头裹红巾，以作抗金义军的标志。他们到处建立山寨，"每党不啻数千人"，"旌旗缤纷，鼙鼓震叠"，声势其盛。③ 有一回，红巾军在泽州（治晋城，今山西晋城市）、隆德府（治上党，今山西长治市）一带袭击金营，金左副元帅完颜粘罕（宗翰）几乎被俘。女真贵族无法对付神出鬼没的红巾军，只能屠戮无辜的平民以泄愤，结果"亡命者滋益多，而红巾愈炽"。④

---

① 《会编》卷111，《要录》卷7建炎元年七月戊戌。
② 《斐然集》卷18《寄张相》（其七），又《金佗稡编》卷4《鄂王行实编年》："凡不为红头巾者，随我！"也是同样意思。
③ 《山右石刻丛编》卷19杨丹《襄垣县修城记》。
④ 《要录》卷9建炎元年九月壬辰。

河北西路庆源府（治平棘，今河北赵县）赞皇县有一座山，"上有五石马"，取名五马山。① 山上聚集一支起义军，由马扩和赵邦傑指挥。他们以宋高宗之弟信王赵榛的名义作号召，"两河遗民闻风响应，愿受旗、榜者甚众"，组成号称几十万人的武装。② 金朝真定府获鹿县（今河北鹿泉市）知县张龚也起兵响应。刘里忙、杨浩、智和禅师等领导的燕雲地区起义队伍，也和五马山建立了联系。③

　　在东北的金太宗御寨，有几千名被驱掳北上的汉族奴隶。他们以上山砍柴为名，置办长柄大斧，计划举行起义，并劫持金太宗，杀过黄河。由于叛徒的告发，起义被扼杀，首谋者都遭金人杀害。④

　　以汉族为主体的各族人民的抗金斗争，毫无疑义，是正义的、进步的爱国主义壮举。抗金斗争作为民族斗争，参加的社会成员相当广泛。祖国、皇朝和君主三者，当然是不同的概念，然而在当时的历史条件下，这三种概念实难于作严格区分。抗金义军的领导者，如王彦、马扩等人，本是宋朝的官员；而邵兴等人来自民间下层，也接受了宋朝的官封。因此，北方各族人民的抗金斗争，不免和保卫赵宋皇朝，保卫宋高宗个人的皇位纠缠在一起，成了无可避免的特点和缺点。

　　在宋朝统治者中，如何对待北方的民间抗金武装，也形成两种对立的政见。宋高宗、黄潜善、汪伯彦等投降派，一方面害怕金朝，另一方面也害怕和憎恶此类武装。特别是五马山的抗金义军，既以信王赵榛作号召，被视为对宋高宗的皇帝宝座构成威胁，更遭到宋高宗君臣之疑忌。李纲、宗泽等抗战派，为了恢复赵宋故土，洗雪国耻，则十分重视民间抗金武装，主张依靠北方的义军抗金。李纲罢相后，镇守东京开封府的宗泽事实上成为抗金的中心人物。两河、燕雲等地的抗金健儿渴望接受宗泽的领导和指挥，宗泽也迫切需要他们的支援和配合，双方建立了密切而广泛的联系。

---

① 《读史方舆纪要》卷14。
② 《会编》卷115，卷116，《要录》卷13建炎二年二月辛巳，卷15建炎二年四月。
③ 《靖康稗史笺证·呻吟语》。
④ 《会编》卷98《燕雲录》，《要录》卷12建炎二年正月。

第五节　再隶宗泽

宗泽在建炎元年六月赴任东京开封府后，着手整顿毁废的城防设施，沿大河建立连珠寨，规划光复旧物的大计。

宗泽除了联系两河、燕云等地的抗金义军外，还注意收编大河以南的民间武装、溃兵游勇、盗匪之类。南方各类武装散居或流窜各地，千百为群，实为不可忽视的武力。民间武装大抵是处于乱世，以保卫本乡本土为宗旨。至于溃兵游勇和盗匪无非是乘乱作乱，烧杀抢掠，或称霸一方。从抗金的大局出发，宗泽的收编工作得以顺利进行。王善、杨进、王再兴、李贵、丁进、马皋、张用、曹成、马友、李宏等队伍，都争先恐后地归附宗泽的东京留守司。很多"义士"也从四面八方前往开封府投军。最后，宗泽编组了号称百万人的大军，积储了足供半年食用的粮食。①

宗泽执法严明，赏罚公平，全军上下都心悦诚服地听从他的命令，在军民中享有极高的威信。他曾处死擅杀主将的统制赵世隆，却重用其弟赵世兴；② 他执法处斩聚众抗金的李旺，又命其弟李道接管这支抗金队伍。③ 赵世兴和李道也欣然从命，没有怨尤。

岳飞转战太行山区，深感自己势孤力单。宗泽委任王彦"制置两河军事"，④ 王彦便派人命岳飞所部"赴荣河把隘"。⑤ 岳飞深感与王彦难以共事，便决定率领部伍南下东京开封府，再次接受宗泽的领导。

东京留守司的官员查究岳飞睽离王彦的经过。按军法规定："军中非大将令，副将下辄出号令，及改易旌旗军号者，斩"；"背军走者，斩"。⑥

---

① 《宗忠简公集》卷7《遗事》，《宋宗忠简公全集》卷9《宗忠简公事状》，《鲁斋王文宪公文集》卷14《宗忠简公传》，《宋史》卷360《宗泽传》，《会编》卷120，《要录》卷10建炎元年十月壬戌，卷19建炎三年正月乙未。

② 《宗忠简公集》卷7《遗事》，《宋宗忠简公全集》卷9《宗忠简公事状》，《宋史》卷360《宗泽传》，《要录》卷15建炎二年四月甲寅朔，乙卯。《鲁斋王文宪公文集》卷14《宗忠简公传》作李世隆和李世兴。

③ 《会编》卷145，《要录》卷43绍兴元年三月，《宋史》卷465《李道传》。

④ 《要录》卷15建炎二年五月辛卯载，在此前宗泽已命王彦"制置两河军事"，同月戊戌，王彦的官衔又已改为"河北制置使"。估计岳飞南下开封前，王彦的官衔为"制置两河军事"。

⑤ 《会编》卷198王彦行状。

⑥ 《武经总要》前集卷14《罚条》。

他们报告宗泽，建议对岳飞以军法从事。宗泽早已知悉岳飞骁勇敢战，认为他确实是一个"将材"，也谅解他脱离主将，是出于抗金心切，便决定将岳飞留在军中，降官为秉义郎，① 以将功补过。

十二月，金军大举南侵，进犯孟州（治河阳，今河南孟州市）的汜水关。② 宗泽当即委任岳飞为踏白使，③ 率领五百骑士，前往侦察。临行前，宗泽对他强调说："汝罪当死，吾释不问，今当为我立功。往视敌势，毋得轻斗！"

岳飞谢罪禀命而行，在汜水一带与金军接触。他鼓足勇气，所向无前，一举打败敌军。当岳飞凯旋东京开封府后，宗泽立即任命他为统领。④

第六节　开封外围战

岳飞虽然在汜水一带初战告捷，整个军事形势依然非常险恶。金军在中原作战，往往是盛暑休兵，而于秋冬弓劲马肥之际用兵。⑤ 此次建炎元年的冬季攻势，金军几乎是倾巢而出，分兵三路。东路由"三太子"完颜讹里朵（汉名宗辅，宋人或译名窝里嗢）和元帅左监军完颜挞懒（汉名昌）统率，完颜讹里朵时已接替病死的"二太子"完颜斡离不（宗望），任右副元帅，此军直下京东。西路由完颜娄室和完颜撒离喝（汉名昊）率领，攻打陕西。中路由左副元帅完颜粘罕（宗翰）和元帅右监军完颜谷神（汉名希尹）指挥，进犯京西。东、西两路军都占领一些州县，而中路军作为主攻部队，攻势尤其凌厉。完颜粘罕（宗翰）军直取西京河南府，又还军占领郑州（治管城，今河南郑州市），亲自与宗泽所率的东京留守司军对阵。他又命部将完颜银术可⑥与完颜拔里速、完颜赛里（宗贤）、萨谋鲁、耶律马五、⑦ 沙古质等分兵继续南下，焚掠京西很多州县，企图从南

---

① 《宋宗忠简公全集》卷9《宗忠简公事状》，《宋史》卷360《宗泽传》。
② 《要录》卷11建炎元年十二月癸亥，《宋史》卷24《高宗纪》。
③ 《资治通鉴》卷264胡三省注："凡军行，前军之前有踏白队，所以踏伏，候望敌之远近众寡。"可知踏白使是执行武装侦察任务的军官。
④ 《宗忠简公集》卷7《遗事》，《宋宗忠简公全集》卷9《宗忠简公事状》，《鲁斋王文宪公文集》卷14《宗忠简公传》，《宋史》卷360《宗泽传》。
⑤ 《会编》卷176吕颐浩奏，《历代名臣奏议》卷90吕颐浩奏。
⑥ 据《金史》卷135《金国语解》，银术可的女真语义是"珠"。
⑦ 据《金史》卷80《阿离补传》，马五姓耶律，为契丹人。

面包抄开封。① 东路的"四太子"完颜兀术（宗弼）也率兵向开封进逼。宗泽的东京留守司军濒临四面受敌的险境。

从建炎元年冬到二年（公元1128年）春，在东京开封府所属及其毗邻的州县，宋金两军进行了剧烈的拉锯战。一支宋军被打败了，另一支宋军又接踵而战。一些地区得而复失，一些地区又失而复得。宗泽坐镇东京留守司，从容地调度军队，部署战斗。正月里，开封市民张灯结彩，一如往时。② 这与一年前的金军破城的劫难，适成鲜明对照。在艰难的搏战中，宗泽表现了非凡的大智大勇。

滑州是开封的北方门户，争夺战打得最为激烈。宗泽先后派部将刘衍、张撝、王宣和赵世兴率部前往迎战。经过反复较量，宋军将士支付了相当大的牺牲，张撝也英勇战死，终于牢牢地保住了滑州城。③ 岳飞从正月开始，也参加了滑州的战斗。他接连在胙城县（今河南延津县东北）、卫州汲县西的黑龙潭、④ 龙女庙侧的官桥等处获胜，俘虏了一个姓蒲察的女真千夫长，⑤ 在宗泽麾下保持了"每出必捷"的记录。⑥

金军这次猛烈的攻势已至再衰三竭的困境。河北、河东等地抗金义军配合宗泽，广泛出击，扰乱了金军的后方。翟兴和翟进兄弟指挥义兵，在伊川的皂矾岭、驴道堰等地战败敌人，收复西京河南府。⑦ 陕西民兵首领孟迪、种潜、张勉、张渐、白保、李进、李彦仙、张宗等，兵员各以万计，也奋起抗敌。李彦仙率领人马收复陕州（治陕县，今河南三门峡市西），同邵兴会师。⑧

四月，金军终于撤退，各路宋军乘机收复一些州县。在艰难百战之后，宋金军力的对比有了一定的变化，宗泽的抗金措施初见成效。宗泽威名震敌，金人"尊惮之"，"必称宗爷爷"，⑨ 而不敢呼其名。

极度紧张的戎马生活暂时休止，使宗泽有些馀暇去研讨各次战斗的成败得失，以利再战。宗泽器重岳飞，便将他召来，授予他一些阵图，命他学习研究，说："尔勇智材艺，虽古良将不能过。然好野战，非古法，今

---

① 《金史》卷3《太宗纪》，《金史》卷72《银术可传》。
② 《宗忠简公集》卷7《遗事》，《要录》卷12建炎二年正月壬辰。
③ 《宗忠简公集》卷7《遗事》，《要录》卷11，卷12，卷13，卷15。
④ 《读史方舆纪要》卷49。
⑤ 《金佗稡编》卷4《鄂王行实编年》作"女真李千户"，据《金史》卷135《金国语解》，女真人"蒲察"的汉姓为"李"。
⑥ 《鲁斋王文宪公文集》卷14《宗忠简公传》。
⑦ 《会编》卷115，卷116，《要录》卷14建炎二年三月庚子。
⑧ 《会编》卷115，《要录》卷13建炎二年二月，卷14建炎二年三月，《宋史》卷448《李彦仙传》。
⑨ 《宋宗忠简公全集》卷9《宗忠简公事状》，《宋史》卷360《宗泽传》。

为偏裨尚可，他日为大将，此非万全计也。"

岳飞告退后，只是将阵图粗略地看一遍，便置而不顾。待到宗泽再次召见，要他谈心得时，岳飞认为自己"掌兵不多"，若按一定的阵势，正好使金人得以看清己方的虚实，而被女真骑兵所歼灭。他率直地说了自己的看法：

"兵家之要，在于出奇，不可测识，始能取胜"。
"阵而后战，兵法之常，运用之妙，存乎一心"。①

这几句话后来成了有名的军事格言。宗泽自此也更看重岳飞，将他提升为统制。②

第七节　宗泽之死

宗泽虽然取得军事上的初步胜利，而宋廷朝政的昏暗，却日甚一日。李纲罢相后，宋高宗又杀害上书言事的太学生陈东和士人欧阳澈，另外一些主张抗金的官员，如许景衡、许翰、马伸等人，都被贬斥，张悫多少支持宗泽，也得病而死。黄潜善和汪伯彦专擅国政，宋高宗自南京应天府移居扬州，在行宫纵情声色，恣意作乐，他对国政其实并无多少兴趣，说："潜善作左相，伯彦作右相，朕何患国事不济！"③

四月以后，天气逐渐炎热。宗泽审度形势，认为在六月里，女真骑兵不耐暑热，弓不劲，马不肥，正是大举北伐的良机。王彦的八字军奉宗泽之命，移屯滑州。五马山的首领马扩，也携带信王赵榛的信件，前来东京留守司。宗泽和王彦、马扩等人共同制订了北伐的军事计划。计划规定，

---

① "兵家之要"一段摘自《金佗稡编》卷4《鄂王行实编年》，"阵而后战"一段摘自《宋宗忠简公全集》卷9《宗忠简公事状》。《金佗稡编》卷4《鄂王行实编年》将此事系于建炎元年春岳飞初隶宗泽时。按岳飞初隶宗泽不足一个半月，当时显然无暇从容讨论阵法。在谈话中，岳飞又称宗泽为"留守"，而非"副元帅"，当为再隶宗泽时事，今据《宋宗忠简公全集》卷9《宗忠简公事状》。

② 《宋宗忠简公全集》卷9《宗忠简公事状》说，此次谈话后，"公是其言，共参机务，飞由此知名，後迁〔统〕制"。从岳飞参加建炎二年春的战斗经历看，其军职尚为"掌兵不多"的统领，所部尚未当东京留守司的主力军使用，应是战"後迁〔统〕制"。

③ 《会编》卷119，《要录》卷18建炎二年十二月己巳。

王彦等军自滑州渡黄河，直取怀、卫、濬、相等州；马扩等军由大名府攻打洺州（治永年，今河北永年县东）、庆源府和真定府；杨进、李贵、王善、丁进等部都分头并进，河北、河东山水寨的义兵，燕、雲地区的"豪杰"也约定时日，里应外合。①

宗泽自到开封后，前后向宋高宗上二十四份奏表，恳请他"回銮"东京，鼓舞士气，主持报国仇、复故疆的大计。然而一道道言词激切，足以感动木石的奏表，只要到达南京应天府或扬州，便统统成为废纸。宋廷回报于他的，只有敷衍、嘲笑和呵斥。

这个斗志极端顽韧的老人，历尽刀光和血影的围逼，心力交瘁；饱受冷眼和横眉的夹攻，忧愤成疾，终于一病不起了。岳飞和其他官员、将领纷纷到病榻前问安，宗泽仍然强振精神，勉励他们歼灭强敌，实现恢复故土的伟业，完成自己未酬的壮志。当"诸将退，惟岳飞在侧"，宗泽转念自己惨淡经营，刚付诸实施的北伐计划，不由吟哦大诗人杜甫的名句："出师未捷身先死，长使英雄泪满襟！"② 弥留之际，宗泽并无只言片语提及家事，只是大声疾呼："过河！过河！过河！"这是七月一个晦暗的日子。③ 开封城里，悲风回荡，愁云泣雨，似乎是苍旻在向伟大的民族忠魂致哀。每个角落都是一片嚎啕痛哭之声，广大军民最诚挚地悼念不朽的英灵。

在岳飞一生中，受教诲最深的长官无疑是宗泽。他虽然"共参机务"，④ 而并非是宗泽麾下的第一等武将，却是最忠实的继承人。从"唾手燕雲"的矢志，到"连结河朔"的远谋，从治军的整肃，到律己的严格，岳飞处处保留着宗泽的遗风馀烈。宋人评论说，宗泽"虽身不及用，尚能为我宋得一岳飞"。⑤

---

① 《历代名臣奏议》卷86，《宗忠简公集》卷1《奏乞回銮仍以六月进兵渡河疏》，《要录》卷15建炎二年四月己未，五月辛卯。
② 《全唐诗》卷226《蜀相》。
③ 宗泽死日各书记载不一，《要录》卷16为七月初一日，《宋史》卷25《高宗纪》为七月初四日，《宗忠简公集》卷7《遗事》，《宋宗忠简公全集》卷9《宗忠简事状》和《鲁斋王文宪公文集》卷14《宗忠简公传》为七月十二日，《会编》卷117作八月。据《要录》卷16建炎二年七月十三日乙未注，朝廷前一日得宗泽死耗，似应以《要录》所载为准。然而《遗事》等记载，又来源于宗泽亲属所述。
④ 《宋宗忠简公全集》卷9《宗忠简公事状》。
⑤ 《黄氏日抄》卷91《跋宗忠简行实》。

第八节　进驻西京

岳飞聆听了宗泽最后的心声，他率领毕进等部将，随同主管侍卫步军司公事闾勍，于建炎二年七月十五日进驻西京河南府，负责保护北宋的皇陵。① 这是宗泽生前的既定部署。②

闾勍是班直出身，有膂力，善骑射。③ 随着北宋亡国，三衙制度已成空名。闾勍镇守东京开封府，只是为不敢回京的宋高宗装潢门面，其实已不能行使侍卫步军司长官原有的职权。然而他作为宗泽麾下的第一等武将和得力助手，还是克尽己责的。

西京河南府即今洛阳，是著名的古都，宋代中原地区最秀丽的花园城市，其园林的精美，牡丹的繁富，驰誉全国。但是，在不到三年时间里，金军三次攻入洛阳城，将当地很多居民驱掠到黄河以北，并且纵火焚城。④ 岳飞早就向往观瞻洛阳，然而西京城却已面目全非，到处是残烬断瓦，颓垣败屋，"地近蓬蒿堆白骨，巷无人迹长苍苔"。⑤ 这座比开封更大的城市，⑥ 简直丧失了防守的价值，也难于防守。北宋的东、西、南、北四京先后经受战祸，而以西京河南府的破坏最为酷烈。

八月，闾勍命岳飞去汜水关御敌。汜水关是西京河南府的前卫，河东的金军两次南下，都经由此关。因建炎元年冬的作战，岳飞已对此地的地形等情况相当熟悉。当宋金两军对阵时，敌方一员骁将往来驰突。岳飞跃马左射，只发一箭，此人立时毙命。宋军乘机攻击，杀退了金军。岳飞又奉命屯军汜水县东的竹芦渡，⑦ 同敌军对峙。因为军粮接济的困难，他和军士们都忍饥作战。岳飞派三百名精兵埋伏山下，到深更半夜，每名兵士

---

① 《宋史》卷402《毕再遇传》，《会编》卷117。
② 《宗忠简公集》卷7《遗事》，《要录》卷15建炎二年四月丙寅。
③ 《会编》卷138。
④ 靖康元年，金军首入西京；建炎元年冬，金军二入西京；建炎二年四月，翟进、韩世忠等军被金军击败后，金军又三入西京。见《会编》卷63，卷116，卷117，《要录》卷14建炎二年三月庚子，卷15建炎二年四月丙寅，《宋史》卷25《高宗纪》，卷452《翟兴传》，《翟进传》。
⑤ 《会编》卷100《燕雲录》。
⑥ 据《宋史》卷85《地理志》，河南府城周为五十二宋里九十六宋步，而开封府城周为五十宋里一百六十五宋步。
⑦ 《读史方舆纪要》卷47。

手持两大束柴草作火炬。一时之间，火光烛天，敌人以为宋方大军前来增援，便慌忙撤退。岳飞率部兵追击，又取得胜利。他以奇功转武功郎，升至诸司副使的最高一阶，但仍为从七品。他自贬官秉义郎后，经几次升迁，至此方超过张所借补的武经郎的官阶。

大约到建炎二年岁末，岳飞奉东京留守司的命令，须返回开封。间勍对这个二十六岁的青年统制极有好感，却又无计挽留。最后，他还是将岳飞属下赵宏等十个能征惯战的使臣（八、九品的小武官）留下，算是向岳飞借用。①

第九节　击破王善

接任东京留守、开封尹的，是原北京留守杜充。他是相州安阳人，②和岳飞也勉强可算是同乡。

宋高宗和黄潜善、汪伯彦发表此项任命时，要求杜充"遵禀朝廷，深戒妄作，以正前官之失"。③ 其实，杜充与他们是一丘之貉，即使没有这番叮咛和告诫，他也完全会反宗泽之道而行之。杜充上任伊始，立即中止宗泽的北伐部署。当时，统制薛广所部已向相州挺进，因王善和张用两部未去会师，薛广战败牺牲。④ 苦守近两整年的相州城终于在建炎二年十一月陷落，守臣赵不试自杀。⑤ 河东和河北的最后一批州县，包括北京大名府，全部被金朝占领。"两河豪杰"原先按照宗泽的计划，准备配合宋军北伐，杜充却断绝了对他们的任何联系和支援，⑥ 使金军得以竭尽全力，残酷镇压。著名的五马山寨也被金朝大军所攻破。⑦

杜充自诩"帅臣不得坐运帷幄，当以冒矢石为事"，⑧ 似乎是羽扇纶巾般的文臣，和铁马金戈般的武士，兼备于其一身。然而他得知金军行将发动冬季攻势，就吓得丧魂落魄。他的唯一对策，是下令开决黄河的河堤。

---

① 《会编》卷138，《要录》卷33建炎四年五月甲寅。
② 《要录》卷5建炎元年五月丙午。
③ 《要录》卷16建炎二年七月甲辰。
④ 《会编》卷118，《要录》卷17建炎二年九月丁未。
⑤ 《会编》卷119，《要录》卷18建炎二年十一月乙未，《宋史》卷447《赵不试传》。
⑥ 《会编》卷118，《要录》卷16建炎二年七月甲辰，卷18建炎二年十月癸酉。
⑦ 《会编》卷117，《要录》卷17建炎二年秋。
⑧ 《要录》卷26建炎三年八月戊申。

黄河于建炎二年十一月改道入淮，① 但暴溢的浊流其实并不能阻遏金军，只是使当地居民遭殃。

"宗泽在则盗可使为兵，杜充用则兵皆为盗矣"。② 宗泽所以能收编大河以南的各种武装，是有着一个抗金的总目标。杜充既然无意于抗金，加之他对人苛酷，善猜忌，刚愎自用等劣性，部属们不由不离心离德。丁进和杨进两部首先叛而为"盗"，剩下的王善、张用等部也朝不保夕。

建炎三年（公元1129年）正月，岳飞率本部二千人马返回开封。关于新留守的所作所为，他虽然有所风闻，却不料杜充在他参见之始，竟立即布置了消灭张用等部的任务。张用是岳飞的同乡，曾当过汤阴县的弓手，弓手类似于今之巡警。张用和曹成、李宏、马友结为"义兄弟"，有几万兵力。此外，同张用勾结的王善也必然会前来助战。③ 岳飞以"兵寡不敌"为理由，婉言推辞，恣睢暴戾的杜充怒气冲冲，说若不出战，当即砍头。④

岳飞无可奈何，只能同桑仲、马皋、李宝等屯驻开封西城外的诸部一同上阵，攻击南城外的张用军，双方在南薰门⑤外交锋。驻扎东城外的王善闻讯后，果然率军前来支援张用。张用和王善军俘虏了李宝。但岳飞以八、九百人勇猛作战，有一敌方悍将出斗，岳飞单骑直前，举大刀奋力一劈，居然将敌将自头顶至腰，劈成两半。一时敌方大骇，号称"二十万之众"终于溃退。⑥ 岳飞因功升武经大夫，比原来的武功郎高三官，正七品的武经大夫属诸使正使。

盗匪杜叔五、孙海等包围开封府东明县（今河南兰考县北）。岳飞又奉命前往解围，活捉了杜叔五和孙海。他因此升转武略大夫、借英州刺史。凡带武阶官衔的刺史等，宋时称遥郡。凡是使臣、诸司副使、诸司正使、遥郡等，都属武官升擢的虚衔。遥郡的官品依武阶官而定，故岳飞的官品仍为正七品。

王善、张用等退兵后，又转攻淮宁府（治宛丘，今河南淮阳县），杜

---

① 《要录》卷18建炎二年十一月乙未。
② 《要录》卷16建炎二年七月甲辰注，卷20建炎三年二月己巳注引吕中《大事记》。
③ 《会编》卷120，《要录》卷19建炎三年正月乙未。
④ 《金佗续编》卷27黄元振编岳飞事迹。
⑤ 《宋史》卷85《地理志》载，南薰门为开封城南三门中的中门。
⑥ 《会编》卷120，《要录》卷19建炎三年正月乙未载岳飞等军战败，而《金佗续编》卷28《孙迪编鄂王事》引建炎四年邵缉荐书说，岳飞"以八、九百人破王善、张用二十万之众，威震夷夏"，耳目相接，应是可信的。《金佗续编》卷14《忠愍谥议》，《武穆谥议》，卷27黄元振编岳飞事迹，《会编》卷207《岳侯传》，卷208《林泉野记》等记载，与邵缉之说和《金佗稡编》卷4《鄂王行实编年》大致相同。

充派遣马皋等军追击，被王善、张用等军战败。张用等因久攻淮宁府城不下，便引军离去。王善不肯退兵，与张用等从此分道扬镳。① 杜充又命都统制陈淬率岳飞等再往救援淮宁府。岳飞先令偏将岳亨截断王善军剽掠之路，率军与王善军战于清河，大败敌军，俘虏敌将孙胜、孙清等。他因功又升转武德大夫，真授英州刺史。武德大夫比武略大夫高三官，但仍属正七品。

四月，岳飞又随陈淬再往，攻击王善军。六月，岳飞在开封府太康县（今河南太康县）崔桥镇②又一次击败王善军。王善率所部东流西窜，最后投降金人。③

岳飞在开封城南薰门外的胜利，一时被传为美谈，其实，这正是杜充铸就的大错。他措置的乖谬，引发了一场本可避免的、自相残杀的内战，使宋军的实力损失于内耗，使抗金的军力甚至为金朝所用。

由于岳飞骁勇善战，他不仅在内战中立下军功，其实也解救了杜充个人的危困，加之两人的同乡关系，杜充既需依靠岳飞，也须在某种程度上提拔岳飞，最后竟出现了岳飞为杜充"爱将"之说，并广为流传。④ 岳飞在杜充属下计升九官，自武功郎至武德大夫计七官，另加借英州刺史到真授英州刺史计两官。但他是一个有伟大志向的军人，决不会因此便对杜充感恩戴德。岳飞既有以往擅自脱离王彦的沉重教训，他尽管对杜充强烈不满，也只能委屈在其节制之下。

第十节　撤离开封

宋高宗自南宋小朝廷建立以来，一意对金妥协求和，以图苟安一隅。建炎三年，他经历了扬州逃难和苗刘之变后，丧魂失魄，自动去掉了皇帝的尊号，改用康王的名义向金朝左副元帅完颜粘罕（宗翰）致书，说自己"守则无人"，"奔则无地"，"惟冀阁下之见哀而赦己"。⑤ 宋廷的祈哀乞怜，卑辱到无以复加的地步，其后果无非是使女真贵族的气焰更为嚣张。

---

① 《会编》卷120，《要录》卷19建炎三年正月庚子。
② 《元丰九域志》卷1载，崔桥镇在开封府太康县境。
③ 《会编》卷134，卷144，《要录》卷24建炎三年六月己酉，卷29建炎三年十一月乙巳朔。
④ 《金佗稡编》卷5《鄂王行实编年》建炎四年七月记事，《金佗续编》卷28《吴拯编鄂王事》。
⑤ 《金史》卷74《宗翰传》，《要录》卷26建炎三年八月丁卯。

面对着金军行将发动的新攻势，躲在开封城中的杜充如临深渊，如履薄冰，惶惶不可终日，似乎大难临头，只有走为上计。他既想逃离东京开封府，却又不肯承担放弃京城的罪责。于是杜充便施展了一个狡计，决定自己率东京留守司主力军南撤，而责成副留守郭仲荀留守开封。不久，郭仲荀也如法炮制，命留守判官程昌寓接替防务，自己逃往南方。程昌寓又逃之夭夭，将守城责任推给了上官悟。当时开封城中粮食奇缺，饿尸纵横，到建炎四年（公元1130年）二月最后陷落时，城里的壮年男子还不满一万人。① 这个曾经是当时全世界最繁闹的城市，濒临荒寂的境地。

宋廷得知杜充率重兵撤离东京开封府，事实上是听之任之，命他"兼宣抚处置副使、节制淮南、京东、西路"，还节制"应天、大名府，许便宜行事"，即委任他主持除陕西以外，大江以北的防务，"提重兵防淮"。② 杜充对朝廷的命令置若罔闻，他不逃则已，一逃便准备逃到大江以南。

岳飞自建炎三年六月下旬刚回军开封，就接到杜充的命令，他的部伍必须随杜充南撤建康府（治江宁、上元，今江苏南京市）。他深知杜充此行此举，无非是要将大江以北的土地和人民拱手让与金人，十分气愤。但是，面对着这个刚愎而暴戾的长官，岳飞也只能按捺住一腔怒火，苦心规劝，他说："中原之地尺寸不可弃，况社稷、宗庙在京师，陵寝在河南，尤非他地比。留守以重兵硕望，且不守此，他人奈何？今留守一举足，此地皆非我有矣。他日欲复取之，非捐数十万之众，不可得也。留守盍重图之。"

杜充对岳飞的忠告，自然只当耳边之风，他不对岳飞发怒和斥责，已经算是对这位"爱将"保留体面了。

东京留守司的大军很快南撤了。既须越淮，还须渡江。岳飞尽管有三年前背井离乡，随康王从北京大名府退至南京应天府的痛苦经历和感受，但尚未经历如此伤感的长途退却，真是别有一番滋味在心头。岳飞和军士们的心情都极端沉重，他们五里一徘徊，十里一回首，向被宋高宗和杜充丢弃的故土依依惜别。

时值七月初秋，岳飞所部在铁路步与张用匪军遭遇，并击败敌军后，终于渡过波澜壮阔的大江，进驻建康府。③ 对岳飞这些北方人而言，他们早就听说过"上界有天堂，下界有苏杭"的民谚，④ 但百闻不如一见。长

---

① 《会编》卷132，卷133，卷137，卷140程昌寓家传，《要录》卷24建炎三年六月乙亥，卷26建炎三年八月乙丑，卷31建炎四年二月丁亥。
② 《要录》卷24建炎三年六月戊申朔，乙亥。
③ 《要录》卷25建炎三年七月庚子载，杜充已到江宁镇，与张浚相遇，"屏人语，久之而别"，则岳飞所部亦应于七月至建康府。
④ 《松隐文集》卷26《进前十事札子》。

江三角洲，包括当时浙西路和江南东路的一角，是富饶的鱼米之乡，使这些初到的北方人惊叹不已。

岳飞的故乡沦陷后，有个同乡前来寻找岳飞，告诉他母亲姚氏和前妻刘氏的消息，并且转达了姚氏的反复重嘱："为我语五郎，勉事圣天子，无以老媪为念也。"岳飞愤恨刘氏的背信弃义，姚氏和岳雲、岳雷的凄惨境遇，更使他卧不安，食不甘。他派人潜入汤阴县，前后十八次，才将母亲和两个儿子接到自己的军营。①

大约在建炎二年至三年间，岳飞又另娶一位新妻，名叫李娃，她比岳飞大两岁，结婚时已有二十八、九岁。她孝顺姚氏，也爱抚岳雲和岳雷，是个典型的贤妻良母。②

从刘浩到杜充，岳飞先后跟随过七个长官。他在战场上，始终是奋不顾身，勇往直前，这有他身上的累累伤痕为证。然而出生入死的战斗，却赢得了步步后撤，这使他既非常迷惘，又十分苦闷。这个二十七岁的青年将领，对于从宋高宗到杜充的投降路线既极度反感，却又缺乏足够的认识。抑郁不得志的岳飞多么渴望施展自己的才能和抱负，他甚至埋怨自己屈居偏裨，进退听命于人。他还天真地幻想，如果自己一旦当上统重兵的将帅，便可挥兵杀过大江，飞越长河，摧灭强敌，何患大功不成，何患将来史册上不与关羽和张飞齐名。③

三年间的迭遭挫折，砥砺着岳飞的斗志。他枕戈待敌，随时准备效命于新的战场。

---

① 《金佗稡编》卷9《遗事》，卷14《乞终制札子》。
② 李娃年龄据《宋岳鄂王年谱》卷1。据《金佗稡编》卷17《乞淮东重难任使申省状》，《齐东野语》卷13《岳武穆逸事》，《宋岳鄂王年谱》卷1，李娃于建炎四年已嫁岳飞，当年十一月生岳霖。估计岳飞娶李娃大约在建炎二年至三年。据《书仪》卷3《婚仪上》和《家礼》卷3《婚礼》，宋时"女子年十四至二十"是正常婚龄，估计李娃可能是改嫁岳飞。
③ 《金佗续编》卷14《忠愍谥议》，《武穆谥议》，《金佗续编》卷28《孙迪编鄂王事》引建炎四年邵缉荐书。岳飞渴望独立成军，由来已久，应非始于建炎四年。

肆

建康风云

河南汤阴岳王庙

第一节 初败李成

宋朝大约丧失三分之一的土地，主要是在杜充主持前沿军务之时。然而无论是宋高宗，还是像吕颐浩、张浚等多少倾向抗金的宰执大臣，都对杜充怀有莫名其妙的敬意，根本没有想到要追究他放弃大片土地和东京开封的罪责。宋廷的一份升官制词简直将杜充吹嘘得神乎其神："徇国忘家，得烈丈夫之勇；临机料敌，有古名将之风。比守两京，备经百战，夷夏闻名而褫气，兵民矢死而一心。"宋廷开始任命杜充任同知枢密院事，官至执政，已是超擢。可是杜充仍嫌枢密院副长官太小，"自言中风在告"。宋高宗也明了杜充之意，但认为在"遭世多艰，临川望济"之际，必须重用这位"天下之奇才"，故又破格任命杜充为右相。命相制发表四日，杜充"即起视事"，不再装病了。①

杜充任右相，又兼江、淮宣抚使，全权负责江防。宋高宗只留张俊一军作护卫，其馀刘光世、韩世忠、王瓛等军，都拨属杜充，将国家的安危存亡委托于杜充一身。刘光世和韩世忠是苗刘之变时救驾的大功臣，他们嫌杜充严酷，不服从节制。② 杜充勉强调集了十多万军队，稀疏地部署在漫长的沿江防线上。其中唯有原东京留守司军还有相当战斗力，他们曾在宗泽指挥下，同金军打过硬仗，其他各军都只有一触即溃的记录。

大江天堑，江面宽广，一支有作战经验的水军，就足以阻挡女真骑兵的侵轶。两年前，李纲任宰相时，建议要建立一支强大的水军。流光易逝，这个建议早已被宋廷贬为一纸废文。杜充只是委派邵青、郭吉等为水军统制，③ 率领为数不多的水军，布防于江上。

当时有一盗匪头目，名叫李成，河北东路雄州归信县（今河北雄县）人，当过弓手。他能挽弓三百宋斤，使用提刀，"能左右手轮弄两刀，所向无前"，每把刀各重七宋斤，十分勇鸷。建炎初年，他当归信知县，率兵众和老小数万人，投归宋高宗。李成听信一个相面道士陶子思的话，说

---

① 《会编》卷130，《要录》卷25建炎三年七月壬寅，卷27建炎三年闰八月己丑，《宋史》卷475《杜充传》，《浮溪集》卷11《东京留守杜充同知枢密院制》，卷15《杜充第二表辞免同知枢密院不允批答》。
② 《要录》卷27建炎三年闰八月辛卯，壬寅，卷29建炎三年十一月丁卯，《忠正德文集》卷7《建炎笔录》，《宋史》卷475《杜充传》。
③ 《会编》卷135，《要录》卷27建炎三年闰八月壬寅。

他"有割据之相"，便发动叛乱。刘光世率军击败李成，缴获一把李成的提刀，并俘虏了陶子思，将他处死。宋高宗看到此刀，从此一直很赏识李成的武技。此后李成叛服无常。① 这次他又勾结南下的金兵，乘势在淮南攻城略地。

岳飞率本军南下途中，到真州六合县（今江苏南京市六合区），於盘城击破李成军，李成退遁於滁州（治清流，今安徽滁州市）。十一月，杜充命令琼军进攻李成盘踞的滁州，琼只行军三日，就畏缩不敢前。岳飞时任江、淮宣抚司右军统制。② 他奉命率本部人马策应。他渡江抵达六合县的宣化镇，便得到急报，说李成派五百轻骑，前来偷袭本县的长芦镇。③ 因为镇上留有王琼军的辎重，这是提点刑狱裴凛亲自送来的犒军银、钱、绢，贮存在崇福禅院。于是岳飞便下令急行军，前往救援。他率江、淮宣抚司右军赶到九里冈，正遇满载而归的李成军。右军予以迎头痛击，全歼敌人，活捉枭将冯进，夺回大批银、钱、绢，营救出一批被盗匪俘掠的百姓与和尚。这是岳飞和李成的首次交锋，揭开了岳飞在江南抗金的序幕。④

第二节　马家渡之战

金朝元帅左监军完颜挞懒（昌）负责淮南战场，完颜兀术（宗弼）负责江南东部战场。金朝方面对他们的评价，是完颜挞懒（昌）"有谋而怯战"，完颜兀术（宗弼）"乏谋而粗勇"。⑤

完颜兀术（宗弼）剽悍非凡。他在灭辽的一次战斗中，箭矢用尽，就徒手夺取辽兵的长枪，刺死敌方八人，活捉五人。每当战斗打得异常激烈，难分难解之际，完颜兀术（宗弼）最喜脱掉头鍪，暴露出光秃秃的脑袋和辫发，⑥ 冒着骤雨般的矢石，冲锋陷阵。⑦

---

① 《会编》卷118，《要录》卷7建炎元年七月丙辰，卷17建炎二年八月辛巳，卷18建炎二年十月，十一月己丑，《金史》卷79《李成传》。
② 《要录》卷31建炎四年正月丙辰。
③ 据《元丰九域志》卷5，《读史方舆纪要》卷20，宣化镇和长芦镇都在六合县境。
④ 《会编》卷133，《要录》卷28建炎三年十月。
⑤ 《忠穆集》卷5《论边防机事状》，《景定建康志》卷48《吕颐浩传》。
⑥ 从传世的实物和图像看，金朝女真人往往是双辫，与后代满人有异，参见周锡保先生《中国古代服饰史》第346—347页，中国戏剧出版社，1991年。
⑦ 《金史》卷77《宗弼传》，卷79《郦琼传》。

完颜兀术（宗弼）统领的部伍，都是金军的精锐。① 金朝初年伐宋时，已征集原辽朝统治区的大批"汉儿"当兵；这次南侵，更调发大批中原的"南人"，充当"签军"。②

江南战场的金军分东、西两路。西路军由完颜拔离速、完颜挞懒（另一汉名毂英者，与完颜昌不是同一人）、耶律马五等指挥，③ 在建炎三年十月，由黄州（治黄冈，今湖北黄州市）渡江，先后荼毒江南西、荆湖南和荆湖北三路，然后北撤。驻江州（治德化，今江西九江市）的刘光世军望风逃窜，使这支偏师得以横行几千里。只有一些村民自动组织抵抗，才使金兵受到一些损失，而有所忌惮。④

东路是完颜兀术（宗弼）亲率的主力军。十一月，江、淮宣抚司水军进袭盗匪李成所部。金军支援李成，击败宋军，虏获宋方大部分船舰。⑤完颜兀术（宗弼）军攻打太平州（治当涂，今安徽当涂县）的采石和慈湖失利，改由建康府西南的马家渡⑥过江。宋朝水军统制邵青仅有一艘战船，率十八名水手进行拦击，艄工张青身中十七箭，邵青等力竭败退。另一水军统制郭吉却不战而逃。⑦

杜充部下尚有六万人，他得到急报，忙命都统制陈淬率岳飞、戚方、刘立、路尚、刘纲等十七将，统兵二万出战，又命王𤩰指挥一万三千人策应。金军有二十艘船，每次载一千人渡江，首先登岸的是渤海万夫长大挞不野（大为渤海人之姓，其汉名㚇），⑧ 他的部伍驱逐了守岸的少量宋军。待陈淬率军抵达马家渡时，金将鹘卢补、当海、迪虎等部队都已渡江，兵势甚盛。

陈淬是福建路兴化军莆田县（今福建莆田市）人，北宋亡国时，他的妻儿八人被金军杀害。国仇家恨，使他义无反顾。二万军士也保留了宗泽统兵时的战斗作风，与金军勇敢搏战。岳飞所率右军更是争先奋击，同金朝汉军万夫长王伯龙部对阵。当时其他各支宋军往往一触即溃，或不战而

---

① 《忠穆集》卷5《论边防机事状》，《景定建康志》卷48《吕颐浩传》。
② 《金史》卷44《兵志》，《要录》卷28建炎三年十月戊戌。金时，原辽统治区汉人称"汉儿"，原宋统治区汉人称"南人"。
③ 《金史》卷72《毂英传》，卷74《宗翰传》。《要录》卷30建炎三年十二月乙未载金军屠洪州的主将是"乌玛喇"，即是马五。《永乐大典》转载《要录》文字，将"马五"颠倒为"五马"，清人编《四库全书》，又将"五马"改译为"乌玛喇"，见文渊阁《四库全书》本《要录》卷97卷末新旧译名对照。
④ 《会编》卷133，《要录》卷28建炎三年十月辛丑，卷29建炎三年十一月壬子。
⑤ 《诚斋集》卷118杨邦乂行状。
⑥ 《景定建康志》卷16《津渡》。
⑦ 《会编》卷134，卷135，《要录》卷29建炎三年十一月甲子。
⑧ 大挞不野和下文王伯龙万夫长之职，据《会编》卷132《金虏节要》。

溃，唯独原东京留守司军还是继承能打硬仗的传统，居然与金军激战十多个回合，未分胜负。不料王瓒卖阵逃跑，金军遂得以乘机击溃宋军。陈淬兵穷势尽，仍不后退，他大骂敌人，虽利刃搠胸，至死神色不变。陈淬生前曾"自题其像"说："数奇不是登坛将。"但仍不愧为一位抗金烈士。岳飞坚持战斗，直至天色昏黑，在其他将领"鸟奔鼠窜"的情况下，整军退屯建康城东北的锺山。①

金军渡江以前，杜充虽身膺重寄，却深居简出，不见部将，除了诛杀无辜以立威之外，毫无应敌之方。岳飞曾强行进入他的卧室，泪流满面，慷慨陈词说："勍虏大敌，近在淮南，睥睨长江，包藏不浅。卧薪之势，莫甚于此时，而相公乃终日宴居，不省兵事。万一敌人窥吾之怠，而举兵乘之，相公既不躬其事，能保诸将之用命乎？诸将既不用命，金陵（建康府别名）失守，相公能复高枕于此乎？虽飞以孤军效命，亦无补于国家矣！"岳飞凭借着作为得力部将的身份，尚有进行谏劝的资格，他恳请杜充出来视察师旅。凶暴的杜充也并未对岳飞怒斥，只是敷衍搪塞一番，说："来日当至江浒。"其实，他仍是深居宅院，闭门不出。

此刻杜充接到马家渡的败报，就慌忙乘船逃命。他刚下令打开建康城的水门，百姓的船只便抢先拥挤出城。杜充派人命民船让路，说："相公欲迎敌金人耳。"百姓们回答说："我亦去迎敌。"气得杜充目瞪口呆，只好返回宣抚司衙门。百姓们都在市井间喧腾，骂杜充说："杜相公枉斩了多少人，及其警急，却欲弃城先走！"

第二天，杜充终于率亲兵三千渡江，逃到江北的真州（治扬子，今江苏仪征市）。完颜兀术（宗弼）派人劝降，允许杜充组织傀儡政权，他立即无耻叛降金朝。②

宋高宗得知杜充投敌，"不食者累日"，③说："朕待充自庶官拜相，可谓厚矣，何故至是？"④

其实，将一个庸才和懦夫如同擎天柱一般尊崇，也足见皇帝和大臣辈

---

① 关于马家渡之战，参见《会编》卷134，《要录》卷29建炎三年十一月庚戌，壬戌，甲子，《金佗续编》卷28《孙迪编鄂王事》引建炎四年邵缉荐书，《宋史》卷447《杨邦乂传》，卷452《陈淬传》，《永乐大典》卷3146《莆阳志》，《金史》卷77《宗弼传》，卷80《大㚖传》，卷81《王伯龙传》。陈淬率兵二万，据《金佗稡编》卷4《鄂王行实编年》，《挥麈后录》卷10，《中兴小纪》卷7，《皇朝中兴纪事本末》卷11，《宋史》卷475《杜充传》，而《要录》作"三万人"，疑传抄有误。锺山位置据《景定建康志》卷17《山阜》。

② 《会编》卷134，《要录》卷29建炎三年十一月丙寅，丁卯，《宋史》卷475《杜充传》。

③ 《要录》卷31建炎四年二月乙未。

④ 《宋宰辅编年录校补》卷14。

之有目无珠。杜充之出走和降敌，其实并非完全是一件坏事。对岳飞说来，实为幸事，他从此得以摆脱杜充的羁束，自成一军，开始了独当一面的抗金活动。

第三节　南下广德军

岳飞在十一月二十日马家渡之战失败后，率右军在锺山驻扎才一两天，他决心摆脱尚在建康城中的杜充，于二十二日率部南下，寻找南宋朝廷。①

完颜兀术（宗弼）渡江占领建康府后，急于活捉宋高宗，灭亡宋朝，故他只派号称"萧、张二〔太〕师"的萧斡里也和张真奴，率偏师数千人留守建康。张真奴等又不时派人或派遣少量兵力，持黄旗前往招谕附近的州县投降。②十二月初，完颜兀术（宗弼）统大兵经广德军（治广德，今安徽广德县）、湖州安吉县（今浙江安吉县东北），直扑临安府（治钱塘、仁和，今浙江杭州市）。

宋高宗的小朝廷经过不断播迁，时已将临安府作为"行在"，即行都。宋高宗得知金军渡江的消息，便采纳宰相吕颐浩的建议，从临安府退到明州（治鄞县，今浙江宁波市），再从明州航海南逃。他们认为，海上虽有惊涛骇浪之险，也比陆上安全。

岳飞"孤军转战，且行且击"。③统制刘经和后军统制扈成同岳飞会合，④驻军于建康府句容县（今江苏句容市）东南的茅山，茅山为道教名山。⑤岳飞提议南下广德军，刘经表示赞同，扈成却口是而心非。扈成等岳飞的右军和刘经一军出发之后，便带领后军前往镇江府金坛县（今江苏金坛市）。后来，扈成同江、淮宣抚司另一转当盗匪的统制戚方火并，而

---

① 据《金佗稡编》卷19《建康捷报申省状》，《要录》卷29，杜充渡江去真州为十一月二十三日丁卯，比岳飞南下晚一日。
② 《景定建康志》卷43，《石林居士建康集》卷4《建康掩骼记》，《永乐大典》卷10876《李庄简公集·乞进讨虏贼状》。《金史》卷77《宗弼传》载："留长安奴、斡里也守江宁。"长安奴大约即是张真奴，斡里也应姓萧。
③ 《金佗续编》卷28《孙逌编鄂王事》引建炎四年邵缉荐书。
④ 《会编》卷135说扈成是后军统制，《要录》卷33建炎四年五月壬子说刘经是后军统制，今姑取其一说。
⑤ 《会编》卷135说岳飞等驻军于茅山，《要录》卷30建炎三年十二月作芳山，据《景定建康志》卷17《山阜》，似应以前一说为准。宋时有两个方山，而无芳山。

被杀害。①

岳飞从建康府行军至广德军，前后六战，斩敌一千二百多首级。他对一些被俘的河朔剃头签军做教育工作，命令他们回金营后，黑夜放火，烧毁七梢炮车、九梢炮车、②辎重和各种器杖。岳飞乘机出兵劫营，里应外合，重创敌军。

到达广德军的锺村后，军队无法继续前进了。朝廷飘洋出海，去向不明。右相兼江、淮宣抚使杜充既渡江投敌，很多将士又转当掳掠为生的盗匪。各种各样的坏消息，使军心浮动，大家深感前途渺茫。军粮也告罄竭。岳飞部下有的军士逃往其他各军，情愿充当盗匪。某些原江、淮宣抚司的散兵游勇，甚至派人前来，约岳飞为首领，共同降金。

岳飞面临前所未遇的艰难复杂处境，必须当机立断。他召集全体将士说："我辈荷国厚恩，当以忠义报国，立功名，书竹帛，死且不朽。若降而为虏，溃而为盗，偷生苟活，身死名灭，岂计之得耶！建康，江左形胜之地，使胡虏盗据，何以立国！今日之事，有死无二，辄出此门者斩！"

他慷慨的音容，激昂的言词，使全体将士感泣起来，众人不敢再萌生异志。岳飞最后对刘经等军说："凡不为红头巾者，随我！"刘经等人也表示愿追随岳飞，共同抗金。

对于前来相约降金的各路溃兵游勇，岳飞假意应允，并且要求他们上缴兵籍。当他们按预定日期抵达时，岳飞率亲信三、五人，全副武装，"弯弓跃马"，同各部勇健者比武，接连击败了几十人。最后，岳飞点阅兵籍，对众人大声说："以尔等之众且强，为朝廷立奇功，取中原，身受上赏，乃还故乡，岂非荣耶！必能湔涤旧念，乃可相附，其或不听，宁先杀我，我决不能从汝曹叛！"

岳飞态度决绝，义正词严，终于使众人悔悟。大家钦佩岳飞勇武绝伦，异口同声地表示："惟统制命！"

在危难而复杂的局面中，岳飞进行巧妙而果断的处置，表明了他非凡的智勇，也使众将士一心一德地团聚在抗金这个总目标之下。尽管如此，军粮的匮乏，仍然威胁着这支军队的生存。岳飞千方百计筹措军粮，并且尽可能资粮于敌。他和士卒同甘共苦，每次进餐，总是和下等的兵士共用粗粝之食。岳飞认为，在供给困难之时，尤须维护严明的军纪。他规定全体军士虽忍受饥困，也必须在营寨里安心操演或值勤，绝不准私出骚扰百姓。

岳飞侦知占据溧阳县的敌人兵力薄弱，命刘经率一千人马前往。宋军

---

① 《会编》卷135，《要录》卷30建炎三年十二月。
② 据《武经总要》前集卷12，这类炮都是人力抛石机。

夜袭并攻克县城，杀获五百多金兵，生擒同知溧阳县事、渤海太师李撒八。① 金人的知溧阳县正职大约逃回了建康府城。

第四节 进驻宜兴县

转眼间已是建炎四年初春，岳飞却不能提供最低限度的衣食之类，供士兵们辞旧迎新之用。因饥寒所迫，有的兵士甚至违令私出抢掠。小吏李寅向岳飞建议移屯常州宜兴县（今江苏宜兴市）。宜兴知县钱谌等人闻知岳飞之威名，也特地移书岳飞，欢迎他率军保护县境，并说县里的存粮足供一万军人吃十年。宜兴县东临太湖，北通常州，西面又逼近建康府通临安府的大道，确是进可攻，退可守的军事基地。二月，岳飞统兵进驻宜兴县，将兵营屯扎在县城西南的张渚镇。②

原江、淮宣抚司水军统制郭吉转当土匪后，也盘踞于宜兴县。岳飞派人投信，以好言抚慰，约他共同抗金。郭吉却急忙带一百多艘船，满载财物逃跑。岳飞闻讯后，命令部将王贵和傅庆领二千人追击，俘获了郭吉几乎全部的人和船。王贵是汤阴县人。③ 傅庆是卫州窑户出身，他原是刘光世的部将，在马家渡之战后追随岳飞。④ 两人都是能征惯战的勇将，成为岳飞的左右助手。扈成被杀后，统领庞荣率领残部投奔郭吉，此时也乘机归顺岳飞。⑤

在宜兴县境，尚有三支土匪。马皋和林聚各有几千人，岳飞派遣辩士

---

① 本节叙事还参据《金佗稡编》卷16《广德捷奏》，卷19《建康捷报申省状》，《金佗续编》卷28《孙迪编鄂王事》引建炎四年邵缉荐书，《吴拯编鄂王事》。《金佗稡编》卷4《鄂王行实编年》将岳飞说服众将士不降金，不当盗匪之事系于驻锺山时。按岳飞所部在锺山只屯驻一两日，离锺山时，杜充尚未逃往真州，建康城尚未陷落。可知《鄂王行实编年》的记事应包括杜充降敌前后，即岳飞由锺山转移到广德军期间的事。
② 《会编》卷136，《要录》卷31建炎四年正月丙辰说岳飞在建炎四年正月进驻宜兴。按《金佗续编》卷30《宜兴县生祠叙》作"建炎庚戌仲春"，此文为宜兴知县钱谌于当年"仲秋朔"所写，应以此说为准。岳飞军屯张渚镇，据《金佗续编》卷30《宜兴县鄂王庙记》，《云麓漫钞》卷1，张渚镇的方位据《咸淳毘陵志》卷3《坊市》，《读史方舆纪要》卷25。
③ 《金佗续编》卷28《孙迪编鄂王事》。
④ 《会编》卷143，《要录》卷38建炎四年十月，《金佗稡编》卷4《鄂王行实编年》。
⑤ 《会编》卷135，卷136，卷137。

劝降，得到了成功。另一支土匪，头目号称张威武，不肯投降。岳飞单骑闯入他的巢穴，乘张威武惊愕之际，将他斩死，并收编其全部人马。

在内祸外患交迫的岁月里，广大民众的生命财产朝不保夕。居然进驻了一支与众不同的军队，对民间秋毫无犯，这不能不使宜兴人民喜出望外，交相称誉。人们用朴素的语言称颂岳飞，说："父母生我也易，公之保我也难。"甚至很多外地人也争先恐后，移居宜兴县避难。

按中国古代的隆重礼节，宜兴人民出资为岳飞建造生祠，以表达大家感激之情。古代的祠庙用于尊崇先贤、祖宗，以至神仙鬼怪之类，为活人营建生祠，乃属特例。知县钱谌写生祠叙说，"察人之情，犹以为未至，皆欲图像于家，与其稚老晨昏钦仰，如奉省定而后已"，故将岳飞画像"摹刻于石，庶广其传"。[1] 当地民众简直将岳飞尊奉为神人，这在中华古史上是少见其例的。

岳飞对待河北、河东等地的金人签军，一贯采取正确的政策，将他们视为自己的骨肉同胞，不歧视，不苛待，尽量做争取工作。于是"岳爷爷"的声名远播，成千上万的签军争先恐后地前来降附。[2]

在降官如毛、溃兵似潮的逆流中，岳飞卓尔不群，他以必胜的信念、顽强的毅力和恰当的措置，发展和壮大了自己的队伍。这个二十七、八岁的青年统制开始担任主将，他按照自己的意图和风范，塑造一支抗金劲旅。后来，人民称这支雄师为"岳家军"。著名的爱国诗人陆游诗云："剧盗曾从宗父命，遗民犹望岳家军。""岳家军，盖绍兴初语"。[3] 岳家军当时尚不是一支大部队，无力挽狂澜于既倒；但在江南的抗金战场上，已不愧为中流砥柱。

第五节　江南军民抗击入侵者

完颜兀术（宗弼）占领临安府后，即命斜卯阿里和乌延蒲卢浑带四千精骑，急驰明州，追捉宋高宗。这支金人的偏师经历长途奔波，已成强弩

---

[1] 《金佗续编》卷30《宜兴县生祠叙》。
[2] 《金佗续编》卷28《孙迪编鄂王事》引建炎四年邵缉荐书，《浮溪集》卷2《论侨寓州郡札子》。
[3] 《剑南诗稿》卷27《书愤》。

之末。宋将张俊在明州以优势兵力迎战，使疲惫的金军遭受"小衄"。① 完颜兀术（宗弼）派兵增援，张俊急忙撤离明州。

金军虽占领明州，但处境日益困难。遥望东南，烟涛微茫，无宋高宗逃帆之影迹；② 回首西北，山水重沓，却有岳飞等虎旅之狙击。密布的河湖，不利骑兵的纵横驰骋；卑湿的地气，又造成将士的水土不服。完颜兀术（宗弼）终于决定撤兵。因劫掠的财物过多，如按来路直线北撤，陆运不便，于是金军绕道大运河，水陆并行，破秀州（治嘉兴，今浙江嘉兴市），陷平江府（治吴县、长洲，今江苏苏州市），占常州（治武进、晋陵，今江苏常州市），准备自镇江府（治丹徒，今江苏镇江市）渡江。当时的浙西运河全程为六百四十一宋里。③

女真贵族宣称"搜山检海已毕"，④ 用以掩饰其军事上的失利；又残酷地进行焚戮，用以发泄其气恼和兽性。最先遭殃的是明州，州城里的居民基本杀光，除东南角的几所佛寺外，房屋也全部烧成灰烬。金军又派兵四出，在整个州境搜剔杀掠，即使是人迹罕至的深山穷谷，也罹其荼毒。接着，金军又在临安府城纵火，连烧三天三夜，烟焰不绝。临安府在南宋初几经兵燹，户口只剩下十分之二、三。⑤ 在平江府，纵横百馀宋里的大火，五日方灭。金军的杀掠，加之官军的骚扰，建炎四年夏季的瘟疫，平江府人民丧生者近五十万，只有十分之一、二的人口幸免于难。⑥

此次金军渡江，东路军所蹂躏的面积比西路军小，约为两浙路的一半和江南东路的一角，但这个地区却是宋朝最丰腴的谷仓，是当时全世界最富庶的地区，饱受了如此惨烈的战祸，非短时期所能恢复。

---

① 明州之战的原始记录见《忠正德文集》卷7《建炎笔录》，《浮溪集》卷1《奏论诸将无功状》（此奏又见《会编》卷136），《挥麈后录》卷9，《挥麈三录》卷1引李正民日记（又见《会编》卷134）。尽管张俊虚报战功，说杀敌近千人，而所得女真人的"带环首领"，即耳戴金银环的首级仅有两级。此后，明州之战又被吹嘘为杀敌几千以至几万的大捷，见《海陵集》卷23《张循王神道碑》，《会编》卷219《林泉野记》，《要录》卷30建炎三年十二月癸卯，《宋史》卷369《张俊传》，《宋朝南渡十将传》卷6《张俊传》。

② 《金史》卷77《宗弼传》，卷80《斜卯阿里传》，《乌延蒲卢浑传》都说金兵由海道追捉宋高宗三百多里，不获。《要录》卷31建炎四年正月丙寅，《宋史》卷26《高宗纪》则说金兵乘船到碛头，被张公裕的水军击散。

③ 《宋史》卷97《河渠志》。

④ 《要录》卷31建炎四年二月丙子。

⑤ 临安府户口的变化参见《宋会要》食货38之19，《要录》卷173绍兴二十六年七月丁巳。

⑥ 金军北撤时的破坏，参见《要录》卷31，卷32，《挥麈后录》卷9，卷10，《吴郡志》卷1《户口税租》。

江南军民面对金兵的凶暴行径，也进行了奋勇的抵抗。金军攻打临安府时，州治钱塘县令朱跸率领二千乡兵，横挑强敌。他身受重伤后，仍然令部兵背负他，继续指挥战斗，最终在天竺山英勇牺牲。弓手首领祝威和金胜率馀部据守葛岭。他们在崎岖的山路上，用泥土覆盖编竹，佯装通道，设下埋伏。金朝骑兵冲击葛岭时，一批又一批地蹎仆，乱成一团。乡兵们挥兵刃奋斫，使敌人横尸山谷。狂怒的完颜兀术（宗弼）以大兵从南麓冲上葛岭，因众寡悬殊，祝威、金胜等壮烈战殁。①

在严州桐庐县（今浙江桐庐县），钱罟、钱罱兄弟和方庚指挥民兵三千人，于牛头山击败了金兵。②

金兵进犯越州（治会稽、山阴，今浙江绍兴市）时，馀姚（今浙江余姚市）知县李颖士招募几千乡兵，同把隘官陈彦一起御敌。他们布列了很多旗帜，迷惑金军，胜利地阻击了一昼夜。③

建炎四年三月，完颜兀术（宗弼）的大军撤离平江府时，宋军统制陈思恭率领所部，邀击泊船于吴江县（今江苏苏州市吴江区）境太湖中的敌人后军，也取得胜捷。④

这一系列战斗都打击了女真贵族的嚣张气焰，使金军难以在江南立足。

第六节　驰援常州

金军在三月撤离平江府后，直扑常州。常州知州周杞探知敌情，急忙派属官赵九龄专程赴宜兴县，邀请岳飞前来守卫州城。由于当年在张所河北西路招抚司的相知，赵九龄也曾为岳飞移军宜兴县，进行联系与说合工作，岳飞对此十分铭感。⑤故人相见，分外亲热，而紧迫的军情，又不容两人重叙旧谊，畅谈经历。岳飞忙于部署军队，准备驰援常州城。

不料周杞惊慌失措，竟紧随赵九龄之后，放弃常州城，也逃到宜兴县。其实，周杞等只要开闸放泄源于镇江府丹阳县练湖的水，金人的舟船

---

① 《要录》卷30建炎三年十二月乙酉，己丑，《淳祐临安志辑逸》卷1。
② 《景定严州续志》卷6。
③ 《要录》卷30建炎三年十二月庚子，《挥麈三录》卷1，《四朝闻见录》丙集《高宗六飞航海》。
④ 《会编》卷137，《要录》卷32建炎四年三月癸卯朔，《宋史》卷26《高宗纪》。
⑤ 《陈亮集》（增订本）卷22《中兴遗传序》。

就会在运河中搁浅，而不能行驶。①

岳飞与周杞、赵九龄商议和筹划一番，即带领精兵北进，夺回常州。岳家军前后四战，将不少敌兵掩杀在河里，并活捉了女真万夫长少主孛堇②等十一人，一直追击到镇江府的东部。

由于盗匪戚方攻陷了广德军，使张渚镇的后方基地受到威胁，岳飞遂回师宜兴县。他带领一千多骑兵奔赴广德军，戚方却已转而西向，前去攻打宣州（治宣城，今安徽宣城市宣州区）了。岳飞途经广德军的金沙寺小憩时，写就一篇题记，以抒襟怀：

"余驻大兵宜兴，缘幹王事过此，陪僧僚谒金仙，徘徊暂憩，遂拥铁骑千馀长驱而往。然俟立奇功，殄丑虏，复三关，迎二圣，使宋朝再振，中国安强，他时过此，得勒金石，不胜快哉！建炎四年四月十二日，河朔岳飞题。"③

祖国的安强统一，一直是萦绕岳飞心头的奋斗目标，而眼前的任务，则是向江南战略重镇建康府进军。④

第七节　克复建康府

建炎四年三月，完颜兀术（宗弼）到达镇江府，打算满载虏获品渡过大江，却遭到韩世忠军的拦击。

金军号称十万人，韩世忠所属只有八千馀人，欲与金军陆战，显然力不从心。韩世忠命全军登上战舰，以水师迎战陆军，确是以己之长，攻敌之短。完颜兀术（宗弼）只能用小船驰出运河，在金山一带江面迎战，屡次失败，十分狼狈。他请求韩世忠放金军过江，韩世忠却提出他不能接受

---

① 《会编》卷137，《要录》卷32建炎四年三月壬子，《宋史》卷26《高宗纪》，《嘉定镇江志》卷6《湖》。

② 《金史》卷44《兵志》："其部长曰孛堇。"

③ 《金佗稡编》卷19《广德军金沙寺壁题记》。据《会编》卷137，《要录》卷32，《宋史》卷26《高宗纪》，戚方于三月二十七日己巳陷广德军，四月十四日乙酉又攻宣州。戚方陷广德军，当是岳飞不追击金军而回师的原因。有的学者认为此篇题记之篇目"广德军"系误，岳飞题记的真实地点应在宜兴县湖㳇镇，湖㳇镇有金沙寺，岳飞此行目的是为出师建康府。按建康府在岳飞驻军的张渚镇之西北，而湖㳇镇则在张渚镇之东南，则岳飞出师，似无需绕道湖㳇镇。今姑仍取前一说。

④ 本节叙事还参据《金佗稡编》卷16《广德捷奏》，《金佗续编》卷28《孙迪编鄂王事》引建炎四年邵缉荐书。

的条件：放回徽、钦二帝，归还宋之故土。

但韩世忠的海舰尖底，吃水深，无法逼近沿江浅滩。走投无路的金军退到黄天荡（今江苏南京市东北），企图开掘一条河道入江，又遭韩世忠军拦截。后有奸细献策，金军又另外掘通河道，得以将船只经秦淮河，引入建康城西的江面。韩世忠军还是溯江赶来邀击。有人教完颜兀术（宗弼）乘无风之际，用小船向宋军施放火箭。韩世忠军原来准备水陆两栖作战，其航海巨舰还装载马匹、粮食、辎重、军人家属等，无风不能行驶。遭敌人攻击后，韩世忠军的巨舰一艘接一艘着火，蔽江而退。

黄天荡之战前后相持四十日。韩世忠虽败犹荣，此战教训了女真贵族，使完颜兀术（宗弼）等领悟了一个浅显的军事常识，在大江上往返，非同儿戏，甚至会有灭顶之灾。①

建康府成为金军在江南仅存的立足点，对于再下江南，吞灭宋朝，无疑有非常重要的军事价值。当完颜兀术（宗弼）和韩世忠在江上相持之际，建康府的金兵在城东北的钟山、城南的雨花台构筑大寨，开凿了两道护城河，并在山上挖洞，以供"避暑"之用。金人"陆增城垒，水造战船"，从采石矶渡江北去，继而复返的队伍，也络绎不绝。② 韩世忠的战败，又使金人留驻建康府"避暑"的可能性增大了。

浮海归来的宋廷以越州为"行在"。宋高宗君臣将建康府的金军视为悬在自己头顶上的利剑，他们为此调动了可以调动的全部兵力，任命张俊为两浙西路、江南东路制置使，"诸将并受节度"，全权负责收复建康事宜。可是卑怯的张俊宁肯任人切齿唾骂，也不敢向建康前进一步。③ 勇敢承担克复建康重任的，唯有岳家军。

由于杜充的原江、淮宣抚司事实上已经撤销，宋廷命岳飞改任御营司统制。④ 四月二十五日，即韩世忠战败的同日，⑤ 岳飞在位于建康城南三

---

① 关于黄天荡之战，参见周宝珠先生《关于宋金黄天荡之战的几个史实问题》，载《后乐斋集》，河北大学出版社，2012年；杨倩描先生《宋金镇江"金山大战"考实》，河北大学宋史研究中心《宋史研究论丛》第5辑。
② 《会编》卷138，《历代名臣奏议》卷233，《景定建康志》卷35汪藻奏。
③ 关于发表张俊任两浙西路、江南东路制置使的日期，《会编》卷137作四月一日，并称此项任命是为"策应世忠"。《要录》卷32则为四月二十八日己亥，即在韩世忠战败和岳飞发动清水亭之役后，但当时宋廷尚未得韩世忠败讯。据《金佗稡编》卷19《建康捷报申省状》，岳飞称"恭依圣旨"而出兵，宋廷不可能先令岳飞攻建康府，后任命张俊为战区统帅，疑《要录》所载日期太迟。
④ 岳飞新任差遣据《金佗稡编》卷16《广德捷奏》，《金佗续编》卷28《孙逌编鄂王事》引建炎四年邵缉荐书。
⑤ 韩世忠黄天荡之战失败日期，《会编》卷138，《要录》卷32，《宋史》卷26《高宗纪》，《金史》卷3《太宗纪》全同。

十宋里的清水亭①首战告捷，敌人横尸十五宋里，斩得耳戴金、银环的女真人头一百七十五级，②活捉女真、渤海、汉儿军四十五人，缴获马甲、弓、箭、刀、旗、金、鼓等三千七百多件。

在敌众我寡的情势下，要围歼完颜兀术（宗弼）的大军，自然是不可能的。岳飞采用的策略是自南而北，驱逐敌人过江。建康城南三十宋里有一座山，上有双峰，东西对峙，故取名牛头山。五月初，岳飞率军前往清水亭之西十二里的牛头山扎营，山上"林树葱郁，泉石相映"，③足以保障将士的休整和饮水。他派遣一百名军士，身穿金军的黑衣，在昏黑的夜里混入雨花台的金营，偷袭敌军。金兵分辨不清敌我，自相攻击，乱杀一通。为防止岳家军再次劫营，金人不得不在营外增派巡逻部队，其巡逻部队又遭岳家军伏击，而被歼灭。

从四月到五月，岳家军同金军战斗几十次，都取得胜利。战事的失利，使完颜兀术（宗弼）虽知放弃建康可惜，而又痛感久留建康无益。他自五月五日开始，便加紧在建康城内大肆杀掠和破坏，④本人在十日移驻于建康城西北十五宋里的靖安镇（即龙湾市）。⑤岳飞侦知金兵撤退的迹象，率三百骑士和二千步兵冲下牛头山，再次击败敌人，进据雨花台和建康城西南隅的新城。⑥五月十一日，完颜兀术（宗弼）从靖安镇撤退到对江的真州六合县宣化镇。岳家军追至靖安镇，消灭最后一批金军。战士们跳上尚未逃遁的敌船，残敌多被击溺于江水中。岸上的铠甲、兵器、旗鼓、辎重、牛驴等，数以万计，或纵横委弃，或堆积如山。

建康战役历时半月，光是斩女真人"秃发垂环者之首无虑三千人"，还不包括其他民族成分的金兵，擒获千夫长留哥等二十多名军官。其中仅靖安镇一战，即俘金兵三百多人，包括八名女真人。这是岳家军的首次辉

---

① 《景定建康志》卷16《铺驿》，卷22《亭轩》，参见顾文璧先生《岳飞清水亭之战和岳家军出师建康的路线问题》，载《岳飞研究》第1辑。
② 因金军中的各民族成员一律剃头辫发，故以耳戴金、银环作为识认女真人首级之标志，参见《会编》卷3，卷28，《梁溪全集》卷171《靖康传信录》。
③ 《太平寰宇记》卷90，《景定建康志》卷17《山阜》，《金石萃编》卷134《圣宋江宁府江宁县牛首山崇教寺辟支佛塔记》，《读史方舆纪要》卷20。
④ 《景定建康志》卷43，《石林居士建康集》卷4《建康掩骼记》。
⑤ 《景定建康志》卷16《镇市》，《金陵新志》卷4《镇市》。
⑥ 《读史方舆纪要》卷20说"新城一作新亭"，"在江宁县南十五里"。据《景定建康志》卷43和《石林居士建康集》卷4《建康掩骼记》，金将张真奴"别筑城于西南隅以居，取城中器械、子女、金、帛储之"。新城可能即是张真奴"别筑"之小城。另据《景定建康志》卷22《台观》，雨花台是城南三宋里之制高点。岳家军下牛头山后，应是先占雨花台故寨，再据建康城西南隅之新城，而后继续北向进击。

煌胜利。①

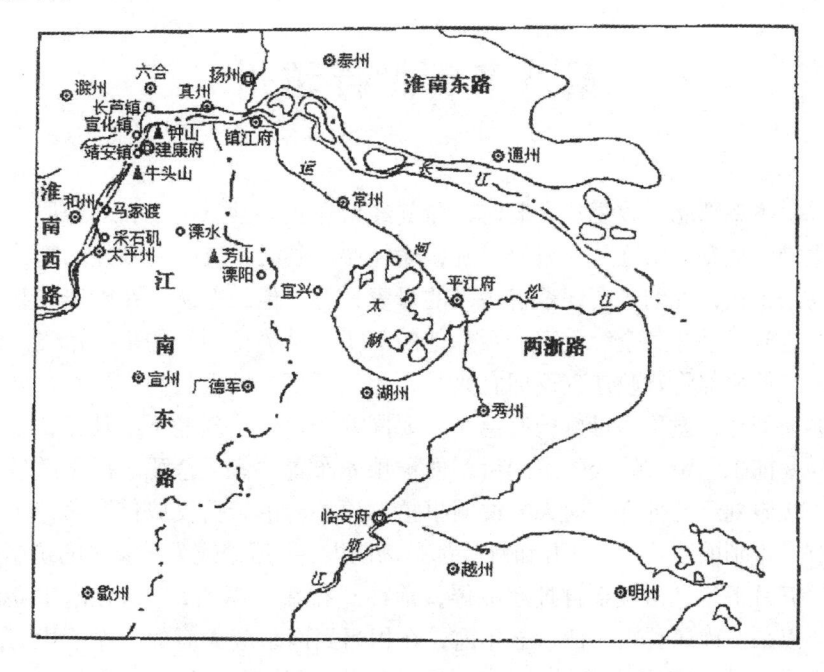

江南形势图

岳家军进驻建康城,建康府前通判钱需也纠合乡兵,随同进城。城中遍地煨烬,街巷和屋宇已面目全非;居民们尸体纵横,血流通道,很多伤残者还在呻吟呼号。两年后,人们收拾和掩埋残缺不全的尸骨,竟达七、八万件。此外,还有大批人口被金兵驱掳过江。这座平时拥有约二十万人口的大城市,遭受了毁灭性的浩劫。②

岳飞及其将士们,都是久经战阵、敢于直面刀光、正视血影的人,面对此惨绝人寰的景象,也实感目不忍睹,人人无比悲痛和激愤。

---

① 关于建康之役,《金史》卷77《宗弼传》扬胜讳败,说败韩世忠后,金军自动"渡江北还"。《会编》卷138,《要录》卷33建炎四年五月壬子的记载承袭秦桧和秦熺父子篡改历史之馀,多所阙略。本节叙事还参据《金佗稡编》卷16《广德捷奏》,卷19《建康捷报申省状》,《金佗续编》卷28《孙逌编鄂王事》引建炎四年邵缉荐书,《会编》卷141,《要录》卷33建炎四年五月戊辰。

② 《要录》卷33建炎四年五月壬子,《景定建康志》卷43,《石林居士建康集》卷4《建康掩骼记》。

第八节　献俘越州

岳飞率部北上收复建康府时，命刘经留守宜兴县。岳飞和刘经原是共过患难的战友。岳飞从建康府凯旋，途经溧阳县时，忽然有刘经的部将王万前来密报，说刘经图谋杀害岳飞的母妻，吞并他的军队。在南宋初兵荒马乱之时，杀掉某个统兵官，吞并他的部伍，是屡见不鲜的事。岳飞大吃一惊，便命部将姚政连夜返回宜兴县，相机行事。姚政赶到宜兴县，就派人邀请刘经，诡称岳母姚氏有急事，要同刘经商量。刘经不虞其诈，当他急匆匆前来，跨进姚氏的房间后，便被预先布置的伏兵杀死。岳飞随后即至，抚慰刘经的部众，向大家说明事情的原委。由于岳飞威信素著，军中没有发生别的波折。① 王万和姚政都是汤阴人，② 后来成为岳家军的统制。

五月下旬，岳飞亲自押解战俘，前往"行在"越州，③ 这在南宋立国四年以来，尚属首次。四、五年前，在相州到南京应天府的行军途中，岳飞也许见过赵官家的模样，而赵官家却不大可能对一个无名之辈有何印象。岳飞目前虽然官位不高，却已成为宋高宗愿意召见的人物。

岳飞抵达"行在"后，首先见到的还是受命收复建康府，却又畏缩不前的张俊。张俊对几年前的旧部属表示好感，并且向岳飞透露内情，说朝廷仍然非常担心金兵再次渡江，计划命岳飞镇守江南东路的饶州（治鄱阳，今江西鄱阳县），以防敌人骚扰江南东、西路。岳飞当即表示异议，说："山泽之郡，车不得方轨，骑不得并行，虏得无断后之虑乎？但能守淮，何虑江东、西哉！使淮境一失，天险既与虏共之矣，首尾数千里，必寸而守之，然后为安耶？"

张俊对岳飞在军事上的远见卓识，不能不表示佩服。宋高宗亲自审问战俘，通过翻译，打听徽、钦二帝的消息，表露出十分感恸的神态。他下令将八名女真人处死，其馀"汉儿"分隶诸军。岳飞当即上奏，复述了自己的军事见解："建康为国家形势要害之地，宜选兵固守。比张俊欲使臣守鄱阳，备虏人之扰江东、西者。臣以为贼若渡江，必先二浙，江东、西地僻，亦恐重兵断其归路，非所向也。臣乞益兵守淮，拱护腹心。"

---

① 《会编》卷138，《要录》卷33建炎四年五月壬子。
② 《金佗续编》卷28《孙迪编鄂王事》。
③ 岳飞献俘和朝见时间，《要录》卷33为五月二十七日戊辰，《金佗稡编》卷5《鄂王行实编年》为六月，卷25《承楚辨》更具体写明是二十九日，稍异。

宋高宗对岳飞的看法也表示赞许，并赏赐他铁铠五十副、金带、鞍、马、镀金枪、百花袍等物品，以资嘉奖。①

第九节　降服戚方

六月初，宋廷又命岳飞配合张俊的大军，征讨盗匪戚方。戚方勇悍善射，最初充当养马的教骏军士，作为厢兵。②后当盗匪，又率众投奔杜充，任准备将，又升统制。他再当盗匪，攻打宣州失败后，便率部转掠湖州安吉县。③他是东南一带最凶悍的匪徒。

岳飞自越州返回宜兴县，便领兵三千人，直下广德军，在军城东南约七十里的苦岭扎寨，苦岭处于广德军通湖州安吉县的要道，④旨在阻截戚方匪军再次荼毒广德军。戚方闻讯后，拆断了一座官桥。岳飞亲自在桥柱上射了一箭。戚方得到这枝有岳飞刻字的箭，惊慌失色，急忙逃遁。岳飞令部将傅庆等追击，未能擒获戚方。戚方增兵，进行反扑，岳飞亲统一千人与之对阵。在战斗中，戚方的手弩竟发箭射中岳飞的马鞍。岳飞拔箭，插入矢箙，发誓要擒获戚方。两军前后激战十多个回合，戚方终于战败，逃往湖州安吉县，岳飞穷追不舍。正逢张俊的大军赶至，戚方走投无路，只能向张俊投降，交出了六千名兵，六百匹马，"献金玉珍珠不可计"，其实是向张俊行贿。

岳飞前往张俊军营，严厉斥责戚方"屠掠生灵，骚动郡县，又诱杀扈成而屠其家，且拒命不降"等罪恶行径。张俊从旁再三劝解。岳飞便取出戚方射中自己马鞍的那枝弩箭，当面命令戚方寸寸折断。戚方恭谨遵命，流汗股栗，不敢仰视。岳飞和张俊大笑一场，方才罢休。⑤

---

① 本节叙事还参据《金佗稡编》卷23《山阳辨》。
② 《宋史》卷187，卷189《兵志》。
③ 《会编》卷137，卷138，《要录》卷34建炎四年六月丁丑。
④ 《光绪广德州志》卷3《山川》，《嘉庆重修一统志》卷132，《广德文史》第6辑任伟俊先生《岳飞苦岭降戚方》。
⑤ 本节叙事还参据《会编》卷140，《要录》卷34建炎四年六月戊子。

第十节　题词张渚镇

岳飞再次回到张渚镇，眼看将要离开这个风景秀美，"有山水之胜"的地方，奔赴新的抗金战场。他的房东名叫张大年，曾任黄州通判，已退闲家居，"藏书教子"。彼此相处了一段时日，不免依依难舍，岳飞思潮起伏，便在张家的一面屏风上题词留念：

"近中原〔板〕荡，金贼长驱，如入无人之境；将帅无能，不及长城之壮。余发愤河朔，起自相台，总发从军，小大历二百馀战。虽未及远涉夷荒，讨荡巢穴，亦且快国雠之万一。今又提一垒孤军，振起宜〔兴〕，建康之城，一举而复，贼拥入江，仓皇宵遁，所恨不能匹马不回耳！

今且休兵养卒，蓄锐待敌。如或朝廷见念，赐予器甲，使之完备，颁降功赏，使人蒙恩；即当深入虏庭，缚贼主蹀血马前，尽屠夷种，迎二圣复还京师，取故地再上版籍。他时过此，勒功金石，岂不快哉！此心一发，天地知之，知我者知之。建炎四年六月望日，河朔岳飞书。"①

岳飞自靖康年间参加抗金战争，四、五年间，经历二百馀战，已成长为统率一万多将士的主将，拥有胜任披挂马甲的战马近千匹。在当时的东南地区，拥有如此军力的队伍，仅有韩世忠、刘光世、张俊、王𤫊等四、五支，② 而岳飞的抗金战绩则是刘光世、王𤫊等人所望尘莫及。

在这篇题记中，岳飞以简洁明快的文字，抒发了强烈的爱国主义的豪情壮志，满腔义愤倾吐于字里行间。即使在千百年后，一个伟大的英雄形象依然浮凸于纸上。应当指出，即使在古代的历史条件下，不分青红皂白，"尽屠夷种"的提法，也未必允当。但是，岳飞在尔后的抗金实践中，更正了自己的这种提法。对于愿意归降的金军，包括女真人在内，他也采取了诚恳的欢迎态度。

---

① 《云麓漫钞》卷1，又《金佗稡编》卷19《五岳祠盟记》内容相似，文字较短。
② 《金佗稡编》卷17《赴镇画一申省札子》，《金佗续编》卷28《孙逌编鄂王事》引建炎四年部辖荐书。

伍

苦战淮东

宋刘松年《中兴四将图》局部,韩世忠画像

第一节　就任通、泰州镇抚使

建炎四年五月，即岳飞收复建康府的当月，宋廷依据宰相范宗尹的建议，陆续在淮南东、西路，京西南、北路，荆湖北路和陕西的一角，划分若干小军区，每个军区设镇抚使，管辖两个至四五个府、州、军的防务，并兼管民政和财政。宋廷先后设镇抚使辖区约二十个，委任镇抚使三十馀人。

上述地区往往由盗匪、土豪、溃将、摄官等占据，宋廷事实上只能羁縻而已。范宗尹认为，此种措置虽"稍复藩镇之法"，却是抵挡金兵的"救弊之道"。其实，范宗尹的主张纯属消极防御性质，根本不是规划克复故土的深谋远略。上述地区饱经战祸，经济凋弊，加之各镇抚使辖区不大，人力、财力和物力有限，即使是单纯的防御，也不可能有效抵抗金兵。更何况镇抚使的成分复杂，人心各异。在不到四年的时间里，他们或叛变降敌，或火并被杀，或战败牺牲，或丧失辖区，种种结局，难以概述。这就是所谓"救弊之道"的历史见证。[①]

平定盗匪戚方的战斗结束后，张俊回朝，向范宗尹"盛称岳飞可用"，范宗尹为此口奏宋高宗。[②] 对岳飞有相当了解的宣州文士邵缉，也上书举荐，说"岳飞骁武精悍，沉鸷有谋，临财廉，与士信，循循如诸生，动合礼法"，有远大的抱负，冀望"后世书策中知有岳飞之名"。邵缉列举岳飞的威名战绩，说"朝廷诸将特然成军如飞者，不过四、五人耳。飞又品秩最卑，此正易与时也"。"朝廷宜优擢之，假以事权"，"必能为国家显立战伐之功"。[③]

[①] 《会编》卷140，《要录》卷33建炎四年五月甲辰，甲子，《宋会要》职官42之74—75，《建炎以来朝野杂记》甲集卷11《镇抚使》。关于南宋镇抚使，以黄宽重教授《南宋对地方武力的利用和控制：以镇抚使为例》一文论述最详，载《中央研究院第二届国际汉学会议论文集》和《南宋地方武力——地方军与民间自卫武力的探讨》，台北，东大图书股份有限公司，2002年。在他的列表统计中，李允文、范福和寇宏三人似可商榷。

[②] 《会编》卷207《岳侯传》，卷208《林泉野记》载，尚有常州知州林茂荐举，今据《要录》卷35建炎四年七月庚申注之考证，不取此说。

[③] 邵缉，《金佗稡编》卷5《鄂王行实编年》作邵纬，并说他是编修敕令的删定官。据《金佗续编》卷28《孙迪编鄂王事》引建炎四年邵缉荐书，自称"寒士"。又《筠溪集》卷22《送邵公缉还乡序》载，邵缉为宣州人，颇有学问。

宋高宗本人自五月至六月那次朝见，也对岳飞有颇深的印象。七月，朝廷发表岳飞升官武功大夫、昌州防御使，并任通、泰州镇抚使、兼泰州知州的差遣。武功大夫比原来的武德大夫高一官，但按"双转"制度其实是半官，而防御使又比原来的刺史高两官，岳飞的虚衔算是连升三官。宋廷关于岳飞差遣实职的新命，大约是考虑到了他本人"乞益兵守淮"的请求。因为在此之前，宋廷已在淮南地区至少分设了八个镇抚使司的辖区，①所馀的地盘有限，便选择了通州（治静海，今江苏南通市）和泰州（治海陵，今江苏泰州市）作为岳飞的辖区。此外，岳飞的官秩不高，也只能与其他镇抚使平列。

岳飞对此项任命颇不满意，通州和泰州僻处江海一隅，非战略要冲之地，这与他"乞益兵守淮"的本意其实不合，镇抚使是个防御性的职务，也与他光复故土的猛志相悖。于是，岳飞便上状向宋廷申诉说：

"金贼侵寇虔刘，其志未艾。要当速行剿杀，殄灭静尽，收复诸路，不然则岁月滋久，为患益深。若蒙朝廷允飞今来所乞，乞将飞母、妻并二子为质，免充通、泰州镇抚使，止除一淮南东路重难任使。令飞招集兵马，掩杀金贼，收复本路州郡，伺便迤逦收复山东、河北、河东、京畿等路故地。庶使飞平生之志得以少快，且以尽臣子报君之节。……如蒙指允飞所乞，即乞速赐指挥，亦不敢仰干朝廷，别求添益军马。伏乞钧照。"②

宋廷对岳飞气吞万里的雄心看作梦呓一般。宋高宗和范宗尹等畏敌如虎，视己如鼠，只是希图苟安一隅，当然不会批准岳飞的请求。宋廷为表示礼遇起见，只是答复收到此件公牒，就此了事。

第二节　楚州之围

完颜兀术（宗弼）渡江以后，依旧沿运河水陆并进，以便将抢劫来的财物和珍宝运往北方。南宋承州、天长军镇抚使、兼承州知州薛庆和楚、

---

① 据《要录》卷33建炎四年五月乙丑，卷34建炎四年六月丙戌，在岳飞之前任淮南镇抚使者有赵立、薛庆、李彦先、郭仲威、刘位、赵霖、吴翊和李成八人。此外，李伸任庐、寿州镇抚使不知在何月，也未必一定在岳飞之后，见《要录》卷39建炎四年十一月戊午。
② 《金佗稡编》卷17《乞淮东重难任使申省状》，《金佗续编》卷14《忠愍谥议》亦载此状概要。

泗州、涟水军镇抚使、兼楚州知州赵立两将，率部队扼守要冲，使完颜兀术（宗弼）的归师遭到拦截。

为打通这条贯穿南北的水路，主持淮南战场的金朝元帅左监军完颜挞懒（昌）来到六合县，会见完颜兀术（宗弼），两人商定会师攻打楚州（治山阳，今江苏淮安市）的计划。真、扬州镇抚使、兼扬州知州郭仲威闻讯后，便约薛庆共同迎敌。薛庆领兵至扬州，郭仲威却临阵变卦，听任薛庆孤军作战。薛庆兵败，奔回扬州，郭仲威竟又闭门不纳。薛庆奋战，力尽被俘，惨遭杀害。金军便乘机攻占了扬州和承州（治高邮，今江苏高邮市），并包围楚州，形势十分危急。①

此时南宋知枢密院事张浚在陕西大规模集结军队，金朝也决定将陕西作为主要进攻目标，完颜兀术（宗弼）一军奉命西调。② 淮南战场则由完颜挞懒（昌）和龙虎大王完颜突合速主持。③

金朝虽因分兵而势弱，宋朝却不能合军而力强。宋廷根本没有集中东南韩世忠、刘光世、张俊三大将等兵力，与金军在淮东决战的勇气和计划。在宋高宗君臣看来，韩世忠军新败，元气未复，而刘光世与张俊关系不睦，故出兵只能是非此即彼。签书枢密院事赵鼎先找张俊，张俊立即拒绝说："虏之兵不可当也。赵立孤垒，危在旦夕。若以兵委之，譬徒手搏虎，并亡无益。"两人争议再三，最后赵鼎上奏宋高宗："若俊惮行，臣愿与之偕往。"张俊仍拒不从命。④

宋廷无可奈何，只得改派刘光世出兵，而命岳飞，郭仲威，接替薛庆任主管镇抚司公事的王林，海州、淮阳军镇抚使、兼海州知州李彦先等部，都归刘光世节制，共同救援楚州。

刘光世前后接到金字牌快递发来的五道宋高宗亲笔手诏，十九道枢密院札。宋高宗的一份手诏说：

"唇亡之忧，于卿为重。宜速前渡大江，以身督战，庶使诸镇用命，戮力尽忠，亟解山阳之围。"

---

① 关于承州失守和楚州被围，参见《会编》卷134，卷136，卷141，卷142，《要录》卷23建炎三年五月己丑，卷30建炎三年十二月己亥，卷33建炎四年五月乙丑，卷36建炎四年八月庚辰，《宋史》卷448《赵立传》，卷453《薛庆传》，《挥麈后录》卷9，《东牟集》卷9《论楚州事札》。
② 《金史》卷19《世纪补》，卷77《宗弼传》。
③ 龙虎大王负责淮南战场，见《宋会要》兵9之9，《鄌王刘公家传》卷3，《挥麈后录》卷9，《金佗续编》卷1高宗手诏作"龙虎太师"。龙虎大王即完颜突合速，参见拙作《鄂国金佗稡编、续编校注》第530至531页考证。
④ 关于张俊拒不从命，《要录》卷36建炎四年八月己丑所载更详于《金佗稡编》卷5《鄂王行实编年》。

然而刘光世用兵行师的惯例，是本人远离战场，只派偏裨出战，算是"持重"。① 他本人有数万兵力，② 却以重兵屯守镇江府，而命部将王德和郦琼率轻兵，于八月二十四日渡江，次日便越过距离承州不远的邵伯，却不敢向北直进，而是朝西北方向绕到与承州有重湖之隔的天长军（治天长，今安徽天长市）。单从行军路线看，如此绕道，就表明刘光世和王德等毫无复承援楚的诚意。王德谎报若干战功后，便借口部属不用命，斩左军统领刘镇③和裨将王阿喜，即于九月撤兵。④

第三节　苦战承州城下

岳飞辞免通、泰州镇抚使不成，方才接受成命，于八月十五日回到宜兴县。他率领本部人马从十八日出发，二十二日抵达江阴军（治江阴，今江苏江阴市）。⑤ 当时岳飞尚未接到宋廷八月十九日发出的第一道救援楚州的指令。⑥ 由于传来探报，说楚州被金元帅左监军完颜挞懒（昌）大军围困，他急忙领轻骑渡江，直奔泰州，而命部将王贵负责全军济渡大江事宜。岳飞本人虽在二十六日夜里直达泰州城下，而全军的行动却非常迟缓。按宋朝募兵制的惯例，军队移屯，家属往往随行。一万多将士，连同眷属，共有七万多人。恰逢江阴军一带渡船稀缺，便更迁延时日，延宕到九月九日，方得以全军进入泰州，为时半月有馀。⑦

---

① 《金史》卷79《郦琼传》。
② 《会编》卷142《中兴姓氏忠义传》说建炎四年时刘光世拥兵五万，而据《要录》卷60绍兴二年十一月己巳，时"刘光世军四万"。估计此时应不足五万人。
③ 《要录》卷37建炎四年九月壬寅作"刘镇"，而《江苏金石志》卷11《少保王公神道碑》作"刘震"。
④ 本节叙事还参据《金佗稡编》卷25《承楚辨》，《要录》卷36建炎四年八月甲午，卷37建炎四年九月壬寅，《郦王刘公家传》卷3，《宋会要》兵9之8—9，14之22，《江苏金石志》卷11《少保王公神道碑》。
⑤ 《金佗稡编》卷17《申刘光世乞兵马粮食状》。《金佗稡编》卷5《鄂王行实编年》和《金佗续编》卷17《鄂王传》作八月十九日出发，二十三日抵达江阴军，正差一日。
⑥ 宋廷第一道命岳飞救援楚州令之发布时间，见《金佗稡编》卷17《申刘光世乞兵马粮食状》，《要录》卷36建炎四年八月己丑，《宋会要》兵9之8。
⑦ 岳飞全军到达泰州的日期，《会编》卷142，《要录》卷37均作九月四日癸卯，应以《金佗稡编》卷5《鄂王行实编年》，卷17《申刘光世乞兵马粮食状》为准。

淮东形势图

  泰州原来管辖四个县，州治海陵县累遭兵火，全无收成。如皋县（今江苏如皋市）收成也不好。兴化县（今江苏兴化市）是水乡，盛产稻米，却已改隶承州。泰兴县（今江苏泰兴市）也割属扬州。通、泰两州既无存粮，大江以南较近的平江府、常州等地又遭金军严重破坏，无力供输。宋廷曾令较远的湖州（治乌程、归安，今浙江湖州市），于"封桩米内支拨五千硕，应副本军起发"，岳飞及其将士一时兴高采烈，不料当地官员却拒绝支付。① 因此，七万多人的饭食，上千匹战马的刍草，都"一一窘乏"。自去年秋季以来，经历长途的转战奔袭，军士们的衣装弊旧，却未能按照规定，领取春装替换。延挨至深秋，金风萧瑟，冬衣又无着落。这不能不使岳飞为官兵们的"赤露失所"而忧心忡忡。②

  尽管遭遇种种困难，岳飞还是毅然承担起救援楚州的重任。他到泰州的第一件事，就是整顿本地的军伍。岳飞点检兵籍后，为激励士气，命泰州的"敢死士"、③ 效用和使臣填写"从军愿否状"，然后集中到教场，比赛射技。他精选了一百名优胜者，分为四队，令每人自择一匹战马，赐甲

---

① 《金佗稡编》卷10《乞催湖州赐米奏》。
② 《金佗稡编》卷17《赴镇画一申省札子》，《申刘光世乞兵马粮食状》。
③ 《金佗稡编》卷5《鄂王行实编年》作"敢死士"，《金佗续编》卷17《鄂王传》和《忠文王纪事实录》卷2作"敢勇士"。查《宋史》卷188，卷189《兵志》，泰州本无以"敢死"或"敢勇"为番号的厢军或禁军，可知乃是因抗金战争而临时招募的部队。

一副，充当骑士。岳飞以这一百名骑士充当亲兵，"常置左右"，以示对本地军队的信用。在古代中国，人们的地方观念浓厚，不同地方的军队容易发生磨擦，影响战斗力。岳飞以泰州兵作亲兵，正是为了协调新、旧两部分部属的关系。

由于钱粮等供应的紧张，岳飞治军更加整肃，严禁部下骚扰百姓，故岳家军便很快得到通、泰两州民众的信赖和支持。①

九月九日以后，岳飞命部将张宪留守泰州，自己挥师出征，进驻承州以东几十里的三墩。② 当时，王德已收兵返回镇江府，而王林和郭仲威都"敛兵自保"。③ 只有李彦先，他曾和赵立"刺臂为义兄弟"，救援楚州非常出力。他率部伍直抵楚州山阳县北神镇，④ 却被金军扼制于淮河中，不得前进。⑤ 岳飞甚至与李彦先也声援不相及，他部下只有几千孤军，屯扎在敌人的大寨附近。

事已至此，岳飞深知援楚之难。他接连向刘光世发出两封公牒，申述自己的困难处境。他说，本军"新复建康之，所有士马疮痍尚新，羸弊方甚"，加之粮草窘乏，"本未能即从王事，重以承、楚之急，甚于倒垂，不可以顷刻安居，理宜前进"。"此正飞等捐身徇义之秋"。但其"孤军委实难以支梧"。他不敢抱刘光世亲领数万大军渡江北上，与本军会师的奢望。"欲望钧慈捐一、二千之众，假十馀日之粮，令飞得激厉士卒，径赴贼垒，解二州之围，扫犬羊之迹"。或"别差统制官一员前来掎角，庶立大功，不致上误国事"。⑥ 岳飞赴国难之激切心情，溢于言表。但是，如此恳切的、最低限度的请求，到得刘光世的两浙西路安抚大使司，便如石沉大海，杳无回音。

在势孤援绝的情势下，岳飞仍激励将士，殊死苦斗，向金军出击，三战三捷。前后活捉七十多名金军将士，包括女真人、渤海人、契丹人、奚人和汉人。敌将高太保等几十人被俘后身亡，其馀阿主里孛菫等二十人则押解后方。⑦

楚州的困境不可能因岳家军的出战而有所改善。金兵倾注全力攻城，昼夜不息。九月中旬，镇抚使赵立被敌人的炮石打碎头颅，他临死前感慨

---

① 《会编》卷142，卷143。
② 三墩的位置，据《金佗续编》卷30《高邮军绍兴三巨公祠记》，《读史方舆纪要》卷23。三墩后避宋光宗赵惇名讳，改称三垛。
③ 《金佗稡编》卷17《申刘光世乞兵马粮食状》，《申刘光世乞进兵状》。
④ 《元丰九域志》卷5载，北神镇在山阳县境。
⑤ 《会编》卷142，《要录》卷37建炎四年九月戊辰。
⑥ 《金佗稡编》卷17《申刘光世乞兵马粮食状》，《申刘光世乞进兵状》。
⑦ 《金佗稡编》卷19《承州捷报申省状》。

地说:"我终不能与国灭贼矣!"九月下旬,金兵冲进楚州城。楚州军民按照赵立生前的部署,每个巷口都设立砖垒,扶伤巷战,使敌军付出了伤亡几千人的代价。城中烈火烛天,有的妇女甚至拉住金兵,一起沉溺河中。一些号称"千人敌"的民兵首领,如万五、石琦、蔚亨等,则奋勇突围而出。①

自金朝破宋以来,大部分城市都是不攻而克,不战而降,或者稍经战斗,金兵的损折也不大,只有少数城市是例外。在这少数的例外中,靖康年间,则首推太原,建炎年间,则东有楚州,西有陕州,先后进行了最英勇、最悲壮的保卫战。这些城市的所有牺牲者,"贯精忠于日月,塞英气于乾坤,虽云壮志之莫成,固已荣名之不朽",②表现了宁死不屈的浩然正气。

楚州失守后,完颜挞懒(昌)军转攻屯泊北神镇的李彦先所部,金军包围了李彦先的座船,李彦先全家在淮水中殉难。③

完颜挞懒(昌)又以重兵南下,向承州附近的岳家军猛扑。当时正值泰州出现盗匪,王昭的部伍出没于城东,张荣的部伍出没于城北。岳飞已接到了退守通州和泰州的指令,便忍痛指挥几千名将士撤退。岳家军在回师途中,自北炭村直到泰兴县的柴墟镇,屡次击退金兵的追击,敌人伤亡甚多,不得不终止追逐。岳飞的部伍终于全师回泰州。④

第四节 退守江阴军

岳飞回到泰州后,不愉快的事又接踵而至。

前军统制傅庆是一员悍将,岳飞一直非常倚重于他。傅庆也恃才傲物,将长官岳飞视为平交,他经常吹嘘说:"岳丈所主张此一军者,皆我出战有功之力。"

傅庆不时向岳飞需索钱财,岳飞总是有求必应,慷慨解囊。岳飞出任通、泰州镇抚使后,治军更加严肃,对傅庆不能像以往那样宽纵了。傅庆因此心怀不满,打仗不肯出力,承州之战也没有军功。有一回,傅庆迎接

---

① 《会编》卷142,《要录》卷37建炎四年九月丙辰、戊辰,《宋史》卷448《赵立传》,《挥麈后录》卷9。
② 《会编》卷142追荐赵立等道场青词。
③ 《会编》卷142,《要录》卷37建炎四年九月。
④ 本节叙事还参据《金佗稡编》卷25《承楚辨》。

刘光世部将王德，就向王德表示，愿重新隶属旧日的长官"刘相公"，王德当即应允。统领张宪听到两人谈话，便将此事报告岳飞，岳飞非常生气，但隐忍未发。

稍过若干时日，岳飞命众将比赛射艺。其他将领射箭都未超过一百五十步（一步为五宋尺，约合一·五五米），唯独傅庆连发三箭，都达一百七十步。岳飞赏他三杯酒。接着，岳飞又颁赏承州城下战功，命令取宋高宗"宣赐"的战袍和金带，交付王贵。傅庆带着几分醉意和妒意，出面拦阻，说："赏有功者！"

岳飞问："有功者为谁？"

傅庆说："傅庆在清水亭有功，当赏傅庆。"

岳飞发怒，喝退傅庆。傅庆不服，竟下阶焚烧战袍，捶毁金带。岳飞怒不可遏，说："不斩傅庆，何以示众！"下令将傅庆推出斩首。①

十月下旬，以"玩寇养尊"著称的刘光世②上奏朝廷，他反诬岳飞等人"迁延五十馀日"，"又巧为辞说，抵拒会合指挥"，因而招致楚州的陷落。签书枢密院事赵鼎主张"诘刘光世等违命不救楚州之罪"，他为宋高宗草拟御批说：

"逐官但为身谋，不恤国事，且令追袭金人过淮，以功赎过。"

但宋高宗认为："光世当此一面，委任非轻，若责之太峻，恐其心不安，难以立事。"于是，宋高宗发布的诏旨中反而嘉奖刘光世"体国忠勤"，令他"节制诸镇"，"戮力保守"通、泰两州。③刘光世对朝廷的姑息迁就，纯粹是照顾体面的嘉奖，也并不真正感戴。他仍然不发一兵一卒渡江，支援通、泰两州的防务。

在承州和楚州之间，有樊梁、新开和白马三个湖泊，绵亘三百宋里。④当金军于建炎三年攻陷扬州时，渔民出身的梁山泊（在今山东巨野、梁山、郓城三县间）抗金义军领袖张荣，号称"张敌万"，他率领其军分乘数百艘船只，由清河南下，转移到这个湖泊和沼泽地带，驻扎于鼍潭湖。义军将菱草堆积成墙，再用泥土涂抹粘合，建成一座菱城，作为据点，神

---

① 《会编》卷143，《要录》卷38建炎四年十月。关于傅庆对王德的请求，《会编》的清光绪刻本作"欲复事刘相公"，而上海古籍出版社影印本作"欲伏侍刘相公"，稍异。

② 《水心别集》卷12《四屯驻大兵》。

③ 《金佗稡编》卷25《承楚辨》，《要录》卷37建炎四年九月丙寅，卷38建炎四年十月戊子、丙申。

④ 《宋史》卷448《赵立传》，《要录》卷33建炎四年五月乙丑。又《东牟集》9《论楚州事札》只说有白田、新开两湖，稍异。

出鬼没地打击敌人，队伍发展到一万多人。金军于建炎四年十一月，乘天寒冰冻之机，并力攻打鼍潭湖中的縮城，张荣舟师抵挡不住，焚烧积聚，撤往通州。①

完颜挞懒（昌）破縮城得手后，便以号称二十万大军，猛扑泰州。当时，泰州城无险可恃，无粮可守，岳飞兵力又与金军相差悬殊。岳飞接到命令，要他"可战即战，可守即守"，如不可守，则保护百姓，撤退到江岸的沙洲。

十一月三日，岳飞放弃泰州城，率军退保泰兴县柴墟镇。柴墟镇一度作为泰兴的县治，有一道城墙。② 岳家军依托柴墟镇的旧城，抗击金军，掩护几十万百姓和军队家属渡江南撤。

敌人的大军追来，与岳家军在南霸塘展开激战。岳飞身中两枪，仍然指挥将士死战，终于打退金兵，很多敌人毙命于河里，"河流为丹"。岳飞亲自率领二百名精骑断后。在留驻江北的最后几日内，粮食断绝，岳家军只能割敌尸充饥。十一月七日，岳飞率军最后自柴墟镇渡江。他因泰州失守，上奏"待罪"。

宋廷也谅解他的处境，没有给予处分，只是命令他在江阴军"就粮"，防守江岸，"毋得透漏"金军。③

同江南的辉煌胜利相反，岳家军在淮东遭受了挫败，进不能复承州以救楚州，退不得守泰州而保通州。几个月前，岳飞上状宋廷，谋求"重难任使"，不愿当通、泰州镇抚使，自以为可以旗开得胜，马到成功，这说明他自建康胜捷后，存在着不切实际的轻敌思想。但是，岳飞并未因此而灰心丧气，暂时的挫折绝没有磨灭，而是砥砺着他败后求胜、光复故土的斗志。

---

① 《会编》卷143，《要录》卷33建炎四年五月乙丑，卷39建炎四年十一月丙午。
② 《元丰九域志》卷5载，柴墟镇在泰兴县境。《读史方舆纪要》卷23载，泰兴县新城号称龟城，是在宋神宗时，"知县尤襄排众议"而筑。据《宋史》卷389《尤襄传》，尤襄乃是在绍兴末修筑泰兴"外城"，与柴墟镇之旧城是两回事。《读史方舆纪要》之记载有错讹之处，参见《嘉靖惟扬志》卷2《建革志》，卷7《镇市》。
③ 关于岳飞退守江阴军的叙事，还参据《金佗稡编》卷25《承楚辨》，《会编》卷143，《要录》卷39建炎四年十一月丙午，庚申，其日期稍异。十一月三日放弃泰州，据《金佗稡编》卷5《鄂王行实编年》；十一月七日渡江，据《要录》。

第五节　张荣复淮东

　　岳飞的挫败，为张荣的胜利所弥补。

　　金朝元帅左监军完颜挞懒（昌）占领泰州和通州后，急于消灭张荣的抗金义军。张荣因通州地势不利，又将本军转移到兴化县的缩头湖。①

　　绍兴元年（公元1131年）三月，完颜挞懒（昌）率领六千多名精兵，乘船直逼张荣水寨。张荣出动几十只小船迎敌。他看到金人用大战舰作前导，无法与之对抗，就想出一条妙计。张荣对部下说："无虑也，金人止有战舰数只在前，馀皆小舟，方水退，隔泥淖，不能近岸。我舍舟而陆，杀棺材中人耳！"

　　张荣、贾虎②所部引诱金兵陷入泥淖，不能自拔。抗金健儿们喊杀声震天，将敌军乱砍乱杀。连留在舟船中的金军也不攻自乱，往往溺死。金将完颜忒里被杀，完颜挞懒（昌）的女婿、万夫长蒲察鹘拔鲁被俘。③ 完颜挞懒（昌）只剩二千人左右逃归。陷入泥潭中的金兵，张荣的抗金义军花费两三日功夫，才俘杀殆尽，共计消灭敌人四千多名。④

　　张荣乘胜克复泰州，"有谋而怯战"的完颜挞懒（昌）逃往楚州，不敢逗遛，一直撤至淮河以北。⑤ 淮东路大部分州县又重归宋朝控制。缩头

---

① 《舆地纪胜》卷43《高邮军》，《方舆胜览》卷46《高邮军》作"率头湖"。
② 贾虎之名，据《舆地纪胜》卷43《高邮军》，《方舆胜览》卷46《高邮军》补。
③ 《金史》卷3《太宗纪》天会九年（即宋绍兴元年）正月辛亥："蒲察鹘拔鲁、完颜忒里讨张万敌于白马湖，陷于敌。"其时间和地点与宋方记载有异，"张万敌"应是张荣绰号张敌万之刊误。蒲察是姓，鹘拔鲁是名，《会编》卷145作"户不剌"，《中兴小纪》卷10和《皇朝中兴纪事本末》卷16作"万户不剌"，《大金国志校证》卷27《挞懒传》作"万不剌"，"不剌"应是鹘拔鲁的歧译，万户即是万夫长，《会编》和《大金国志》分别脱漏"万"与"户"字。《要录》卷43绍兴元年三月壬子作"盆辇"，清人又改译为"佛宁"，《大金国志校证》卷7亦作"盆辇"。
④ 《宋会要》兵18之30载，刘光世为张荣上报战功，说"剿杀万馀人"，当有夸张。《会编》卷145的清光绪刻本作"俘馘虏、汉军四千馀众"，上海古籍出版社影印本作"五千馀众"，《中兴小纪》卷10和《皇朝中兴纪事本末》卷16同，今姑取其一说。
⑤ 《会编》卷145，《要录》卷43绍兴元年四月庚午。

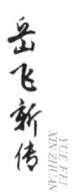

湖之战比岳飞建康之战打得更为出色，是南宋立国后空前的大捷。① 张荣获胜后，投奔刘光世，任忠勇军统制、兼泰州知州，其部属立功将士四千零二十九人也进官受赏。② 缩头湖后也因而改名得胜湖。③

张荣一退于鼍潭湖，二撤于通州，回避了不利形势下的硬拼。尽管他的队伍成为淮东仅存的孤军，仍然不动摇，不畏怯，坚持抗争，最后巧妙地利用地势，诱敌深入，使金人"步骑四集，悉陷于淖，无得解者"，终于一战成功，使敌人为之"胆落"。④

---

① 《要录》卷60绍兴元年十一月己巳吕颐浩奏，列举张俊明州、韩世忠镇江府等战，而唯独称张荣此战为"大捷"。后张俊明州之战被夸为大捷，宋孝宗时列为中兴十三次战功之首，而无岳飞建康府和张荣缩头湖两战的地位，是不公允的。
② 《要录》卷43绍兴元年四月乙亥，卷44绍兴元年五月甲寅，《宋会要》兵18之30。
③ 《江湖长翁文集》卷27《上周枢密札子》，《舆地纪胜》卷43《高邮军》，《方舆胜览》卷46《高邮军》，《读史方舆纪要》卷23。
④ 《宋史》卷379《胡松年传》。

陆

江湖转战

宋朝重装骑兵的战马装备马甲

第一节　建炎中至绍兴初的宋金对峙形势

一、北方人民抗金斗争的继续发展

建炎四年间，金兵从占领河北和河东的少数州县，进而夺据宋朝东、西、南、北四京，以及河北、河东和京东路的全部，京西和陕西各路的大部。整个北方经历可怖的战祸，"千里无完闾"，许多地区"榛莽弥望"。①女真贵族吞噬如此广阔的地域，一时难以消化。北方广大民众不屈不挠的反抗斗争，使敌人不得安宁。

从宋高宗到杜充，一反宗泽所为，取消对金朝占领区抗金义军的联系和支援。某些起义军也遭到血腥的摧残和镇压。少数不坚定分子，例如太行山红巾军首领齐宣、武渊和贾敢也变节降金。但是，在金朝的苛政毒刑之下，即使是齐宣之流，也难免于一死。②这只能驱使更多的人加入反抗者的行列。在北方的广大地区，依然是烽火连天，义帜遍地。各族人民为着故土的光复而奋战不休。

在燕、云地区，蔚州（治灵仙，今河北蔚县）爆发刘黑庞领导的起义，金军为追捕起义者，荼毒几个县的百姓。③

河东的红巾军发展到太行山以东，形成了"河北红巾甚众"的活跃局面。④真定府有一支抗金队伍，一个首领自称"元帅"和"秦王"，不幸被金将完颜撒离喝（杲）所击破。⑤在真定府西山胭脂岭，"太行义士"石子明的队伍大败金朝辽东汉军万夫长韩常军，千夫长刘庆馀"为炮折其颈"。⑥真定府另有一支五千多人的抗金武装，其首领是游贵和齐博。金朝真定知府田颢收买齐博，用阴谋手段杀害游贵，最终得以镇压这支义军。⑦在河间府，也有"刘先生"领导一支民间武装，号称二万人，抗击金军，

---

① 《金文最》卷22何弼《济阳县创修县衙记》。
② 《要录》卷47绍兴元年秋。
③ 《要录》卷32建炎四年春。
④ 《要录》卷18建炎二年十一月戊戌。
⑤ 《金史》卷84《杲传》。
⑥ 《会编》卷141，《要录》卷32建炎四年春作"炮折其胫"。
⑦ 《金史》卷81《田颢传》。

一度占领府城。① 岳飞的家乡相州和磁州一带，则有王会、孙小十、苗清等多支义军，反抗金朝统治。② 北京大名府和洺州城内，也曾发生居民暴动，反抗者一度占领这两座城市。在洺州西山为寨者，有李宗所率的义军。③

在河东路，韦寿佺、李宋臣和冯赛聚集人马，据守山谷，屡次同金军交锋。后冯赛和李宋臣渡过黄河，回归宋朝，韦寿佺仍留在金朝占领区，守卫山寨。④ 陕西丹州（治宜川，今陕西宜川县）"义士"孙韩率部转战到河东慈州（治吉乡，今山西吉县），建立山寨。金朝知州刘庆攻破山寨，大肆杀戮，三千义军无一幸免。⑤ 河东很多州县据城暴动。沁州（治铜鞮，即宋朝威胜军，今山西沁县）的起义者坚守城垣，重创敌军，金将完颜挞懒（毂英）的右肋也被炮石击伤。⑥ 潞州（治上党，即宋朝隆德府，今山西长治市）被太行山义军所攻占，并将金朝知州姚璠处死。⑦

京东路拱州柘城县（今河南柘城县）城内，有三千多居民举行起义。⑧ 单州（治单父，今山东单县）有黄戬领导的一支抗金义军。袭庆府府治嵫阳县（即宋朝瑕县，今山东兖州市）有陈宏为领袖的一支义军，规模很大，人数号称四十万以上。⑨ 东平府、滕阳军（治滕县，今山东滕州市）和濮州范县（今山东范县东南）等地的抗金义军也非常活跃，阻击了建炎三年进攻江南的金军。⑩ 在东岳泰山之巅，也集结"群盗"，树立"营栅"，反抗金朝。兖州有一支三千多人的起义军，"保据山险"。⑪ 在密州（治诸城，今山东诸城市），王义指挥一支抗金队伍，号称众至十馀万。⑫ 莱州（治掖县，今山东莱州市）农民范温率领一支武装，据守徐福岛，不

---

① 《金史》卷80《赤盏辉传》。
② 《金史》卷81《伯德特离补传》。
③ 《金史》卷68《阿鲁补传》，《会编》卷116。
④ 《会编》卷148，《要录》卷36建炎四年八月乙酉，卷43绍兴元年四月，卷53绍兴二年闰四月乙未，卷105绍兴六年九月己巳，《宋史》卷26《高宗纪》，《忠正德文集》卷8《丙辰笔录》，参见陈振先生《有关宋代抗金义军将领李宋臣的史料及其他》，载《文物》1973年第11期和《宋代社会政治论稿》，上海人民出版社，2007年。
⑤ 《要录》卷66绍兴三年夏。
⑥ 《金史》卷72《毂英传》。
⑦ 《金史》卷75《沈璋传》。
⑧ 《金史》卷81《高彪传》。
⑨ 《金史》卷81《王伯龙传》。
⑩ 《金史》卷80《斜卯阿里传》。
⑪ 《金史》卷82《乌延胡里改传》。
⑫ 《金史》卷82《乌延吾里补传》。

断袭击金军。敌人在今胶东半岛一带海岸筑深沟高垒，也防不胜防。后伪齐派兵进攻，又失败而归。范温在徐福岛坚持五年，最后因粮食告竭，才率部属二千六百多人，航海南归宋朝。①

东京开封府失陷十一天后，在饿尸纵横，壮年男子不满一万的情况下，仍然发生反抗金朝占领的暴动。起义者苦守了一个月，到建炎四年三月，开封城才再度被金将大迪里所攻占。②

在西京河南府一带，翟进死后，其兄翟兴接替指挥此支抗金武装，同金兵相持。孟州王屋县（今河南王屋）"义兵统领"李兴世代为农，他组织一万多人，捍卫乡里，往返怀州和卫州之间，攻袭金军营寨，截断敌人粮道。翟兴招收李兴，充当部将，并设法与河北、河东的向密、王简、王英、卢师迪、韩进、李吉、李彦隆、马岐义、李遵、宋德等几十个山寨取得联系，他们都一致表示愿意接受翟兴的"节制"。

建炎四年八月，翟兴派遣其子翟琮、统领赵林攻击敌军，屡战皆捷，一直追奔到渑池县（今河南渑池县）而还。十月，翟琮又和李兴兵渡黄河，在泽州阳城县（今山西阳城县）杀败金兵，兵锋直指绛州垣曲县（今山西垣曲县）。横山"义士"史準等也率领部众，前来会师。绍兴元年正月，金朝派一万骑兵攻打翟兴的根据地、西京河南府的"寄治所"西碧潭。由于军队缺粮，翟兴当时正分遣部兵往各地就食，所剩亲兵仅有几千人。他沉着应战，派骁将彭玘在井谷设伏，击败敌军，擒获金酋忽沙郎君、十州郎君、柳橛郎君、佛面郎君③等人。此后，翟兴又将根据地转移到伊阳县（今河南嵩县西南）的凤牛山寨，他的部队成为北方人民抗金的支柱。④

---

① 《会编》卷155，《要录》卷44绍兴元年五月丙辰，卷54绍兴二年五月己卯，卷57绍兴二年八月辛亥，卷62绍兴三年正月丁丑，《宋会要》兵18之30—33。徐福岛，《要录》和《宋会要》作福岛。

② 《会编》卷137，《要录》卷31建炎四年二月丁亥，《宋史》卷26《高宗纪》说开封城在建炎四年二月丁卯失陷。《金史》卷3《太宗纪》天会八年二月戊戌，"汴京乱，三月丁卯，大迪里复取之"。

③ "郎君"乃汉文意译，据《会编》卷3，卷231，"其宗室皆谓之郎君"，皇帝则称郎主。

④ 《会编》卷129，卷141，卷144，卷149，卷150，《要录》卷23建炎三年五月，卷36建炎四年八月乙酉、戊子和吉末，卷38建炎四年十月，卷41绍兴元年正月，卷47绍兴元年九月辛酉，卷67绍兴三年八月乙未，《宋史》卷452《翟兴传》，《金石萃编》卷159《孟邦雄墓志》。

二、伪齐立国　秦桧归宋

金朝占领区的后方既受到困扰，前线又接二连三地失利。完颜兀术（宗弼）败于江南，完颜挞懒（昌）败于淮东，西路渡江的归师也在汝州宝丰县（今河南宝丰县）被宋将牛皋部打败，悍将耶律马五成为俘虏。① 军事形势的变化，迫使某些女真贵族转换策略。

左副元帅完颜粘罕（宗翰）是金朝军功最大、才能最高的实权人物。金太宗有时反须听命于他，两人嫌隙日深。金太宗又扶植"三太子"、右副元帅完颜讹里朵（宗辅），元帅左监军完颜挞懒（昌）和后升元帅左都监的"四太子"完颜兀术（宗弼）三人，与之抗衡，军事实权逐渐落入这三人手里。但就对宋政策而言，完颜粘罕（宗翰）和完颜兀术（宗弼）无疑是主战派，而完颜挞懒（昌）则是主和派。金朝有所谓"以和议佐攻战，以僭逆诱叛党"的传统策略，② 随着完颜挞懒（昌）的权势日益膨胀，他的主张至少在某些问题上得到了贯彻。

女真贵族酝酿在黄河以南建立傀儡政权。完颜粘罕（宗翰）眼看金太宗已倾向于完颜挞懒（昌）的挑选，准备立原宋朝济南知府刘豫作为傀儡政权的皇帝，便抢先下手。完颜粘罕（宗翰）命心腹渤海人高庆裔③到大河以南，导演了一齣"万姓""推戴"刘豫的丑剧兼闹剧。建炎四年九月，金朝册封刘豫为"子皇帝"，国号齐，定都原宋北京大名府，最后徙开封府，将京东、京西等地划归伪齐管辖。④

伪齐的建立，给金朝带来某些利益。第一，刘豫政权接管淮东、淮西和京西三个战场，使金军得以集中兵力，镇压后方的抗金义军，并专注于攻打陕西。第二，"以僭逆诱叛党"的结果，也招得一批无耻之徒，投奔伪齐，充当鹰犬。

刘豫粉墨登场后，"外示节俭"，"内为淫佚"。他借口宋政失之于宽，

---

① 《要录》卷32建炎四年四月，《宋史》卷26《高宗纪》，卷368《牛皋传》只载牛皋败金人归师，唯有《会编》卷138说"生擒马五太师"。按耶律马五后仍见于史籍，《金史》卷3《太宗纪》载他当年十一月在陕西作战，耶律马五后又在太行山与梁兴交战。疑《会编》之说有误，或耶律马五在被俘后逃回，或牛皋降伪齐后，耶律马五被释放。
② 《大金国志校证》卷7。
③ 《会编》卷9说高庆裔为渤海人。
④ 《会编》卷141，卷181，《要录》卷18建炎二年十二月庚申，卷32建炎四年春，卷35建炎四年七月丁卯，卷37建炎四年九月戊申，《宋史》卷475《刘豫传》，《金史》卷77《刘豫传》。

"专务以猛济宽"，严刑酷罚，横征暴敛，荼毒全境。①

完颜挞懒（昌）在争立刘豫伪齐政权的同时，又放纵奸细秦桧归宋。

秦桧是建康府江宁县人，字会之。他在北宋末任御史中丞等官时，曾反对割地而主战，反对金人立张邦昌为帝，故被金军驱掳北上。到达北方后，他立即变节，向敌人献媚。其他官员流放到今东北的广宁府（即辽显州，治广宁，今辽宁北镇县），唯独秦桧由金太宗赐给完颜挞懒（昌），而留在燕山府。② 他曾应邀前赴完颜兀术（宗弼）的宴会，而侍酒者都是原来宋朝王公贵戚的女眷。③ 秦桧在完颜挞懒（昌）属下先充"任用"，后升"参谋军事"。金兵攻打楚州时，他为金人出谋划策，写过劝降书，其中"有指斥语"，即辱骂宋高宗的文字。建炎四年十月，完颜挞懒（昌）攻破楚州后不久，即将豢养三、四年的秦桧放归。④ 这是他为"以和议佐攻战"而下的赌注。

秦桧到得南方，一见宋高宗，便提议同金朝讲和。宋高宗自称得了这个"佳士"，"喜而不寐"。⑤ 秦桧很快升任参知政事，作为副相，又设法排挤范宗尹而任宰相。于是，他有名的二策便接着出笼，其内容无非是"南人归南，北人归北"，即"欲以河北人还金国，中原人还刘豫"。此种投降主义政策立即招致反对，群情大哗。宋高宗依秦桧的建议，通过刘光世，向完颜挞懒（昌）投书乞和，杳无回音，一时也显出怒气冲冲的模样，说："朕是北人，将安归！"将任相一年的秦桧罢免，明确表示"终不复用"。⑥

其实，宋高宗内心深处还是赏识秦桧的，只是在乞和不可得的情势下，暂时闲废而已。后来，宋高宗就对秦桧说："朕记卿初自虏中归，尝对朕言：'如欲天下无事，须是南自南，北自北。'遂首建讲和之议。朕心固已判然，而梗于众论，久而方决。"⑦

金朝立刘豫和纵秦桧，几乎是同时发动的政治攻势。前者虽一时颇有声势，其实不过是抗金事业的疥癣之疾；后者一时并无成效，却终于成为

---

① 《会编》卷181，《要录》卷117绍兴七年十一月丁未，《宋史》卷475《刘豫传》，《伪齐录》。

② 《靖康稗史笺证·呻吟语》。

③ 《金佗续编》卷20《鄂王传》。

④ 《会编》卷142，卷220，卷221洪皓行状，《要录》卷38建炎四年十月辛未，《宋史》卷473《秦桧传》，《盘洲文集》卷74《先君述》。

⑤ 《要录》卷39建炎四年十一月丁未，《宋史》卷473《秦桧传》。

⑥ 《会编》卷151，《要录》卷39建炎四年十一月丙午，丁未，卷46绍兴元年八月丁亥，卷57绍兴二年八月甲寅，《郿王刘公家传》卷3，《宋史》卷473《秦桧传》，《北海集》卷7秦桧罢相制。

⑦ 《要录》卷158绍兴十八年八月癸丑。

断送抗金斗争的心腹之患。

三、川陕吴玠抗金

从建炎二年三月到建炎四年正月，金军经过激战，终于攻破陕西战略重镇陕州，李彦仙等将士英勇殉国。建炎四年九月，宋朝知枢密院事、宣抚处置使张浚轻率地决定，在耀州富平县（今陕西富平县北）与金军进行大规模会战。宋方集结了步兵十二万，骑兵六万，结果被金朝右副元帅完颜讹里朵（宗辅）督率完颜娄室、完颜兀术（宗弼）等军打得一败涂地，宋朝自此基本上丧失了陕西。

宋将吴玠在一溃千里的逆境中，坚守大散关附近的和尚原要塞（今陕西宝鸡市西南）。绍兴元年十月，吴玠在和尚原大破金军，完颜兀术（宗弼）本人也身中两箭，狼狈逃窜。绍兴三年（公元1133年）冬至绍兴四年（公元1134年）春，金元帅左都监完颜兀术（宗弼）和完颜撒离喝（杲）率大军自凤翔府宝鸡县（今陕西宝鸡市）南下，越过和尚原，直抵仙人关（今甘肃徽县东南白水江车站）。宋金两军进行反复而激烈的搏战，吴玠军又获大胜。

和尚原和仙人关两次大战，更胜于岳飞的建康之役和张荣的缩头湖之役，是金军自灭辽破宋以来的两次惨败。从建炎四年秋开始，川陕成为宋金战争的主要战场。吴玠一军以少击众，奋战四年，几乎是独力支撑半壁江山，使金军不敢再窥伺四川。在南宋前期，吴玠是第一个因抗金战功，而荣获节度使头衔的大将。[①]

第二节　除内寇与连结河朔之谋

新成立的伪齐政权需要积累军事实力，并派兵协助金军攻四川，在淮东、淮西和京西三个战场，宋与伪齐之间暂时处于休战状态。宋廷利用整整三年的喘息之机，用于弥平内寇，巩固后方。南宋初年，盗匪多如牛毛，按统治者的大致区分，有"民叛"和"兵叛"两类。[②] 前一类至少包

[①] 关于富平、和尚原、仙人关等战，参见拙作《岳飞和南宋前期政治与军事研究》第一编三一、《宋金富平之战》和三二、《和尚原和仙人关之战述评》，河南大学出版社，2002年，2005年。

[②] 《斐然集》卷17《寄张德远》。

含有在苛政横敛之下，官逼民反的因素。后一类则完全是溃兵游勇，千百为群，四处流窜，烧杀抢掠，无恶不作。

自绍兴元年到绍兴三年，岳飞奉命驱驰于江、湖之地，① 从事于镇压内寇。但是，他没有片刻遗忘中原的沦丧和自己在淮东败衄的耻辱，他曾上奏说：

"臣窃惟内寇不除，何以攘外；近郊多垒，何以服远。比年群盗竞作，朝廷务广德意，多命招安；故盗亦玩威不畏，力强则肆暴，力屈则就招。苟不略加剿除，蜂起之众未可遽殄。"②

在他看来，攘外必先安内。岳飞曾在翠巖寺题诗说：

"秋风江上驻王师，暂向云山蹑翠微。
忠义必期清塞水，功名直欲镇边圻。
山林啸聚何劳取，沙漠群凶定破机。
行复三关迎二圣，金酋席卷尽擒归。"③

他在江南西路临江军新淦县（今江西新干县）萧寺壁上的题诗，也抒发了同样的情怀：

"雄气堂堂贯斗牛，誓将直节报君雠。
斩除顽恶还车驾，不问登坛万户侯。"④

岳飞认为自己必须从事镇压"山林啸聚"的军事活动，但如何破"沙漠群凶"，则一直是他思虑的中心问题。在绍兴元年，岳飞拟订了"连结河朔之谋"。⑤ 他认为，对金朝发起大反攻，必须有前方的正规军与河朔等地的民众抗金武装协同作战，方能成功。这是古代先进的军事思想，其基础在于抗金战争的进步性和正义性。

南宋的当权者在对待北方抗金义军的问题上，抗战派和投降派的态度迥异。抗战派不同程度上主张依靠北方民间武装力量。岳飞出身于贫困之家，更易于了解民众之疾苦和需求。他本人其实也在太行山有过一段抗金义军的经历，又深受宗泽的熏陶，故他制订"连结河朔之谋"，绝非偶然。

---

① 宋时江、湖之地，是指江南东、西路和荆湖南、北路。
② 《金佗稡编》卷10《招曹成不服乞进兵札子》。
③ 《金佗稡编》卷19《题翠巖寺》。
④ 《宾退录》卷1，岳飞此诗写于绍兴三年，后"寺废壁亡"，岳珂编《鄂王家集》时，"惜未有告之者"。
⑤ 《金佗续编》卷10《令措置河北河东京东三路忠义军马省札》，卷11《令遣发参议官高颖措置三路忠义军马省札》。按绍兴十年，高颖曾请求朝廷委派自己，"禆赞岳飞十年连结河朔之谋"，可知岳飞拟订于绍兴元年。

以宋高宗为首的投降派，或者将北方抗金义军视为盗贼，有时甚至害怕其实力的发展。他们为求得苟安于一隅，在消极应战的同时，还不断"卑辞遣使，屈己通和"，甚至对刘豫傀儡政权以"大齐"相称。① 他们既然害怕得罪金朝和伪齐，对北方的抗金义军至低限度也须不闻不问，听任其自生自灭。

岳飞虽然拟订了"连结河朔"的军事战略，然而在三年之中，转战于江湖，专力于安内，使他不可能有大量的精力和时间，以开展此项工作。

第三节　再破李成

李成趁金军渡江的机会，继续在淮西攻城略地。尽管相面道士陶子思业已成为自己相面术的牺牲品，李成本人也几度受挫，但他称孤道寡的野心并无丝毫收敛。有人问李成："天下何时可定？"李成吟哦唐诗回答："凭君莫问封侯事，一将功成万骨枯。"② 他并不掩饰自己的兽性，决心在白骨堆上成就其割据事业。

宋廷试图以镇抚使的官封笼络李成，这当然不能使他餍足。他佯装受命，以麻痹宋廷。然后自建炎四年九月始，分兵三路：都统领胡选屯兵淮南西路，进犯池州（治贵池，今安徽池州市贵池区）；副都统领"花衲袄"马进③率部渡江，攻占江州，又南下转掠鄱阳湖以西州县；李成本人则率军接续渡江，以江州为基地，攻打鄱阳湖出口的湖口县（今江西湖口县）。李成军先后占据江淮约十个州军，"自号李天王"，"连兵数万"，号称三十万，有"席卷东南之意"，一时对宋朝构成了重大威胁。

宋廷为此特命张俊为江、淮招讨使。张俊颇有怯意，说了一番李成兵众势盛的话，宋高宗说："今日诸将独汝未尝立功。"张俊最后不得不"恐悚承命"。但经他请求，宋廷将王𤫉的神武前军、陈思恭的神武后军、岳家军等都拨归他指挥。④

---

① 《要录》卷82绍兴四年十一月壬子。
② 《会编》卷132《中兴遗史》。《全唐诗》卷717晚唐曹松《己亥岁二首》，"莫问"作"莫话"。
③ 马进绰号见《要录》卷21建炎三年三月。
④ 《会编》卷144，卷207《岳侯传》，卷208《林泉野记》，卷219《林泉野记》，《要录》卷37建炎四年九月戊午，卷40建炎四年十二月乙未，卷41绍兴元年正月戊申，《宋会要》兵9之10，10之20—22，《历代名臣奏议》卷233章谊奏，卷239章谊奏。

岳飞退守江阴军后，为安全起见，将军队家属送回宜兴县。绍兴元年正月，岳飞接到赴江南东路饶州集结的命令，又将军队眷属自宜兴县携往徽州（治歙县，今安徽歙县）安置，并且命令张宪负责留守。① 宋军以步兵为主，机动性本来就差。每次移屯，又须扶老携幼，拖妻带子，使"兵贵神速"成为空话。上次援楚州和此回救江州，都可作为贻误战机的例证，这是宋代募兵制下特有的弊病。

二月十四日，岳家军方至徽州祁门县（今安徽祁门县）。② 由于摆脱了家属的累赘，方得以加快行军速度。但当岳家军赶到饶州州治鄱阳县时，张俊的大军已经启程了。江州既被攻陷，眼前最紧迫的任务，自然是救援江南西路的首府洪州（治南昌、新建，今江西南昌市）。饶州和洪州之间阻隔着烟波浩渺的鄱阳湖，张俊的五万大军，至少有一部分是穿湖而行的。③

张俊军到达洪州后，马进军也连营于章水（今赣江）西岸的西山，屡次下战书挑战。张俊畏惧敌人，整月不敢出战。④ 李成部将邵友又分兵攻陷了筠州（治高安，今江西高安市）和临江军（治清江，今江西樟树市临江镇）。⑤

岳飞至三月初到达洪州，才改变了消极防守的局面。张俊向他问计，岳飞说："甚易也，贼贪而不虑后，若以骑兵三千，自上流生米渡出其不意，破之必矣。飞虽不才，愿为先锋以行。"

---

① 《会编》卷144，《要录》卷45绍兴元年六月壬午，《新安志》卷10《记闻》，《历代名臣奏议》卷91章谊奏。
② 《金佗稡编》卷19《东松寺题记》。《金佗稡编》卷5《鄂王行实编年》说："二月，先臣至鄱阳，与俊合兵。"系误。
③ 《会编》卷219《林泉野记》说张俊大军有五万人，而同书卷207《岳侯传》作"统军十万"，可能不确。《会编》卷145，《要录》卷43绍兴元年三月庚戌说张俊有"水军"。
④ 《会编》卷145，《要录》卷43绍兴元年三月庚戌，《宋史》卷369《张俊传》，《宋朝南渡十将传》卷6《张俊传》载，张俊"敛兵月馀"，而《会编》卷207《岳侯传》，《金佗稡编》卷5《鄂王行实编年》称岳飞到洪州前，张俊已"数战不胜"。按张俊秉性，岳家军不到，他显然不敢用兵，应以前一说为准。
⑤ 《要录》卷41绍兴元年正月丁巳，卷42绍兴元年二月庚午、辛未，《宋史》卷26《高宗纪》。

七日，岳飞身披重铠，率先跃马涉水而渡，于是大军依次过章水。①双方在著名的道观玉隆观一带举行大会战。岳家军首先突击马进军的右翼，大败敌人。马进逃遁，岳飞抢先追逐。沿途有座小土桥，当岳飞率数十骑突过此桥后，土桥突然崩坍。马进乘机挥兵反扑，岳飞一箭，射死敌方的先锋将，指挥几十名骑士奋勇死战。张俊急忙派人修复土桥，大军继进，马进军无力再战，就逃回筠州。

张俊大军追到筠州，马进集结兵力，企图出城反攻，其军阵横亘十五宋里。岳飞和陈思恭两部奉命分头进击。岳飞用红罗作旗帜，刺绣了白色的"岳"字，亲率两百名马军诱敌。马进见岳飞兵少，认为不足畏惧，便轻率地挥军搏斗，遭到宋军事先部署的伏兵的袭击。岳飞和陈思恭两部与敌人战斗数合后，张俊引兵增援，杨沂中又领兵渡过筠河，从西山上冲杀下来，夹攻敌军。马进军大败，光是投降和被俘者即达八千人。战后，张俊害怕降兵反复，命令陈思恭将他们全部坑杀。②

马进率残兵败将向北逃窜，以寻求李成的救援。岳飞连夜率领将士衔枚急行军，赶到马进之前，在朱家山埋伏。待马进残部逃到此地，伏兵齐发，一鼓作气举行了歼灭战，斩敌将赵万。马进只剩下十馀骑，仓皇逃命。

李成不甘心失败，留马进守江州，亲自提兵反扑。他命令部将商元在洪州奉新县（今江西奉新县）楼子庄的草山依险设伏。张俊大军由小路冲上山顶，杀败伏兵，夺取险隘，彻底粉碎敌人的反击。此战使张俊得到了"张铁山"的外号，其实，这主要得力于岳飞等部的奋战。③

---

① 《金佗稡编》卷5《鄂王行实编年》，《会编》卷219《林泉野记》说自生米渡出击，乃岳飞之谋。《要录》卷43绍兴元年三月庚戌，《宋史》卷369《张俊传》，《宋朝南渡十将传》卷6《张俊传》载："杨沂中由上流径绝生米渡，出贼不意。"而《宋史》卷367《杨存中传》却不载此事，今不取。又官军渡章水日期，《要录》注引张俊申报为七日甲辰，而《金佗稡编》卷5《鄂王行实编年》，《宋史》卷26《高宗纪》为九日丙午，系误。

② 关于筠州之战，《金佗稡编》卷5《鄂王行实编年》记载与《会编》卷145，卷219《林泉野记》，《要录》卷43绍兴元年三月庚戌，《宋史》卷367《杨存中传》，卷369《张俊传》有异。总的看来，此战应是诸军分进合击而取胜者。《海陵集》卷23《张循王神道碑》说此战"死者数万人，俘二万人"，当属夸张失实。

③ 《会编》卷145，《要录》卷43绍兴元年三月甲子，《宋史》卷369《张俊传》只载楼子庄杀败商元伏兵，《金佗稡编》卷5《鄂王行实编年》说李成亲自参加此战。据《金佗续编》卷27《南昌武宁县城隍祠岳忠武王遗像记》，李成战败后，往武宁县方向逃遁，当以后一说为准。又据《同治南昌府志》卷2和《同治南康府志》卷3，朱家山在武宁县南，而楼子庄"一名长山"，在建昌县南，姑以存疑。《正德南康府志》卷2只说岳飞与李成在建昌县长山相持。

楼子庄战斗结束后，李成的猛将锐卒损折太多，再无还手之力。张俊和岳飞分兵两路，张俊往东北方向收复江州，岳飞往西北方向追击李成。李成逃到洪州武宁县（今江西武宁县），适逢修水暴涨，残兵败将们还来不及渡河，岳家军已如神兵天降，匪徒们四散奔命，溃不成军。武宁县百姓因此免遭荼毒。① 李成不敢再在江南稍作停留，慌忙由独木渡退到淮南西路的蕲州（治蕲春，今湖北蕲春县）。岳飞率军从武宁县东进，到江州与张俊会师。到三月末，江南已无李成匪军的踪影了。

张俊大军因军粮匮乏，在江州耽搁四十多日，方得以渡过大江，继续讨伐李成。② 李成在淮西凭借都统领胡选的军队，号称十馀万，企图负隅顽抗。③ 宋军直抵蕲州黄梅县（今湖北黄梅县西北），李成匪徒在石幢坡占守山险，投木石阻击宋军。最后，张俊大军实行强攻，大败敌人，并追杀马进、孙建等头目。李成势穷力尽，只能逃奔伪齐。张俊大军乘胜收复被李成匪军所占的淮南西路各州县，招抚其馀部赵端，并在舒州太湖县（今安徽太湖县）捕获李成的谋士李雱。④

自此以后，李成不得不收敛自己割据称雄的野心，心甘情愿地匍匐于金朝"子皇帝"的足下，成为刘豫最得力的爪牙。⑤

第四节　招降张用

张用自从与杜充进行内战后，率领部伍在京西和淮西一带抄掠，号为"张莽荡"，⑥ 又先后同"义兄弟"马友和曹成、李宏分手，各统所部流窜南方。⑦ 曾率岳飞驻守西京河南府的闾勍，在撤往淮南的途中与张用相遇。

---

① 《金佗续编》卷27《南昌武宁县城隍祠岳忠武王遗像记》。
② 《要录》卷44绍兴元年五月注。
③ 《宋会要》兵10之21—22。
④ 《金佗稡编》卷5《鄂王行实编年》只笼统说岳飞率军渡江，杀马进和孙建，今据《会编》卷147，《要录》卷44绍兴元年五月，卷46绍兴元年八月乙酉，卷48绍兴元年十月己丑，《宋史》卷369《张俊传》，《历代名臣奏议》卷334章谊奏补充。李雱，《宋会要》兵10之22作李零。
⑤ 《要录》卷77绍兴四年六月己丑载奸商王友直上书刘豫说："陛下若得李成，如汉得关羽，唐得尉迟敬德。"《会编》卷162载宋使对女真万夫长说："闻刘齐多是信任李成，如李成反覆叛逆之人，安可信任？"可知李成在伪齐的地位。
⑥ 《会编》卷123，《要录》卷19建炎三年正月庚子，卷20建炎三年二月。
⑦ 《会编》卷130，卷144，《要录》卷25建炎三年七月甲午，卷41绍兴元年正月癸丑。

凭着当年在宗泽麾下的同事关系，间勔劝说张用归顺宋朝，并将义女"一丈青"嫁给张用。一丈青原是马皋之妻，马皋被东京副留守郭仲荀处斩后，间勔抚恤一丈青，收为义女。① 一丈青其实是南宋初年一个盘马弯弓的巾帼英雄，武艺超群，据说她披甲上马，可以力敌千人，其勇锐更在张用之上。

张用虽接受了间勔的好意，仍窜扰一些地区，而未降宋。张俊和岳飞击破李成后，张用的部伍恰好由鄂州（治江夏，今湖北武汉市武昌）转移到江州瑞昌县（今江西瑞昌市）和洪州分宁县（今江西修水县）一带。张俊乘战胜李成的兵威，决定降服张用。他命岳飞率军前往，说："非公无可遣者。"并且增拨给岳飞三千步兵。岳飞采取先礼后兵的策略，派人带信给张用，信中说：

"吾与汝同里人，忠以告汝，南薰门、铁路步之战，皆汝所悉也。今吾自将在此，汝欲战则出战，不欲战则降。降则国家录用，各受宠荣；不降则身陨锋镝，或系累归朝廷，虽悔不可及矣。"

张用夫妇素服岳飞的骁勇和威望，加之间勔的影响，当即表示乐于听命。自六月至八月，一支包括家属在内，共计五万人的队伍，在兵不血刃的情况下，接受张俊的收编。张俊非常高兴，对部属盛赞岳飞之勇略，说："吾与汝曹俱不及也。"②

第五节　屯驻洪州

张俊班师回"行在"越州。他报告朝廷说，在此次军事行动中，岳飞功居第一。③ 岳飞在宋高宗登基前后，虽曾短期隶属张俊，但彼此似无深交。如今在降戚方、讨李成和收张用时隶属张俊，表现出非凡的军事才能，使张俊十分器重他。岳飞却看破了张俊，认为他其实是个"暴而寡谋"的庸将。④ 他不愿隶属张俊，常对人说："使我得与诸将齿，禀命于天子，何功不立，一死乌足道哉！要当克复神州，迎还二圣，使后世史册知

---

① 《会编》卷138，《要录》卷28建炎三年九月。
② 《会编》卷147，《要录》卷45绍兴元年六月癸未，卷46绍兴元年八月丙寅。
③ 《金佗续编》卷28《吴拯编鄂王事》，《会编》卷207《岳侯传》，卷208《林泉野记》。
④ 《金佗稡编》卷7《鄂王行实编年》。

有与关、张齐名。"① 但在表面上，岳飞仍与张俊维持了较融洽的关系。

绍兴元年七月，宋廷将岳家军的军号定名为神武右副军，任命岳飞为统制，屯驻洪州，"弹压盗贼"。北宋亡国后，原有的正规军——禁兵大部溃散，各种军号也完全打乱，不得不另外编组新的正规军。当时，张俊所部称神武右军，韩世忠所部称神武左军，这两人官位高，故其差遣为都统制。王瓊所部称神武前军，陈思恭所部称神武后军，这两人官位低，故其差遣为统制。② 原神武右副军统制名叫颜孝恭，由于他的兵马拨属江南东路安抚大使司，编制出现空缺，正好由岳家军填补。③

洪州为江南西路的大都会，自建炎三年冬经金将耶律马五屠城后，④ 元气未复。岳家军接取在徽州的家属，于八月底或九月初进驻洪州，立即遇到钱粮供应缺乏的困难。岳飞除了向朝廷申请调拨钱米外，⑤ 更加严明军纪。将士们对民间秋毫无犯，给人们留下了难忘的印象。⑥

驻洪州的江南西路兵马钤辖赵秉渊，原是燕、雲地区易县（今河北易县）人。辽亡时，他据城投宋。⑦ 岳飞有一次同赵秉渊饮酒，在酩酊大醉之后，几乎将他打死。江南西路安抚大使、兼洪州知州李回因此上章弹劾岳飞。⑧ 当然，这点小的过失，对岳飞而论，终究是一眚不掩大德。

十月，宋廷论功行赏，将岳飞武官虚衔超擢为亲卫大夫、建州观察使，为从五品的遥郡观察使。时值福建路发生范汝为叛乱，李回命岳飞分兵三千守卫建昌军（治南城，今江西南城县），分兵二千守卫抚州（治临川，今江西抚州市）。岳家军维护了建昌军和抚州的治安，致使村民樵苏，一如平时，不知有盗。

十二月，岳飞的外甥女婿、神武右副军主管文字高泽民前往"行在"绍兴府（当时越州已升格为府）。他假冒岳飞名义，向枢密院投状，要求都统制或总管的差遣。恰好神武副军都统制辛企宗因镇压福建路范汝为之乱不力，"拥兵逗遛"而被削职，⑨ 宋廷就将神武右副军改名神武副军，升迁岳飞为都统制。

---

① 《金佗续编》卷14《忠愍谥议》。
② 《要录》卷40建炎四年十二月乙未，《宋史》卷364《韩世忠传》。
③ 《金佗续编》卷5《除神武右副军统制省札》。
④ 《要录》卷30建炎三年十二月乙未。
⑤ 《金佗续编》卷5《乞科拨钱粮照会从申省札》。
⑥ 《金佗稡编》卷5《鄂王行实编年》和《要录》卷63绍兴三年二月庚子载刘大中奏。
⑦ 《会编》卷9，《宋会要》兵8之16，《要录》卷23建炎三年五月庚辰。
⑧ 《会编》卷155，《要录》卷68绍兴三年九月丙寅。
⑨ 《要录》卷50绍兴元年十二月乙亥。

岳飞得到高泽民的书信后，才明了真情。于是他力辞不受，要求严厉惩办高泽民，并屡次向李回陈述事情的原委和自己的衷曲。李回对岳飞踟蹰不安的心情表示理解，便上奏宋高宗说：

"岳飞一军自从讨贼，服勤职事，忠勇之名闻于江右，纪律之严信于疲氓。留屯洪州，声势甚远，江、湖群寇，率皆逃避。近迁神武副军都统制，士论皆谓称职。及得其外甥婿私书，乃知此除曾经枢密院陈乞，飞小心惶惧，累与臣言，实非本心所敢侥望。"

宋高宗回诏李回，说"岳飞勇于战斗，驭众有方"，这次新命"出自朕意"，"可令安职"，并且下令特铸官印，赐予岳飞。①

宋高宗的回报并非纯属顺水推舟，或者是将错就错。在当时的政治和军事形势下，他必须提拔能为朝廷效命的良将。近年来的一系列征战，业已证明岳飞是个出类拔萃的将才。绍兴初年，宋朝尚有几十名统制，每名统制所统兵员至多不过数千人。若使岳飞混同于普通的统制，确实与他的军功和兵力并不相称。故将他升擢为都统制，并提高军号的级别，乃是势在必行。

原先的东南大将号称"刘、韩、张、辛"，② 辛姓的统兵官有辛企宗、辛兴宗、辛永宗、辛道宗等人，岳飞至此正式取代了辛企宗的地位。

第六节 讨伐曹成

绍兴二年（公元1132年）正月末，宋廷下札通知岳飞，命他统率军马，前往潭州，担任知州、兼荆湖东路安抚使、都总管的差遣。③ 二月，宋廷又起用李纲为荆湖、广南路宣抚使，岳飞等将领都归他"节制"。④

宋廷的部署，是为要消灭荆湖东路的盗匪。宋时一般将荆湖分为南路和北路，但绍兴元年至二年间，又一度分为东路和西路。⑤ 湖东路的盗匪最大有四支，其首领为曹成、马友、李宏和"花面兽"刘忠。刘忠及其部

---

① 《金佗稡编》卷9《遗事》，《会编》卷149，《要录》卷50绍兴元年十二月丁丑。
② 《会编》卷152，《要录》卷27建炎三年闰八月庚寅。
③ 《金佗续编》卷5《权知潭州并权荆湖东路安抚都总管省札》，《要录》卷51绍兴二年正月壬寅。
④ 《梁溪全集》李纲行状，《要录》卷51绍兴二年二月庚午。
⑤ 《宋史》卷88《地理志》。

伍都在额上刺花，故得此绰号。① 除刘忠外，曹成等三人都接受宋朝的官封，处于叛服无常的状态。他们三人虽曾是张用的"义兄弟"，自从流窜到荆湖一带，却各自成军，割据称雄，彼此嫌隙很深，互相攻伐，对人民则奸淫掳掠，无恶不作。

在这四大寇中，军力最强者则是曹成。曹成是大名府内黄县（今河南内黄县）人，有膂力，擅长射箭。② 他部下有七万多人，其中精兵约三万人，③"所至以人为粮，靡有噍类"，④ 真是一伙杀人不眨眼的巨盗。曹成所部一度俘虏了荆湖东路安抚使向子諲，盘踞道州（治营道，今湖南道县）。

宋廷决定首先解决曹成匪军，企图以"盗"制"盗"，命令驻扎潭州的马友，占据岳州（治巴陵，今湖南岳阳市）的李宏，再加上韩京和吴锡两支小部队，"并听帅臣岳飞节制"，"共力破贼"。⑤

当时岳家军的兵力为一万二千馀人。岳飞留下二千人驻守吉州（治庐陵，今江西吉安市），保护军人眷属，率领其馀的一万多人进驻与荆湖交界的袁州（治宜春，今江西宜春市）。在出征的一万多人中，有三成是火头军和辎重兵，能出战的实有七千馀人。⑥

但是，围绕着岳飞出师的问题，臣僚们是有争议的。儒臣胡安国认为，"曹成反覆，直犯帅司"，"固无可赦之理。宜专委岳飞掩捕曹成，及早进师"。⑦ 李纲当时尚在福州，没有赴任。他深感岳飞"兵数不多，钱粮阙乏"，难负重任，坚决要求宋廷另派韩世忠大军，自福建路前往湖东路等地，增援岳飞。⑧ 江南西路安抚大使李回也上奏，说岳飞出兵，只能增加李宏和马友的猜疑。马友占据潭州已逾半年，他绝不会允许岳飞进入潭州，就任新命。若令岳飞先往道州，讨捕曹成，湖东的盗匪其实也是"阴相交结"，"为互援之计"，马友和李宏会"阻害粮馈"，使岳飞"有腹背

---

① 《要录》卷19建炎三年正月丁亥，《琬琰集删存》卷1《韩忠武王世忠中兴佐命定国元勋之碑》，《会编》卷134，卷218《林泉野记》，《梁溪全集》卷120《与吕提刑第四书》。
② 《会编》卷120，《要录》卷19建炎三年正月乙未。曹成乡贯，两书原作"外黄"，据《宋史》卷86《地理志》改。
③ 《梁溪全集》卷65至卷70诸奏说曹成有兵十万，"能战之兵不下三万"。《金佗稡编》卷19《追赶曹成捷报申省状》说他实有"七万馀人"。
④ 《梁溪全集》卷66《具荆湖南北路已见利害奏状》。
⑤ 《金佗稡编》卷10《措置曹成事宜奏》，《要录》卷51绍兴二年二月庚午，《宋会要》兵10之31。
⑥ 《金佗稡编》卷10《措置曹成事宜奏》。
⑦ 《历代名臣奏议》卷47胡安国《时政论》。
⑧ 《梁溪全集》卷66《乞令韩世忠相度入广西招捕曹成奏状》。

受敌之患"。① 李纲的上奏尚未到达，宋廷已接受李回的意见，命岳飞暂驻袁州，等候韩世忠大军到来，"同共进兵"。②

事实上，李纲和李回的担心是多馀的，宋廷的指令也成了一纸废文。三月中、下旬，曹成便放弃道州的巢穴，分兵两路南下。东路兵攻占广南西路的贺州（治临贺，今广西贺州市八步区），并侵犯昭州（治平乐，今广西平乐县）和广南东路的连州（治桂阳，今广东连州市）、封州（治封川，今广东封开县）。③ 西路兵北上永州（治零陵，今湖南永州市），折往全州（治清湘，今广西全州县），再南下进犯广南西路首府桂州（治临桂，今广西桂林市）。岳飞三月十七日自洪州出兵后，三十日，岳家军的前哨部队已抵达衡州茶陵县（今湖南茶陵县）。在探知曹成军的动向后，岳飞便继续进兵，经郴州（治郴县，今湖南郴州市）、桂阳监（治平阳，今湖南桂阳县），直抵道州，尾追曹成匪军。④ 马友和李宏两部既不协助岳飞，也不支援曹成，而是按兵不动，坐观胜负。

将领韩京和统制吴锡两支部队分别屯驻于茶陵县和郴州，其军士多数是老弱残兵，能出战者各不满一千人，而他们的军纪又极其败坏。岳飞与韩京、吴锡两军先后会合，他嫌老弱者影响军队的战斗力，就在行军途中，将他们"给据放散"，另外又选拔近千名精兵拨入本军。韩京极其不满，借口有病，带领馀部几百人返回茶陵县。唯有吴锡还勉强率部伍随同作战。⑤

岳飞探得曹成匪军的实情后，并未分兵袭逐，而是倾注全力，先攻其一路。曹成西路军围攻桂州，广南西路经略安抚使、桂州知州许中部署军队，用心守御，但形势仍然很危急。四月，岳飞派前军统制张宪和吴锡取道全州，往西南进军桂州，才解除了敌军的包围。⑥

曹成军战败南逃，退守桂州荔浦县（今广西荔浦县西）东北几十里的

---

① 《要录》卷52绍兴二年三月乙未。
② 《金佗稡编》卷10《措置曹成事宜奏》，《要录》卷52绍兴二年三月乙未。
③ 《要录》卷52绍兴二年三月庚申，《宋会要》兵10之32，《梁溪全集》卷67《乞依近降指挥乞兵二万人措置招捕曹成奏状》，卷70《开具钱粮兵马盗贼人数乞指挥施行奏状》。
④ 《金佗稡编》卷10《措置曹成事宜奏》，卷17《乞措置进兵入广申省状》，《梁溪全集》卷66《乞令韩世忠相度入广西招捕曹成奏状》。
⑤ 《金佗稡编》卷9《遗事》，卷17《分拣吴锡韩京两军讫申省状》，《要录》卷53绍兴二年闰四月己酉，《梁溪全集》卷116《与吕相公第七书别幅》，卷118《与秦相公第九书别幅》，《与秦相公第十一书别幅》，《斐然集》卷18《寄张相》（其四）。
⑥ 《梁溪全集》卷76《乞全州免听广西节制奏状》，此奏中之"六月"，应为"四月"之刊误，曹成六月已投降。

莫邪关。莫邪关设在莫邪山上，山势险峻，难攻易守。① 岳飞命令张宪攻关。张宪有个亲兵，名叫郭进，气力极大，饭量惊人，他常说不能饱餐，就自备一个大马杓盛饭，久而久之，便得了"大马杓"的浑名。在攻关战斗中，郭进和两名旗头捷足先登，抢枪刺死敌方的旗头。"旗头本执持大旗，麾众当先者"，当时宋军每五十人为一队，"选壮勇善枪者一人为旗头"，是队一级编制单位的头领之一。② 旗头的战死，顿时使曹成匪军士气沮丧，队伍散乱，岳家军乘机攻破关厢。岳飞大喜，当即解下自己的金束带，另加银器，赏给郭进，并将他补官秉义郎。

然而战斗并未称心如意地结束。曹成部下悍将杨再兴乘着岳家军欢庆胜利，松懈戒备的机会，率军反扑。他攻入第五将正将韩顺夫的营地。韩顺夫却已解鞍卸甲，纵酒恣饮，猝不及防。他在仓猝迎敌时，被杨再兴砍折一臂而死。岳飞大怒，责令第五将副将王某擒捉杨再兴赎罪。前军统制张宪和后军统制王经都奉命率部反攻。在激烈的战斗中，杨再兴骁猛非凡，居然又杀死了岳飞的胞弟岳翻。然而他个人的骁勇毕竟不能挽回败局，岳家军终于击败劲敌，将曹成的西路军逐出桂州各县。③

闰四月初，岳家军和广南西路经略安抚使司统制欧阳临、罗选两部自桂州东进，直抵贺州境内，以剿除曹成的东路军。曹成已在太平场设立营栅，严阵以待。岳家军在距离敌营几十里外，也立营设寨。军中捉到一名敌探，岳飞便心生一计，命军吏向他假报军粮告竭，岳飞对军吏说："促之耳，不然，姑返茶陵以就饷。"

岳飞有意让敌探听到此语，便设计放敌探逃走。曹成得到假情报，喜出望外，松懈了防备，还盘算着待岳飞退兵时，如何进行追击。不料五日天色未明，岳家军已取道邃岭，飞兵奇袭，攻破并焚毁了太平场的敌寨。

---

① 《读史方舆纪要》卷107荔浦县，"镆铘山：县北四十里，险峻如刃，昔人置关其上"，"镆铘关，在镆铘山上"。据《舆地纪胜》卷106《邕州》，卷115《宾州》记载，也都有镆铘关。北宋陶弼《陶邕州小集》有《莫铘关》诗。从地理位置推断，岳家军攻莫邪关应在荔浦县境。

② 《会编》卷239，《要录》卷111绍兴七年五月甲申，《宋史》卷195《兵志》。

③ 莫邪关之战的情节据《会编》卷151，《要录》卷53绍兴二年闰四月丙申。关于莫邪关的地点，《会编》说是在道州，据《金佗稡编》卷17《乞措置进兵入广申省状》，证明曹成于三月二十七日，已全军离道州，双方并未在道州交锋。《要录》更将莫邪关误移于贺州之上梧关。今将此战系于桂州解围之后，贺州交战之前，似较合情理。《金佗稡编》卷5《鄂王行实编年》不载此战，但卷9《遗事》略有涉及。

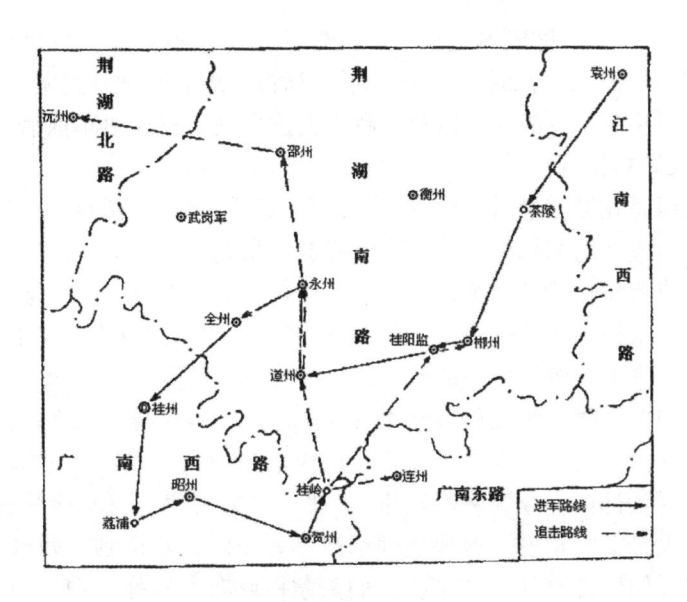

岳家军进击曹成军路线图

六日，曹成又集结三万馀人，在贺州城外二十几里处，凭恃山险，举行决战。岳飞出战的兵力只有八千人，骑兵更不及敌人的十分之一，却大败曹成匪军。曹成放弃州治临贺县，往东北方向逃到桂岭县（今广西贺州市八步区桂岭镇）。岳飞得胜收兵后，命欧阳临和罗选率广西本地军驻守州城，他的本部兵马则在城外露宿。

从临贺县到桂岭县，尽是回崖沓嶂，曲溪深涧，只有狭窄的小山路，人马往来，都不能并行。曹成命都统领王渊把守北藏岭、上梧关和蓬岭三道险隘，自认为万无一失。

岳飞作了周密的准备，并从广南西路经略安抚司借到战马三百匹，率军前往北藏岭下扎营。十二日，愚蠢的王渊率兵下山迎战，岳飞麾军勇猛冲杀，王渊匪军大败。岳家军便乘胜攻克了北藏岭和上梧关。在此战中，岳家军的战马损失很多，光是借来的战马竟有五分之三坠崖死亡。

十三日，曹成派遣的一万五千多名援军赶到，又被岳家军彻底击溃。

十五日，岳飞进兵蓬岭，在下午未时向曹成匪军发起总攻，一鼓作气，冲上山巅，敌人四散逃窜。曹成滚到岭下，抢着一匹骏马，便落荒而逃。张全等敌将都被擒获。

十六日，岳家军的旌旗直指桂岭县，曹成往连州方向逃遁。杨再兴自莫邪关一战出名，为很多将士所认识，故大家紧追不舍。杨再兴走投无路，跳入深涧之中，军士们张弓搭箭，准备射死他。杨再兴大喊："我是好汉，当执我见岳飞。"

杨再兴束手就缚，张宪将他押解回军。岳飞见后，不计较杀弟之仇，

第六章 江湖转战

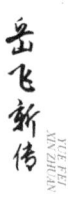

亲解其缚，说："我与尔是乡人，汝好汉也，吾不杀汝，当以忠义报国家！"便将杨再兴收为部将。从此以后，杨再兴忠心耿耿地追随岳飞征战，至死无二。岳家军在战斗中缴获了敌人大量军械，曹成匪军前后掳掠的几万百姓，都得到解救。①

岳飞深悉几经较量后，曹成匪军已全无招架之力，便召见王贵、张宪和徐庆三员最信用的部将说："曹成败走，馀党尽散，追而杀之，则良民胁从，深可悯痛；然纵其所往，则大兵既旋，复聚为盗。吾今遣若等三路招降，若复抵拒，诛其酋而抚其众。谨毋妄杀，以累主上保民之仁。"

于是王贵等三将便分兵追击，相机招降。张宪军攻占连州，负责招降连州和贺州的溃匪。曹成和都统领王渊在连州不得存身，又逃往桂阳军和郴州一带，由王贵军负责追袭掩杀。徐庆也是汤阴县人，②他率军北上道州和邵州（治邵阳，今湖南邵阳市）。曹成势穷力竭，只能接受新近前来荆湖的韩世忠军的招安。曹成残部郝政不肯投降，逃窜到沅州（治卢阳，今湖南芷江侗族自治县）一带，他们头蒙白麻布，号称"白头巾"，扬言要为曹成报仇，又被张宪军擒获。③

除曹成外，其他三大寇的解决，也出乎意料的顺利。李宏袭杀马友，又被迫投降韩世忠。④ 韩世忠大军破刘忠匪军，刘忠逃奔伪齐，充当登、莱、沂、密州都巡检使。他后被部属所杀，航海"传首"临安府。这个杀害张所的败类，终于落得可耻而可悲的下场。⑤

岳家军转战荆湖南路、广南西路和广南东路，往返追奔数千里，独力击溃了兵力上占很大优势的曹成匪军，完全出乎大家的预料。盛夏时节用兵行师于号称"烟瘴之地"，曹成匪军因疾疫而死者相继，而岳家军居然无人得病，也被认为是一个奇迹。

新到任的荆湖、广南路宣抚使李纲称赞岳飞"年齿方壮，治军严肃，

---

① 贺州之战参据《金佗稡编》卷17《乞广西战马申省状》，卷19《贺州捷报申省状》，《大破曹成捷报申省状》，《追赶曹成捷报申省状》，《宋会要》兵10之32。杨再兴投降情况参据《会编》卷151，投降地点参据《要录》卷53绍兴二年闰四月丙午。《民国贺县志》卷1说，蓬岭后因此改名将军岭。

② 《金佗续编》卷28《孙迪鄂王事》。

③ 《金佗稡编》卷19《追赶曹成捷报申省状》，《会编》卷151，《要录》卷53绍兴二年闰四月丙午，卷54绍兴二年五月丙子，卷56绍兴二年七月辛未，《宋会要》兵10之32，《宋史》卷368《张宪传》。

④ 《会编》卷151，卷218《林泉野记》，《要录》卷55绍兴二年六月庚寅朔，乙卯。

⑤ 《会编》卷151，卷155，卷218《林泉野记》，《要录》卷56绍兴二年七月庚辰，卷58绍兴二年九月，卷64绍兴三年四月丁未，《忠正德文集》卷2《乞免摄文广状》。按《琬琰集删存》卷1《韩忠武王世忠中兴佐命定国元勋之碑》和《宋史》卷364《韩世忠传》说，韩世忠军破刘忠时，即"斩忠首"，系误。

能立奇功，近来之所少得"，断言他"异时决为中兴名将"。李纲建议将岳家军留驻荆湖一带，但宋廷决定岳飞仍率军回江南西路，去江州驻扎。①

六月，宋廷升擢岳飞为中卫大夫、武安军承宣使，虽仍属从五品，计升三官，官告中称赞岳飞"为时良将，统我锐师，许国惟以忠诚，驭众亦能训整，同士卒之甘苦，致纪律以严明。宣力久劳，战多实著，功加数路，迹扫群凶"。②宋时升官制词或告词自然也难免有虚饰的成分，但此份告词对岳飞才能、战功和军纪的评述，还是恰如其分的。

荣誉更加激励了岳飞的雄心壮志，他路过永州祁阳县（今湖南祁阳县）大营驿，写了一篇题记：

"权湖南帅岳飞被旨讨贼曹成，自桂岭平荡巢穴，二广、湖湘悉皆安妥。痛念二圣远狩沙漠，天下靡宁，誓竭忠孝。赖社稷威灵，君相贤圣，他日扫清胡虏，复归故国，迎两宫还朝，宽天子宵旰之忧，此所志也。顾蜂蚁之群，岂足为功。过此，因留于壁。绍兴二年七月初七日。"③

岳飞在这篇文章中重申了自己光复旧物之宿愿，而认为讨伐曹成，则"岂足为功"。当时正发生蕲、黄州镇抚使孔彦舟叛降伪齐的事变，④故宋廷急令岳飞火速回戍江州，以防伪齐南侵。⑤经历此次征战，岳家军兵力陡增一倍，达二万三、四千人，与东南大将韩世忠、刘光世、张俊等军相差不多。⑥

江州北枕大江的碧流，南傍庐山的翠影，波溯巴楚，浪下吴越，时称"负江面山，形胜盘踞，三方阻水"，既是个景色如画的城市，又是屏障江南西路，"颇难于攻取"的军事重镇。⑦岳飞一年前攻讨李成，曾在江州停留，此次居住半年有馀，便更加喜爱这个地方。他决定将江州作为第二故乡，准备将来抗金功成身退之日，不再返回汤阴县故里，而留在江州安度晚年。

---

① 《要录》卷55绍兴二年六月戊戌，《梁溪全集》卷72《开具本司差到任仕安等兵马人数留韩京等军马奏状》，卷116《与吕相公第七书别幅》，卷118《与秦相公第十一书别幅》，《宋会要》职官41之25—26。
② 《金佗续编》卷2《中卫大夫武安军承宣使告》，《会编》卷151，《要录》卷55绍兴二年六月庚子。
③ 《金佗稡编》卷19《永州祁阳县大营驿题记》。
④ 《会编》卷151，《要录》卷55绍兴二年六月壬寅。
⑤ 《要录》卷56绍兴二年七月己巳。
⑥ 《要录》卷60绍兴二年十一月己巳，卷62绍兴三年正月丁卯，卷63绍兴三年三月辛未，《忠正德文集》卷2《知洪州乞支降钱米状》。
⑦ 《桯史》卷8《九江郡城》。

岳飞结识了庐山东林寺住持僧慧海，这是一位精通禅学的高僧。东林寺有悠久的历史，早在东晋时代，名僧慧远便在此寺讲经说法。岳飞虽在战场上是奋击无前的英雄，但对佛教，以至道教，却有几分虔诚的迷信。后来他官居高位，还在辖区"大葺祠宇"。①

第七节　吉、虔州平叛

南宋初年，统治者称各地的叛乱，或云"民叛"与"兵叛"，或云"土寇"与"游寇"，其意大致相同。前任宰相、江南西路安抚大使朱胜非上奏说："土寇皆因朝廷号令无定，横敛不一，名色既多，贫民不能生，以至为寇。"②

当时人民的灾难十分深重。凶恶的金军、强梁的盗匪和横暴的官军在各地交替进行焚烧、屠杀和劫掠，"极目灰烬，所至残破，十室九空"。③宋廷在丧失三分之一的土地后，又加紧横征暴敛，贪官污吏和土豪劣绅也乘机敲诈勒索，遂使民不聊生。

宋承唐制，正式的土地税是两税，一般按田地的肥瘠分成若干等，每等每亩各有定额。然而官府却用加耗、加一、加三、支移、折变、水脚（水运费）、斗面、斛面等各种名目，税上加税。在江南东、西路和荆湖南、北路一带，甚至有正税米一石，而纳加耗米四石。④ 原来输纳粳米，却折变为糯米，价格提高一倍；又将糯米折变为钱币，"倍困人户"。⑤ 各种名目加税的结果，致使"税米一斛，有输及五、六斛；税钱一千，有输及七、八千者"。⑥

和籴粮草与和买绢帛，本是官府出钱，籴买粮、绢之类，而官府往往"不酬其直"。⑦ 和买事实上成为很多地区一项固定的重税，并且同两税一样，也摊派折变、加耗等花样繁多的附加税。例如和买与两税中的夏税紬

---

① 《金佗稡编》卷13《劾刘康年伪奏乞恩泽奏》，《再乞寝罢刘康年伪乞恩泽札子》，《要录》卷82绍兴四年十一月庚午，《宋会要》道释1之7，《渭南文集》卷45，卷46《入蜀记》。
② 《会编》卷147，《要录》卷42绍兴元年二月乙酉，《宋会要》兵13之7。
③ 《要录》卷41绍兴元年正月癸亥。
④ 《梁溪全集》卷63《乞减上供数留州县养兵禁加耗以宽民力札子》。
⑤ 《斐然集》卷25《先公行状》，《宋会要》食货9之29。
⑥ 《要录》卷42绍兴元年二月乙酉。
⑦ 《要录》卷42绍兴元年二月乙酉，《宋会要》食货9之19。

绢改纳所谓折帛钱，便成为南宋时出名的重赋。江南西路经历战祸后，"蚕桑之家往往废业"，为输纳和买绢，只能去"他路收买"，"更有头子、市例、朱墨勘合、脚乘之费，及有不中退换"，"民间尤以为害"。①

役钱原名免役钱，是为雇募吏役，即州县衙门公吏和乡村基层政权头目而设。役钱名额确定后，宋廷又将乡役复雇为差，不支雇钱，而役钱照旧输纳。役钱也是一项重赋，贫民下户都不能免。役钱基本上须缴纳钱币，在年丰谷贱之时，农民的负担就愈加沉重。

更有所谓科配，是无定时、无定量、无定类的临时性摊派。科配"无收支文字可以稽考"，最利于作弊，"形势、公吏之家例皆不纳，所纳皆贫下户"。科配收入主要被官吏贪污中饱，"官用一、二，私取八、九"，"用之如泥沙不惜"。②

以上介绍的，不过是几种最普遍的，同农民关系最大的赋税。事实上，苛捐杂税之多，连宋人也不可能作出较为完整的统计。

李纲自福建路前往荆湖南路赴任时，曾写诗描绘耳闻目睹之惨状：

"试呼耆老细询问，未语吞声已先咽：
自从虏骑犯长沙，巨寇如麻恣驰突，
杀人不异犬与羊，至今涧谷犹流血。
盗贼纵横尚可避，官吏贪残不堪说，
挟威倚势甚豺狼，刻削诛求到毫发。
父子妻孥不相保，何止肌肤困鞭挞。
上户逃移下户死，人口凋零十无八。"③

在兵荒马乱、苛政重敛的情势下，甚至某些上户也破产逃移，更不论广大的贫民下户了。

就岳家军驻守的江南西路而言，情况也大致相类。其中吉州和虔州（治赣县，今江西赣州市）面积约占全路十一州军的一半，"地形险阻，山林深密"，又处在与荆湖南路、广南东路、福建路的交界，官府统治薄弱。自北宋到南宋，吉州，特别是虔州，历来被视为"盗贼之渊薮"。④

---

① 武英殿聚珍本《毘陵集》卷3《措置江西善后札子》，文渊阁《四库全书》本为卷7。
② 《梁溪全集》卷71《乞下本路及诸路转运司科敷钱米于田亩上均借奏状》，卷116《与吕相公第七书别幅》，《北山小集》卷39《转对状》，《卢溪文集》卷27《与宣谕刘御史书》。
③ 《梁溪全集》卷29《八月十一日次茶陵县入湖南界有感》。
④ 《临川先生文集》卷82《虔州学记》，武英殿聚珍本《毘陵集》卷3《论措置虔贼札子》，文渊阁《四库全书》本为卷7，《雪山集》卷3《论镇盗疏》。

南宋初年，吉州和虔州不断出现"土寇"。当地民风强悍，"至秋冬收成之后，即结集徒党，出没侵掠"，成为一种惯例。① 一些"豪强之家"，也颇有当土皇帝的野心，农民"为之服役，平居则恃以衣食，为寇则假其资装"。② 例如虔州文士李敦仁是个"无赖"，其父曾说本家坟地"风水殊胜，四十年后当有出侯王者"，便聚众造反，后又接受招安。③ 当然，如前所述，在吉州和虔州也有同样由官逼民反的问题，"政令苛虐，科敛无艺，小民无告，横遭荼毒，互相扇动，遂萌奸心，徒党浸多，乃成巨盗"。④

总之，中国古代"民叛"的因素是相当复杂的，有反抗官府黑暗统治的成分，也有其他成分，而其归宿则往往被野心家们所利用，"成则为王，败则为寇"。

在绍兴初年，吉州和虔州的"民叛"发展到相当可观的规模。吉州叛乱的首领有彭友（号彭铁大）、李满（号李洞天）、尹花八、宁十二等人，他们都自封为王，所以号称"十大王"，共有几万兵马。彭友是在绍兴三年初，由荆湖南路转移到江南西路。⑤ 虔州的叛军则发展到四百多支，首领有陈颙、罗闲十、钟超、吕添、王彦、蓝细禾、谢敌、钟大牙、刘八大五、卢高、罗诚、谢宝、谢达等，总数达十几万人。他们不时东向攻扰江南东路和福建路，南下劫掠广南东路，"纵横往来者数年"。⑥

因此，宋朝统治者便将吉州和虔州的叛乱视为心腹之患，说"虔、吉之民，素号顽狡"，"阖境之内，鲜有良民"，⑦ 认为需要派遣得力的部队，前往剿灭。江南西路安抚大使李回，荆湖南路宣谕薛徽言，江南东、西路宣谕刘大中，广南东、西路宣谕明橐，梧州知州文彦明等人，都举荐或要

---

① 《忠正德文集》卷2《乞下邻路防托虔寇》。
② 《要录》卷91绍兴五年七月丙申。
③ 《要录》卷38建炎四年十月辛卯，卷47绍兴元年九月丙申，卷50绍兴元年十二月甲戌，卷52绍兴二年三月壬辰朔，《宋会要》兵10之27—28，《北山小集》卷39《纳宰执论事札子》（其三）。
④ 《要录》卷102绍兴六年六月辛酉。
⑤ 《金佗续编》卷19《虔（吉）州捷报申省状》，《忠正德文集》卷2《乞免勘乔信》。《皇宋十朝纲要》卷22说彭友为刘忠"次首领"。据《梁溪全集》卷70《开具钱粮兵马盗贼人数乞指挥施行奏状》，卷75《讨杀本路作过溃兵了当见措置杨么等贼奏状》，卷120《与吕提刑第三书》，《与吕提刑第四书》，至晚在绍兴二年，彭友已有独立队伍，并曾一度接受招安。宋时封王，则人称"大王"，如《会编》卷64，卷73载，人称康王为"大王"。
⑥ 《金佗稡编》卷10《措置虔贼奏》，《奏审虔州贼首奏》，卷17《再论虔州平盗赏申省札子》，卷19《虔贼捷报申省状》，《要录》卷46绍兴元年七月癸卯，卷53绍兴二年四月乙丑，卷60绍兴二年十一月辛酉，辛未，月末，卷61绍兴二年冬，卷62绍兴三年正月癸亥，《杨龟山先生集》卷20《答胡康侯》（其十五）。
⑦ 《忠正德文集》卷2《乞下邻路防托虔寇》，《毘陵集》卷3《论措置虔贼札子》。

求岳家军讨捕。他们的理由，"皆言岳飞所部最为整肃，所过不扰"，"可除群盗"。① 宋高宗为此特下亲笔手诏，命岳飞"疾速统率精锐人马前去，务要招捕静尽，无使滋蔓"，并令颁赐钱帛，江南西路、荆湖南路和广南东路的转运使等必须保证岳家军的钱粮供应。②

绍兴三年四月初夏，岳飞率军先至吉州。他派能言善辩的低品武官（使臣）去龙泉县（今江西遂川县），规劝彭友、李满等投降，他们回答说："为我语岳承宣，吾宁败不肯降，毋以虚声恐我也。"

彭友和李满匪军在武陵、烈源、陈田三处扎寨，并联合永新县（今江西永新县）尹花八等两支三千多人的队伍，共同抵抗官军。岳飞和王贵、张宪分兵三路，展开进攻，经历一场鏖战，叛军大败。彭友等在交兵之初，跃马驰突，即被岳飞麾军擒获。叛军被杀得横尸遍满山谷。岳家军除缴获很多军械外，还将被彭友、李满等叛军掳掠的二万多老弱，纵归田里。③

岳飞乘胜移军虔州。他此次分遣一些统领官前往劝降。虔州的四百多支叛军集中到兴国县（今江西兴国县）衣锦乡，与官军决战。岳家军大败叛军后，徐庆等将便分头攻破几百座山寨，俘虏了王彦、钟超、吕添、罗闲十、陈颙等首领。④

---

① 《金佗稡编》卷5《鄂王行实编年》载李回等人举荐，《浪语集》卷33《先大夫行状》，《书先右史遗编》载薛徽言也举荐岳飞。
② 《金佗续编》卷1高宗手诏，《要录》卷63绍兴三年二月丙申，三月辛未，《宋会要》兵13之12—13。
③ 《金佗稡编》卷19《虔（吉）州捷报申省状》，《虔贼捷报申省状》，《周益国文忠公集·平园续稿》卷37《龙洲居士严君（致尧）墓碣》，《浪语集》卷33《先大夫行状》，《皇宋十朝纲要》卷22。按《要录》卷64绍兴三年四月丁未称彭友等为"虔寇"，系误。
④ 《金佗稡编》卷10《奏审虔州贼首奏》，卷17《再论虔州平盗赏申省札子》，卷19《虔贼捷报申省状》，《要录》卷85绍兴五年二月壬辰。

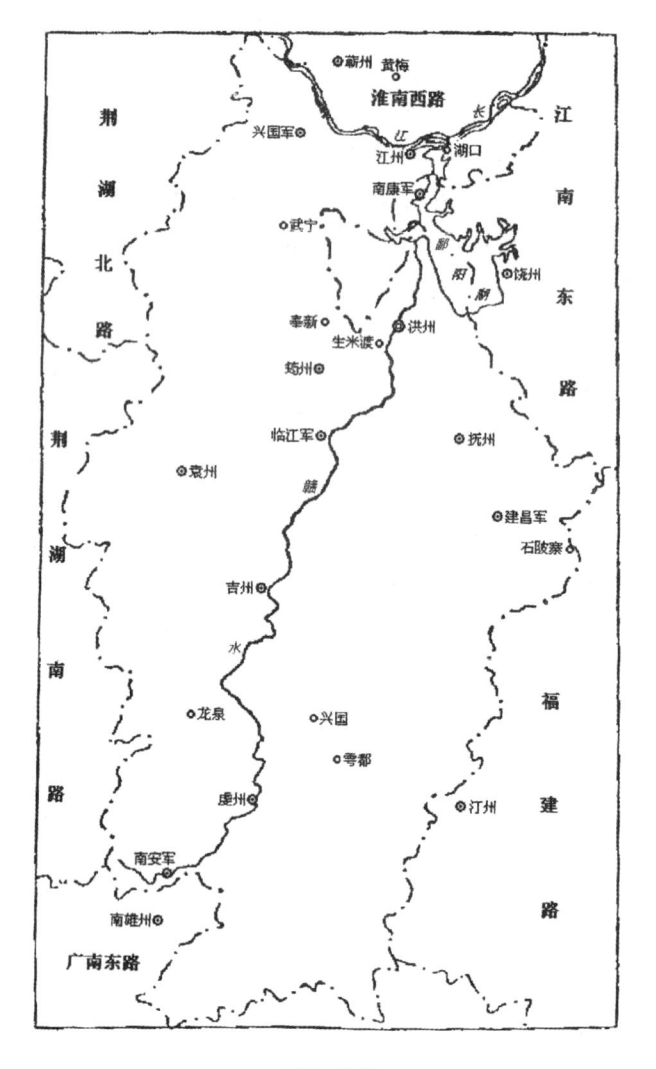

江西形势图

最后，只剩下雩都县（今江西于都县）东北的固石洞，[①] 由李洉和廖氏三姐妹的廖小姑等坚守。此洞处在高山之巅，四周环水，只是在陡壁悬崖上有一条通路，光是登山，就异常困难。洞中粮食、钱帛之类储备甚足，故李洉等有恃无恐。岳飞驻军瑞金县（今江西瑞金市），仍派辩士前往劝降，说："汝诚阻险，能保不败耶？败而后降，吾不汝贳矣！降即亟降，毋自速辜。"李洉等不听，说："苟能破山寨，吾党虽死，尚何憾！"

于是岳飞便率官军进攻，山上炮石、檑木之类滚滚直下，每次冲锋，

---

① 《读史方舆纪要》卷88。

都被打退。岳飞心生一计，令军士缚天桥八座，不断佯攻，诱使叛军将其木石耗尽，然后下令说："来日当破贼！"

众人都不明其意。次日凌晨，岳飞命将士在山下排列严整的队形，他本人登高瞭望，只见一女子（廖小姑）手持兵刃，大声呼喝："今日官军要破我砦，除是飞来！"

岳飞当即对左右说："飞即我也！"遂令击鼓进兵。张宪前军官兵三百人为先锋，他们身穿前后黡心，杷山而上，实施强攻，很快冲上山顶。岳飞看到首先登上顶巅的战旗飘扬，便说："此前军第三队也，当作奇功！"

诸军竞进，叛军的山寨很快便被占领。不少叛军在仓卒间坠落山崖身亡，有的叛军逃下山来，也被山下的官军包围，成了俘虏。有的部属说，既然劝降不从，应将被俘者和投降者全部处死。岳飞不听，认为"杀之何益"。①

被俘的吉州和虔州叛军，人数众多，光是两州的叛军首领即有五百多人。② 因为建炎四年隆祐皇太后在虔州受到乡兵叛乱的惊吓，③ 宋高宗下密旨，令岳飞将被俘者全部斩尽杀绝。岳飞不同意此种做法，就在离虔州城三十宋里外驻军，接连上奏，申述己见。最后宋高宗下旨"曲宥"，命岳飞裁决。岳家军入城后，只处死一小批叛军领袖，将被俘的勇壮者分隶各军，老弱者放归田里。④

岳家军在吉州和虔州一直维护着仁义之师的形象，"军行之地，秋毫无扰"，特别是对大批被俘者的处置如此宽大为怀，故深得民心。此后家家户户悬挂岳飞的画像，奉若神明，只要提到岳飞的大名，都感泣不已。⑤

---

① 关于固石洞之战，《金佗稡编》卷5《鄂王行实编年》，《金佗续编》卷28《孙迪编鄂王事》，《独醒杂志》卷7记述各异。据孙迪所载，李洵似即李满，按李满已在吉州被俘，疑李洵为另一人。

② 关于被俘的叛军首领人数，《金佗稡编》卷17《再论虔州平盗赏申省札子》说光虔州有"四百馀党"，同书卷10《措置虔贼奏》说吉州和虔州"作过贼首共三百一人"，《金佗稡编》卷5《鄂王行实编年》从《会编》卷207《岳侯传》，作五百馀人。

③ 隆祐皇太后为宋哲宗废后孟氏，因迎立宋高宗，被尊为皇太后。建炎四年受惊吓事，见《要录》卷31正月丁卯，二月癸未。

④ 《金佗稡编》卷5《鄂王行实编年》载："庙堂以隆祐震惊之故，有密旨，令屠虔城。"按建炎四年发生的乡兵叛乱，主要是虔州各县的乡村户，"屠城"不应理解为要将当时受官府控制的州城坊郭户杀光。宋高宗的"密旨"，并无旁证。但岳飞在虔州民众中遗爱如此之深，他说服皇帝取消"密旨"，仍有某种可能性。

⑤ 《金佗稡编》卷9，《金佗续编》卷1高宗手诏，《周益国文忠公集·平园续稿》卷37《龙洲居士严君（致尧）墓碣》，《独醒杂志》卷7。

岳飞完成镇压任务后，便上报宋廷，说吉州和虔州的叛军已"一无遗类"。① 但接替李回任江南西路安抚大使的赵鼎仍不放心。他命岳飞留五千人屯驻虔州，以为"弹压"。岳家军主力一万人赶回江州防秋。宋廷又另外抽调岳飞部下的三千人马，前往广州（治南海、番禺，今广东广州市）戍守。② 在此次军事行动中立功的部将王贵、张宪、徐庆，还有正将姚政、副将杨再兴等都升官有差。③

岳飞此次镇压行动虽获全胜，但因当地发生变乱的因素并未消弭，故不久又出现了"馀党""复炽"的局面。④ 有个士大夫说：

"民叛与兵叛不同，如虔贼向来岳飞非不讨杀，亦有已见净尽之言，终不能绝，尚跨四路出没，何也？州县非其人，归业不可，宁为寇耳！"⑤

第八节　临安朝见

宋高宗在绍兴府居住了一年有馀，又将"行在"迁往临安府，表面上谓之"行在"，其实将以为久居之地。经金军焚杀之后，北方的流寓者成了临安府居民的多数，他们往往盖茅屋居住。⑥ 宋高宗为首的统治者为了及时行乐，舒心享受，就必须重建这座城市。重建的结果，则是使千娇百媚的水光山色成为投降和屈辱的象征。南宋诗人林升写诗云：

"山外青山楼外楼，西湖歌舞几时休？
暖风熏得游人醉，便把杭州当汴州。"⑦

宋高宗暂时不得不同金与伪齐处于战争状态，以战求和，觊觎在半壁残山剩水中寻欢作乐。他骨子里并无恢复河山的盘算，而将东京开封、西

---

① 《金佗稡编》卷17《再论虔州平盗赏申省札子》。
② 《要录》卷67绍兴三年七月乙亥，八月己丑，《宋会要》兵5之17，13之13，《忠正德文集》卷1《乞支降岳飞军马钱粮状》，卷2《奏乞节制岳飞状》。
③ 《金佗续编》卷5《收捕虔吉州盗贼王贵以下推恩省札》，《要录》卷68绍兴三年九月甲戌。
④ 《要录》卷85绍兴五年二月壬辰。
⑤ 《斐然集》卷17《寄张德远》。
⑥ 《要录》卷173绍兴二十六年七月丁巳，《宋会要》食货38之19，兵3之7—8。
⑦ 《西湖游览志馀》卷2。

京洛阳等视同异域。宋高宗和一些大臣甚至连"北伐"、"收复汴京"等类政治口号也不敢使用,"约束诸路,并不得出兵"进攻"大齐"。有的官员接纳越界归宋的北方军民,竟被朝廷惩处。①

绍兴三年九月,岳飞奉命来到临安府,第二次朝见宋高宗。此时,岳飞已成为继吴玠之后,一颗新升的将星,②为举世瞩目,而他的年龄比吴玠还小十岁。从绍兴元年到三年,岳家军除了进行大规模的戡平内乱的军事活动外,岳飞还分兵遣将,镇压了若干规模不大的内乱。他命徐庆和王万率三千兵马,会同江南东路安抚大使司统制颜孝恭、郝晸等,平息建昌军石陂寨姚达和饶青的兵变。③他亲自招降转移至筠州的马友残部郝通,④消灭盘踞舒州太湖县(今安徽太湖县)司空山的盗匪李通。⑤徐庆和江南西路安抚大使司统制傅选合军,击破叛将李宗亮和张式的队伍。⑥王贵和徐庆率军破刘忠馀部高聚于袁州,张成于萍乡(今江西萍乡市),并分别擒获高聚和张成。⑦

宋高宗当然乐于召见这个军界有威名的后起之秀,以便教他瞻仰"天颜",膜拜"圣恩",更加忠心耿耿地为自己效命。十五岁的岳雲也随同父亲朝见。他自幼立志许国,建炎四年,即岳雲十二岁时,就编入张宪的部伍从军,并且立下军功。⑧岳飞对儿子的要求极端严格。有一次,岳雲身披重铠,练习飞马冲下陡坡,不慎马翻人仰。岳飞大怒,说:"前驱大敌,亦如此耶?"下令将岳雲斩首,经众将说情后,改为责打一百军棍。⑨三年时间的严酷锻炼,造就了岳雲一副铜筋铁骨,他天生神力,能将两支好几

---

① 《金佗续编》卷5《朝省行下事件省札》,《宋史》卷376《常同传》,《要录》卷75绍兴四年四月丙午,《中兴小纪》卷17,《皇朝中兴纪事本末》卷31之上。
② 《会编》卷173,《要录》卷87绍兴五年三月,《历代名臣奏议》卷88,《宋史》卷375《李郁传》:"陛下即位之初,韩世忠、刘光世、张俊威名隐然为大将,今又有吴玠、岳飞者出矣。"当时舆论将吴玠和岳飞视为军界后起之秀。
③ 《金佗稡编》卷5《鄂王行实编年》,《金佗续编》卷5《权知潭州并权荆湖东路安抚都总管省札》,《要录》卷50绍兴元年十二月甲戌,卷51绍兴二年正月壬子,卷57绍兴二年八月甲午。
④ 《金佗稡编》卷5《鄂王行实编年》,《皇宋十朝纲要》卷22。
⑤ 《金佗稡编》卷5《鄂王行实编年》,《要录》卷51绍兴二年正月癸丑,卷58绍兴二年九月戊辰,《宋会要》兵13之12,《宋史》卷27《高宗纪》。司空山,《金佗稡编》作"司公山",《舆地纪胜》卷46《安庆府》,《方舆胜览》卷49《安庆府》作"司空山"。
⑥ 《金佗稡编》卷5《鄂王行实编年》。
⑦ 《金佗稡编》卷5《鄂王行实编年》,《宋史》卷27《高宗纪》。
⑧ 《金佗稡编》卷9《诸子遗事》。
⑨ 《金佗稡编》卷9《遗事》。

十宋斤重的铁锥枪抡动如飞。①

朝见之际，岳飞最悬心的是荆湖北路和京西南路的战事，由于败报接踵而至，他渴望与猖狂进犯的伪齐主将李成再决雌雄。宋高宗却未忘在建炎时，刘光世军缴获的那把李成所用七宋斤重的刀，他对岳飞说："如李成归国，朕当以节度使待之。"并且命令岳飞派人去做争取工作。② 这句话无异于是对岳飞很大的人格污辱。他积八年汗马战功，仍是从五品的遥郡承宣使；而李成只要重新归宋，居然可当号称武人"极致"的从二品节度使。③ 岳飞不得不强忍怒火，接受皇帝布置的任务，尽管他内心充满了对李成的蔑视。

朝见以后，宋高宗似乎也觉察到自己在李成问题上的失言，便以更重的奖赏，笼络人心。宋廷发表岳飞落武阶官中卫大夫，超升正四品的镇南军承宣使。④ 按宋时官制，岳飞算是由遥郡承宣使改升正任承宣使，而"遥郡、正任恩数辽绝"。⑤ 宋廷在升官敕诏中赞扬他"料敌出奇，洞识韬钤之奥；摧锋决胜，身先矢石之危。""千里行师，见秋毫之无犯；百城按堵，闻犬吠之不惊"。⑥ "殄寇之功，驭军之略，表见于时，为后来名将。江、湖之间，尤所欣赖，儿童识其姓字，草木闻其威声"。⑦

宋高宗亲笔书写"精忠岳飞"四字，绣成一面战旗，命岳飞在用兵行师时作为大纛。此外，他还颁赐岳飞和岳雲衣甲、金带、战袍、弓箭、刀

---

① 《金佗稡编》卷9《诸子遗事》载，岳雲"手握两铁鎚，重八十斤"。《金佗续编》卷21《鄂王传》，卷27黄元振编岳飞事迹，《宋史》卷365《岳雲传》作"两锥"或"铁椎"。当时"鎚"、"椎"和"锥"三字或可通用。《金史》卷77《亨传》记载一种"铁连鎚"的武器，类似后世的链镖。现在京剧"八大锤"之"锤"，宋时往往称为"骨朵"。《辽史》卷34《兵卫志》载"正军"的装备，即有"锴锞"和"鎚锥"。《淳祐临安志辑逸》卷3和《武林旧事》卷5说，在褒忠衍福寺中，"岳雲所用铁枪犹存"。《武经总要》前集卷13记载当时有一种四棱的"锥枪"，可知岳雲的铁鎚应是铁锥枪。《岳庙志略》卷1《画像》说岳雲的古画像，"手携两铜锥"，"其椎形椭而锐首，异于今之所谓铜椎者。无年代，亦不知何人所画"。这是近于真实的，京剧"八大锤"中的"锤"反而失实。八十宋斤铁鎚，约合九十六市斤以上，只怕太重了。

② 《会编》卷161，《要录》卷80绍兴四年九月壬申注，两处不载宋高宗发此语的时间。自绍兴元年至四年，岳飞仅有此次朝见，宋高宗当在召见时发此语。

③ 《宋史》卷168《职官志》，卷474《贾似道传》。

④ 《要录》卷68绍兴三年九月丙寅。

⑤ 《宋史》卷166《职官志》。

⑥ 《金佗续编》卷2《镇南军承宣使充江南西路沿江制置使告》。

⑦ 《金佗续编》卷3《辞免镇南军承宣使不允诏》，《北海集》卷13《赐神武副军都统制岳飞辞免恩命不允诏》。

枪、战马等物品，①赏白银二千两，犒赏将士。宋高宗还特授岳云正九品保义郎、阁门祗候的武官虚衔，岳飞决不愿让其子"未立寸效"，而享受"异眷"，上奏力辞。但是，皇帝的恩命毕竟是不容推辞的。②

经过岳飞的力争，宋廷作出以下决定：第一，命岳飞任江南西路、舒、蕲州制置使的差遣，若"军期急速"，可抽调江南西路的其他驻军，"随宜措置"，并将淮南西路舒州（治怀安，今安徽潜山县）和蕲州的防务也归他管辖。③第二，岳家军自分拨三千人往广州屯戍后，只剩下二万一千馀人，除去火头军、辎重兵、病员等，只有战士一万五、六千人。④为弥补兵力不足，宋廷便将驻守蕲州的统制李山，屯扎江州的统制傅选两支部队，都并入岳家军。⑤岳家军的军号也由神武副军升格为神武后军，岳飞由都统制改任统制。⑥这是因为他官位尚低，不能与神武左军都统制韩世忠、神武右军都统制张俊等平列。傅选早年曾在太行山参加过王彦的八字军。

赵秉渊的军队本来也准备拨属岳飞，因两年前岳飞一次酒醉后的殴打，使赵秉渊非常寒心，他与刘光世有旧交，央告刘光世提出申请，将本部人马改隶刘光世的部下。岳飞为此十分懊悔，宋高宗也因而告诫岳飞，从此不要饮酒。⑦

在此之前，南宋并未设置固定的军区，朱胜非再相后，"始议分遣诸帅，各据要会，某帅当某路，一定不复易"。⑧宋廷的意图，只是要岳飞负责保障江南西路的安全，并不允许他前往增援或接管京西南路和荆湖北路的战场。岳飞回到江州后，认为自己不能完全拂逆宋高宗的旨意，就派幕

---

① 《要录》卷68绍兴三年九月庚申，《宋会要》礼62之56—57，《宋史》卷150《舆服志》。按《金佗稡编》卷5《鄂王行实编年》将朝见和颁赏都系于九月十三日，今据《要录》更正，朝见是在九月九日。

② 《金佗稡编》卷13《辞男雲特除保义郎阁门祗候奏》，《要录》卷68绍兴三年九月戊辰。

③ 《金佗续编》卷5《改充江南西路制置使省札》，《除江南西路舒蕲州制置使省札》，《要录》卷68绍兴三年九月丙寅，乙亥，《宋会要》职官40之5—6，41之106。岳飞初任江南西路沿江制置使，寻落"沿江"二字，最后又增"舒、蕲州"。

④ 《金佗续编》卷29赵鼎《措置防秋事宜》，此奏又见《历代名臣奏议》卷334，《忠正德文集》卷2。

⑤ 《金佗稡编》卷5《鄂王行实编年》只载李山一军拨归岳飞，据《会编》卷155，《要录》卷68绍兴三年九月丙寅补充傅选一军。

⑥ 《金佗续编》卷5《改差充神武后军统制省札》，《要录》卷68绍兴三年九月庚辰。

⑦ 《会编》卷155，《要录》卷68绍兴三年九月丙寅。

⑧ 《会编》卷159，卷213朱胜非行状，《要录》卷68绍兴三年九月乙亥。

僚四川人王大节去伪齐，从事间谍工作。① 然而岳飞决不对李成存什么幻想，他积极打探前线消息，厉兵秣马，随时准备挺进湖北和京西路，杀敌立功。

---

① 《会编》卷161，《要录》卷80绍兴四年九月壬申注。

柒

克复襄汉

《西湖繁盛全景图卷》局部

第一节 襄汉失守

扼守伊阳县凤牛山寨的翟兴一军,成为伪齐的心腹大患。刘豫因军事进攻迭遭挫败,设法买通内奸杨伟,于绍兴二年三月暗杀翟兴。①

翟琮忍痛发愤,继承父志。他联合宋朝神武左副军统制,襄阳府、邓、随、郢州镇抚使,兼襄阳知府李横和随州知州李道,向伪齐发动进攻。虽然翟琮的军力已大为削弱,李横也兵少粮乏,装备颇差,但因伪齐爱国官兵纷起响应,北伐的进展相当顺利。

伪齐方面的起义者,主要有两部分队伍,牛皋、彭玘、赵起、朱全、牛宝、朱万成等军归附于李横,董先、张玘、董震等军归附于翟琮。

绍兴三年,李横与牛皋、彭玘等军克复了汝州(治梁县,今河南汝州市)、颍昌府(治长社,今河南许昌市)、信阳军(治信阳,今河南信阳市)等地。伪齐唐州知州胡安中也由李道招降。② 翟琮部署董震、张玘、董贵、赵通诸部攻入西京河南府,处决了发掘宋朝皇陵的伪齐河南尹孟邦雄。军事上的节节胜利,使翟琮一军很快便控制了东至郑州,西至京兆府的广大地域。③

翟琮和李横两军从西面和南面两个方向进逼开封府,刘豫的形势岌岌可危,慌忙向金朝求援。三月间,金朝元帅左都监完颜兀术(宗弼)会合李成所率二万伪齐军,在开封城西北牟驼冈同宋军会战。李横、牛皋等军没有铠甲,被金方重甲骑兵击溃。宋军从此一蹶不振,到十月为止,不仅伊阳县的凤牛山寨、邓州(治穰县,今河南邓州市)、随州(治随县,今湖北随州市)、唐州(治泌阳,今河南唐河县)、襄阳府等地相继陷落,连处在较近后方的郢州(治长寿,今湖北钟祥市)也被敌军攻占。李横、翟

---

① 《会编》卷150,《要录》卷52绍兴二年三月癸丑,《宋史》卷27《高宗纪》,卷452《翟兴传》。
② 《会编》卷154,《要录》卷61绍兴二年十二月辛亥,卷62绍兴三年正月甲子,卷63绍兴三年二月庚戌,卷64绍兴三年四月甲午,《宋史》卷27《高宗纪》,《宋会要》兵15之2,《北海集》卷16赐李横、翟琮等抚谕敕书。《宋会要》作"朱万成",《北海集》作"朱力成"。
③ 《要录》卷60绍兴二年十一月乙丑,卷61绍兴二年十二月辛亥,卷62绍兴三年正月丁巳朔、甲子,卷65绍兴三年五月己未,《宋会要》兵14之24,《宋史》卷453《张玘传》,《金石萃编》卷159《孟邦雄墓志》。

琼、牛皋、董先、李道、张玘等先后退到江南西路,彭玘战死。①

　　襄阳府、郢州等地的失守,使南宋大江防线形成巨大缺口。刘豫得意忘形,准备在下一年,即绍兴四年麦熟后大举南下。伪齐的李成、许约等不断派遣使者,前往洞庭湖,联络在当地割据的杨幺叛军,策划南北夹攻。杨幺、黄诚等予以允诺,约定来年六月间,杨幺水军"火急收刈早稻"后,于七月先攻取岳州,"作老小硬寨",然后出洞庭湖,顺江占据鄂州、汉阳军(治汉阳,今湖北武汉市汉阳)、蕲州、黄州等地,接应李成大军渡江。伪齐军和杨幺军水陆并进,顺江东下,"前去浙中会合",消灭南宋政权,双方"建国通和"。②

第二节　上奏请缨

　　岳飞自临安府回江州后,曾主动派部将张宪前往襄阳府,招收李横。李横大概认为岳飞与自己地位相当,不肯听从。李横逃到蕲州、黄州一带,便急忙渡江,径赴洪州,参见江南西路安抚制置大使赵鼎。岳飞闻讯后,也疾驰至洪州,却比李横晚了一日。岳飞责备李横,李横口称伏罪,其实仍不愿隶属岳飞。唯有李道、牛皋等屡次申状赵鼎和岳飞,"乞听岳飞节制",但岳飞因"未准朝旨,不敢拘收",只是令他们"前来江州权行

---

① 《金佗稡编》卷10《措置李横等军奏》,《奏审李道牛皋军奏》,《金佗续编》卷29赵鼎《乞支钱粮赡给李横军兵》,《会编》卷155,《要录》卷63绍兴三年三月己巳,卷64绍兴三年四月丙申,卷65绍兴三年五月丙辰,卷67绍兴三年八月乙未,卷69绍兴三年十月己亥,癸卯,甲辰,《中兴小纪》卷15绍兴三年十月己酉,《皇朝中兴纪事本末》卷27,《宋史》卷27《高宗纪》。宋军与金、伪齐军会战地点,《会编》作朱仙镇,《要录》文渊阁和文津阁《四库全书》本作牟驰冈,广雅书局本作羊驰冈。以上各书都未交待董震和彭玘的下落,据《华阳集》卷7《彭玘赠吉州团练使》,可知他是战死的。
② 《金佗续编》卷5《再据刘愿申杨幺贼徒结连作过省札》,《要录》卷84绍兴五年正月甲子。与此稍有牴牾的记载见于《金佗续编》卷26《杨幺事迹》,《要录》卷85绍兴五年二月戊子,杨幺军头领周伦向宋廷表示接受招安,说他已将刘豫的来使处死。然而周伦申状提供之情节颇有疑窦,至少并未涉及杨幺本人对伪齐的态度。故本段记事大致依据前一种记载。按杨幺与伪齐的勾结应有多种渠道和方面,如《要录》卷84绍兴五年正月甲子,《中兴小纪》卷18,《皇朝中兴纪事本末》卷32记载他与伪齐光州知州许约的"结连"。

驻扎"。①

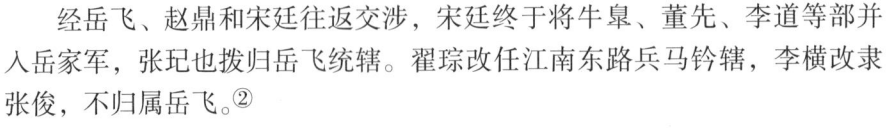

经岳飞、赵鼎和宋廷往返交涉，宋廷终于将牛皋、董先、李道等部并入岳家军，张玘也拨归岳飞统辖。翟琮改任江南东路兵马钤辖，李横改隶张俊，不归属岳飞。②

牛皋字伯远，汝州鲁山县（今河南鲁山县）人，他比岳飞年长十六岁，当时年龄已四十七岁。牛皋当过弓手，曾组织当地民众抗金，在京西路一带与敌军进行十馀战，每战皆捷，其中最有名的就是前述建炎四年奇袭金西路渡江军之归师。他出任岳飞的中军统制，后改任左军统制。董先字觉民，河南府渑池县人，他原是翟兴的统制。张玘字伯玉，也是渑池县人，是董先的副将。两人曾在商州（治上洛，今陕西商州市）、虢州（治虢略，今河南灵宝市）等地抗金，屡立战功。董先任岳飞的踏白军统制。李道字行之，汤阴县人，最早与其兄李旺聚众抗金，投奔宗泽。李旺因过被宗泽处斩，由李道继续掌军。他出任岳飞的选锋军统制。③

在李横等军节节败退之际，焦急的宋廷不断发布命令，要岳飞在大江南北岸"措置堤备，多遣间探，日具事宜以闻"。岳飞不断得到李成和杨么准备联合行动的情报，同幕僚、部将们经常讨论形势和方略，众人谈及对付伪齐和杨么"二寇"的先后次序，岳飞毫不犹豫地回答："先襄汉，襄汉既复，李成丧师而逃，杨么失援矣。第申严下流之兵以备之，然后鼓行。"他认为，只有力争在绍兴四年麦收前，先发制人，击破李成军，才能粉碎"二寇"南北夹攻的计划。岳飞为此屡次上奏宋廷说：

> "臣窃惟善观敌者，当逆知其所始；善制敌者，当先去其所恃。今外有北虏之寇攘，内有杨么之窃发，俱为大患，上轸宸襟。然以臣观之，杨么虽近为腹心之忧，其实外假李成，以为唇齿之援。今日之计，正当进兵襄阳，先取六郡，李成不就縶缚，则亦丧师远逃。于是加兵湖湘，以殄群盗，要不为难。而况襄阳六郡，地为险要，恢复中原，此为基本。臣今已厉兵饬士，惟俟报可，指期北向。伏乞睿断，速赐施行，庶几上流早见平定，中

---

① 《金佗稡编》卷10《措置李横等军奏》，《奏审李道牛皋军奏》，《金佗续编》卷29赵鼎《乞支钱粮赡给李横军兵》，《会编》卷155，《要录》卷71绍兴三年十二月甲午。

② 《要录》卷75绍兴四年四月戊子、辛丑。

③ 关于牛皋等人的经历，参见本书附录四：岳飞的部将和幕僚。《会编》卷159，《要录》卷77绍兴四年六月载董先任选锋军统制，今从《宋史》卷465《李道传》。

兴之功次第而致，不胜天下之幸。"①

岳飞规划了一个先李成、后杨幺的用兵方略，此后的军事行动，正是依次进行的。

绍兴四年春，宋高宗君臣为了襄汉的战事，也多次进行详细的商讨。宰相朱胜非说："襄阳上流，襟带吴、蜀。我若得之，则进可以蹙贼，退可以保境。今陷于寇，所当先取。"

宋高宗也明白，襄汉的得失已关系到自己小朝廷的安危存亡，他说："今便可议，就委岳飞如何？"新近从江南西路调任政府参知政事的赵鼎熟识岳飞，说："知上流利害，无如飞者。"

但签书枢密院事徐俯却独持异议，反对委派岳飞出兵。② 此外，戍守淮南西路的刘光世也要求由他"措置荆、襄"。③

屡经争议之后，宋高宗君臣决定由岳飞出师襄汉，刘光世派兵增援，王㻞仍按早先的布置，箝制洞庭湖的杨幺军。由赵鼎带到临安府的牛皋和董先，也得到宋高宗的召见。牛皋慷慨陈词，向皇帝申述"伪齐必灭之理，中原可复之计"。④

三月十三日，宋廷向岳飞发布出兵的省札，其要点如下：

第一，正式任命岳飞为荆湖北路前沿统帅，在他的制置使头衔中，添入"兼制置荆南、鄂、岳"的加衔。荆湖北路安抚使司颜孝恭和崔邦弼两统制的兵马，荆南镇抚使司的兵马，都暂归他"节制使唤"。

第二，命令岳飞指挥所部军马，在当年麦熟以前，克复京西路的襄阳府、唐、邓、随、郢四州和信阳军。其中唐州和信阳军又在原李横镇抚使司管辖之外，而邓州南阳县也由伪齐实际控制。⑤

第三，宋廷强调"自通使议和后来，朝廷约束诸路，并不得出兵"，只因李成出兵南侵，才有必要收复襄阳府等六郡。故此次出师，只能以此六郡为限。如敌人"逃遁出界，不须远追"。"亦不得张皇事势，夸大过当，或称提兵北伐，或言收复汴京之类，却致引惹。务要收复前件州军实利，仍使伪齐无以藉口"。宋高宗在省札之外，又特别亲下手诏，叮咛和警告岳飞：

---

① 《金佗稡编》卷10《乞复襄阳札子》。据《金佗续编》卷5《朝省行下事件省札》："岳飞累有奏陈，措画收复，备见尽忠体国。"可知他上奏应有几份，今仅存此奏。
② 《要录》卷75绍兴四年四月庚子，《宋史》卷360《赵鼎传》，卷372《徐俯传》。《要录》将宋廷的讨论系于四月，按《金佗续编》卷5《朝省行下事件省札》，宋廷三月十三日已向岳飞发布出师命令，估计宋廷议论必反复多次。
③ 《金佗稡编》卷1高宗手诏。
④ 《会编》卷159，《要录》卷75绍兴四年四月戊子。
⑤ 《宋会要》兵15之2。

"今朝廷从卿所请,已降画一,令卿收复襄阳数郡。惟是服者舍之,拒者伐之,追奔之际,慎无出李横所守旧界,却致引惹,有误大计。虽立奇功,必加尔罚,务在遵禀号令而已。"①

第四,支付六万石米,四十万贯钱,以作军需。四十万贯钱以十万两银和五千两金折支,当时金银尚未作为独立的货币使用。又另加二十万贯钱"充犒设激赏"。

第五,收复襄汉六郡后,由岳飞差官防守,"或用土豪",或用牛皋等旧将。岳飞大军则回大江沿岸驻扎。②

总而言之,宋高宗部署襄汉战役的指导方针,就是以战求和,使自己的小朝廷得以偏安东南。

崔邦弼曾在京东路青州(治益都,今山东青州市)、潍州(治北海,今山东潍坊市)一带与金军作战,有相当的军事经验。颜孝恭在建炎三年秋,曾任杜充的江、淮宣抚司统制,与岳飞共事。

岳飞当时的兵力并不多。李横的一万五千人马已拨属神武右军都统制张俊,③ 翟琮的人马也由他自己带走。牛皋、董先、李道等部的并入,兵力有限,如"牛皋、董先两项,共一千馀人"。岳家军的总兵力时为二万八千六百十八人。④ 暂归岳飞"节制"的崔邦弼军约有三千人,⑤ 颜孝恭军约有一千九百人,⑥ 还有荆南府、归、峡州、荆门、公安军镇抚使解潜仅派统制辛太率一千二百名乡兵前来助战,其实没有什么战斗力。⑦ 岳飞用于进攻襄汉六郡的总兵力,应在三万五千人左右。

王𤫉的籍制兵力,按编制计,达五万几千人;实际上有四万几千人,反而多于岳飞。⑧

伪齐在襄阳府、邓州、随州和郢州部署的兵力,多者不过一千人,少者只有五、六百人,马匹多者不过一、二百匹,少者只有五、六十匹,比

---

① 《金佗稡编》卷1高宗手诏。
② 《金佗续编》卷5《朝省行下事件省札》。
③ 《要录》卷75绍兴四年四月戊子。
④ 《金佗稡编》卷18《措置襄汉乞兵申省状》。
⑤ 《会编》卷176,《历代名臣奏议》卷90吕颐浩奏。
⑥ 《要录》卷64绍兴三年四月戊戌。
⑦ 《要录》卷79绍兴四年八月丙申。
⑧ 《金佗续编》卷25《杨么事迹》说王𤫉有"本部军马三万人",另加崔增和吴全水军一万人。据《要录》卷52绍兴二年三月甲寅,卷86绍兴五年闰二月丁卯,王𤫉实有兵一万五千人,加荆湖南路安抚使司兵二万馀人,程昌寓兵九千馀人,崔增和吴全兵约一万人,共计五万几千人。当时崔增和吴全军已被杨么水军消灭,故剩四万几千人。

较单薄。① 然而到了四月、五月间，为了准备麦熟后大举南侵，兵力陡增。

兵员是常数，而士气和战斗力却是难以估量的变数。四月十九日，这支受挫淮东的哀师，蓄锐三年的铁军，又重返民族战场，由江州向鄂州挺进。②

宋廷对于岳飞的出师，仍是忧心忡忡，大力推荐岳飞的赵鼎上奏说：

"陛下渡江以来，每遣兵将，止是讨荡盗贼，未尝与敌国交锋。飞之此举，利害甚重，或少有蹉跌，则使伪境益有轻慢朝廷之意。"

他建议宋高宗下亲笔手诏，给刘光世，荆湖北路安抚使刘洪道，江南西路制置使胡世将，荆南府、归、峡州、荆门、公安军镇抚使解潜等，要他们想方设法，支持岳飞，包括"遣发援兵，资助粮食"等。③

宰相朱胜非特派使者通知岳飞，只要旗开得胜，即授予他节度使的头衔。岳飞郑重地对使者说："为飞善辞丞相，岳飞可以义责，不可以利驱。襄阳之役，君事也，使讫事不授节，将坐视不为乎？拔一城而予一爵者，所以待众人，而非所以待国士也。"④

宋高宗特令张俊的神武右军和杨沂中的神武中军分别选堪披带的战马各一百匹，拨给岳家军，并在岳飞制置使的头衔中添入"兼黄州、復州、汉阳军、德安府"的加衔。⑤ 为了使岳飞的"将佐竭力奋死"，"以济事功"，宋高宗亲写手诏给岳飞，说岳飞曾保奏王贵、张宪和徐庆三将"数立战效，深可倚办"，"理宜先有以旌赏之"，给王贵等三人颁赐捻金线战袍各一领，金束带各一条。⑥

吴玠仙人关大捷的喜讯传来，鼓舞着岳飞，使他更加蔑视敌人，满怀

---

① 《金佗续编》卷5《照会伪齐已差人占据州郡省札》。
② 《金佗续编》卷29赵鼎《乞赐御笔》，《乞遣中使训谕诸帅应援》，《永乐大典》卷8413《赵元镇文集·乞遣中使训谕诸帅应援岳飞札》，《忠正德文集》卷3《乞赐岳飞亲笔》载"岳飞已定今月十九日出师"，按五月六日破郢州日期推算，"今月"应为四月。
③ 《金佗续编》卷29赵鼎《乞遣中使训谕诸帅应援》，《永乐大典》卷8413《赵元镇文集·乞遣中使训谕诸帅应援岳飞札》。
④ 《金佗稡编》卷9《遗事》。
⑤ 《金佗续编》卷6《差兼黄州復州汉阳军德安府制置使省札》，《要录》卷76绍兴四年五月庚戌朔。
⑥ 《金佗稡编》卷2将此份高宗手诏误系于绍兴十年，今据《金佗稡编》卷6《鄂王行实编年》，《宋会要》礼62之58更正。

胜利的信心。① 大军自鄂州陆续渡江，旌旗直指郢州。岳飞在江心对幕僚们慷慨发誓说："飞不擒贼帅，复旧境，不涉此江！"

第三节　第一次北伐

郢州已成为伪齐最南端的要塞。刘豫很重视郢州城的防守，特命荆超任知州。荆超曾在北宋皇宫里当过班直，② 悍勇非凡，号称万人敌。他手下配置了一万多人马，其中还包括少量金兵，自以为有金汤之固。

五月五日，岳家军直抵郢州城下。岳飞跃马环城一周，亲自侦察敌情。他举起马鞭，遥指东北角的敌楼说："可贺我也！"

岳飞派张宪向守城者劝降，希望他们不要为刘豫卖命。荆超的谋主、伪齐长寿知县刘楫害怕动摇军心，在城上大喊"各事其主"，拒绝投降。岳飞大怒，下令军中，破城之后，必须活捉刘楫。一场激烈的攻城战已势不可免。由于后勤供应不及时，军粮只剩下两餐饭了。岳飞却很有信心，说："可矣，吾以翌日巳时破贼！"

六日黎明时，在紧擂的战鼓声中，岳家军发起总攻。战斗异常酷烈，岳飞坐在大纛下指挥，忽然有一大块炮石飞坠在他面前，左右都为之惊避，岳飞的脚却纹丝不动。③

将士们奋勇争先，踏肩登城，终于摧毁了敌人的顽抗。荆超眼见大势已去，便投崖自杀。刘楫果然被官兵们活捉押来，岳飞对这个死心塌地的败类责以大义，下令将他面南斩首。此战杀敌达七千人，郢州城中，敌尸遍地。④

岳飞乘胜分兵两路，张宪和徐庆率军朝东北方向进攻随州，岳飞亲自率主力往西北方向猛扑襄阳府。

襄阳府是伪齐准备大举南下的大本营，由主将李成亲自驻守。李成取荆湖，下江、浙的计划已成泡影，面对着岳家军雷轰电击般的兵威，面对

---

① 《要录》卷75绍兴四年四月乙酉："江西制置使岳飞奏川、陕战捷事。飞奏中颇有轻敌之意，上谓朱胜非曰：'用兵当持重，宜深戒飞。'"《金佗续编》卷6《报仙人关获捷省札》只存岳飞奏之节略，已看不到他如何"轻敌"。
② 《会编》卷155，《要录》卷69绍兴三年十月甲辰。
③ 《金佗稡编》卷9《遗事》。
④ 《金佗续编》卷30王自中《郢州忠烈行祠记》，《会编》卷159，《要录》卷76绍兴四年五月甲寅。岳飞复郢州日期应以《金佗续编》卷6《除清远军节度使湖北荆襄潭州制置使依前神武后军统制省札》为准，《会编》和《要录》早一日。

着荆超军一日之内覆没的前戒,他再无勇气拒守,只得仓皇逃遁。十七日,岳飞兵不血刃,凯歌入襄阳。①

张宪和徐庆兵临随州城下,伪齐知州王嵩龟缩在城垣里,不敢出战。张宪和徐庆军连攻数日,不能成功。牛皋和董先两员新统制已在克复郢州的战斗中大显身手,牛皋更自告奋勇,请求领兵支援张宪和徐庆。他临行时,本军只带三日口粮,引起一些人的怀疑甚至讥笑,依张宪和徐庆之勇锐,尚无得手之眉目,牛皋能马到成功吗?然而到五月十八日,三日粮食尚未吃完,牛皋便与张宪、徐庆等合力攻下随州城,歼灭了五千伪齐军。王嵩被俘后,押赴襄阳府处斩。②

在破随州城的战斗中,十六岁的岳云勇冠三军,他手持两杆数十斤重的铁锥枪,捷足先登,第一个冲上城头。当时的将领往往在立功将士的名单中,夹带自己的亲属,冒功领赏。岳飞鉴于儿子去年无功受禄,问心有愧,所以正式上报岳云一份战功。官兵们也都没有异议,反而钦敬统帅办事公正。③

好梦正酣的伪齐政权被岳家军的闪击所惊醒,刘豫急忙调度兵力,还请来金朝的"番贼"与河北、河东的"签军",集结在邓州东南的新野市、龙陂、胡阳,随州的枣阳县(今湖北枣阳市)以及唐、邓两州。④

李成得到增援后,气势汹汹,又自新野市回军反扑,号称有三十万大军。岳飞命统制王万和荆南府镇抚使司统制辛太屯清水河,作为饵兵,诱敌深入。辛太不听命令,竟私自逃往峡州宜都县(今湖北宜都市)。⑤

---

① 《金佗稡编》卷1高宗手诏,《金佗续编》卷6《除清远军节度使湖北荆襄潭州制置使依前神武后军统制省札》,《会编》卷159,《要录》卷76绍兴四年五月。按《金佗稡编》卷6《鄂王行实编年》铺叙入襄阳府城前的战斗,系误,应以《金佗稡编》卷1高宗手诏为准。
② 《金佗续编》卷6《除清远军节度使湖北荆襄潭州制置使依前神武后军统制省札》,《会编》卷159,《要录》卷77绍兴四年六月。《会编》和《要录》载随州复于六月,系误,其日期应以省札为准。
③ 《金佗稡编》卷9《诸子遗事》,《金佗续编》卷27黄元振岳飞事迹。
④ 《金佗稡编》卷17《襄阳探报申省状》,《金佗续编》卷6《措置防守襄阳随郢等州省札》。
⑤ 《要录》卷79绍兴四年八月丙申,《宋会要》职官40之7—8,《中兴小纪》卷16,《皇朝中兴纪事本末》卷30。

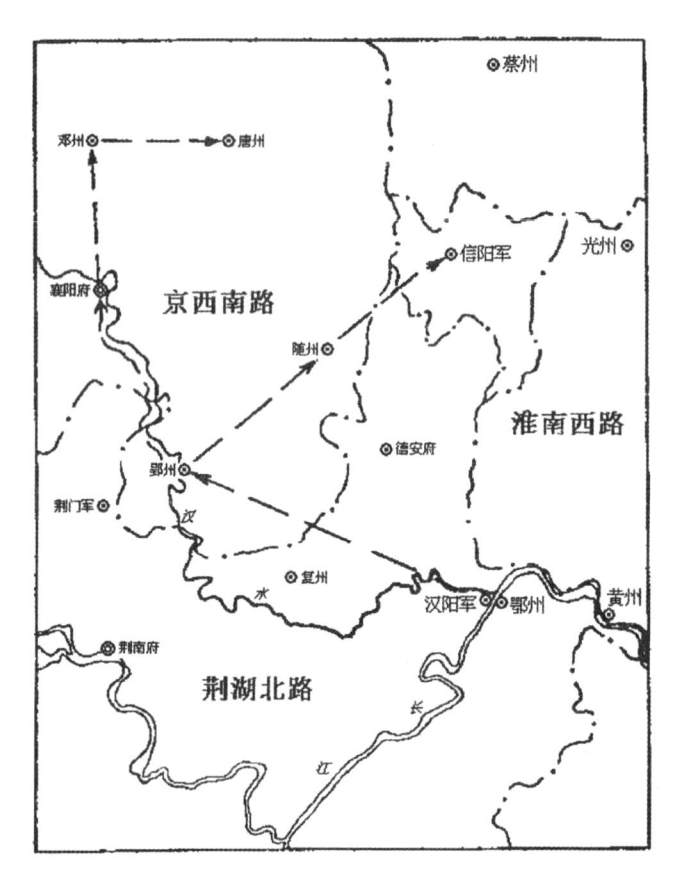

岳家军第一次北伐路线图

六月五日，王万军与敌军交战后，岳飞亲自指挥大军夹攻，击败了李成军。六日，李成再次反扑求战。岳飞察看敌方的阵势，王贵、牛皋等将纷纷请战，岳飞笑着说："且止，此贼屡败吾手，吾意其更事颇多，必差练习，今其疏暗如故。夫步卒之利在阻险，骑兵之利在平旷；成乃左列骑兵于江岸，右列步卒于平地，虽言有众十万，何能为！"他举鞭指着王贵说："尔以长枪步卒，由成之右击骑兵。"他又举鞭指着牛皋说："尔以骑兵，由成之左击步卒。"

伪齐军经受不住两员虎将挥兵猛攻，一败涂地。李成的骑兵更是乱作一团，前列骑兵溃散之后，将后列骑兵拥挤入水中。岳家军追奔逐北，敌军横尸二十馀里。李成经历了此次大败后，再也不敢窥伺襄阳府。①

败报频传，刘豫忧心如焚，接连向金朝告急求援。自完颜兀术（宗弼）本年三月大败于仙人关后，金军主力损折很大，元气未复。酋豪们又都不耐酷热，正在北方避暑。但他们对"子皇帝"的困窘，当然也不能听任不管。于是便派遣一员二等的战将，史书上无姓，人称刘合孛堇，会合李成，拼凑了陕西与河北"番、伪之兵，多至数万"，在邓州西北共扎三十多个营寨。如果岳飞要继续进兵，就须面临一场前所未遇的硬仗。②

宋廷得悉金、伪齐军集结的消息，十分惶恐，向岳飞颁发省札说：

"奉圣旨，令岳飞详度事机，审料敌情，唐、邓、信阳决可攻取，即行进兵；如未可攻，先次措置襄阳、随、郢如何防守，务在持重，终保成功。"

所谓"持重"，其实是允许岳飞半途而废，放弃继续进兵，攻取唐州、邓州和信阳军的计划。事实上，宋廷的省札对岳飞的军事行动并未产生任何影响。③

岳飞为迎接一场恶战，做了大约一个多月的充分准备。他派遣王贵和张宪分别率军自光化路和横林路向邓州疾进。七月十五日，王贵和张宪两军在州城外三十几宋里，同数万金、齐联军激战；王万和董先两部出奇突击，一举粉碎了敌军的顽抗。刘合孛堇只身逃窜。岳家军俘降"番官"杨得胜等二百馀人，夺取战马二百多匹，兵仗数以万计。

伪齐高仲的残兵退守邓州城，企图负隅顽抗。十七日，岳家军猛烈攻城。将士们不顾骤雨般的矢石，攀附城垣，实行强攻。岳云又是第一个登城的勇士。岳家军攻拔邓州，活捉了高仲。④

---

① 《金佗稡编》卷1高宗手诏载，岳飞"到襄阳，李成望风而退"，后"李成益兵而来，我师大获胜捷"。绍兴三年十月己酉，《皇朝中兴纪事本末》卷27，《宋史》卷27《高宗纪》将此战系于五月二十四日癸酉。《金佗稡编》卷17《襄阳探报申省状》报告战前敌方集结兵力，朝廷的回覆，即《金佗续编》卷6《措置防守襄阳随郢等州省札》发于六月二十三日。《要录》卷79绍兴四年八月癸未注说，后邓州捷奏"二十二日至行在"。依此行程估计，《襄阳探报申省状》当发于六月初，而大战日期应以《金佗稡编》卷6《鄂王行实编年》所载五日和六日为准。正文所写战争情节，参据《鄂王行实编年》入襄阳前的记事，此大约得自故将遗卒的追忆，仍有其可信性。
② 《金佗稡编》卷16《邓州捷奏》，卷18《措置襄汉乞兵申省状》。
③ 《金佗续编》卷6《措置防守襄阳随郢等州省札》，又同卷《照会措置防守已收复州郡省札》，在岳家军克邓州之翌日，宋廷仍发出可停止"进讨"的命令。
④ 《金佗稡编》卷16《邓州捷奏》，《要录》卷78绍兴四年七月甲子，《宋会要》兵14之25。

岳飞看到儿子又立新功，喜上心头；但他认为岳雲已有随州之功，便不再将邓州之功申报。事隔一年，宋廷查清此事，方才将岳雲升迁武翼郎。自此之后，凡是岳雲立下战功，岳飞一律扣押不报。由于岳雲勇猛作战，屡建殊勋，将士们都称他为"赢官人"。① 官人是宋时对官员的通称或男人的尊称。

　　邓州决战的成功，使攻占唐州和信阳军变得轻而易举了。岳飞命选锋军统制李道前往唐州，在二十三日收复州城。王贵和张宪同时在唐州以北三十宋里，再次击败金与伪齐联军，以掩护李道收复州城。同一天，荆湖北路安抚使司统制崔邦弼等军也攻下信阳军。两次战斗俘虏伪齐知州、知军、通判等官员共五十名。翌年，宋高宗为此特别奖赏李道和崔邦弼金束带各一条。②

　　二十六日，刘光世部将郦琼率五千援军姗姗来迟，抵达襄阳府。因襄汉之役已经取得全胜，郦琼军空跑一回，无仗可打。岳飞特别上奏，恳求给这五千人"先次推赏"，"卒使不沾寸赏，恐咈人情"。郦琼是相州临漳县人，与岳飞也可算是同乡。他对岳飞用兵行师的巧妙，功成不居的风格，不能不表示敬佩。③

　　在襄汉之战中，岳家军遭逢的对手是金、齐联军，而不是金军主力，这同两三个月前吴玠军仙人关之战相比，不免有所逊色。但是，此次战役是南宋头一次收复了大片失地，其中包括原先在李横辖区之外，而由伪齐控制的唐州和信阳军，这又是南宋立国八年以来，进行局部反攻的一次大胜利。

　　克复襄汉是岳飞的第一次北伐。

---

① 《金佗稡编》卷9《遗事》，《诸子遗事》，《宋会要》职官34之5。
② 《金佗稡编》卷11《乞先推刘光世军掎角赏奏》，卷16《复三州奏》，《会编》卷159，《要录》卷76绍兴四年五月，卷85绍兴五年二月癸巳，《皇宋十朝纲要》卷22，《宋史》卷27《高宗纪》，卷465《李道传》。《会编》和《要录》载复唐州的时间系误。各书并未直接记述崔邦弼军复信阳军。《要录》载崔邦弼与李道同受金束带之赏，《梁溪全集》卷92《乞遣兵策应岳飞奏状》载崔邦弼后防守信阳军，今作以上推论。
③ 《金佗稡编》卷9《遗事》，卷11《乞先推刘光世军掎角赏奏》，《要录》卷78绍兴四年七月癸酉。郦琼的乡贯据《金史》卷79《郦琼传》。

第四节　措置襄汉防务

襄阳府等六郡"久罹兵火",当地百姓"或被驱虏,或遭杀戮,甚为荒残","百里绝人,荆榛塞路,虎狼交迹","野无耕农,市无贩商,城郭隳废,邑屋荡尽,而粮饷难于运漕"。① 因此,在收复之后,如何防守,又是一个难题。宋高宗给岳飞手诏中说,"若少留将兵,恐复为贼有","若多留将兵,唯俟朝廷千里馈粮,徒成自困,终莫能守"。他命岳飞"用心筹画全尽之策"。②

为了免于千里运粮,造成根本不能承受的后勤负担,岳飞只能将大军撤走,而留少量兵力戍守。

岳飞命张旦任唐、邓、郢州、襄阳府安抚使、兼襄阳知府,牛皋任安抚副使,李道任唐、邓、郢州、襄阳府四州都统制,辅以孙革、李尚义、王昇、李霖、周冲翼、姚禾等属官,配置军士二千人,守卫襄阳府。岳飞还命周识和李旦率一百五十名军士守郢州,孙翚和蒋庭俊率二百名军士守随州,高青和单藻守唐州,张应、党尚友和邵俅守邓州,舒继明和訾谐守信阳军。唐、邓州的守军则在戍守襄阳府的二千人中分拨。在上述这些官员中,既有文官,也有武将。舒继明是信阳军罗山县(今河南罗山县)人,身高七宋尺,善骑射,箭不虚发。因他身材特别高大魁梧,人称"金刚"。岳飞特别向宋廷举荐他守卫乡土。

岳飞命令这些官员在收复地区整治城壁楼橹,修葺防城器械,加强守备。襄汉六郡原先耕地膏腴,灌溉设施发达。岳飞为恢复农业生产,大力兴办营田,招徕归业农民,向他们借贷耕牛和种子,并规定免税三年,未归业前的官、私债负一律免除。③

宋廷特别将原先分属京西南路和北路的襄汉六郡,单设襄阳府路。除在襄阳府设安抚使司外,不按制度差"监司",即不设转运使司等衙门,

---

① 《金佗稡编》卷10《条具荆襄相度移治及差官奏》,《梁溪全集》卷81《论襄阳形胜札子》,《湖北金石志》卷11《大洪山遂禅师塔铭》。
② 《金佗稡编》卷1高宗手诏。
③ 关于岳飞措置襄汉防务,参见《金佗稡编》卷9《遗事》,卷10《条具荆襄相度移治及差官奏》,卷11《收复唐邓信阳差官奏》,《襄阳差职官奏》,《荆襄宽恤画一奏》,《金佗续编》卷6《措置防守襄阳随郢等州省札》,《检会前札》,《要录》卷78绍兴四年七月丁丑,卷79绍兴四年八月甲辰,卷82绍兴四年十一月乙丑,《舆地纪胜》卷80《信阳军》。

"止委制置使岳飞措置"。①

经岳家军将士和当地居民的多年努力经营，襄汉六郡终于成为南宋强固的前沿阵地。伪齐军虽也时或进行一些袭扰，但终究不可能夺回襄汉六郡的控制权。②

岳飞平襄汉六郡后，上奏辞制置使，说自己"人微望轻，难任斯职"，请求宋廷另外"委任重臣，经画荆、襄"。③ 宋高宗当然是不可能同意的。赵鼎说："湖北鄂、岳，最为沿江上流控扼要害之所，乞令飞鄂、岳州屯驻。不惟淮西藉其声援，可保无虞，而湖南、二广、江、浙亦获安妥。"④ 宋高宗同意他的主张，确定岳飞改驻鄂州。

岳飞部署好前沿防务后，便率大军回驻鄂州。鄂州城据传还是三国时代孙吴所建，是座因山附险的石城，只开约两三个城门，周环不过二、三宋里。石城之外，则市肆居屋，鳞次栉比，著名的南草市（简称南市）长几宋里，是宋朝重要的贸易中心。鄂州的居民至少有好几万户。⑤ 这个繁华的都会，荆湖北路的首府，雄峙大江的重镇，正式成为岳家军的大本营。

岳飞认为，单凭自己这支二万八千馀人的队伍，其中又包括火头军、辎重兵等非战斗人员，要防守如此广阔的地区，是相当困难的。他上奏朝廷说：

"六州之屯，宜且以正兵六万，为固守之计。就拨江西、湖南粮斛，朝廷支降券钱，为一年支遣。候营田就绪，军储既成，则朝廷无馈饷之忧，进攻退守，皆兼利也。惟是葺治之初，未免艰难，必仰朝廷微有以资之。"

---

① 《要录》卷79绍兴四年八月癸卯，《宋会要》职官40之8。
② 关于伪齐军的袭扰，如《要录》卷85绍兴五年二月，《宋史》卷28《高宗纪》，《舆地纪胜》卷80《信阳军》载，商元偷袭信阳军，舒继明被俘遇难。时岳飞入朝，改命李迪戍守。《要录》卷91绍兴五年七月壬午，《宋史》卷28《高宗纪》载，伪齐乘岳飞镇压杨么之机，犯唐州湖阳县，俘高青，旋即放回。《金佗稡编》卷9《遗事》，《要录》卷100绍兴六年四月甲辰，《宋史》卷28《高宗纪》载，伪齐乘岳飞守母丧之机，攻陷唐州，官员扈从举、张汉之死难。《要录》卷111绍兴七年五月，《宋史》卷28《高宗纪》载，伪齐乘岳飞辞职上庐山之机，攻陷随州。
③ 《金佗稡编》卷13《乞罢制置职事奏》。
④ 可参《金佗续编》卷29赵鼎《乞于岳鄂屯驻人马》。据《要录》卷65，宋廷接此奏日期为绍兴三年五月二十六日庚辰，说明赵鼎早有此议。《金佗稡编》卷6《鄂王行实编年》于绍兴四年载此说大约是另一口奏，文字有异。
⑤ 《舆地纪胜》卷66《鄂州》，《会编》卷144，《画墁集》卷8《郴行录》，《渭南文集》卷46，卷47《入蜀记》，《吴船录》卷下。

宋时军士出戍，往往增发口券，凭券领钱，作为加俸，这就是岳飞所说的"券钱"。宋廷回覆岳飞，同意他扩充兵力，"然必待杨么贼平，然后抽摘"，方能凑足六万人之数。① 经岳飞力争，宋廷后来终于将崔邦弼和颜孝恭两部，正式拨入岳家军，使岳飞的队伍扩大到三万人以上。②

荆湖北路和襄阳府路战区，西邻川、陕，东接两淮，南面屏障大江中游，北面距东京开封府和西京河南府最近，天然地成为宋朝北伐反攻的主战场。正如岳飞上奏请缨所说，"恢复中原，此为基本"。后来李纲对这个战区，有一段精彩的评论说：

> "遣大帅率师以镇之，如置子于局心，真所谓欲近四旁，莫如中央者也。既逼僭伪巢穴，贼有忌惮，必不敢窥伺东南。将来王师大举，收京东、西及陕西五路，又不敢出兵应援。则是以一路之兵，禁其四出，因利乘便，进取京师，乃扼其喉，拊其背，制其死命之策也。朝廷近拜岳飞为荆、襄招讨使，其计得矣。"③

岳飞此后一直担任这个战区的统帅，当然是再合适不过的人选，也是他多年以来，梦寐以求的宿愿。早在六月，当襄阳府战事已经结束，正准备进军邓州之际，岳飞应宋高宗手诏之命，在讨论襄阳府等如何防守的奏札中，便批判了朝廷的畏敌思想，恳请继续进兵北征，他说：

> "臣窃观金贼、刘豫皆有可取之理。金贼累年之间，贪婪横逆，无所不至，今所爱惟金帛、子女，志已骄堕。刘豫僭臣贼子，虽以俭约结民，而人心终不忘宋德。攻讨之谋，正不宜缓。苟岁月迁延，使得修治城壁，添兵聚粮，而后取之，必倍费力。陛下渊谋远略，非臣所知，以臣自料，如及此时，以精兵二十万直捣中原，恢复故疆，民心效顺，诚易为力。此则国家长久之策也，在陛下睿断耳。"④

动用全国约二十万兵力直捣中原的计划，取决于宋高宗的"睿断"；而皇帝的"睿断"，却只能使岳飞此种军事设想成为画饼。

---

① 《金佗稡编》卷10《画守襄阳等郡札子》，卷18《措置襄汉乞兵申省状》，《金佗续编》卷6《照会措置防守已收复州郡省札》。
② 《要录》卷85绍兴五年二月癸巳载，崔邦弼时已任荆、襄制置司统制。又《要录》卷142绍兴十一年十一月乙巳载，岳飞入冤狱时，颜孝恭任随州知州。这两部无疑已并入岳家军了。
③ 《梁溪全集》卷81《论襄阳形胜札子》。
④ 《金佗稡编》卷10《画守襄阳等郡札子》。

第五节　壮怀激烈

克复邓州的捷报传至临安府，宋高宗得知岳飞已稳操胜券，才使自己忐忑不安的心安定下来。他对大臣们说："朕素闻岳飞行军极有纪律，未知能破敌如此。"新任签书枢密院事胡松年说："惟其有纪律，所以能破贼。若号令不明，士卒不整，方自治不暇，缓急安能成功？"①

从此以后，岳家军既以秋毫无犯，安堵不惊而闻名，又以鼓勇敢战，摧锋决胜而著称。

八月，宋廷按宰相朱胜非早先的许诺，将岳飞由正四品的正任镇南军承宣使超升为从二品的清远军节度使，其实职差遣改为荆湖北路、荆、襄、潭州制置使，依前神武后军统制。此处的"荆"是指荆南府（治江陵，今湖北荆州市），"襄"是指襄阳府。宋廷命岳飞"制置"荆湖南、北路的首府潭州和荆南府，以及荆湖北路，是因为王𤫊镇压杨么，"制置无功"，决定专委岳飞"措画讨捕"。②

宋承唐制，将一些要冲大郡作为节度使的"节镇"。但节度使只是武将及宗室、勋戚、某些文臣的虚衔，一般"不必赴镇"。节镇和武将的军事辖区无须一致。例如清远军设在广南西路的融州（治融水，今广西融水苗族自治县），而岳飞本人从未去过此地。③

凡封拜节度使，朝廷要授予一套很威风的"旌节"，包括龙、虎红缯门旗各一面，画白虎的红缯旌一面，用一束红丝作旄的节一杆，麾枪两枝，用赤黄色麻布做的豹尾两枝。全套旌节共五类八件，都用黑漆木杠，加以种种装饰，制作精美。旌节自宋廷发出后，沿途所至，宁可"撤关坏屋，无倒节礼，以示不屈"。隆重而别致的"建节"仪式，为另外的文官武将所无，特别用以显示节度使是武人升迁梯级中最重要、最荣耀的虚衔。④

当时已建节的大将有刘光世、韩世忠、张俊和吴玠四人。因抗金战功

---

① 《要录》卷79绍兴四年八月癸未，《宋会要》兵14之25。
② 《金佗续编》卷2《清远军节度使湖北路荆襄潭州制置使特封武昌县开国子食邑五百户食实封贰伯户制》，卷6《除湖北荆襄潭州制置使省札》，《除清远军节度使湖北荆襄潭州制置使依前神武后军统制省札》，《会编》卷161，213朱胜非行状，《要录》卷79绍兴四年八月壬寅。
③ 《却扫编》卷上，《宋史》卷90《地理志》。
④ 《宋会要》舆服6之22，《宋史》卷150《舆服志》，卷474《贾似道传》，

而建节者，岳飞是第二人。他的战功暂时还次于吴玠，却已远胜于其他三人。至于在三十二岁的年龄建节，在当时更是绝无仅有的。① 但岳飞"自列校拔起"，一旦骤然与诸大将平列，也招致韩世忠和张俊的忌妒，② 特别是过去曾三次任岳飞上级的张俊，更是愤愤不平。

岳飞再三再四地上奏辞免节度使。③ 这种做法在当时已是司空见惯，人皆有之，照例是诚伪莫辨，宋高宗也绝不会因此而收回成命。当清远军节度使的旌节自临安府发到鄂州，全军将士都引以为荣。

一天，岳飞登上鄂州的一座高楼，凭栏俯瞰江流，仰眺远天。时值雨后天晴，锦绣山河分外明媚。岳飞触景生情，思潮澎湃，祖国的危难，个人的遭际，一齐涌上心头。北方的故土有待收复，同胞的泪眼南望欲穿。往后的征途修远而漫长，襄汉之役的成功又何足挂齿。至于个人的功名利禄，更如尘土一般，不足萦怀。岳飞肺腑的满腔热忱，终于化为吭喉的一曲长歌《满江红》：

"怒发冲冠，凭阑处，潇潇雨歇。抬望眼，仰天长啸，壮怀激烈。三十功名尘与土，八千里路云和月。莫等闲白了少年头，空悲切！

靖康耻，犹未雪；臣子恨，何时灭？驾长车踏破，贺兰山缺。壮志饥餐胡虏肉，笑谈渴饮匈奴血。待从头收拾旧山河，朝天阙。"④

千百年来，岳飞这首爱国主义的绝唱，一直激励着华夏子孙，为着祖国而献身效命。

---

① 《要录》卷79绍兴四年八月壬寅。《建炎以来朝野杂记》乙集卷11《将相四十以下建节者》共举九人，其中李显忠三十岁建节；而据《要录》卷147绍兴十二年十二月癸酉，《宋朝南渡十将传》卷3《李显忠传》，《琬琰集删存》卷3李显忠行状，他应为三十三岁建节，仍比岳飞晚一岁。
② 《要录》卷78绍兴四年七月乙卯，卷90绍兴五年六月丁巳，《浪语集》卷33《先大夫行状》。
③ 《金佗稡编》卷13载有四个辞建节札子和《缴节度告奏》。
④ 明嘉靖刻本《桯史》附录。明嘉靖刻本《岳集》卷5亦载此词，"饥餐"作"饥飧"，稍异。又今存汤阴县明天顺二年（公元1458年）王熙书《满江红》词碑，尾句作"朝金阙"。此词近人或疑为伪作。《邓广铭全集》第8卷《再论岳飞的〈满江红〉词不是伪作》和郭光先生《岳飞集辑注》的《岳飞的〈满江红〉是赝品吗？》辨析最详，另可参见拙作《岳飞〈满江红〉词真伪之争辨及其系年》，载《丝毫编》，河北大学出版社，2009年。

第六节　初援淮西

　　岳飞派往伪齐的王大节回到鄂州,带来了金、齐联军大举进犯两淮的情报。

　　王大节混入刘豫之子刘麟的"皇子府",当上属官,却没有机缘同李成接触,他对争取李成的工作事实上也不抱什么希望。一天,刘麟突然向他征询"征江南之策"。王大节以四川人的身份,建议先攻四川,然后再顺江东下,江南的成军肯定会"魂丧胆裂"。于是刘麟向他透露底蕴,说金朝已有成命,准备会合伪齐军攻占两淮,渡过大江,直犯临安府。王大节仍然固执己见,说如果宋军扼守大江,必然使金和伪齐联军顿兵挫锐;不如打四川,虽然迂回迢远,却是万全之计。刘麟当然不可能轻易改变金朝的成命,而冒重蹈仙人关覆辙的风险。王大节便脱身而归。岳飞又将他送往临安府,向朝廷报告敌情。①

　　原来在绍兴三年四月、五月,宋朝明州守将徐文航海叛逃。② 他向刘豫报告,宋高宗在临安府和明州昌国县(今浙江舟山市)聚船积粮,以便万一有风吹草动,再次逃往海上。刘豫据此向金朝时已升任都元帅的完颜粘罕(宗翰)提议,由海道袭击昌国县,再趋明州,直抵钱塘江口,得到完颜粘罕(宗翰)一派的首肯。然而实际掌兵的左副元帅完颜讹里朵(宗辅)和元帅左都监完颜兀术(宗弼)坚决反对,金太宗自然又偏袒他们,最后决定仍取陆路。海道和陆路之争,标志着完颜粘罕(宗翰)虽据有都元帅的最高军职,其实徒有虚名,正处在失势之中。③

　　半年之间,在西部和中部战场接连两次大败,使女真贵族和伪齐头目恼羞成怒,急于报复。但是,他们已无勇气与西部战场的吴玠军、中部战场的岳家军再次硬拼,只能避实击虚,向东部的淮南东、西路进攻。两淮距离临安府最近,往往成为金、伪齐攻宋的主战场。

　　连年征战的损耗,使女真族的兵源渐趋枯竭,必须向各个被统治民族搜罗壮丁。金朝在辽东和燕、云地区征调渤海、汉儿军五万人,并且规

---

① 《会编》卷161,《要录》卷80绍兴四年九月壬申注。
② 《会编》卷155,《要录》卷64绍兴三年四月庚子、辛亥,卷65绍兴三年五月丙辰,卷67绍兴三年八月丙戌,《宋史》卷27《高宗纪》,卷399《仇悆传》,《金史》卷79《徐文传》。
③ 《要录》卷80绍兴四年九月乙丑,《金史》卷74《宗翰传》,卷77《刘豫传》。

定，凡是被征发的汉人，一律不准由别人代替。

金军由左副元帅完颜讹里朵（宗辅）、刚升任的右副元帅完颜挞懒（昌）和元帅左都监完颜兀术（宗弼）三员大将统率，伪齐军由刘麟指挥，在九月下旬分路渡过淮河。他们采纳李成的意见，远远避开岳家军的防区，以免岳飞出兵，使自己腹背受敌。刘豫在出兵前还发布伪诏，扬言要"直捣僭垒，务使六合混一"。①

消息传来，宋廷"举朝震恐"。很多官员建议宋高宗解散"百司"，远遁避敌。唯独宰相赵鼎反对，说："战而不捷，去未晚也。"②

东南地区有韩世忠、刘光世和张俊三支大军，另加杨沂中神武中军等，兵力总计十五万人以上，③ 比西部战场的吴玠军、中部战场的岳家军多了好几倍，然而在失败主义情绪的笼罩下，连淮南东、西路也不能守住。

刘光世按未战先遁的惯例行事，立即退兵江南，将整个淮南西路拱手让给敌军。狡猾的张俊表面上说"避将何之"，但主张划江而守，"当聚天下兵守平江，俟贼退，徐为之计"，回避自己一军与敌对抗。他以"坠马伤臂"为借口，拒不出兵渡江。赵鼎发怒，派人监督他发兵，并奏请严惩张俊，但因宋高宗的姑息，也毫无结果，不了了之。④ 韩世忠军在大仪镇、鸦口桥和承州获得三次小胜，然而终究独力难支。最后，张俊军退守常州，韩世忠军退守镇江府，刘光世军退守建康府，只能凭借大江天堑，阻遏敌人。⑤

李纲向宋廷上奏建议，"岳飞新立功于襄汉，其威名已振"，"陛下倘降明诏，遣岳飞以全军间道疾趋襄阳"，"捣颍昌以临畿甸，电发霆击，出其不意；则伪齐必大震俱，呼还丑类，以自营救，王师追蹑，必有可胜之理"，"此上策也"。⑥ 参知政事沈与求也对宋高宗说："诸将之兵，分屯江

---

① 《要录》卷80绍兴四年九月乙丑，壬申，《宋史》卷475《刘豫传》。
② 《要录》卷80绍兴四年九月乙丑，《宋史》卷360《赵鼎传》。
③ 《宋会要》礼25之20，《要录》卷80绍兴四年九月辛酉，《建炎以来朝野杂记》甲集卷18《绍兴内外大军数》载，当时张俊、杨沂中两军加上班直等共七万二千八百馀人，刘光世、韩世忠、岳飞和王𤫊四军共十二万一千六百馀人，减去岳家军二万八千六百馀人，王𤫊军一万五千人，则东部战场刘、韩、张、杨等军共计十五万人以上。
④ 《金佗稡编》卷8《鄂王行实编年》，《会编》卷164，《要录》卷80绍兴四年九月乙丑，《宋史》卷369《张俊传》。
⑤ 《会编》卷165，《要录》卷82绍兴四年十一月戊午，《宋史》卷27《高宗纪》，卷370《吕祉传》。参见拙作《韩世忠大仪镇之战述评》，载《点滴编》，河北大学出版社，2010年。
⑥ 《梁溪全集》卷77《陈捍御贼马奏状》。

岸，而敌骑逡巡淮甸之间，恐久或生变。当遣岳飞自上流取间道，乘虚击之，敌骑必有反顾之患。"

李纲与沈与求的意见，可谓不谋而合。宋高宗表面上也同意沈与求的建议，说"当如此措置，兵贵拙速，不宜巧迟"云云。① 其实，他在东部战场聚集如此众多兵力的情势下，仍要岳飞这支不足三万人的队伍赴援。他写手诏给岳飞说：

"近来淮上探报紧急，朕甚忧之，已降指挥，督卿全军东下。卿夙有忧国爱君之心，可即日引道，兼程前来。朕非卿到，终不安心，卿宜悉之。"②

在宋高宗偏安一隅的消极防御军事思想指导下，只能头疼医头，脚痛治脚，绝不会采纳李纲提出的上策。岳飞不能完全遵照宋高宗的命令行事，而"全军东下"，他以一半兵力部署襄汉一带防务，命令徐庆和牛皋带二千馀骑为先锋，自己和李山等部将率大军为后继，驰援淮西。

庐州知州、兼淮南西路安抚使仇悆正处于险境。两三个月以来，刘光世江东、淮西路宣抚司的急件不绝于道，其内容无非是命令他焚烧积聚，放弃庐州（治合肥，今安徽合肥市）。按照宋朝官制，淮西安抚使本应全权负责本路的防务；但因为在非常形势下，仇悆之上，又有了刘光世作为上级。仇悆拒绝执行刘光世的错误军令。最后，刘光世派统制张琦带领几千兵士前来庐州城，企图以武力劫持仇悆，胁迫他带头逃跑。仇悆大怒，说："若辈无守土责，吾当以死殉国！寇未至而逃，人何赖焉！"

张琦只好一走了之。仇悆召集庐州和寿州（治下蔡，今安徽凤台县）守军几百人，加上二千乡兵，几次打退来犯之敌。十二月，刘麟又增兵攻打庐州，完颜兀术（宗弼）亲自为后继，形势危急。仇悆自认为只能实践殉国的诺言了。

徐庆和牛皋率领部伍及时赶到庐州，使仇悆喜出望外。岳家军匆忙吃完午饭，留下一部分人守城，一部分人在城南扎营，其馀紧急出城迎敌。牛皋命令部兵展开"岳"字旗和"精忠岳飞"旗示敌，五千敌骑大为惊愕，他们料想不到会在此地出现岳家军。

不足二千的宋方骑兵展开队形，以少击众，与敌军短兵相接，前后交锋三个回合，所向披靡。但金、齐联军也迭退迭进，没有溃散。突然，徐庆坠下马来，敌骑一拥而上，企图活捉或杀害他。牛皋眼明马疾，抢先赶到，将徐庆扶掖上马，连杀几个敌人。他脱去头鍪，大声呼喝："我牛皋

---

① 《要录》卷81绍兴四年十月丁酉，《宋史》卷372《沈与求传》。
② 《金佗稡编》卷1高宗手诏。又《要录》卷82绍兴四年十一月己未，《朱文公文集》卷95张浚行状载，张浚也提出岳飞援淮西之建议。

也，尝四败兀术，可来决死！"

牛皋舞稍直贯敌阵。岳家军的骑士形成一股不可阻挡的铁流，将敌军冲得七零八落，溃不成军。战斗从申时打到酉时，斩杀敌人一批将领，活捉八十多名敌军，夺得八十多匹战马。徐庆和牛皋率军追奔三十多宋里，才收兵回城。

仇悆赞叹岳家军骁勇善战，写信向岳飞致谢，信中特别表彰了牛皋的功劳。岳飞却偏信徐庆，在上报朝廷的五百四十六名立功官兵中，将徐庆列为奇功。

在徐庆和牛皋军立功之翌日，岳飞亲统大军来到庐州，再次击破敌军。

金、齐联军既无力渡江，又败衄于庐州，岁末严寒，大雪纷飞，粮饷不通，野无所掠，只能杀马作食。汉族的签军极为愤恨，有的甚至向金将递送匿名信件，说众人被驱逼到如此地步，如果渡江，一定活捉酋领们献给南朝。即使女真军也叫苦连天。此时，又传来了金太宗病危的消息。于是完颜讹里朵（宗辅）、完颜挞懒（昌）和完颜兀术（宗弼）再也不敢停留，慌忙撤兵。刘麟接到金军的命令，立即抛弃全部辎重，昼夜兼程，一口气逃奔二百馀宋里。伪齐"六合混一"的大话至此成为笑柄。①

岳飞在敌人撤退后，率全军的一半人马暂驻江南东路的池州。张俊和刘光世为敷衍朝廷，虚报战功，也乘机派兵渡江，收拾小股残敌。刘光世的副手王德率部到达庐州。他也颇感难堪，对部属说："当事急时，吾属

---

① 《要录》卷83绍兴四年十二月庚子。

无一人渡江击贼。今事平方至，何面目见仇公耶！"①

庐州之战并非大战，却是击破了金、齐联军的最后一次攻势。岳家军的东援，也适同刘光世和张俊的怯战避敌，形成鲜明对照。在东部战场三大主力退缩江南之际，岳飞以孤军进援，保全淮南西路的首府，对扭转战局有重要影响。

故到绍兴五年（公元1135年）二月，宋廷便将岳飞晋升为镇宁、崇信军节度使。② 镇宁军为开德府之节镇名，崇信军为随州之节镇名。③ 宋朝授予两镇和三镇节度使是"希阔之典"。后来岳飞在奏中曾说：

"窃以两镇节旄，国朝盛典，非有大勋，岂容轻授。"

宋高宗时，只有刘光世、韩世忠和张俊授三镇节度使，吴玠和岳飞授两镇节度使。④

绍兴四年是宋金战争转折性的一年。金、伪齐军先后在川陕、襄汉和两淮连遭失败，已丧失进攻能力；而岳飞的首次北伐成功，又初步显示了宋军的反攻能力。但是，宋高宗和宰执大臣关注的中心，是如何因势利导，镇压洞庭湖的杨幺叛军。故以后一年多时间内，宋与金、伪齐大致处于休战状态。

---

① 关于庐州之战，以《宋史》卷399《仇悆传》记述最详，另参据《金佗稡编》卷19《庐州捷报申省状》，《会编》卷164，卷207《岳侯传》，《要录》卷83绍兴四年十二月壬辰，卷89绍兴五年五月戊戌，《宋会要》兵18之34—35，《宋史》卷368《牛皋传》，《皇宋十朝纲要》卷22，《相山集》卷21《选将戍合肥札子》，卷22《论庐帅久任状》。今作以下说明：第一，《金佗稡编》卷6《鄂王行实编年》和《宋史》卷368《牛皋传》说岳飞亲往参加庐州之战，今以《金佗稡编》卷19《庐州捷报申省状》为准。唯有《皇宋十朝纲要》卷22载，岳飞于次日"亲以大军鏖战，复大破之"。第二，《金佗稡编》卷19《庐州捷报申省状》说徐庆、牛皋等带领官兵二千馀人，据《宋史》卷399《仇悆传》，乃是骑兵。第三，《金佗稡编》卷6《鄂王行实编年》说："先臣奉诏，出师池州。"《金佗续编》卷3绍兴五年春的《自池州移军潭州奖谕诏》有"连万骑之众"之语。《金佗稡编》卷9《遗事》载，当时岳飞"所部兵二万馀人，守御者半，攻讨者半"。估计岳飞援淮西兵力约一万几千。第四，《会编》卷207《岳侯传》说援庐州尚有部将李山。李山未在庐州参加初战，当是随岳飞本人援淮西的部将之一。第五，《宋史》卷399《仇悆传》说初战中牛皋为主将，徐庆为副将。按牛皋官位虽高于徐庆，但据《金佗稡编》卷19《庐州捷报申省状》和《宋会要》兵18之34—35，徐庆应是主将。第六，《会编》和《要录》说牛皋以十多骑或几十骑吓退敌人，当属夸张，今以《宋史》卷399《仇悆传》为准。第七，《要录》说刘光世派统制张琦，与牛皋同时援庐州，系误。今以《宋史》卷399《仇悆传》和《相山集》卷22《论庐帅久任状》为准。

② 《金佗续编》卷2《两镇节度使加食邑制》，《要录》卷85绍兴五年二月丙子。

③ 《宋史》卷85，卷86《地理志》。

④ 《金佗稡编》卷15《辞除两镇在京宫观第二札子》，《宋史》卷166《职官志》，《建炎以来朝野杂记》甲集卷12《两镇三镇节度使》。

捌

洗兵湖湘

骑马的女真男子

第一节 钟相叛乱

钟相家居荆湖北路鼎州州治武陵县（今湖南常德市）唐封乡水连村，地名天子冈，位于浩渺的洞庭湖西岸。他是一个巫师，自称"有神通与天通"，能救人疾患，"若受其法，则必田蚕兴旺，生理丰富，应有病患，不药自安"。钟相大约认为自己有天子冈的风水胜地，故萌发了应天承运的野心，乃自称"天大圣"。在宋徽宗时，便利用民间结社，进行反抗宋朝统治的鼓动，他说："法分贵贱贫富，非善法也。我行法，当等贵贱，均贫富。"

钟相所谓的"法"，当然是指含有迷信色彩的神法。在一个弱肉强食，很多农民终生劳苦，不得温饱的社会里，"等贵贱，均贫富"的口号，对劳苦大众自然是有吸引力的。当地百姓称钟相为"钟老爷"，宋时一般不用"老爷"的称呼，"老爷"意为老父。即使远在数百宋里外的百姓，也争先恐后地前来"拜爷"，即"拜父"，将自己辛苦积攒下来的一点钱物，奉送钟相。久而久之，钟相便成为当地一家巨富。但他并不因此而满足，仍在窥伺时机，希望实践自己当天子的野心。他拥有成千上万的信徒，但是，他与大多数普通信徒之间，其实也是贫富差别悬殊。

北宋末年，钟相长子钟子昂组织了一支三百人的"勤王民兵"北上，他们到达南京应天府，正值宋高宗即位，钟子昂所率民兵便被遣散回乡。但钟相父子看到世事扰攘，便将原来招募的民兵"团集在家，结成队伍，多置旗帜、器甲，意要作乱"。

从建炎元年到三年，荆湖北路也和很多地区一样，动乱造成更深重的苦难，苦难又孕育更厉害的动乱。建炎四年二月，盗匪孔彦舟的队伍杀到鼎州北面的澧州（治澧阳，今湖南澧县）。他原是京东西路东平府的钤辖，是个禽兽不如的无耻之徒，因为和某个赵姓宗室女子私通，被人揭发，便乘乱作乱。[①] 孔彦舟带领部伍南下流窜，风高放火，月黑杀人，无恶不作。钟相乘着孔彦舟犯鼎州，地方官员们逃遁的机会，也发动了反宋的叛乱。

钟相自称楚王，改元天载，由于原先有结社"拜爷"的基础，钟相军很快占据了鼎州全境的武陵、桃源（今湖南桃源县）、龙阳（今湖南汉寿县）、沅江（今湖南沅江市）四县，澧州全境的澧阳、石门（今湖南石门县）、安乡（今湖南安乡县）、慈利（今湖南慈利县）四县，荆南府八县

---

① 《会编》卷137，《金史》卷79《孔彦舟传》。

中的枝江（今湖北枝江市）、松滋（今湖北松滋市北）、石首（今湖北石首市）、公安（今湖北公安县）四县和峡州宜都县，岳州华容县（今湖南华容县）、辰州州治沅陵县（今湖南沅陵县），潭州十二县中的益阳（今湖南益阳县）、宁乡（今湖南宁乡县）、湘阴（今湖南湘阴县）、安化（今湖南安化县）四县。围绕着洞庭湖滨，建立了割据政权。

钟相叛军自称"爷儿"，所到之处，宣布要保障"执耒之夫"的安全，却要杀官吏、儒生、僧道、巫医和卜祝五类人，谓之"行法"。此外，他们还称宋之"国典为邪法"，"谓劫财为均平，病者不许服药，死者不许行丧，惟以拜爷为事"。一时之间，"人皆乐附而行之，以为天理当然"。在钟相宗教迷信的蛊惑下，广大贫苦百姓成了大批狂热信徒。其所作所为有反抗社会弊病的理想或合理成分，也有荒唐怪诞的做法，却又都服从于钟相个人的野心。

鼎州的官员们弃城逃跑后，州城的"府民"，在无可奈何之中，只能将孔彦舟当作福星和救主。城市居民宋代称为"坊郭户"，其中"有物业户"都是地主、商人一类"兼并之家"。① 他们自然十分害怕钟相军入城后"行法"和"均平"。"府民"们"设香花鼓乐"，"多备金帛犒设"，欢迎孔彦舟的队伍进驻州城。不料钟相军乘孔彦舟不备，掩袭他的后军，使之损兵折将。孔彦舟兽性发作，在州城内外的二十宋里之间，大纵屠戮，杀个鸡犬不留。

钟相和孔彦舟两军相持，互有胜负。孔彦舟于是设法分派部属，伪降钟相，诡称"入法"。凡捉获钟相军士，便用竹签插在他们头发上，然后放回。竹签上题辞说：

"爷若休时我也休，依旧乘舟向东流。"②

此处的"爷"自然是专指"钟老爷"。孔彦舟又下令大造竹筏，佯装准备离开鼎州。钟相因此丧失警惕。孔彦舟军在"入法之人"的配合下，一举击破钟相寨栅，钟相和妻子伊氏、长子钟子昂等被俘处死。③

---

① 《宋会要》食货4之19。
② 《中兴小纪》卷8，"舟"，《皇朝中兴纪事本末》卷13作"船"。
③ 本节据《金佗续编》卷25《杨么事迹》，《会编》卷137，《要录》卷31建炎四年二月甲午、己亥、辛丑，卷32建炎四年三月癸卯朔，《皇朝中兴纪事本末》卷13作李合式、吴宣，戊辰，《中兴小纪》卷8，《皇朝中兴纪事本末》卷13，《宋会要》兵13之6—7，《斐然集》卷15《缴湖北漕司辟许宜卿为桃源令》，卷17《寄张德远》。伊氏，或作尹氏。

第二节　杨幺再起

孔彦舟匪军在鼎州、潭州等地大肆杀掠后，便北上投降金朝"子皇帝"刘豫。

钟相死后，其馀部继续在洞庭湖滨活动。慈利县的陈寓信、松滋县的李合戎、澧阳县的英宣等，也相继被官军镇压，① 而澧州的雷德进和雷德通兄弟据险立栅，坚持颇久。② 杨太领导的部分队伍，则转移到龙阳县，团聚了多支馀部，形成较大的势力。白德保护钟相之子钟子义，③ 与杨太会合，大家推举钟子义为"太子"。杨太年轻，荆湖一带的方言呼幼为么，人们习惯称他为杨么。④

建炎四年六月，宋廷发表程昌寓任鼎、澧州镇抚使，兼鼎州知州。这个继杜充和郭仲荀之后，丢弃开封南逃的懦夫，带领随从和军马，分水陆两路前往鼎州赴任，水路的船队满载着搜刮来的民脂民膏。程昌寓的随从们在沿途施展淫威，始而强买，继而攘夺，索酒食，逮猪羊，抢鸡鸭，激起村民们的公愤。杨么水寨的人看到舟船甚多，又无多少军兵防护，便冲杀出来，将整个船队一网打尽，程昌寓本人仅以身免。叛军抢占了程昌寓在开封女艺人中得来的爱妾小心奴，给钟子义为妻。程昌寓恼羞成怒，恨之入骨，誓与杨么军为敌。

程昌寓特别设置铁床等酷刑，凡是抓着杨么军，即严刑毒打。⑤ 鼎州本已凋弊不堪，他却竭力掠取百姓的膏血，赡养部伍，驱使他们为自己卖命。对过往的官员，则重赠厚赂，使大家都对朝廷为他称誉。故有的士大夫也说，程昌寓的"急政豪夺"，只是"为杨么驱民"，"激民从贼，牢不可破"。⑥

---

① 《中兴小纪》卷8，《皇朝中兴纪事本末》卷13作李合式、吴宣。
② 雷德进，有些记载称雷进，他虽与杨么军有联系，却一直自成一军，迟至绍兴六年被镇压。参见《金佗续编》卷26《杨么事迹》，《要录》卷98绍兴六年二月乙卯，卷101绍兴六年五月庚寅，《宋史》卷28《高宗纪》，卷404《张运传》，《梁溪全集》卷66《具荆湖南北路已见利害奏状》，《忠正德文集》卷8《丙辰笔录》。
③ 《金佗续编》卷28《孙迪编鄂王事》。钟子义，有些记载称钟子仪。
④ 《要录》卷34建炎四年六月庚辰。
⑤ 《中兴小纪》卷13与《皇朝中兴纪事本末》卷23引李龟年《记杨么本末》。
⑥ 《斐然集》卷15《缴程千秋乞不以有无拘碍奏辟县令》，《再论朱胜非》，《历代名臣奏议》卷143，卷182胡寅奏。

程昌寓派使者去龙阳县水寨，招降了叛军的重要首领杨华。杨华当时在叛军中的地位尚高于杨么，他出降后，另一个重要首领杨广被部下所杀，杨么遂独掌大权。从此这支叛军由杨么负责攻战，黄诚主持谋划。①

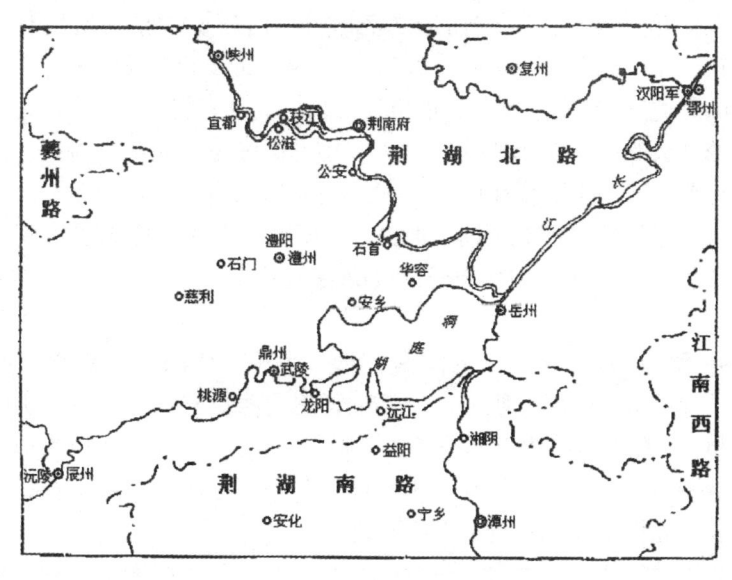

钟相、杨么叛乱地区图

杨么军在鼎州和澧州山区，砍伐了几万棵松、杉、樟、楠等木材，打造海鳅、棹橹等船，很快建立一支水军。程昌寓的部兵都是北方人，不谙水性，眼看敌方的轻船快舰出没重湖，恣行攻掠，也无可奈何。

杨么军占据了鼎州的龙阳和沅江两县，设有三十多所水寨，离州城"止三、二十里，远者不过五、六十里"，②所控制的地盘还少于钟相时。然而钟相叛乱为时仅一两个月，便骤兴而忽亡，杨么的水寨却维持了一个相当长的时期。他们发布榜文，指斥宋朝统治者之苛政暴行，"其立说谓

---

① 杨华出降时间，各书记载不一，以《中兴小纪》卷8，卷12与《皇朝中兴纪事本末》卷13，卷20的记载较可信，大致是在绍兴元年冬或二年春。从宋朝官方记录看，绍兴二年前往往单称杨华，或杨华和杨么并称；绍兴二年后则单称杨么，或杨么和黄诚并称。《金佗续编》卷25《杨么事迹》，《宋史》卷26《高宗纪》绍兴元年八月辛巳载有杨广的名字。杨广被杀，参见《中兴小纪》。杨么和黄诚掌管叛军，见《中兴小纪》卷13，《皇朝中兴纪事本末》卷23，《要录》卷59绍兴二年十月己酉。

② 《梁溪全集》卷75《杨么占据洞庭系湖北路本司已遣军马把截奏状》，《金佗稡编》卷6《鄂王行实编年》，参见《宋史研究论文集·中华文史论丛增刊》李涵先生《杨么起义军水战地点与寨址问题初探》，又载李涵先生《宋辽金元史论集暨师友杂忆》，台中高文出版社，2002年。

从之者无税赋差科，无官司法令"，故"愚民乐从，其势滋长"。①

但从另一方面看，这个不大的割据政权内部，其实也无"等贵贱，均贫富"的制度。钟子义和杨幺都称王，杨幺称"大圣天王"。"官属名号、车服仪卫，并拟王者居"，"所居之室称曰'内'"，钟子义所用有"金交床、金鞍、龙凤簟"等物品。"黄诚寨"内，又设置"太子楼"，有"龙床、龙屏之类"。在军制方面，更仿效宋朝，设有三衙。② 这仍然是一个等级森严的社会制度。叛军的首领们"多是占据民田，或虽不占据，而令田主出纳租课"。③ 宋时所谓田主，往往是泛称有田者，与近代意义上出租田地，收取地租的地主不能等同，但也应包括地主在内。"占据民田"，最初也许是"均平"措施，但此类民田很快便成了首领们的私产，他们成为新的地主。

绍兴元年正月，宋廷改荆湖南、北路为东、西路，以鼎州为西路首府，撤销程昌寓的镇抚使职务，改任主管荆湖西路安抚司公事，仍旧兼任鼎州知州。④ 程昌寓虽然当上一路之"帅"，他自认为丧失了原来镇抚使的一些权益，愈发焦躁。他得到"木匠都料"高宣进献的车船图样，如获至宝，以为可凭借车船，置杨幺军于死地。

车船大约发明于南北朝。⑤ 一对翼轮设置于船舷两侧，贯轴一根，谓之一"车"。轴上设有踏板，用人工蹬踩，使翼轮激水进退。程昌寓造了两艘八车船，并安装护车板。车船的优点是速度较快，"鼓蹈双轮势似飞"，缺点是不能在浅水中行驶。⑥

程昌寓求胜心切，立即将两艘八车船投入战斗，攻打夏诚的水寨。结果车船在汕江搁浅，被杨幺军缴获，都料匠高宣也当了俘虏。程昌寓懊悔莫及。

杨幺军缴获官军车船以后，也大造车船。杨幺建造"和州载"二十四车大楼船，杨钦建造"大德山"二十二车船，夏诚造"大药山"船，刘衡

---

① 《梁溪全集》卷73《乞发遣水军吴全等付本司招捉杨幺奏状》，卷75《杨幺占据洞庭系湖北路本司已遣军马把截奏状》，卷116《与吕相公第八书别幅》。

② 《金佗稡编》卷6《鄂王行实编年》，《金佗续编》卷28《孙迪编鄂王事》，《要录》卷64绍兴三年四月戊戌，卷90绍兴五年六月癸丑，《中兴小纪》卷15，《皇朝中兴纪事本末》卷27。

③ 《宋会要》刑法3之47。

④ 《要录》卷41绍兴元年正月戊申，乙卯。

⑤ 《陈书》卷13《徐世谱传》："世谱乃别造楼船、拍舰、火舫、水车，以益军势。"此处的"水车"应即是后来的车船。

⑥ 《梁溪全集》卷29咏车船的五首绝句，卷103《与宰相论捍贼札子》，卷121《与吕安老龙图书》，《要录》卷56绍兴二年七月丁丑。

造"大钦山"船，周伦造"大夹山"船，高虎造"小德山"船，① 刘诜造"小药山"船，黄佐造"小钦山"船，全琮造"小夹山"船。德山、钦山、药山、夹山等全是鼎州和澧州的山名，杨幺军造船即取材于这些山上。此外，还有"望三州"、"浑江龙"等船号。总计造了十多艘车楼船，大的可载兵一千多人。后来更增加到二十九艘，还准备再造十五艘。② 他们在车船上装配拍竿，长十多宋丈，上置巨石，下设辘轳，遇着官军的战船，可用拍竿击碎。几百艘轻快的海鳅战船，如众星拱月，簇拥和协同大车船作战。③

杨幺军中"行移文字"，"并不用绍兴年号"，"数出榜文，讹言指斥"，④ 所谓"指斥"，古时意为"指斥乘舆"，即是斥骂宋高宗本人。他们决心要实现改朝换代的目标。⑤

第三节　王瓛惨败

在绍兴元年至二年间，宋廷关注的中心，是解决荆湖路曹成等四大寇，对实力较小的杨幺军，一时尚不重视。⑥ 到绍兴三年，由于曹成等匪军已被剿除，杨幺的队伍却愈益壮大，宋高宗君臣方认识到，这支叛军"为腹心害，不先去之，无以立国"。⑦

程昌寓为对付杨幺军，虽绞尽脑汁，仍无计可施。他最后只能乞灵于暗杀。绍兴三年五月，他招降到杨钦水寨的一个唐姓"教书"，便向这个村学究打听潜入杨幺水寨的门径。唐教书极言水寨巡防严密，"便大虫、豹子也则入去不得"，"除是飞，便能入去得"。程昌寓无可奈何地笑着说，

---

① 《金佗续编》卷18《鄂王传》作"高虎"，《金佗稡编》卷6《鄂王行实编年》作"高老虎"，《金佗续编》卷25《杨幺事迹》作"高癞子"或"高癞"，显然系绰号。

② 《金佗续编》卷5《再据刘愿申杨幺贼徒结连作过省札》。

③ 《要录》卷59绍兴二年十月己酉，《中兴小纪》卷13，《皇朝中兴纪事本末》卷23。

④ 《金佗续编》卷5《再据刘愿申杨幺贼徒结连作过省札》，《梁溪全集》卷75《杨幺占据洞庭系湖北路本司已遣军马把截奏状》。

⑤ 本节叙事主要参据《金佗续编》卷25《杨幺事迹》。

⑥ 《梁溪全集》卷70《开具钱粮兵马盗贼人数乞指挥施行奏状》中开列荆湖路"盗贼"，在四大寇之下，"杨华约有一万馀人"，"雷进约有八千馀人"，"杨幺郎约有五千馀人"。

⑦ 《朱文公文集》卷95张浚行状，《要录》卷86绍兴五年闰二月辛酉。

世上不会有一个"生肉翅人"可使唤，只好作罢。

六月，宋廷任命王瓘为荆南府、潭、鼎、澧、岳、鄂等州制置使，①统一指挥各支人马，共计五万几千兵员，围剿杨么叛军。

王瓘怯懦无谋，在抗金战场上常不战而遁。他爱钱如命，积聚的财宝，"可富数世"。他刚到岳州，就"劳役军民，营葺居第，修廊复屋，极其宏壮"。由于他恣意克扣军俸，"士食半菽"，军纪格外败坏，部下"剽掠杀伤，莫知其数"。荆湖百姓对王瓘恨之入骨，"愿食其肉而不可得"。②

程昌寓虽然一筹莫展，却仍然将剿灭杨么军的任务，视为禁脔，企图"独成其功"。如今要受才能低劣的王瓘"节制"，他无论如何也不能服气。两人又有文官与武将之别，势同水火，互不相让。程昌寓利用王瓘所部初来湖湘，地理人情生疏，便有意支使他们去紧急危难之处，与杨么军交锋，于是不断出现损兵折将的记录。

王瓘乘冬季湖浅之机，向杨么叛军发动总攻，两军在鼎口水战。杨么军用二三宋尺长的坚木，两头削尖，号称"木老鸦"，配合矢石，一起向官军攒射和投掷。③官军船只低小，根本不是对手，结果连王瓘本人也中了木老鸦和流矢，仓惶退却。

王瓘仍不死心，自己带神武前军一万多人，由陆路进攻，命令统制崔增和吴全的一万水军在水上封锁。杨么军设计，引诱崔增和吴全的水军深入阳武口。在宽广的湖面，叛军的车船大展威风，来回行驶，把官军的几百艘战船全部冲翻和撞沉，全歼了这支"天下有名"的水军。杨钦和高虎两部乘胜攻破社木寨，王瓘陆军也狼狈逃遁。至此，杨么军的声势已臻极盛。

王瓘在此后虚报战绩，企图掩饰惨败，结果还是受台谏官的弹劾而罢官。他的一万五千人马改隶镇守淮南东路的韩世忠。程昌寓也被宋廷调离鼎州。④

---

① 《要录》卷66绍兴三年六月甲午。
② 《要录》卷86绍兴五年闰二月丁卯，卷87绍兴五年三月甲戌朔，《斐然集》卷12《王瓘降三官》。
③ 关于木老鸦，见《要录》卷69绍兴三年十月甲辰，《老学庵笔记》卷1。
④ 本节叙事还参据《金佗续编》卷25，卷26《杨么事迹》，《要录》卷69绍兴三年十月壬辰，卷70绍兴三年十一月癸亥，戊寅，卷85绍兴五年二月辛卯。

第四节　岳飞改变策略

绍兴四年五月，岳飞复襄汉后，宋廷本已委任他全权"讨捕"杨么军。岳飞也为此进行了一些筹划和准备，但因金、齐联军南侵，使镇压行动搁置了半年。绍兴五年二月，岳飞自池州前往"行在"平江府，并且随同皇帝返回临安府。宋廷除拜岳飞为两镇节度使外，又任命他为荆湖南、北、襄阳府路制置使，升神武后军都统制，"将所部平湖贼杨么"，并赐钱十万贯，帛五千匹，作为犒军费用。① 三月，岳飞自池州发兵，前往潭州，他所率的大致上是援淮西的部队。此外，宋廷沿用文臣督军的惯例，特命右相、兼知枢密院事张浚以都督诸路军马的头衔，亲临湖湘。② 仅从上述两项任命，也足见宋廷为消灭杨么叛军，下了多么大的决心。

当时，岳家军的成员也和其他大军一样，"并系西北之人，不习水战"。③ 宋朝的将领对杨么这支似乎是神出鬼没的水军，都颇感束手无策，认为即使动用很多兵力，进行成年累月的围剿，成功的希望也相当渺茫。岳飞却主动表示愿膺此重任，他说："兵亦何常，惟用之如何耳。今国势如此，而心腹之忧未除，岂臣子辞难时耶！"

岳家军进发途中，遇到倾盆大雨，泥淖没膝，军士们步行十分艰难。岳飞便亲自下马步行，置全身沾满泥浆于不顾，以激励部卒。沿途所至，岳家军更注意严格的军纪，对民间"无毫发骚扰，村民私遗士卒酒食，即时还价"。故宋高宗特颁诏奖谕说，"连万骑之众，而桴鼓不惊；涉千里之途，而樵苏无犯"。"嘉治军之有法，虽观古以无惭"。④

杨么军占据的地盘不大，实力有限，"聚兵至数万"，约有五、六万人。⑤ 他们对付官军的策略，是"陆耕水战"。⑥ 叛军依凭重湖之险，春夏

---

① 《要录》卷85绍兴五年二月丙子，丙戌，《宋会要》职官40之8。
② 《要录》卷85绍兴五年二月丙戌。
③ 《金佗稡编》卷11《措置杨么水寇事宜奏》。
④ 《金佗续编》卷3《自池州移军潭州奖谕诏》，《要录》卷88绍兴五年四月庚申。
⑤ 《金佗稡编》卷6《鄂王行实编年》。《金佗续编》卷28《孙逌编鄂王事》作"有众八万，号十万"，与前一说相近。同卷《吴拯编鄂王事》作"其众数十万"，《会编》卷208《林泉野记》作"有众数十万"，应包括男女老幼在内。《要录》卷90绍兴五年六月丁巳载，杨么失败后，有丁壮五、六万人。
⑥ 《水心文集》卷22《故知广州敷文阁待制薛公墓志铭》，《宋史》卷380《薛弼传》。

第八章　洗兵湖湘

— 139 —

水涨，官军不能出兵，则耕种田地；秋冬水落，官军发动攻势，则收藏粮食，然后出战。"官军陆袭则入湖，水攻则登岸"。① 但主要是以己之长，攻彼之短，避免陆战，力争水战。

岳飞和张浚吸取了以往程昌寓和王瓊失败的教训，改变了策略。

第一，将寒冬用兵改为炎夏作战，蹂践杨么叛军的稼禾，使他们有秋冬断炊绝粮之虞。岳飞四月上旬抵达潭州后，② 并不急于用兵作战，而是"先分遣军马，扼贼要路，断其粮道，严行禁止博易，使贼乏食"。总之，是采用破坏陆耕，长围久困的办法，以求瓦解敌之军心，消泯敌之斗志。③

第二，采取"且招且捕之计"，以政治诱降为主，军事进攻为辅。"诱致桀黠，以为乡导"，施行分化和离间，促使杨么军内讧，以敌制敌。④

由于须兼顾襄汉以至鄂州的防务，岳家军不能全部出动，只能是"守御者半，攻讨者半"。岳飞带到洞庭湖一带的兵力约有一万五千人。⑤ 归他统一指挥者，则有荆湖南路安抚司统制任士安、郝晸、王俊、吴锡、步谅等军，共有二万多人；⑥ 宋廷调来江南西路安抚司统制祁超等军，共有八千五百多人；⑦ 程昌寓留下的蔡州（治汝阳，今河南汝南县）兵和乡兵九千人，其中蔡州兵等约八千人，仍由改任都督府左军统制的杜湛率领。⑧ 故官军兵力总计约有五万人，⑨ 同过去王瓊的兵力大略相当，并不比杨么军占多少优势。但是，由于采用新的策略，加之岳飞本部军马素质甚强，杨么军就遭逢到前所未遇的劲敌。

杨么叛军却仍然墨守对付程昌寓和王瓊的旧规，三十多个水寨各自为守，各自为战，不能最大限度地集中兵力，集中指挥。此外，荆湖路一带

---

① 《金佗稡编》卷6《鄂王行实编年》，《中兴小纪》卷18与《皇朝中兴纪事本末》卷33引李龟年《记杨么本末》。

② 岳飞抵达潭州时间，《金佗稡编》卷1高宗手诏说明词说是"四月"。岳飞抵达后，黄佐旋即出降，并于四月十四日破周伦寨，故可估计为上旬。

③ 《金佗稡编》卷11《招杨钦奏》，《朱文公文集》卷95张浚行状，《要录》卷86绍兴五年闰二月辛酉。

④ 《金佗稡编》卷1高宗手诏，卷11《招杨钦奏》，《要录》卷85绍兴五年二月壬辰。

⑤ 《金佗稡编》卷9《遗事》，《金佗续编》卷3《自池州移军潭州奖谕诏》有"连万骑之众"一语，时崔邦弼和颜孝恭两部并入岳家军，总数应有三万馀人。

⑥ 《金佗续编》卷28《吴拯编鄂王事》，《会编》卷168，《要录》卷90绍兴五年六月甲辰。

⑦ 《要录》卷78绍兴四年七月庚申，《斐然集》卷17《寄张德远》，《梁溪全集》卷82《论江西军马札子》，卷87《措置招军画一奏状》。

⑧ 《要录》卷71绍兴三年十二月壬午，卷85绍兴五年二月辛卯，《梁溪全集》卷69《乞拨还韩京等及胡友等两项军马奏状》。

⑨ 《金佗续编》卷28《吴拯编鄂王事》说岳飞有兵八万，应是号称，而非实数。

恰巧逢大旱之年，湖水浅涸，① 严重地影响了吃水甚深的车船的行驶。在官军的包围和封锁之下，杨么叛军的处境日益危困。

第五节　杨么军的瓦解

绍兴四年冬，杨么叛军的一个重要将领周伦，突然派人向岳州知州程千秋递送"申状"，说自己因受程昌寓的"凌逼"，"不得为王民，且在湖中苟逃各家老小性命"，请求宋廷撤换程昌寓，使自己得以"保全老小，耕田种地，输纳二税，复为良民"。周伦在申状中还强调自己并未勾结伪齐，而是拒绝与之"会合"，后又杀掉来使。

宋廷闻讯后，认为周伦是黄诚的亲信，他的申状大概是出自黄诚的授意，就急忙递发黄榜，派人送至周伦等水寨招安。黄榜被送到夏诚水寨，夏诚招众头领看榜，唯独杨么拒绝前去看榜。②

自绍兴三年大败宋军后，宋军和杨么军在绍兴四年都并无大的军事行动。周伦在并不困难的处境下，却向宋廷试探招安，其实应是慑于岳家军抢先粉碎伪齐与杨么南北攻宋计划之军威。但是，周伦的申状也无疑是一种缓兵之计，事实上，叛军的任何一个头领也未接受黄榜的招安。

岳飞在离开"行在"临安府时，便向宋廷申请到了"金字牌、旗、榜十副，充招安使用"。③ 宋高宗还应岳飞的请求下诏，规定杨么、黄诚等"如率众出首"，可以授予荆湖南、北路的知州差遣，这当然也是很高昂的招安价格。④ 岳飞本人未至潭州，就派人持檄前往杨么水寨，进行招降。在此之前，宋朝在荆湖路的官员，甚至像李纲那样的大臣，先后派使者去杨么军水寨说降，都被叛军杀死。故岳飞的使者叩头伏地，说："节使遣某，犹以肉喂饥虎也。宁受节使剑，不忍受逆贼辱。"岳飞立即令他站起来，大声叱咤说："吾遣汝，汝决不死。"使者只得将信将疑，惴惴不安地前往。事实证明，岳飞决非是盲目的自信，因为他已是一个威震荆襄的统帅。杨么军的头领们虽未下定投降的决心，也决不敢怠慢来使。

岳飞和张浚虽然采取了新的策略，但并不意味着岳飞初临湖湘，已有

---

① 《要录》卷89绍兴五年五月戊戌，《浪语集》卷33《先大夫行状》，《水心文集》卷22《故知广州敷文阁待制薛公墓志铭》，《宋史》卷380《薛弼传》。
② 《金佗续编》卷26《杨么事迹》，《要录》卷85绍兴五年二月戊子。
③ 《要录》卷85绍兴五年二月丙申。
④ 《要录》卷85绍兴五年二月戊子。

了成熟的军事计划。岳飞明知水战非本军之长，而最初仍打算建造大舰，以对付杨幺水军。负责后勤供应的荆湖南路转运判官薛弼字直老，两浙路温州永嘉县（今浙江温州市）人，他比岳飞大十五岁，是个非常聪明能干的官员。薛弼乘筵会之机，对岳飞说："适观儿戏摸鱼，而得一理。"他立即命令小吏端来一盆水，水中放一尾鱼。在盆水满盈之时，鱼纵鳍恣意畅游，无法捕捉；然后将水舀去，鱼便无法游动，任人捕捉。薛弼虽不发一语，岳飞看了这番表演，发出了会意的微笑。①

岳飞为此更加紧招安工作。他要求张浚都督府对早先投降，而"未沾寸禄"的叛军头领田明，充任添差衡州兵马钤辖。添差官不管事务，却可领取一份俸禄，"庶几改过之人得以安恤"。② 时任潭州兵马钤辖的杨华，也奉岳飞之命，"入贼招安"，设法串通旧部，谋杀杨幺。③

叛军中最识时务者是黄佐，他知道岳飞决非王璂可比，对其部属说："吾闻岳节使号令如山，不可玩也。若与之敌，我曹万无生全理，不若速往就降。岳节使，诚人也，必善遇我。"

他率部众到潭州投降。岳飞当即保奏他为正七品的武义大夫、阁门宣赞舍人，并给予丰厚的赏赐。岳飞还单骑到黄佐所部的营地巡视一番，进行"抚问"，以示对他们坚信不疑。明日，岳飞又招黄佐赴宴，在酒酣耳热之际，岳飞以手抚黄佐之背，说："子真丈夫，知逆顺祸福者无如子。子姿力雄鸷，不在时辈下，果能为朝廷立功名，一封侯岂足道哉！吾欲遣子复至湖中，视有便利可乘者，擒之；可以言语劝者，招之。子能卒任吾事否？"黄佐"感激至泣"，再次拜谢岳飞，并接受军令。

四月十四日，黄佐率部伍攻破周伦的营寨，杀死不少叛军，俘降统制陈贵等九名头目，夺取粮食、船只等，将整个水寨焚毁无遗。周伦仍不投降，率残部逃到别的水寨存身。岳飞立即将黄佐升一官，为武经大夫，"依便宜指挥"，为他"书填""空名"官告。④

在严密封锁的情势下，官军利用私下交易物品的机会，诱捕了数百名叛军。岳飞将他们集中到教场，问幕僚们当如何处置。众人说："彼残害官军多矣，宜尽戮之。"唯独主管机密黄纵不发一言，岳飞向他发问，黄纵说："诱而执之，不武，此正是兵机。"

岳飞表示赞同，即对众俘虏说："汝为盗，残害一方久矣，今当死，不足以偿。"于是众俘虏皆请死，岳飞说："主上圣明，以汝曹本皆良民，

---

① 《浪语集》卷33《先大夫行状》。《水心文集》卷22《故知广州敷文阁待制薛公墓志铭》和《宋史》卷380《薛弼传》载他直接谏劝，情节稍异。
② 《金佗稡编》卷18《乞田明添差申都督府状》。
③ 《要录》卷89绍兴五年五月戊戌。
④ 《金佗稡编》卷18《增补黄佐官申都督府状》。

不幸罹乱，驱胁至此。今命我来，正欲救汝辈耳。"又问："汝在贼寨中有何可乐？"众人都说在水寨中如何"荒索愁苦"。岳飞厚加赏赐，令他们去市中购买所需物品，并且私下规定市上必须压低价格，其亏损的钱额由官府赔偿。众俘虏回杨么军水寨后，自然起了瓦解军心的作用。①

原先荆湖南路安抚司等军不服王瓘的指挥，令不能行，禁不能止。任士安随李纲由福建路调遣荆湖路，是安抚司诸统制的中坚人物。岳飞鞭打任士安一百，以儆其馀，勒令他充当饵兵，前往交战，如三日之内不获胜，便当斩首。五月五日，钟子义和黄诚集中各寨二万多名步军，进攻永安寨。任士安和统领陈照迎战，他们扬言："岳太尉②兵二十万至矣！"

叛军看到任士安兵少，并不畏怯，任士安为严令所驱逼，也只能率军鼓勇直前，双方进行激战。待两军都打得人困马乏之际，岳飞预先布置的伏兵四起，叛军大败。任士安等军追击，过苟陂山。他与牛皋军乘胜移屯龙阳旧县治以南，逼近了杨么大寨。③

此战又俘虏叛军数百人，众幕僚说："前日释之，已有愿归之心，今亦宜释之。"黄纵又表示异议，说："前日不杀，为其诱也。今敢出战，必有凶渠在其中。"岳飞遂亲自检阅，选择相貌凶恶者数人，予以处死，又将其他数百人放回水寨。④

近两个月内，岳飞很少用兵，又不断释俘，引起荆湖南路安抚使、兼潭州知州席益的怀疑。他对都督张浚说："岳侯得无他意，故玩此寇。益欲预以奏闻，如何？"

张浚笑着说："岳侯，忠孝人也，足下何独不知？用兵有深机，胡可易测！"

张浚身为大臣，其实也不懂用兵的深机。一天，宋廷的诏旨递发到潭州，命令张浚回"行在"临安府，商议防秋。张浚眼看杨么叛军仍依险据守，一时似无可乘之隙，就召见岳飞说："浚将还矣，节使经营湖寇，已有定画否？"

岳飞当即取出袖中所藏的小地图，递给张浚说："有定画矣。"

张浚仔细观看地图，仍不明所以，他对岳飞说："浚视此寇，阻险穷绝，殆未有可投之隙。朝廷方召浚归，议防秋。盍且罢兵，规画上流，俟来岁徐议之。"

---

① 《金佗续编》卷27黄元振编岳飞事迹。
② 正二品的太尉为南宋武官最高虚衔，时岳飞尚未授官太尉。宋代太尉一词又往往作为对武将尊称。
③ 《金佗稡编》卷16《湖寇捷奏》，《金佗续编》卷28《吴拯编鄂王事》，《会编》卷168，卷207《岳侯传》，卷208《林泉野记》，《要录》卷90绍兴五年六月甲辰。
④ 《金佗续编》卷27黄元振编岳飞事迹。

岳飞连忙拦阻，说："何待来年，都督第能为飞少留，不八日，可破贼。都督还朝，在旬日后耳。"

张浚根本不信，严肃地说："君何言之易耶？王四厢①两年尚不能成功，乃欲以八日破贼，君何言之易耶！"

岳飞说："王四厢以王师攻水寇，则难；飞以水寇攻水寇，则易。"

张浚问："何谓以水寇攻水寇？"

岳飞说："湖寇之巢，艰险莫测，舟师水战，我短彼长，入其巢而无乡导，以所短而犯所长，此成功所以难也。若因敌人之将，用敌人之兵，夺其手足之助，离其腹心之援，使桀黠孤立，而后以王师乘之，覆亡犹反手耳。飞请除来往〔之〕程，以八日之内，俘诸囚于都督之庭。"②

岳飞说得如此详明和透彻，张浚却依然将信将疑，疑大于信，他上奏宋高宗说：

"水寨阙食，徒众颇离，据飞称：'旬日之间，可见次第。'臣欲更依圣训起发，虑贼势转炽，将士怀疑。欲俟六月上旬，见得水贼未下，即诏（招）飞来潭州讫，兼程赴行在。"③

岳飞自到荆湖后，一直驻节潭州，至此有了"定画"以后，方于五月二十五日、二十六日到达前沿鼎州，"置寨列舰"，指挥最后剿灭杨么军的战斗。④

杨钦是叛军中最骁悍的头领，岳飞早已派黄佐做了许多招诱工作，杨钦依然犹豫观望，难以做出决断。六月二日，岳飞派黄纵前往汛州村杨钦水寨，说："至前途，更自看事势如何，以为进退。"黄纵说："彼正危疑，正当速往以定之。"

他只带两名"弊卒"前往。杨钦见到黄纵，仍然借故推托，说自己尚无法立即出降。黄纵要求在其水寨中"巡历"。他看到茅屋竹舍，鳞次栉比，特别易于火攻，便对杨钦说，岳飞等候在鼎州城上，立圭臬，备漏壶，计时以待，若过时不降，踏白军统制董先早已部署了强弩火箭，要将全寨焚烧一空，他最后说："公今迟回未往，某固一死，公军亦无噍

---

① "四厢"为捧日、天武四厢都指挥使或龙、神卫四厢都指挥使的简称，当时属虚衔。

② 关于岳飞提出八日内破杨么军，《金佗续编》卷28《吴拯编鄂王事》，《会编》卷168，卷207《岳侯传》，卷208《林泉野记》，《要录》卷90绍兴五年六月甲辰都有记述，但不如《金佗稡编》卷6《鄂王行实编年》详尽。

③ 《要录》卷90绍兴五年六月甲辰，丁巳。

④ 《要录》卷90绍兴五年六月甲辰注引张浚奏："飞约程，今月二十五日可到鼎州。"《要录》卷89载岳飞五月二十五日戊戌"至鼎州之城外"，《宋史》卷28《高宗纪》载五月二十六日己亥，"岳飞军次鼎州"。

类矣。"

杨钦至此已别无选择，遂率全寨老小一万多人出降，其中有战士三千多人。此外，还有大小舟船四百馀艘，牛五百多头，马四十多匹。

岳飞闻讯，亲自到鼎州城东邻善湾视察受降的群众和船队，再往以报恩光孝寺地基所建的营寨，接受杨钦"降拜"。他立即申报都督张浚，按黄佐的前例，授予杨钦武义大夫的武阶官，并且将空名的官告填写后，立即给付杨钦。岳飞还将宋高宗赐予的金束带和战袍也转赠杨钦，并派副手王贵设筵招待。一系列隆重而优厚的礼遇，使杨钦只恨投降太迟，决定为岳飞尽心竭力。① 他又为岳飞劝降了全琮、刘诜等部。

在一批头领投降后，杨幺叛军的实力大为削弱，但杨幺本人仍企图凭借地利，负隅顽抗。杨钦又向岳飞献计，说大车船非一丈深的湖水不可通行，应开闸放水，并可用千万束青草撒在湖面，以阻遏车船的行驶。② 岳飞立即采纳，下令用巨筏堵塞鼎州附近湖面的各个港汊，选择水浅之处，派官军用小船挑战，以秽言詈骂，引诱敌军出战。

杨幺、钟子义等引水军出战，车船护板中的翼轮果然被腐枝烂草缠住，使这些主力战舰进退两难，无从发挥威力。岳飞指挥牛皋、傅选等将乘机急攻。杨幺叛军情势危急，企图突围，在各个港口又遇官军巨筏的拦截。官军在巨筏上张挂牛皮，遮挡矢石，用巨木撞坏敌方一些战船。叛军统制陈瑫等不敢再战，以钟子义的座船充当礼品，投降官军。杨幺眼看插着"精忠岳飞"大纛的一批战船进逼自己座船，就先将钟子义投入水中，自己也紧接着跳水逃命。官军中的水手孟安将杨幺从水中挟起，牛皋又用抓子将他拖上官军战船。气息奄奄的杨幺被押解到岳飞面前，还叫了几声"老爷"（指钟相），当即被枭首。③

钟子义泅水回到寨栅，守栅的黄诚、周伦等人将他逮捕，押解到潭州的张浚都督行府投降。刘衡、杨收、杨寿、石颗、黄进等叛军水寨，也相继被各个击破，或接受招安，只有白德等个别头领被杀。④

最后，只剩下了夏诚一寨。夏诚绰号叫"夏猫儿"，是叛军所设三衙的

---

① 《金佗稡编》卷11《招杨钦奏》，卷18《招安杨钦等申都督行府状》，《金佗续编》卷26《杨幺事迹》，卷27黄元振编岳飞事迹，《会编》卷168，《要录》卷90绍兴五年六月甲辰。

② 《金佗续编》卷28《孙逌编鄂王事》。

③ 关于杨幺个人结局，众说各异，参见《鄂国金佗稡编、续编校注》第325至328页。本书叙事从《金佗稡编》卷6《鄂王行实编年》，《金佗续编》卷26《杨幺事迹》，卷27黄元振编岳飞事迹，《宋会要》兵10之37。

④ 《金佗稡编》卷19《平湖寇申省状》，《金佗续编》卷28《孙逌编鄂王事》，《宋会要》兵10之37，《中兴小纪》卷18，《皇朝中兴纪事本末》卷33。

步军司统帅。① 他的水寨地据沚江，背靠峻岭，三面环水，又设置重城、深壕和陷坑，难攻易守。岳飞仍然采取行之有效的战术，从沚江上游投放很多草木，顺流而下，盈积水中。他又令挑选二千名口齿伶俐的兵士，站在浅水里毒骂。叛军中计，向官军大量投掷瓦石。官军利用草木和瓦石，铺成一条进攻之路，终于摧毁了叛军最后一个水寨。夏诚也不得不向官军投降。②

从岳飞至鼎州后，到击破夏诚水寨，约十四五日，而黄诚、周伦等到潭州出降则更晚，历时十八九天。③ 虽然超过了岳飞早先保证的八日之限，但张浚仍不能不表示钦佩，说："岳侯殆神算也！"

由于岳飞坚持以攻心为上，攻兵为下，故战斗并不很激烈，杀人不多，而持续六年的一方割据政权终于土崩瓦解了。

岳雲在这次战役中，功居第一，而岳飞一如既往，不予上报。后张浚得知实情，也颇受感动，说："岳侯避宠荣一至此，廉则廉矣，然未得为公也。"他特别向宋高宗上奏说：

"湖湘之役，岳雲实为奇功，以雲乃飞子，不曾保明，乞与特推异数。"

但岳飞因在绍兴五年二月，宋高宗已特授岳雲为阁门宣赞舍人，岳雷为阁门祗候，当时他上奏力辞而不准，故此次更是向都督行府竭力辞免。④

第六节　对失败者的处置

杨幺军被瓦解后，对如何处置包括家眷在内的约二十多万失败者，⑤引起一场争论。牛皋向岳飞提议说："许大杨幺，占据重湖作过，致烦朝

---

① 《金佗续编》卷28《孙迪编鄂王事》。
② 《金佗续编》卷28《吴拯编鄂王事》，《会编》卷168，卷208《林泉野记》，《要录》卷63绍兴三年二月庚寅，卷90绍兴五年六月癸丑。关于夏诚结局，众说各异，据《要录》卷91绍兴五年七月丙戌，"进士萧清臣以抚谕刘衡、夏诚有劳"，又《金佗稡编》卷19《平湖寇申省状》，《宋会要》兵10之37载，岳飞"招捉"和"招接到"夏诚，似以投降之说较可信。
③ 《要录》卷90，《宋史》卷28《高宗纪》载，破夏诚寨为六月十一日癸丑，黄诚等到潭州出降为十五日丁巳，又当年五月共二十九日，今依此推算。
④ 《金佗稡编》卷9《遗事》，卷13《辞男雲雷除阁职札子》，卷18《辞男雲奇功赏申都督行府状》，《要录》卷85绍兴五年二月乙酉。
⑤ 《要录》卷90绍兴五年六月丁巳，《朱文公文集》卷95张浚行状，《宋会要》兵10之37。

廷之忧。虽一王四厢大军数万人，犹自败折了空回。今节使太尉提大兵来，讨荡巢穴，贼众畏伏虎威，尽已出降，独遮杨么抗拒，已行擒戮。若不将其手下徒党少加剿杀，何以示我军威？欲乞略行洗荡，使后人知所怕惧。"

岳飞的看法却迥然不同，他回答说："杨么之徒，本是村民，先被钟相以妖怪诳惑，次又缘程吏部怀鼎江劫房之辱，不复存恤，须要杀尽，以雪前耻，致养得贼势张大。其实只是苟全性命，聚众逃生。今既诸寨出降，又渠魁杨么已被显诛，其馀徒党并是国家赤子，杀之岂不伤恩，有何利益？况不战屈人之兵，而全军为上，自是兵家所贵；若屠戮斩馘，不是好事。但得大事已了，仰副朝廷好生之意，上宽圣君贤相之忧，则自家门不负重责，于职事亦自无惭也。"他接着又连喊了几声"不得杀"，牛皋便敬服其言而告退。①

战争必须杀人，但岳飞决不以多杀为快，这正符合佳兵不祥的古训。无论对虔州叛军，还是对杨么叛军，岳飞都是本着此种宗旨进行处置的，说明他用兵仍以仁义为本，是位贤明的将帅。岳飞的措置也得到宋高宗本人的肯定，他给岳飞手诏说：

"非卿威名冠世，忠略济时，先声所临，人自信服，则何以平积年啸聚之党，于旬朝指顾之间。不烦诛夷，坐获嘉靖，使朕恩威兼畅，厥功茂焉！"

这份手诏是参知政事沈与求为皇帝草拟的。② 在南宋初年，战祸连绵，人口大量减耗，尽可能多地保存劳动力，以便为国家提供兵源和赋役，这也是宋高宗君臣赞成"不烦诛夷"的一个原因。

岳飞对二十多万失败者分别作了处置：二万七千多户老弱"出给公据"，"各量支米粮归业"；③ 几万名壮丁则编入军队，④ 其中如周伦等部，另编横江水军，并不隶属岳飞；⑤ 另有部分"无所归著"者，被遣送遥远的镇江府，"遂以逃荒之田，令其力农"。⑥ 既有强壮者当兵，就不怕老弱者造反；保留老弱者耕田，又可供强壮者口粮。这也是宋朝的传统政策。

岳飞将善后事宜大致处理完毕，便须撤离湖湘，回鄂州等地防秋。临行之前，焚毁了三十馀所叛军的寨栅。幕僚黄纵引用诸葛亮七擒孟获的故

---

① 《金佗续编》卷26《杨么事迹》。
② 《金佗稡编》卷1高宗手诏，《会编》卷168，《龟溪集》卷5《赐岳飞诏》。
③ 《金佗稡编》卷19《平湖寇申省状》，《要录》卷91绍兴五年七月丙子。
④ 《金佗续编》卷27黄元振编岳飞事迹。
⑤ 《要录》卷92绍兴五年八月癸亥。
⑥ 《嘉定镇江志》卷4《军田》。

事，对岳飞说："今日不血刃而平大寇，散匿于湖山者亦多矣。贼见德而未见威，甚惧其复反也，宜耀兵振旅而归。"

岳飞认为此说有理，便在鼎州一带大举阅兵。岳家军"军律严整，旗帜精明，观者无不咨嗟叹息"。岳飞积德行善，也得到鼎州一带"人心之所感仰"，即使好几十年后，当地人听到岳飞的官称，"必有手加额"，表达其敬意。①

自岳飞兵临湖湘，为时仅两个半月，便顺利地解决了宋朝积年的心腹之患，赢得了朝野的一片欢呼，"以谓上流既定，则川、陕、荆、襄形势接连，事力增倍"，从此可以专力抗金，以成"中兴之功"。②

宋廷为了安定荆湖一带的社会秩序，恢复生产，也作出了一些减免、倚阁赋税的规定。洞庭湖沿湖的人户，凡绍兴三年以前的欠税，可以倚阁三年。"潭、岳、鼎、澧、荆南归业之民，其田已为他人请佃者，以邻近闲田与之，仍免三年租税。即原无产业，愿受闲田者，亦予之"。③

尽管如此，在绍兴五年的一年之内，荆湖路一带经历大兵、大火、大旱、大饥、大雪之馀，赋役烦苛，贪官污吏横行等弊病依然存在。因"岳飞一军入境，支费浩瀚"，荆湖南路"遂至均科田亩钱"，"每亩先令纳子田亩钱二百文"，"竭一路民力，不足充三月之用"。战乱之后，"多有百姓遗弃田产"，"各思复业，而形势户侵夺地界，不许耕凿"。宋朝的形势户为法定的户名，包括官户和富裕的吏户，他们乘机兼并田地。故当地的社会矛盾仍相当尖锐，"民间困急，坐待沟壑"，"十室九空"，"村落穷民有私制绯衣巾，以俟盗起者"。"盗贼迫于饥穷，十数为群，持杖剽夺行旅、舟船，道路几于阻绝"。④

但是，在岳家军平定杨么叛军后，荆湖路一带再未出现类似规模的叛乱。经过一段时期，生产又有所恢复，社会矛盾也有所缓和，岳家军在此后的抗金战争中，终于有了一个安定的后方。

---

① 《金佗续编》卷26《杨么事迹》，卷27黄元振编岳飞事迹。
② 《朱文公文集》卷95张浚行状。
③ 《要录》卷90绍兴五年六月丁卯，卷91绍兴五年七月丙戌，卷92绍兴五年八月丙寅。
④ 《要录》卷98绍兴六年二月庚戌，《宋会要》刑法3之48，《斐然集》卷15《缴户部乞拘收湖南应副岳飞钱粮》，卷18《寄张相》（其七），《伪齐录》卷上。

玖

长驱伊洛

李公麟《五马图》局部

第一节 岳家军兵力和编制的扩充

瓦解杨幺军的重要成果之一，便是岳家军兵力的大扩充。杨幺叛军除老弱和家眷外，"丁壮"有五、六万人，① 大都编入岳家军。② 其中有被岳飞委任的水军统制王缺子，曾企图重新造反，其母却派僮仆报告了参谋官薛弼。薛弼采取果断措施，设计命诸将捉获王缺子，以迅雷不及掩耳之势，平息了一场正在萌生的祸乱。③ 但就原杨幺叛军的绝大多数而言，他们一般都能服从岳飞的管教，而效命于抗金战场。

此外，拨隶岳飞的官军尚有以下几支：

第一，江南西路安抚司统制祁超、统领高道等部，约八千五百多人。此后，又增拨统领丘赟所部，近一千五百人。④

第二，荆湖南路安抚司统制任士安、郝晸、王俊、统领焦元等部，约有一万多人。任士安所部有陈照、马準和李建三员统领。后任士安因江南西路安抚制置大使李纲之要求，调任江南西路；但他的部伍仍然留在岳飞麾下，并未一并调离。⑤ 郝晸任中军副统制，充当王贵的副手；王俊任前军副统制，充当张宪的副手。⑥

第三，都督府左军统制杜湛率领的几千蔡州兵。杜湛本人改任岳飞统辖的黄州武将知州。⑦

---

① 《要录》卷90绍兴五年六月丁巳，《朱文公文集》卷95张浚行状作"丁壮至五、九万"，"九"字系误。
② 《金佗续编》卷27黄元振编岳飞事迹。
③ 《浪语集》卷33《先大夫行状》。按《金佗续编》卷28《孙逌编鄂王事》载杨幺军有统制黄缺子，应即是此人。
④ 《梁溪全集》卷82《论江西军马札子》，卷85《乞差兵将讨捕虔吉盗贼及存留李山弹压奏状》，《乞将丘赟下存留洪州军兵充亲兵奏状》，卷87《措置招军画一奏状》，《斐然集》卷17《寄张德远》。
⑤ 据《要录》卷102绍兴六年六月戊午，《斐然集》卷15《缴户部乞拘收湖南应副岳飞钱粮》，卷17《寄张德远》、《寄赵相》，《梁溪全集》卷65《乞拨还陈照等人兵奏状》，卷91《乞拨韩京等军马奏状》，卷104《与李尚书措置画一札子》，荆湖南路安抚司军共二万馀人，因吴锡、步谅等军并未并入岳家军，并入者为一万馀人。
⑥ 《金佗稡编》卷8《鄂王行实编年》，卷16《复西京奏》，《要录》卷141绍兴十一年九月癸卯。
⑦ 《要录》卷109绍兴七年二月丁巳。

— 150 —

岳家军由三万多人陡增至十万人以上，在往后的岁月里，也大体维持此数。① 与当时各支大军相比，岳家军不但兵力最多，而且素质最好，成为名副其实的抗金主力军。

绍兴五年岁末，宋廷下令更改五支屯驻大兵的军号，命名为行营护军。张俊军称行营中护军，韩世忠军称行营前护军，岳飞军称行营后护军，刘光世军称行营左护军，吴玠军称行营右护军。② 岳家军前后更改了神武右副军、神武副军、神武后军和行营后护军四个军号。当时人们习惯"以姓为军号"，如有张家军、韩家军、岳家军之称。③ 然而随着时光之流逝，不论是岳家军的四个正式军号，还是张家军等习惯称呼，都被人们所遗忘，唯有岳家军永葆盛誉，这当然决非偶然，正是历史的公正选择和淘汰。

各支大军都有军、将、部、队等编制单位。军一级的统兵官有统制、同统制、副统制等名目。此外，统领、同统领、副统领等，他们或者当统制的助手，或者在统制之下分统军马。将一级的统兵官有正将、副将、准备将等名目，总称"将官"。将官之下，有训练官、部将、队将、队官等。北宋禁兵的各级军官称"军职"，到南宋初，因军队编制的改变，统领、统制、都统制等又成了新的"军职"。④ "军职"为宋朝官员实职"差遣"之一种。

由于岳家军的兵力增加两倍，朝廷命令岳飞将原先十将的编制扩充至三十将的编制，⑤ 平均每将兵力达三千三百人以上。此后将一级的编制继续增加，而每将兵力则相应减少。到绍兴九年（公元1139年），增至八十四将，平均每将兵力减至近一千二百人。

---

① 《金佗稡编》卷9《遗事》，《金佗续编》卷14《湖北转运司立庙牒》，卷28《孙迪编鄂王事》引邵缉《满庭芳》词，《会编》卷206，《独醒杂志》卷7，《鸿庆居士集》卷36万俟卨墓志铭，又《金佗稡编》卷23《山阳辨》和《中兴小纪》卷29，《皇朝中兴纪事本末》卷57所载与万俟卨墓志铭同。此外，《金佗续编》卷8《督府令收掌刘少保下官兵札》载刘光世军为五万二千余人，《鸡肋编》卷下说岳家军所费钱粮比刘光世军"加倍"，亦可资旁证。《周益国文忠公集·书稿》卷11《荆鄂郡都统（杲）》，卷12《鄂州阃都统（世雄）》说岳飞兵不满六万，《古今纪要逸编》说岳飞军三十万，系误。

② 《会编》卷168记载五大军军号有误，应以《要录》卷96绍兴五年十二月庚子为准。又《要录》说五支行营护军中，岳飞兵力最少，亦误。

③ 《会编》卷202，《要录》卷137绍兴十年七月乙卯，《止斋先生文集》卷19《赴桂阳军拟奏事札子第三》，《云麓漫钞》卷7，《鹤林玉露》乙编卷2《旌忠庄》。

④ 《宋史》卷161《职官志》，《金佗续编》卷24《襄阳石刻事迹·爵秩》。

⑤ 《金佗续编》卷6《照会添置将分省札》。

岳家军军一级的编制至少扩充至十二军，计有：一、背嵬军；二、前军；① 三、右军；② 四、中军；③ 五、左军；④ 六、后军；⑤ 七、游奕军；⑥ 八、踏白军；⑦ 九、选锋军；⑧ 十、胜捷军；⑨ 十一、破敌军；⑩ 十二、水军。

"背嵬之名，始于西番"，岳飞仿效韩世忠的做法，将亲军的军号以背嵬命名。背嵬军之战士经过优先选拔，"犒赏异常，勇健无比"，"背嵬军马战无俦"，⑪ 是无坚不摧的精锐。游奕是巡绰之意，⑫ 踏白是武装侦察之意，选锋是指选拔锋锐之士，但用作军名，其实已失去原意，只是成为吉利和悦耳的军号而已。岳家军原先"并无舟船"和水军。⑬ 平杨么后，军中顿时增添大批惯于弄潮的健儿，又缴获一千多艘战船，包括几十艘作为主力舰的大车船。"鄂渚水军之盛，遂为沿江之冠"。与鄂州隔江相望的汉阳军城，"自绍兴之初残破之后，并无居民"，岳飞遂令于汉阳军城的荒地建造水军营寨，所占之地为军城的三分之一。⑭

据绍兴九年统计，岳家军的十二军由二十二名统制、五名统领和二百五十二名将官分别率领，⑮ 在二百五十二名将官中，应有正将、副将和准

---

① 《金佗稡编》卷16《陈州颍昌捷奏》。
② 《会编》卷137。
③ 《金佗稡编》卷16《郑州捷奏》。
④ 《宋史》卷368《牛皋传》。
⑤ 《会编》卷151，《要录》卷53绍兴二年闰四月丙申。
⑥ 《金佗稡编》卷16《陈州颍昌捷奏》。
⑦ 《金佗稡编》卷16《陈州颍昌捷奏》。
⑧ 《宋史》卷465《李道传》。
⑨ 《要录》卷136绍兴十年闰六月丙申。
⑩ 《要录》卷160绍兴十九年七月甲辰载，在岳飞身后，鄂州大军进行缩编，仍保留此军名。
⑪ 《金佗稡编》卷22《淮西辨》，《金佗续编》卷21《鄂王传》，卷30王自中《鄂州忠烈行祠记》，《蒙斋集》卷20《岳忠武祠》（其三）。按北宋《梦溪笔谈》卷5载有"银装背嵬打回回"之诗句。南宋《演繁露》卷9《背嵬》和《云麓漫钞》卷7对"背嵬"作了不同解释。"背嵬"一词应如《鄂王传》所说，"始于西番"。参见《宋史研究论文集》（1987年年会刊刊）汤开建先生《有关"铁鹞子"诸问题的考释》，《宋史研究论丛》第9辑杨倩描先生《从俄藏黑水城文献看宋代的"背嵬"》。
⑫ 《南史》卷67《樊毅传》，《云麓漫钞》卷6。
⑬ 《历代名臣奏议》卷222赵鼎奏，《宋会要》食货50之14—15，《金佗稡编》卷11《措置杨么水寇事宜奏》反映直至绍兴三年、四年间，岳飞并无水军。
⑭ 《勉斋先生黄文肃公文集》卷7《与綦总郎书（奎）》。
⑮ 《要录》卷126绍兴九年二月己巳。

备将各八十四名。王贵任中军统制、提举一行事务，① 张宪任前军统制、同提举一行事务。② 提举一行事务之全称应为"提举诸军一行事务"，③ 一般删略"诸军"两字。他们兼有这两个级别略有高低的差遣，成为岳飞的左、右手，可以代替岳飞主持全军事务，指挥其他统制作战。宋廷曾规定岳飞的行营后护军可设置都统制和副都统制，④ 但因某种原因，王贵和张宪仍无都统制和副都统制的头衔。徐庆同样是岳飞最器重的统制之一。牛皋和董先两人虽有过投降伪齐的污点，也都以骁勇著称。牛皋嗜酒，董先贪财，使他们在治军统兵方面，不免有所逊色。⑤ 总的说来，这五人无疑是岳家军诸统制中的中坚人物。

岳飞自湖湘回军鄂州后，宋廷命他兼任淮南西路蕲州和黄州制置使，并在两镇节度使以外，另加检校少保的虚衔，以为平杨么的赏功。⑥ 绍兴五年十二月，由于岳飞"已除检校少保，理宜增重使名"，宋廷又改命他为荆湖北路、襄阳府路招讨使。招讨使也是大战区的长官，南宋初年，将招讨使"定位在宣抚使之下，制置使之上，著为定制"。岳飞的差遣升高，但辖区却少了荆湖南路。⑦ 因荆湖南路已无战事，宋廷便将对此路的军务的处置收归中央，不再令岳飞负责。但当时的抗战派宰相张浚还是真心实意地期望岳飞北上"招讨"。

宋朝武将被视为"粗人"，⑧ "少能深识义理"，⑨ 而岳飞却在军务之暇，"峨冠褒衣"，装扮成一个动合礼法的儒生。⑩ 他不是儒将，却是个重儒之将，在诸大将中"独以垂意文艺称"，⑪ "礼士恤民"，⑫ 极喜延揽文士，"食客所至常满，商论古今"。⑬ 有个北宋时的太学生侯邦，在统制郝

---

① 《金佗稡编》卷16《复西京奏》。
② 《金佗稡编》卷16《复颍昌府奏》，《金佗续编》卷7《目疾令不妨本职治事省札》。
③ 《金佗续编》卷14《张宪复官指挥》。
④ 《要录》卷111绍兴七年五月己丑。
⑤ 《要录》卷132绍兴九年九月己亥，《中兴小纪》卷27。
⑥ 《金佗续编》卷2《检校少保加食邑制》，《会编》卷168，《要录》卷93绍兴五年九月壬午。
⑦ 《金佗续编》卷6《除湖北襄阳招讨使省札》，《宋会要》职官42之64，《宋史》卷167《职官志》。按《金佗稡编》卷6《鄂王行实编年》，《要录》卷96绍兴五年十二月己亥朔，《宋史》卷28《高宗纪》载岳飞辖区仍保留荆湖南路，系误。
⑧ 《要录》卷110绍兴七年四月壬子。
⑨ 《要录》卷28建炎三年九月丙午朔。
⑩ 《金佗稡编》卷9《遗事》，《金佗续编》卷14《忠愍谥议》。
⑪ 《宝真斋法书赞》卷15《黄鲁直先王赐帖》。
⑫ 《会编》卷208《林泉野记》。
⑬ 《金佗稡编》卷9《遗事》，《金佗续编》卷30王自中《鄂州忠烈行祠记》。

晸手下当门客。平杨么叛军时，经幕僚黄纵举荐，岳飞打算引用侯邦。当时郝晸尚未并入岳家军，他怀疑侯邦说了自己军中的阴私，企图杀死侯邦。岳飞得知后大怒，说："郝晸何人，敢杀士人！"他严令郝晸立即将侯邦送来，如敢动他一根毫毛，便以军法论处。郝晸万般无奈，只得老实执行岳飞的命令。①

在宋朝崇文抑武的积习影响之下，士大夫往往不屑于当武将的幕僚。凡担任幕职者，不论是干才，或者是庸夫，经常被人嗤之以鼻，号称"从军"，于是"士大夫多耻从军"，"好士人岂肯从军"之说流行一时。② 但是，也有些爱国心颇强的士人，却以中兴大业为重，不顾别人的鄙薄和讥笑，毅然决然地带笔"从军"。

一方面是时势的需要，另一方面是岳飞本人的谦恭礼遇和人格魅力，遂使"一时名人皆萃于幕府"。③ 当时士人们踊跃参加岳家军，成为一种风尚。一位崇尚气节的名士王廷珪，曾为周姓解元"赴岳侯军"，写下两首绝句，抒发从军的壮心：

"将军欲〔办〕斩楼兰，子欲从之路非艰。
十万奇才并剑客，会看谈笑定天山。"
"书生投笔未封侯，拔剑聊为万里游。
燕颔果能飞食肉，要令豹尾出兜鍪。"④

当然，他的幕府中也不免鱼龙混杂，有好有坏。士人袁溉评论岳飞身为"武人而泥古，幕府无圆机之士"。⑤ 事实上，岳飞的大部分幕僚确非圆滑而看风使舵的角色，而是有骨气，有棱角，追随岳飞，坚持抗金的志士。

例如严州桐庐县人朱梦说，是个博学之士。他在宋徽宗时曾上书言事，痛陈时弊，北宋末又参加开封的抗金活动。岳飞闻其贤名，将他辟为军中的幹办公事，两人志同道合，十分融洽。有一次，朱梦说随岳飞入朝，看到朝廷"尚禽色之乐，多无用之物"，"上无良相，朝乏贤臣"，而根本不以"二圣播迁"，"中原陷没"，"万民涂炭"为意，就修书御史中丞辛炳，责备他不进行规谏。辛炳感到难以为情，他袖藏朱梦说的书信，

---

① 《金佗续编》卷27 黄元振编岳飞事迹。
② 《金佗续编》卷27 黄元振编岳飞事迹，《要录》卷89 绍兴五年五月戊子，《竹轩杂著》卷3《乞遴选诸将宾佐状》，《挥麈后录》卷11。
③ 《金佗稡编》卷9《遗事》，《金佗续编》卷14《忠愍谥议》。
④ 《卢溪文集》卷21《送周解元赴岳侯军二绝句》。
⑤ 《浪语集》卷32《袁先生传》。

上殿奏陈宋高宗。宋高宗看后，十分不悦，迫令岳飞辞退了朱梦说。①

岳飞担任招讨使，统率着一支大军，更需要一个精干的幕僚机构，帮他出谋划策，处理招讨使司的许多事务，草拟公文和奏札。按照朝廷的规定，岳飞招讨司的幕僚编制如下：一、参谋官一员；二、参议官一员；三、主管机宜文字一员；四、书写机宜文字一员；五、幹办公事六员；六、准备差使八员；七、点检医药饭食二员。② 当时文武大臣主持的都督府、宣抚使司、制置使司等机构，其幕僚的名目和等级也大体相似，人员的数额则或多或少。

在平杨么期间，岳飞很欣赏薛弼的才干。宋廷将薛弼升一官，岳飞嫌"赏薄"，并为此上奏保举，薛弼因而又升一官。③ 此后，岳飞又特别辟奏薛弼任自己的参谋官，作为军中地位最高的幕僚。担任参议官的叫李若虚，河北西路洺州曲周县（今河北曲周县）人。他是北宋末年以死难闻名的李若水的胞兄。李若虚继承其弟未竟之志，脚踏实地，尽智竭力协助岳飞，至死不渝。胡闳休字良敬，开封人，任岳飞招讨司的主管机宜文字。他的官衔先后为武阶承信郎、保义郎和成忠郎，后又兼任岳家军的正将。胡闳休曾著兵书二卷，是个文武全才的人。岳雲尽管是少年虎将，按照宋朝的制度，"充本司书写机宜文字"。④

岳飞所辖的招讨司以及后来的宣抚司幕僚，并非是清一色的文官，而是文武相参。唐时官场尚强调门第，而宋时官场强调出身，文官以科举出身为荣。但岳飞的幕僚，或"擢参兵谋，非由科第"，甚至"多由小吏识拔"，却"有功边境"。⑤

岳飞在鄂州专心致志地从事军队的整编和操练工作，并按宋廷命令，在襄阳府、唐州、邓州、随州、郢州、信阳军、復州（治景陵，今湖北天门市）、汉阳军等地部署"民社"，安排"山城水寨"的防御。但他心中一直惦记沈与求为宋高宗起草手诏中的话：

"腹心之患既除，进取之图可议。"⑥

---

① 《会编》卷159，《要录》卷78绍兴四年七月戊辰。朱梦说于绍兴四年"春夏之间"至泰州任军事判官，则他随岳飞入朝应在绍兴三年九月。
② 《金佗续编》卷6《从申踏逐辟差官属省札》。
③ 《要录》卷91绍兴五年七月丙戌，《斐然集》卷13《薛弼刘延年转官》。
④ 《金佗稡编》卷14《辞男雲转三官札子》，《宋会要》刑法1之20。
⑤ 《金佗稡编》卷9《遗事》，《至顺镇江志》卷17引《武昌志》。
⑥ 《金佗稡编》卷1高宗手诏，《会编》卷168，《龟溪集》卷5《赐岳飞诏》。

第九章　长驱伊洛

第二节 连结太行义士

几年之前,岳飞已制订了"连结河朔之谋"。当他的谋略有可能付诸实施时,正逢金军残暴剿杀之后,北方人民的反抗斗争处于低潮。但是,光复故土、重新统一的渴望,却仍将南北人民的心连结在一起。

北宋末年,金军攻破太原府后,梁兴、赵云、李进等人组织太原府和绛州(治正平,今山西新绛县)的"忠义人兵",抗击金军。他们先后曾克复河北路的怀州和河东路的泽州、隆德府、平阳府(治临汾,今山西临汾市)等地。梁兴等人曾率领部伍,冲过黄河,企图投奔宋朝,因遭伪齐军的拦阻,不得不中途折回。

于是,梁举等人就在太行山建立根据地,组织"忠义保社",四出游击。他们还引军东下,攻击磁州、相州一带的金军。

八、九年间,梁兴等人所率的抗金义军,同敌军大小战斗儿百次,光杀死对方头目即有三百多人。在翟兴遇害,翟琮南撤之后,忠义保社成了北方人民抗金武装的核心和台柱,声威远播。河东、河北各路民众都亲切地称呼梁兴为"梁小哥"。

梁兴出身贫寒,父亲梁建和母亲乔氏都是淳朴、善良而勇敢的平民布衣,他们积极地训诲和勉励儿子以身许国。老夫妻更是历尽磨难和苦楚,最后被金兵残害。这益发增强了梁兴的敌忾,父母的英灵激励他在抗金斗争中百折不挠,一往无前。[1]

赵云也有类似的遭遇,金军逮捕了他的父亲赵福和母亲张氏,并以平阳府路副总管的官封,对赵云进行胁降。赵云的抗金意志坚如磐石,纹丝不动,于是赵福遇害,张氏被囚禁在绛州垣曲县(今山西垣曲县东南)。

绍兴四年十一月,赵云乘金和伪齐联军攻打两淮的机会,突破封锁,投奔岳飞。岳飞后来派他带领人马北上,渡黄河,破垣曲县,方得以救出其母张氏。从此以后,岳飞同太行山寨开始建立了联系。

大约在绍兴五年,岳飞派遣边俊、李喜等人渡过黄河,以加强连结河朔的工作。北方人民抗金武装奋勇出击,张横在河东路宪州(治静乐,今山西静乐县)打败金军一千五百人,敌人望风逃窜,很多金朝将士坠崖死亡。起义者擒获金朝宪州和岚州(治宜芳,今山西岚县北)的同知州,岢岚军(治岚谷,今山西岢岚县)的军事判官。

---

[1] 《东窗集》卷7追赠梁建和乔氏的制词。

梁兴忠义保社的队伍日益壮大,达到四千人。他们攻破平阳府神山县(今山西浮山县)后,金朝平阳帅府派总管判官邓爽带兵三千,前往镇压。金军远远望见梁兴忠义保社的战旗,就不敢进逼。到了夜里,他们与抗金义军相距十多宋里,方敢扎营,而又多置火炬,大呼小叫,彻夜巡逻,不得安眠。梁兴尚未发动进攻,金军已在三天夜里,惊溃了两次。最后,耶律马五亲临战场,将邓爽训斥一通,率领精骑与梁兴的队伍鏖战。梁兴以哀师抗骄兵,大败敌军,杀死耶律马五和万夫长耿光禄。这个建炎三年、四年间西路渡江金军的酋领,屠洪州的罪魁,被牛皋活捉过的败将,终于恶贯满盈。

女真贵族惊慌万分,连忙调遣大军,进行围剿。当年冬天,梁兴率百馀名勇锐的骑兵,突过大河,取道襄阳府,抵达鄂州。

岳飞见到闻名已久的"梁小哥",分外高兴,当即呈报宋廷。宋高宗同意"优转官资,以劝来者"。由于梁兴留在岳家军中任职,连结河朔的工作更得以大力开展。北方人民的抗金斗争便由低潮转向新的高潮。①

第三节　目疾和母丧

岳飞为绍兴六年(公元1136年)的北伐作了种种准备,不料有两件纯粹是个人的不幸,纠缠了他整整一年有馀,耽误了出师北伐的大计。

第一件是目疾。岳飞是北方人,很不适应南方湿热的气候。自收复建康府后,相继六年,都是在炎夏盛暑中用兵打仗。他的眼睛大概是受了病毒感染,连年发病。绍兴五年六月,平定杨么叛军后,病势加重,"两目赤昏,饭食不进","四肢堕废"。他感到自己"职掌兵戎,系国利害","若贪冒荣宠,昧于进退",而耽误"恢复故疆"的大计,实是问心有愧,故再三再四地上奏,恳请解除军务。

当宋高宗需要以战求和,以战求存之时,当然不肯让享有盛誉的良将退闲。回绝申请的诏书和省札也不难找到冠冕堂皇的理由,说岳飞"措置

---

① 本节叙事还参据《金佗稡编》卷8《鄂王行实编年》,卷18《梁兴夺河渡申省状》,《要录》卷82绍兴四年十一月丙寅,卷93绍兴五年秋,卷97绍兴六年正月癸酉,《宋会要》仪制10之20、33,兵2之59—60,《忠正德文集》卷8《丙辰笔录》,《紫微集》卷19梁兴、赵云、李进封官制,《中兴小纪》卷19,《皇朝中兴纪事本末》卷35。此外,《大金国志校证》卷11将张横和梁兴的胜利系于皇统二年(绍兴十二年),年代有误,但其叙事情节,本节也加以采用。邓爽,《要录》作郑爽。

第九章　长驱伊洛

上流事务，责任繁重"，"卿当厉忠愤之素心，雪国家之积耻，勉副朕志，助成大勋"，"勿复有请"。①

经过一番治疗，随着秋冬季的来临，岳飞的目疾也有所好转。张浚期望在新的一年里有所作为，从绍兴六年正月始，就离开临安府，到前线视师。② 岳飞和韩世忠、刘光世、张俊都被召到镇江府的都督行府，商议军事。二月，岳飞自镇江府途经常州、平江府到达"行在"临安府。③ 他向朝廷建议，襄阳府路应恢复京西南路的旧名，"以称朝廷正名责实，不忘中原之意"，得到批准。④

张浚不断向宋高宗称赞韩世忠的忠勇、岳飞的沉鸷，可以倚办大事。三月，宋廷发表韩世忠为京东、淮东路宣抚处置使，岳飞为荆湖北路、京西南路宣抚副使，并且移镇为武胜、定国军节度使。武胜军是邓州的节镇名，定国军是同州（治冯翊，今陕西大荔县）的节镇名。⑤ 按宋朝官制，"节度以移镇为恩宠"之典。⑥ 宣抚使的职责与制置使、招讨使相同，而级别最高。由于岳飞官位尚低，故只能"以副使为名"。但与原招讨使相比，则仍属升迁之列，其上也不设宣抚使，岳飞是以副使的名义行正使的实职差遣。⑦ 由于京东路和京西路尚属沦陷区，故朝廷的两项任命，就是正式宣告宋朝锐意于收复失地。宋廷规定，岳飞在"襄阳府置司"，比鄂州更加逼近前沿。若一旦进军之时，岳飞可在自己的官名上，添入宣抚"河东"及"节制河北路"头衔。⑧

岳飞匆忙赶回鄂州，又遭遇第二件不幸的事——老母病逝。姚氏在沦陷区饱受忧患、惊悸和折磨之后，到得南方，又不服水土。这个年过七旬

---

① 《金佗稡编》卷13三个乞宫祠札子，《金佗续编》卷3《乞罢制置使畀以祠禄不允诏》。从三个札子内容分析，最早一个六月十八日的札子今已佚失，今存《乞宫祠札子》应为第三札子，而《乞宫祠第三札子》应为第四札子。据北京同仁医院张玲大夫分析，岳飞的眼病大致应是病毒性结膜炎或角膜炎。
② 《要录》卷97绍兴六年正月丙戌。
③ 《金佗续编》卷6《催赴行在奏事省札》，《要录》卷98绍兴六年二月丙辰。
④ 《金佗稡编》卷18《乞襄阳府路仍作京西路申都督府札子》，《要录》卷98绍兴六年二月戊申，《宋会要》方域5之18。
⑤ 《宋史》卷85，卷87《地理志》。
⑥ 《要录》卷189绍兴三十一年三月庚寅。
⑦ 《宋史》卷167《职官志》，《建炎以来朝野杂记》甲集卷11《宣抚副使》。
⑧ 《金佗续编》卷2《武胜定国军节度使充湖北京西路宣抚副使置司襄阳加食邑制》，卷7《督府令将带精兵前去襄阳札》，《除湖北京西路宣抚副使省札》，《进发至京西路添入河东及节制河北路字札》，《要录》卷98绍兴六年二月辛亥，卷99绍兴六年三月己巳、己卯，《朱文公文集》卷95张浚行状，《梁溪全集》卷84《论进兵札子》。

的老人，成年卧病，最后在绍兴六年三月二十六日，与世长辞。

岳飞对老母从来是极其孝顺和体贴的，尽管军务繁冗，只要不出兵，总是晨昏侍候，亲自调药换衣，无微不至。为照顾姚氏的休息和调养，连走路和咳嗽都不敢出声。两年前，岳飞在克复襄汉六郡后，就因姚氏病重，"别无兼侍，以奉汤药"，上奏恳请暂解军务，建议由王贵和张宪两人代统岳家军。一旦老母身故，其悲恸之状更可想见。三天之中，岳飞连水浆也不喝一口，哭得双目红肿，旧病复发。

岳飞和岳雲等人跣脚徒步，扶着姚氏的灵柩，直往江州的庐山。宋高宗为此特赐银一千两，绢一千匹。岳飞平日自奉俭薄，但此次却例外地大事铺张，"仪卫甚盛，观者填塞，山间如市"。他认为既然在老母生前不能尽孝，死后的厚葬，乃是最后一次尽孝的机会。丧葬完毕，岳飞就在著名的古刹东林寺中，为母守孝。①

按中国古代礼法，岳飞必须"丁忧"三年，实际上是不满二十七个月；如有特殊情况，方可居官守丧，称为"起复"。丁忧，这是岳飞所要坚持，而宋高宗和赵鼎、张浚等大臣所决然不允的。李纲深悉岳飞是个大孝子，认为一方要"终制"，另一方要"起复"，势必大费周折。他上奏宋廷，要求为此"早降处分"，以免耽误大事。此外，他还单独给岳飞写信说，"宣抚少保以天性过人，孝思罔极，衔哀抱恤"，但也恳切希望他不"以私恩而废公义"，"幡然而起，总戎就道，建不世之勋，助成中兴之业"。

事实上，岳飞的"起复"事宜果然费尽周折。宋高宗命令宦官邓琮前往江州庐山东林寺，岳飞"欲以衰服谢恩"，邓琮坚持不允，连皇帝的亲笔手诏等似乎也不发生效力，"三诏不起"。最后，朝廷下达了最严峻的命令，说岳飞"至今尚未祗受起复恩命。显是属官等并不体国敦请"，"如依前迁延，致再有辞免，其属官等并当远窜"。在全体僚属都须以"重宪"论处的严令下，岳飞的决心终于动摇了。伪齐将王威又乘机攻陷唐州，杀害团练判官扈从举、团练推官张汉之。② 岳飞便不得不拖着消瘦疲乏的身体，红肿未瘳的眼睛，重返鄂州，带兵出屯襄汉。他将姚氏"刻木为像，

---

① 《挥麈三录》卷3。《周益国文忠公集·杂著述》卷7《泛舟游山录》载，岳飞为母亲修坟，拆山路石磴，"取去""晋朝三杉"。但《渭南文集》卷46《入蜀记》说相传晋时的五株老杉，由"主僧了然辄伐去"。则周必大所记未必确切，姑以存疑。另参见《嘉靖九江府志》卷3。

② 《要录》卷100绍兴六年四月甲辰，《金佗稡编》卷9《遗事》，两处人名有异。

行温清定省之礼如生时",以寄托自己终生的哀思。①

第四节　张浚改变部署

右相兼都督张浚虽是个抗战派,却又是个志大才疏、刚愎自用的人,往往成事不足,而败事有馀。他负责各支大军的战略指挥,其实并不能胜任。在他自己的军事学里,几乎没有集中兵力和各支大军协同作战的观念。

镇江府的都督行府军事会议决定:韩世忠军由承州、楚州出兵,进攻京东东路的淮阳军(治下邳,今江苏邳州市西南);岳飞军由鄂州进屯襄阳府,挺进中原;张俊军由建康府进驻泗州州治盱眙县(今江苏盱眙县),刘光世军由太平州(治当涂,今安徽当涂县)进驻庐州,杨沂中的殿前司军充当张俊军的后援。韩世忠和岳飞两军采取攻势,而张俊和刘光世两军采取守势。刘光世的任务只是招降敌人,张俊的部分军队还须留在建康府训练。这个战略部署,一方面是张浚拙劣军事指挥的产品,另一方面也是迁就张俊和刘光世拥兵玩敌、怯争避战的成果。至于川、陕的吴玠军,就更不在张浚的军事计划之内,按兵不动。②

军事会议刚结束,韩世忠急于收复失地,于二月中旬就发动攻势。当时,岳飞正在"行在"临安府朝见宋高宗,根本无以配合。韩世忠军在淮阳军宿迁县(今江苏宿迁市)打败敌军,进围重兵守御的淮阳军城,猛攻六日,因金和伪齐救兵赶到,韩世忠被迫全师而返。③

韩世忠攻势受挫后,深感兵力不足,要求得到张俊的支援,并且指名道姓,要张浚为他抽调统制赵密所部。张俊自然不肯割爱。最后,左相赵鼎采取偷梁换柱的办法,将赵密调往临安府殿前司,而以杨沂中军支援韩世忠。杨沂中军在六月前后进屯泗州,却又不归韩世忠统辖。于是韩世忠

---

① 关于姚氏的疾病和丧葬,参据《金佗稡编》卷1高宗手诏,卷9《遗事》,卷13《乞侍亲疾札子》,卷14乞终制等五个札子,《金佗续编》卷2《内艰起复制》,卷3《辞免起复不允诏》,卷7赐银绢等五个省札,卷29赵鼎《乞起复》,《要录》卷100绍兴六年四月乙巳,《宋会要》礼44之20,《梁溪全集》卷86《乞催起岳飞军马札子》,卷128《与岳少保第一书》。
② 《要录》卷97绍兴六年正月丙戌,卷98绍兴六年二月辛亥,《朱文公文集》卷95张浚行状。行状称,经此番部署后,"形势既立,国威大振",纯属虚美不实之词。
③ 《会编》卷169,《要录》卷98绍兴六年二月乙卯,丙辰,辛酉。

再谋进击的计划便搁浅了。①

韩世忠如此，岳飞如彼，到得六月，张浚眼看盛夏将逝，决定放弃进攻计划，转入防秋。秋高马肥，正是女真骑兵最活跃善战的时节。张浚"以方略谕诸帅，大抵先图自守，以致其师，而后乘机击之"。② 这完全是消极防御的军事部署。

当时王彦所统的八字军驻守荆南府，其正式军号为前护副军，王彦任都统制。王彦身患重病，左相赵鼎和右相张浚商议，万一王彦病故，其军便无人统率，不如将此军移屯襄阳府，由王彦出任知府、兼京西南路安抚使，受岳飞"节制"。等岳飞移军襄阳府，作为其宣抚司驻地后，就将八字军并入岳家军。宋廷于绍兴六年二月发表了王彦此项新命。

岳飞的威名战功已凌驾于王彦之上，王彦因十年前的嫌隙，现在居然要受旧日部将的"节制"，这是他无论如何不能接受的。王彦坚决上奏辞免新命，而他的健康状况又有好转，宋廷为息事宁人，又下令将八字军调驻临安府。王彦率领本部一万人马，准备由荆南府乘船，顺江东下。

岳飞对八字军不能归自己统属，自然深感惋惜。他派人邀请王彦在鄂州稍事停留，以释嫌言欢，王彦表示同意。七月初秋的一天，岳飞率领众多部将和幕僚，来到鄂州江边，恭候王彦。不料王彦却违约食言，指挥船队乘风扬帆，飞驶而去。岳飞受到如此无礼的对待，并不介意，仍然对部将和幕僚叙述王彦昔日的立身行事，表示叹服。③

尽管都督张浚已经发布防秋的命令，王彦八字军的东调，又加重了岳家军的负担，岳飞决定仍按业已延搁数月的计划，由襄阳府和邓州北上出击。当然，岳家军也只能是孤军独进，得不到任何支援和协同，其处境和半年前的韩世忠军一模一样。

第五节　第二次北伐

绍兴六年七月、八月间，岳家军进行第二次北伐。秋天本是宋军的防御季节，现在发动进攻，以便出奇制胜，使敌人措手不及。伪齐虢州栾川

---

① 《要录》卷99绍兴六年三月乙亥，卷102绍兴六年六月己酉。
② 《要录》卷102绍兴六年六月己酉，《朱文公文集》卷95张浚行状。
③ 《金佗续编》卷29赵鼎《奏王彦移军事宜》，《会编》卷169，卷198王彦行状，《要录》卷98绍兴六年二月丙辰，卷100绍兴六年四月己未，卷103绍兴六年七月辛巳。

县（今河南栾川县）知县、修武郎李通，在当年春季向岳飞投诚，带来部伍五百多人，为此次北伐提供了情报，并担任向导。①

左军统制牛皋为先锋，进攻伪齐新设的镇汝军（大约是牛皋故乡鲁山县）。伪齐守将薛亨，素称悍勇善战，牛皋向岳飞保证，一定要"生擒以献"。左军以雷霆万钧般的威力，很快就击破这个坚垒。当薛亨作为战俘押解到宣抚司时，连岳飞也颇感惊讶。牛皋继续挥兵东向，扫荡颍昌府，直至蔡州，焚烧伪齐军积聚的粮草、器械而凯旋。②

岳飞采取声东击西的战术，以牛皋左军的佯攻，掩蔽大军的主攻方向。牛皋初战告捷后，岳飞的大部队往西北方向进击。八月初，王贵、董先、郝晸等将攻占虢州州治卢氏县（今河南卢氏县），歼灭伪齐守军，缴获粮食十五万宋石。伪齐武义郎、监卢氏县酒税杨茂"挺身归附"。③ 接着，岳家军又分兵夺取了虢略（今河南灵宝市）、朱阳（今河南灵宝市西南朱阳镇）和栾川三县。

王贵在虢州得手后，继续统军西向，又克复商州全境，包括上洛（今陕西商洛市商州区）、商洛（今陕西商洛市商州区东南）、洛南（今陕西洛南县）、丰阳（今陕西山阳县）、上津（今湖北郧县西北）五县。④

商、虢两州都属陕西路，本非岳家军的战区。吴玠部将邵隆即是当年陕西解州神稷山抗金义军首领邵兴，因避宋高宗绍兴年号而改名。他曾上奏宋廷，认为商州乃是"要害之地"，只有力取商州，方能经营关中。于是宋廷任命他为商州知州，令他和金州（治西城，今陕西安康市）守将郭浩共同负责收复商州。岳飞攻克商州后，便催促邵隆尽快赴任，以减轻本部人马的戍守负担。

商州和虢州确是军事要冲，北可控扼黄河，与北方抗金义军直接联系，东可夺据西京河南府，西可进攻关中，几乎将伪齐的统治区一劈两爿。岳家军接连三战告捷，宋廷为此下诏嘉奖说，"遂复商於之地，尽收虢略之城"，"长驱将入于三川，震响傍惊于五路"。⑤ "商於"和"虢略"

---

① 《金佗稡编》卷11《李通归顺奏》，《皇宋十朝纲要》卷23。
② 薛亨在十一月时，由岳家军参议官李若虚押送至临安府，宋高宗命他在岳家军中戴罪立功。二十多年后，他仍在鄂州军中服役，参见《会编》卷169，《要录》卷104绍兴六年八月甲辰，卷106绍兴六年十一月庚寅，《宋会要》兵15之8。《金佗稡编》卷7《鄂王行实编年》说薛亨在当年冬被擒，《皇宋十朝纲要》卷23说薛亨被董先所擒，系误。
③ 《要录》卷109绍兴七年三月庚寅。
④ 《金佗续编》卷28《吴拯编鄂王事》，《会编》卷208《林泉野记》都说王贵所部破敌于商州。关于商、虢州之战，另可参见《会编》卷169，《要录》卷105绍兴六年九月丙寅朔，丁卯，己巳。
⑤ 《金佗续编》卷3《复商虢二州及伪镇汝军抚问诏》。

已成两州别名。"三川"为秦朝设三川郡的古地，意指此处有河、洛、伊三川。"五路"者，是指宋朝于陕西沿边设秦凤、泾原、环庆、鄜延和熙河五路。①

伪齐在惊慌失措之馀，派兵骚扰岳家军的后方，攻击德安府应山县（今湖北广水市），劫掠邓州高安镇。②

岳家军击破伪齐军的抵抗，向前突进，取道栾川县，进据原翟兴的基地西碧潭与太和镇，直取伪齐顺州州治伊阳县。顺州为伪齐割原属西京河南府的伊阳、长水（今河南洛宁县西南）、永宁（今河南洛宁县）和福昌（今河南洛宁县东北）四县而设。③

王贵命令第四副将杨再兴统军由卢氏县向长水县进发。八月十三日，伪齐顺州安抚司都统制孙某与后军统制满在，在长水县界的业阳率部迎战。勇猛的杨再兴当即分布军马，将几千敌军打得落花流水，斩杀孙某等五百馀人，生擒满在等一百多人。十四日，杨再兴抵达孙洪涧，伪齐顺州安抚使张某率二千多人隔涧列阵。两军隔水互相射箭，杨再兴指挥军队猛烈冲锋，又将敌军击溃。在十五日夜间二更时分，岳家军进而夺取县城，缴获粮食二万宋石。杨再兴当即下令，把粮食分配给军士和当地百姓食用。永宁和福昌两县也相继攻克。④

岳家军收复福昌县后，距西京河南府城，已近在咫尺。岳家军在此次北伐中，还夺取一个伪齐马监，缴获上万匹战马，可以大大充实自己的骑兵部队。

岳飞长驱伊、洛，是南宋立国后初次堂堂正正的大规模反攻。李纲接到岳飞在前线的捷报，写信说：

"屡承移文，垂示捷音，十馀年来所未曾有，良用欣快。"⑤

此种评价，确非过誉。

---

① 《宋史》卷87《地理志》。
② 《要录》卷104绍兴六年八月壬戌，《梁溪全集》卷90《乞拨那军马奏状》。
③ 《金史》卷25《地理志》。
④ 《金佗稡编》卷16《复西京长水县捷奏》，《会编》卷169，《要录》卷104绍兴六年八月戊申，《宋史》卷368《杨再兴传》，《宋会要》兵14之27，《梁溪全集》卷92《乞遣兵策应岳飞奏状》。
⑤ 《梁溪全集》卷128《与岳少保第二书》。

京西两路在宋金战争中破坏最为惨烈，① 人口锐减。在伪齐的苛政暴敛之下，幸存者也大抵在饥饿死亡线上挣扎。当时从岳家军大本营的鄂州到襄阳府，还非常荒凉，"经乱离之后，长途莽莽，杳无居民"，"墟落尤萧条。虎狼肆暴，虽军行结队伍，亦为所虐"。② "自商、虢至伊阳六七百里"，在北宋晚期尚且"山岩重复，林木蔽密"，③ 如今经历多次兵祸，地僻人稀，自更不待言。

岳家军转战于山区，道路崎岖，运输不便，军粮供应不足。岳飞固然设法因敌之粮，在"杀获甚众"之馀，从敌方夺到大批粮食。但是，粮食既要供给军人和马匹，又要赈济饥乏的百姓，则仍感不足。后方也传来消息，因供应匮乏，"在寨卒伍有饥饿闪走"。④ 于是岳飞只得暂停进攻，率领主力班师，⑤ 留提举一行事务王贵等在前沿驻守。

新收复地区严重缺粮，只能留下少量守军。鄂州距离这些州县路程遥远，支援不可能及时。襄阳府这个前沿基地亦元气未复，不能屯扎重兵，况且襄阳府距离新收复州县也有相当长的路程。因此，一些地区终于得而复失，"贼地陷伪，忠义之人旋被屠杀"。⑥ 另有很多爱国居民则宁肯背井离乡，随军南撤。岳飞抽调一万宋石军粮，接济他们，并且"拨牛借种，召募耕种"，安排他们的生活和生产。⑦

伊、洛之役的战果不很理想，但并非毫无所获。商州的全境和虢州的部分地区仍为岳家军所控制。邵隆在当年年底赴商州就任知州，"披荆棘，立官府，招徕离散，各得其心"，逐渐将商州建设为坚固的要塞。⑧

---

① 《会编》卷176，《历代名臣奏议》卷90，《忠穆集》卷2《上边事善后十策》："京西路残破为甚，京畿次之，唯京东〔东〕路、河北东路不曾经兵火。"此说并不确切，如济南府属京东东路，开德府和冀州属河北东路，据《会编》卷119，《金文最》卷22何弼《济阳县创修县衙记》，卷75路伯达《冀州节度使王公（名鲁）重修庙学碑》，就反映了两路战祸后的残破。

② 《夷坚支景》卷1《王宣乐工》，《阳台虎精》。

③ 《宋朝诸臣奏议》卷44韩宗武《上徽宗答诏论日食》。

④ 《金佗续编》卷1绍兴七年出师疏。

⑤ 关于岳家军第二次北伐，《金佗续编》卷30陈公辅《论已破汝颍商虢伊阳长水乞豫防房叛会合之计奏札》，《梁溪全集》卷89《乞降诏诸帅持重用兵札子》，《忠正德文集》卷8《丙辰笔录》保存五次捷奏的梗概，今仅存《金佗稡编》卷16《复西京长水县捷奏》一份。《金佗稡编》卷7《鄂王行实编年》，《会编》和《要录》的记事都残缺不全。

⑥ 《金佗续编》卷1绍兴七年出师疏。

⑦ 《要录》卷108绍兴七年正月己巳，《宋会要》兵15之6。

⑧ 《会编》卷170，卷208，卷214，《要录》卷146绍兴十二年八月，卷153绍兴十五年四月庚寅。

九月下旬，岳飞回到鄂州后，① 眼病剧烈地发作，一卧不起，痛楚异常，以至白日的卧室窗户，也必须用重帘遮蔽光线。他已不能主持军务，由于提举一行事务王贵尚在前沿，宣抚司的日常军务就由同提举一行事务张宪和参谋官薛弼、参议官李若虚主持。朝廷闻讯后，特派眼科医官皇甫知常与和尚中印两人，乘驿马急驰鄂州。② 在他们的悉心治疗下，岳飞的目疾得以好转。

尽管岳飞病体未愈，然而急剧变化的军事形势，又迫使他急匆匆地踏上新的征途。

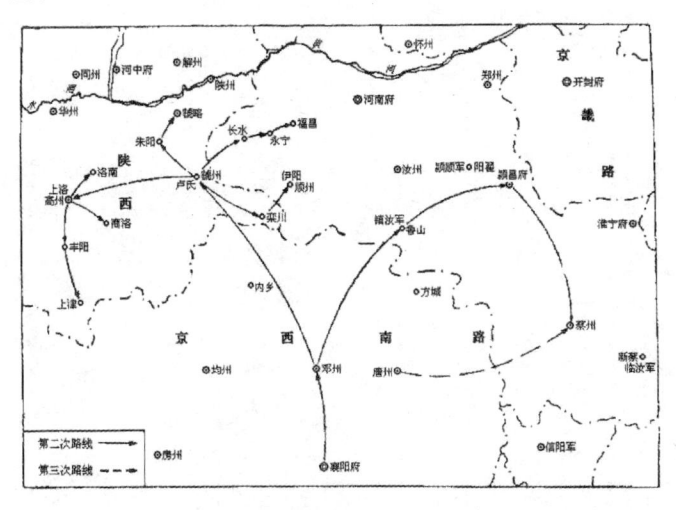

岳家军第二、第三次北伐路线图

---

① 岳飞回鄂州日期，《会编》卷170作九月十日乙亥，《要录》卷105作九月十七日壬午，《金佗续编》卷7《目疾令不妨本职治事省札》："宣抚岳少保于九月二十八日巡边回到鄂州军前。"《金佗稡编》卷18《乞致仕养疾申省状》同，应以两原始文件为准。

② 《金佗稡编》卷1高宗手诏，卷14《目疾乞解军务札子》，卷18《乞致仕养疾申省状》，《金佗续编》卷7《目疾令不妨本职治事省札》。

拾

进军蔡州

南宋马和之《鹿鸣之什图》第八段出车

第一节　再援淮西

岳飞的第二次北伐，是宋金双方实力对比继续变化的标志。岳家军的成就表明，光复故土，已非可望而不可及的事；而北伐的中途夭折，又证实宋廷的战略指导有彻底改变之必要。

张浚对军事形势相当乐观，他力主将宋高宗的"行在"由临安府迁往建康府，以便部署日后的恢复大计，而萎靡卑琐、不识大体的文臣们却群起反对。最后，作为反对者之一的左相赵鼎，提出一个折中方案，将"行在"迁移到平江府，距离前沿稍近。

九月一日，宋高宗于"行在"搬迁之前，先去上天竺烧香，为内心深处其实不太想迎还的"二圣"祈福。路过中天竺，恰遇岳飞派遣的武翼郎李遇执黄旗报捷。宋高宗接到岳家军第二份克复虢州卢氏县的捷报，心中反而忐忑不安，忧心忡忡。他对张浚说："兵家不虑胜，唯虑败耳。万一小有蹉跌，不知后段如何？"

张浚为了使皇帝安心，向他介绍了梁兴在敌后坚持斗争的情况，说岳飞"措置甚大"，看来必与河阳、太行一带的山寨有联系。赵鼎补充说，河东山寨如韦寿佺等人，虽力屈就招，并没有下山，队伍器甲照旧，据险自保，耕种自如。如果官军一旦渡河，他们一定会出兵响应。

君臣抵达平江府后，韩世忠前来朝见。他说，得到情报，龙虎大王完颜突合速率大批金军，由李固渡渡黄河南下，准备支援刘豫。十三日，岳飞第五份收复长水县的捷奏和班师奏同时递送到"行在"平江府。这两份晚到的奏报，在途中竟费时一月之久。九月下旬，张浚决定前往镇江府，视察前沿。[①]

刘豫自绍兴四年冬大败以后，用一年多时间重整军备，恢复元气，不料又遭岳家军的猛烈攻击，当然不肯善罢甘休。但因自己没有足够的军力，不得不向金朝求援。

金太宗病死后，侄孙完颜合剌（汉名亶）继位，是为金熙宗。金熙宗作为金太祖的嫡系，虽然年幼，却不愿听任完颜粘罕（宗翰）的摆布。他即位不久，便明升暗降，免去完颜粘罕（宗翰）都元帅之最高军职。左副元帅完颜讹里朵（宗辅）于绍兴五年夏去世后，右副元帅完颜挞懒（昌）

[①] 《要录》卷104绍兴六年八月甲辰，卷105绍兴六年九月丙寅朔，丁卯，己巳，庚寅，《忠正德文集》卷8《丙辰笔录》，《朱文公文集》卷95张浚行状。

和元帅左监军完颜兀术（宗弼）成为最有权势的将领。金熙宗还令刘豫"称臣勿称子"。①

刘豫终于发现，他原先竭力奉承的金太宗、完颜粘罕（宗翰）和高庆裔三人，其权势已如冰消瓦解，无以指靠。他此次告急求援，几乎受到全体女真贵族的冷遇。特别是最早扶植刘豫的完颜挞懒（昌），对刘豫背弃自己，另投新主的行为，十分憎恨。金朝不再同意为刘豫出兵攻宋，只是派完颜兀术（宗弼）屯兵澶州黎阳县（今河南浚县西北），观望形势。

刘豫求援碰壁后，更是焦躁万分。在无可奈何的情势下，决定铤而走险。他强行签发乡兵二十万，号称七十万，在九月间分兵三路，进犯淮南西路。东路军由侄子刘猊统领，从紫荆山出涡口，攻打濠州定远县（今安徽定远县）。中路军由儿子刘麟率领，从寿春府（即寿州）攻打庐州。西路军由孔彦舟指挥，企图夺取光州（治定城，今河南潢川县），直指六安军（治六安，今安徽六安市）。刘豫还派遣乡兵，身穿"胡服"，在京西各州县往来招摇，诡称金军已到，既为伪齐军壮胆，又借以恫吓宋军。②

刘豫色厉内荏的攻势，居然吓坏了不少宋朝的文官武将。驻守淮西的张俊和刘光世首当其冲，他们虚报敌情，张大寇势，争先恐后地要求增兵，其实不过是为退遁制造借口。

左相赵鼎是个依违于抗战和投降之间的人物。他加入政府后，曾做过两件好事：一是举荐岳飞收复襄汉六郡；二是在绍兴四年冬金和伪齐联军南侵时，力主抗击。如今他却完全信从张俊和刘光世的谎报，匆忙做出三项决定：第一，允许刘光世、张俊等军撤至大江以南；第二，火速调遣岳家军东援淮西；第三，宋高宗的"行在"撤回临安府。这些决定当然正中宋高宗的下怀。

张浚抵镇江府后，得到了并无金军配合南侵的确切情报，而伪齐刘麟的中路军不过六万人，认为是个不应错过的良机。他正准备部署反击，却接连得到赵鼎等人的七八封书信，最后又是赵鼎等人草拟，而由宋高宗亲笔书写的"条画项目"，方知宋高宗、赵鼎等人已经完全惊慌失措。于是，张浚连忙上奏说，淮南的驻军是为了屏蔽大江，如果张俊、刘光世等军渡江，淮南失守，则大江天险便与敌人所共有。伪齐军占据淮西，因粮就便，江南又如何能防守？现在合兵掩击淮西敌寇，可保必胜。若一有退却之意，大势便无从挽回。张浚还反对岳家军东援，说：

---

① 《会编》卷166，《要录》卷84绍兴五年正月，卷90绍兴五年夏，《金史》卷4《熙宗纪》，卷19《世纪补》，卷74《宗翰传》。

② 《会编》卷169，《要录》卷105绍兴六年九月庚寅，《朱文公文集》卷95张浚行状，《梁溪全集》卷91《奏陈防秋利害札子》。刘豫所签乡兵数，《要录》作三十万人，今从《会编》。

"今岳飞之军控制上流，利害至大。倘使之全军而来，万一虏、叛出没此处，何以支捂？其为患害与淮西同。"

　　宋高宗得知无金军南下的确讯，才安定了一颗惶恐的心，转而同意张浚的主见。十一月，张浚派人以严令制止刘光世退军江南："若有一人渡江，即斩以徇！"宋高宗也以御笔交付张浚：

　　"有不用命，当依军法从事！"

　　已撤出庐州的刘光世为之大惊失色，知道此次再不能按拥兵玩敌的旧例行事了。他对部属们大声呼喊："汝辈且向前，救取吾首级！"王德和郦琼的前锋部队在寿春府霍丘县（今安徽霍邱县）等地打败刘麟军，遏制了伪齐的攻势。杨沂中会合张俊部将张宗颜等，在定远县附近的藕塘，大败刘猊军。由荆湖南路调任殿前司摧锋军统制的吴锡，在此战中起了相当大的作用。孔彦舟军围攻光州不下，也闻风退遁。

　　伪齐的进犯很快被击退，但宋军的追击和反攻也并不顺利。刘光世追赶刘麟，遭到伏击，损兵折将，连他本人也险些被俘。张俊和杨沂中合兵攻打寿春府，也不克而还。

　　张浚在胜利的形势下回到平江府，自然有足够的说服力，劝阻了宋高宗将"行在"后撤临安府。①

　　在鄂州眼病未痊的岳飞，接到宋高宗的"累降诏旨"和宋廷省札，急令他"催促全军人马前去江、池州"，"如兵之在远者，自当日下抽还"，"星夜兼程"，"赴此期会"。宋高宗在手诏中还特别强调："想卿不以微疾，遂忘国事。"岳飞在如此紧迫的命令下，马上整军沿江东下，连在襄阳府等地的前沿兵力，也不得不"勾抽"前往江州。

　　在宋廷向鄂州递发诏旨和省札时，淮西的刘光世、张俊等已奉命还军迎战。然而宋高宗"犹虑其不足任"，仍坚持召岳家军东下。在岳飞出兵的问题上，张浚又与宋高宗、赵鼎等达成妥协，不再坚持原议。他也以都督行府的名义，令岳飞"依累降指挥施行"。淮西宋军的告捷，越发证明这项军事调遣纯属无谓的盲动；而襄阳府等地兵力的减弱，又授金、伪齐方面以可乘之机。②

---

① 关于淮西战事和宋廷争议，参据《会编》卷170，《要录》卷106绍兴六年十月丁酉，戊戌，甲辰，癸丑，卷107绍兴六年十二月戊戌，《历代名臣奏议》卷232张浚奏，《朱文公文集》卷95张浚行状，《忠正德文集》卷8《丁巳笔录》。
② 《金佗稡编》卷1高宗手诏，卷14《目疾乞解军务札子》，《金佗续编》卷7《目疾令不妨本职治事省札》》。据《要录》卷106，十月四日戊戌，张浚已督刘光世还军，十月十日甲辰，杨沂中捷于藕塘；而岳飞迟至十月十六日，尚未发兵，都督府亦于同日仍催促岳飞出兵。

岳飞率军抵达江州，淮西战事已成定局，再无前进的必要了。宋高宗得知此讯，只好以亲笔手诏褒奖一番，发令岳家军回鄂州。赵鼎从旁自我解嘲，说："此有以见诸将知尊朝廷，凡所命令，不敢不从。"宋高宗说："刘麟败北，朕不足喜；而诸将知尊朝廷，为可喜也。"① 君臣两人一唱一和，顾左右而言他，为自己的失策文过饰非。

第二节　金齐进犯江汉

伪齐在岳飞第二次北伐班师后，立即攻打淮南西路，这本是出奇之举。② 不料在新败之馀，又马上发起新的攻势，分路侵犯江汉，企图攻岳家军之不备。当岳家军第二次北伐行将结束时，金朝发"龙虎（大王）军由李固渡过河，凡渡四昼夜，精兵三万馀人，内分骑兵一万之京西，以应岳飞"。③ 当时并未与岳家军接战，而刘豫此次终于请到了一部分金军，联合作战，声势并不比攻打淮西时小。然而在岳家军方面，由于襄阳府等地的前沿兵力被"勾抽"，不免增加了防守的困难。

在商州，金、伪齐联军一万多人，于十一月一日进犯东部的商洛县。当时商州知州邵隆尚未赴任，只有岳家军的准备将贾彦率部抵抗。

在虢州，金军一万五千多人，马三千多匹，伪齐军二万多人，马二千多匹，向岳家军猛扑。十月二十七日，敌军攻打铁岭关，守隘的乡兵统领眼看抵挡不住，急报统制寇成。寇成所统人马不多，遂移军于横涧设伏。二十九日，寇成军掩击一千多名敌骑，杀死一百多人，夺得马二十几匹，从敌人的弃尸中，可辨认出二、三十名女真人。三十日，寇成军又同二千多敌骑交锋，杀死几十人，活捉八人。七名女真人的俘虏都因伤重身死，只剩一名伪齐军高收通，招供了军情。寇成深感形势严峻，下令将营寨迁移到朱阳县五里川，向岳飞请求"火速星夜差拨军马，前来救援"。

在邓州，敌人于镇汝军集结重兵，从十一月初发动进攻。

在唐州，十一月初，刘豫之弟五大王刘復④于唐州北部的何家寨调集金和伪齐的大部队，到唐州的旧州治安营扎寨，企图直犯襄阳府。这一支

---

① 《金佗稡编》卷1高宗手诏，《要录》卷106绍兴六年十一月癸酉。
② 《梁溪全集》卷91《论击贼札子》。
③ 《忠正德文集》卷8《丙辰笔录》。
④ 《会编》卷181有两说，一说刘復为刘豫亲弟，另一说为堂弟。

显然是敌军的主力。何家寨和刘家寨被伪齐"号为新唐州"。①

在信阳军，十一月六日，敌人侵犯军界，统制崔邦弼派将官秦祐出战，在长台镇（今河南信阳市北长台关）"杀散贼马"，追奔到望明港（今河南信阳市北明港）大寨，方才收兵。

总之，从西到东，在岳家军的整个防区，少量前沿部队与敌军展开了全面交锋。②

第三节　第三次北伐

岳飞率军返回鄂州后，席不暇暖，就收到前沿各地的警报。他得悉军情紧急，"目疾虽昏痛愈甚，深惟国事之重，义当忘身"，遂于十一月十五日星夜率军，急渡大江，"前去措置贼马"。③

当时任江南西路安抚制置大使的李纲，在抗金目标上固然与岳飞志同道合，在地理位置上，他的辖区也与岳飞的战区唇齿相依。他接到岳飞的公文后，不免有些担心，立即上奏宋廷，说"虏、伪并力"，"兵势厚重，谋虑非浅"，"伏望圣慈速降睿旨，令刘光世遣发军马，前来策应，及命重臣统大兵屯驻九江督战"。李纲还给张浚写信说，"虽岳帅勇锐，深虑孤军难以独抗不测之虏"，"如蒙钧旆亲临，一号令，尤事之善者也"。④ 事实上，李纲的忧心是多馀的，当他上奏和发信之时，岳家军已击退来犯之敌，并且转入反攻。

在虢州，寇成得到援兵后，击败敌人。但是，他违背岳飞的政策，将俘获的五百名敌军官兵全部杀掉，因而受到岳飞的责备和弹劾。⑤

在伪齐西京留守司统制郭德、魏汝弼、施富、任安中等人指挥下，进犯邓州的敌军有好几万人。张宪率一万兵迎敌。双方在内乡县（今河南西峡县）相持两天。张宪召郝晸、杨再兴等将商议说："贼势甚锐，必欺敌。我以轻兵迎战，佯败退走。贼见，必来追我，我即伏兵取胜。"大家都赞同此计。第三天会战，岳家军的饵兵退却后，伪齐军果然乘势追赶，遭到

---

① 《金佗续编》卷5《照会伪齐已差人占据州郡省札》。《金佗稡编》卷7《鄂王行实编年》说"时伪齐于唐州北何家寨置镇汝军"，系误。
② 《梁溪全集》卷92《乞遣兵策应岳飞奏状》。
③ 《金佗稡编》卷18《进兵渡江申省状》。
④ 《梁溪全集》卷92《乞遣兵策应岳飞奏状》，卷125《与张相公第十四书》。
⑤ 《金佗稡编》卷9《遗事》，《金佗续编》卷3《寇成等擅杀贼兵宣谕戒励诸军诏》，《要录》卷107绍兴六年十二月己亥。

正兵和奇兵的前后夹攻。郭德、施富等一千人当了俘虏，岳家军夺得战马五百馀匹。魏汝弼等收残兵逃回西京河南府。

牛皋率将官王刚等人，以步兵八千，在唐州方城县（今河南方城县）东北的昭福痛击敌军，一直追至和尚寨，斩伪齐将马汝翼，降敌军一千人，得马三百多匹。①

十一月十日，即岳飞渡江前五天，王贵率军在离何家寨四十宋里的大标木，与依山布阵的五大王刘復主力军激战。刘復"务聚敛"，"乏远图"，"无他才能"，② 不懂用兵打仗，却凭借与刘豫的亲属关系，充当一军的主将。他的兵力几乎是王贵的十倍，却不堪一击，被杀得尸横遍野，刘復本人匹马只身而遁。

岳飞率援军到达前沿时，王贵的追兵已楔入伪齐控制的蔡州地界。岳飞考虑到再次大举深入的准备还不充分，决定先进军蔡州，如能攻占州城，则相机夺取，布置完防务，再行班师。③

岳飞领兵二万前往，其中战士一万四千人，辎重兵、火头军等非战斗人员六千人，共准备了十日口粮。王贵、牛皋、董先、傅选、李建等将都参加这次北伐。队伍从夜间二更部署，三更出发，进逼蔡州城。岳飞身先士卒，亲自侦察，只见城壁严整，城濠既深且宽，城上竖立黑旗，却无守军。金朝初年，按汉族沿用甚久的五行之说，采用"水德"，以取代宋之"火德"，故"凡用师行征伐，旗帜尚黑"，连军服也用黑色。④ 伪齐傀儡政权自然亦步亦趋，也使用黑旗之类。当岳家军作出攻城的态势时，黑旗立即挥动，一队伪齐兵上城抵御；岳家军作出停止攻城的态势时，这队敌军也相机撤下城去。显然，这是一座守备坚固的要塞，一时不可能强攻急下。由于所带粮食无法维持旷日持久的战斗，岳飞当机立断，下令撤军。

蔡州城确是伪齐布置的陷阱，李成、李序、商元、孔彦舟、王彦先、贾潭等十将已带兵在附近埋伏。⑤ 他们准备在岳家军顿兵挫锐之际，进行围歼。刘豫给他们十人预赐华丽的第宅一区，宫女十名，以资鼓励。李成又给每名军士发一条绳索，规定凡捉住一名岳家军士兵，就用绳索穿其手

---

① 《会编》卷207《岳侯传》。王刚，原作王纲，据《金佗稡编》卷16《郾城县北并垣曲县等捷奏》，《金佗续编》卷12《乞追回王刚所带人数当直使唤省札》改。
② 《会编》卷181。
③ 《金佗稡编》卷19《何家寨捷报申省状》，《宋会要》兵18之38。
④ 《会编》卷70，卷244《金虏图经》，《宋史》卷103《礼志》大火之祀，《金佗稡编》卷5《鄂王行实编年》。
⑤ 王彦先和贾潭，《金佗稡编》卷7《鄂王行实编年》作"王爪角"和"贾关索"，无疑都是绰号。据《会编》卷207《岳侯传》，伪齐将有贾潭者，应是贾关索的真名。《会编》卷201《顺昌战胜破贼录》说，王彦先绰号为王爪角。

心，捉住十人，就可连成一串。他们妄想在消灭这支进击蔡州的锐师后，"鼓行东下"，"直造鄂州"。

岳家军撤至白塔，李成的军队追来，企图堵截岳家军的归路。王贵当即指挥骑兵搏斗，打败伪齐军，追杀了五宋里有馀。

李成仍不肯罢休，他增加兵力，穷追不舍。这回轮到董先殿后，他选择险要的地形，命令踏白军将士埋伏在树林里，自己单人匹马，占据一座河桥待敌。李成率伪齐军赶到桥边，就举起绳索，大声吆喝："汝勿走，我今先擒汝！"董先冷笑着说："我定不走，只恐汝走耳！"

董先从容镇定的举止，不能不引起敌方的怀疑。李成每次派兵挑战，董先只用小旗一挥，小鼓一敲，树林中便冲出一、二队战士。伪齐军稍一退却，他们又重返林中。这使李成更加疑惑不定，进退不得。双方僵持颇久，岳飞亲率大军前来接应。李成远远望见一股银流，从群山直涌而出，就抢先逃命，于是全军崩溃。

伪齐军逃奔几十宋里，到了一个叫牛蹄的地方，已是人困马乏，连忙进食。突然之间，四面山岗上遍竖起岳家军的战旗，喊杀声震天，雄兵猛将从四面八方分进合击，杀得敌军的尸体遍布山谷。

此战俘虏伪齐几十员将领，几千名兵士，还夺得马三千匹。岳飞下令将伪齐武将押解到"行在"平江府，而给兵士们分发铜钱，将他们全部释放。岳飞亲自对他们训话说："汝皆中原百姓，国家赤子也，不幸为刘豫驱而至此。今释汝，见中原之民，悉告以朝廷恩德。俟大军前进恢复，各率豪杰，来应官军。"俘虏们欢呼而去。岳飞还托他们捎带一封信，给伪齐蔡州知州。这种正确的俘虏政策，日后取得了良好效果。①

岳家军的第三次北伐，按其规模和声势，都比前两次小。淮西战场有刘光世、张俊和杨沂中三部共同作战，而从商州到信阳军，地面更加广阔，却只有岳家军单独作战。岳家军少数前沿部队承受金和伪齐大军的突然袭击后，很快由防守转入反攻，显示了这支雄师的威力。事后王贵和牛皋因"掩杀逆贼五大王刘復、李成等，累立奇功"，分别晋升为正任的棣州防御使、龙、神卫四厢都指挥使和建州观察使。② 宋廷嘉奖岳飞的制诏中，也说这次北伐"加兵宛、叶之间，夺险松柏之塞"，"至于牛蹄之役，尤嘉虎斗之强，积获齐山，俘累载道"，此类文学性的描述，仍反映了实际情形。③

当时在江南西路任职的李纲，虽然与岳飞未曾见面，却对岳飞的志

---

① 《金佗续编》卷27黄元振编岳飞事迹，卷28《孙迫编鄂王事》。
② 《要录》卷109绍兴七年三月甲子，《宋会要》兵18之38。
③ 《金佗稡编》卷1高宗手诏，《金佗续编》卷2《起复太尉加食邑制》。

向、品行和军事才能，有了越来越多、越来越深的了解，他完全抛开当时崇文抑武，文臣轻视武将的积习，给予岳飞以最高度的器重。他致信说："窃承目疾为梗，迩来计已痊复。戎事方兴，朝廷以荆、襄大计仰成少保，愿言益励壮猷，早建大勋，为中兴功臣之首，诚所望於左右也。"①这当然决不是客套话，在李纲眼里，岳飞理应成为中兴功臣的第一人，而非他人可比。

第四节　储粮蓄锐

连续半年不间断的行军作战，岳家军最后冒着岁暮的风雪严寒，凯歌回鄂州。② 虽然战果不完全理想，但全军将士信心倍增，斗志昂扬，渴望在新的一年里大显身手。

痛苦的眼病纠缠了岳飞一年有馀，终于逐渐痊愈，使岳飞得以有更旺盛的精力，去总结绍兴六年两次北伐的经验和教训，筹划今后的用兵事宜。

杜甫诗有"便下襄阳向洛阳"之句，③自襄阳府到西京河南府，这是古老的南北交通孔道，也是岳飞第二次北伐的战场。事实证明，在山岭重叠、人烟稀少的地区，后勤供应艰难，不可能成为理想的战场。岳飞吸取教训，着眼于选择京西路东部平坦的原野，作为新的北伐战场。第三次北伐攻打蔡州，仅是一次尝试而已。

"连结河朔"的工作，有了很大的进展。许多史册上无名的爱国者，以他们的满腔热忱，在沦陷区从事于联络和组织民众的工作，取得相当可观的成绩。

绍兴七年（公元 1137 年）初，岳飞和幕僚黄纵讨论今后的军事行动计划时，黄纵说："当以取汝、颍为失计，而改图之。既取之，不可守而复失之，亦徒劳尔。"岳飞说："安坐而不进，则中原何时可复？"黄纵说："取中原非奇兵不可。"

岳飞问："何谓奇兵？"黄纵说："宣抚之兵，众之所可知可见者，皆正兵也。奇兵乃在河北。"他针对绍兴六年两次北伐进军，而无奇兵的配

---

① 《梁溪全集》卷 128《与岳少保第四书》（十月十六日）。
② 《金佗续编》卷 3《行军襄汉正当雪寒抚谕将士诏》，卷 8《雪寒抚谕将士黄榜》，《要录》卷 107 绍兴六年十二月癸卯。
③ 《全唐诗》卷 227《闻官军收河南河北》。

合，提出了批评。岳飞听后，十分高兴，说："此正吾之计也。相州之众，尽结之矣。关渡口之舟车与夫宿食之店，皆吾人也，往来无碍，宿食有所。至于綵帛之铺，亦我之人，一朝众起，则为旗帜也。今将大举，河北响应，一战而中原复矣！"① 岳飞似乎已经亲眼看到了正兵和奇兵协同作战的壮观，简直难于抑制自己的兴奋。

然而十万大军，连同几十万军人家眷的后勤供应，依然是一个困扰岳飞用兵的大问题，特别是"兵食"，常使岳飞"乱其方寸"。②

随着岳家军兵力的扩充，钱粮供应的数字也愈来愈大。绍兴三年、四年间，岳家军"月支钱一十二万三千馀贯，米一万四千五百馀石，数目浩大"。③ 这尚是兵力不足三万前的数字。绍兴五年大扩军后，岳家军"月用钱五十六万缗，米七万馀石"。④

尽管岳飞十分注重以爱国正气维系士气，但他也同样认为，"颁降功赏"，方能"使人蒙恩"，"庶得将士尽力"，"恐将士之赏薄，不能无觖望"。⑤ 绍兴四年第一次北伐时，朝廷预支"钱六十万贯，内以二十万贯充犒设激赏"，⑥ 结果在战事尚未结束时，"钱已支九十七万五千贯去讫"，⑦ 超支的三十七万五千贯，自然是用于"犒设激赏"者。

此外，制造军器，也同样是一笔很大的开销。绍兴九年，枢密院分配江南西路，"发赴岳飞军，自造军器"的"物料"，计有"铁甲叶六十九万九千四百三十八片，牛角六千三百三十四只，生黄牛皮九千一百八十三张，牛筋四千一十斤一十二两，生羊皮一万八千三百九十二张三十一尺三寸五分，箭笴一十八万四千七百九十四只，翎毛五十一万二千九百八十二堵，各长四寸八分，条铁七千六百九十四斤一十三两一钱二分"。⑧ 岳家军的钱、粮、军需品等由荆湖南路、荆湖北路、江南西路等供应，"诸路应

---

① 《金佗续编》卷27黄元振编岳飞事迹。
② 《金佗续编》卷1绍兴七年出师疏。
③ 《金佗续编》卷5《朝省行下事件省札》，卷29赵鼎《乞支降军马钱粮》，《忠正德文集》卷1《乞支降岳飞军马钱粮状》。
④ 《鸡肋编》卷下。又《中兴小纪》卷20与《皇朝中兴纪事本末》卷38载岳家军"每月费钱三十九万缗"，稍异。
⑤ 《云麓漫钞》卷1，《金佗稡编》卷17《再论虔州平盗赏申省札子》，《金佗续编》卷27黄元振编岳飞事迹。
⑥ 《金佗续编》卷5《朝省行下事件省札》。
⑦ 《金佗续编》卷6《照会措置防守已收复州郡省札》。
⑧ 武英殿聚珍本《毘陵集》卷3《措置江西善后札子》，文渊阁《四库全书》本为卷7。

副岳飞钱米"之类，甚至须运至"密迩伪境"的郢州"交卸"。① 仅就江西一路一年"军器""物料"之数而言，亦已相当可观。

为保证岳家军的后勤供应，往往"以军期责认州县划刷仓库，科敛疲民，公私罄匮"。② 特别是月桩钱，须每月向岳家军输纳，"不问州郡有无，皆有定额，所桩窠名，曾不能给其额之什二、三，自馀则一切出于州县之吏临时措画，铢铢而积，仅能充数。一月未毕，而后月之期已迫矣"，时称"病民最甚"，"皆系军兵计日指准，不可稍有欠阙"。③ 岳飞深知民间疾苦，每次调发军饷，他总是颦眉蹙额，面带忧色。岳飞经常对将士们说："东南民力耗弊极矣！国家恃民以立国，使尔曹徒耗之，大功未成，何以报国？"④ 为了减轻百姓负担，保证后勤供应，岳家军也从事一些营利性的经营。

襄汉一带的荒芜土地极多，绍兴四年克复襄汉等六郡时，岳飞上奏说：

"襄阳、随、郢地皆膏腴，民力不支，苟行营田之法，其利为厚。然即今将已七月，未能耕垦，来年入春，即可措画。"⑤

在中国古代，用百姓耕垦官府荒田，谓之营田；用军人耕垦官府荒田，谓之屯田。但在事实上，屯田和营田很难严格区分。⑥

岳飞设法召募百姓，借贷耕牛、种子、农具之类，耕种营田。宋时营田收成之后，按照惯例，除留足来年种子外，或是官府收租四成，或是实行对分租。有时为鼓励垦荒，初期每亩只收租一、二宋斗，甚至五宋升。

绍兴六年二月，宋廷为恢复生产，措办营田，任命刘光世、韩世忠、张俊、吴玠和岳飞五大将兼任营田大使或营田使。⑦ 由于营田农民的辛勤耕作，岳家军的稻谷收入最后达十八万馀石，以谷折米，约可供应两个月

---

① 《梁溪全集》卷 90《乞拨那军马奏状》，卷 103《与右相条具事宜札子》，《水心文集》卷 22《故知广州敷文阁待制薛公墓志铭》，《斐然集》卷 15《缴户部乞拘收湖南应副岳飞钱粮》，《伪齐录》卷上。
② 《梁溪全集》卷 76《乞降度牒拨还两浙安抚大使司赡军盐钱奏状》。
③ 《宋会要》食货 64 之 79，《梁溪全集》卷 87《措置招军画一奏状》，卷 98《条具利害奏状》，卷 104《与李尚书措置画一札子》，《永乐大典》卷 6524《毘陵集·乞蠲减月桩札子》。
④ 《金佗稡编》卷 9《遗事》。
⑤ 《金佗稡编》卷 10《画守襄阳等郡札子》。
⑥ 《樵溪居士集》卷 10《南省策问》："用兵以耕，名曰屯田；募民以耕，名曰营田。"参见张泽咸、郭松义先生《中国屯垦史》第 148—149 页，台北文津出版社，1997 年。
⑦ 《金佗续编》卷 6《兼营田使省札》，《要录》卷 98 绍兴六年二月庚子，《宋会要》食货 63 之 102。关于营田，参见《金佗稡编》卷 11《荆襄宽恤画一奏》，《宋会要》食货 63 之 83—126。

的军粮。这还不包括作为货币地租的"营田杂收钱"在内。① 部将武赳等人因经营营田有功，岳飞还特别予以保奏升迁。② 此外，岳飞"又为屯田之法，使戎伍攻战之暇，俱尽力南亩，无一人游间者。其疆理沟洫之制，皆有条绪"。③

为了增加收入，岳家军也开辟其他"利源"。当时官府和军队经商牟利，开设酒坊之类，都是合法的。但各军的情况又颇有差异。如刘光世居然"以八千人为回易"，占全军人数近六分之一，而"士卒一月之粮，或阙其半"，至有"健儿不如乞儿"的民谣，严重影响军队的战斗力。但他本人却沾沾自喜，以春秋时代富商陶朱公自比。④ 张俊军中有一首歌谣说：

"张家寨里没来由，使他花腿抬石头。
二圣犹自救不得，行在盖起太平楼。"

所谓"花腿"，是指军卒"自臀而下，文刺至足"。太平楼是个大酒店。⑤ 这首古代的打油诗，也同样是讽刺张俊工于经商，而拙于用兵。

岳飞决不会采用刘光世、张俊等人的做法，但他也任命一个叫李启的回易官。李启精明能干，平日只穿麻衣草鞋，雨天也躬亲操劳，对岳飞的军用佐助甚多。⑥ 据后来统计，鄂州公使、激赏、备边、回易等十四库，每年收利息达一百十六万五千多贯；鄂州关引、典库、房钱、营田杂收钱、襄阳府酒库、房钱、博易场每年收入共四十一万五千多贯。⑦ 这些放债、经商、造酒、房租等收入，接近于岳家军平时三个月的钱币支出，可在相当程度上补贴平日的军俸或战时的犒赏。

经过努力，据说可使岳家军的"每岁馈运之数，顿省其半"。⑧ 此说即使有夸张，节省四分之一至少是没有问题的。但是，由于吏治的腐败，贪污的猖獗，岳家军后勤供应的减少，并不一定意味着湖北、湖南、江西等路人民经济负担有所减轻。

---

① 《要录》卷144绍兴十二年三月庚戌。《后村先生大全集》卷156《墓志铭·林经略》说湖北路"绍兴初，营田岁获二十四万斛"，这个数字并未包括京西路，与《要录》记载有异。
② 《金佗稡编》卷9《遗事》，《要录》卷122绍兴八年九月庚子。
③ 《金佗稡编》卷9《遗事》。
④ 《要录》卷110绍兴七年四月壬子，《会编》卷154。
⑤ 《鸡肋编》卷下。
⑥ 《会编》卷191。
⑦ 《要录》卷144绍兴十二年三月庚戌。又《要录》卷141绍兴十一年九月癸卯载，岳飞罢兵权后，传言"军中有钱二千万缗"，岳飞承认"所有之数盖十之九"，疑误。
⑧ 《金佗稡编》卷9《遗事》。

此外，营利性经营也不可能不存在一些弊端。例如尽管李启精明强干，也仍有"回易逃亡"之弊。① 营田或"以抑配百姓，人不聊生，有破产不能偿者"。后荆湖北路提点刑狱公事向子忞"罢一切抑配者"，岳飞也欣然同意。②

经过多方面的筹措，北伐的准备更充分了，条件更成熟了。岳家军全军上下"闻金鼓而乐奋"，"裹粮坐甲，唯敌是求"，③ 万众一心地等待着统帅的进军令。

---

① 《要录》卷184绍兴三十年三月辛巳。
② 《要录》卷136绍兴十年六月乙丑，《卢溪文集》卷47《故左奉直大夫直秘阁向公行状》。
③ 《金佗续编》卷3《张宗元奏军旅精锐奖谕诏》。

拾壹

正己治军

宋刘松年《秋窗读书图》

第一节　严以律己

人是有七情六欲的。不论个人出身的富贵贫贱，其侈心往往同他的社会地位成正比。特别是在南宋这样一个专制政体的阶级社会中，统治阶级的绝大多数，一旦居高官，得厚禄，便纵情声色，厚自奉养，甚至因一己之私欲，不惜为伤风败俗、伤天害理之事，十官九贪，乃势所必然。但也有少数伟人，他们能以自己的信念、理想和抱负律己，其嘉言懿行彪炳于史册，垂楷模于后世，成为中华民族精神的组成部分。岳飞即是这样的伟人之一。

中国人受儒家思想的影响，颇为强调个人的道德修养。凡是与岳飞多所接触者，无不赞叹他的"盛德懿行，夙夜小心，不以一物累其心"，简直胜过了"老师宿儒，勉强而力行者"。①"略知书传"的岳飞，②对儒家经典的熟习程度，自然不可能与"老师宿儒"辈相比，但他却是儒家道德的身体力行者。

岳飞官居两镇节度使。自宋太祖"杯酒释兵权"后，以优厚的俸禄，作为政治交易的代价。终宋一代，节度使的俸禄特别高。如正一品的宰相"料钱"每月三百贯，从二品的节度使却是四百贯；宰相"禄粟"每月一百宋石，节度使却是一百五十宋石。按北宋前期规定，节度使另有"公用钱"，其实是私用钱，每年自三千贯到一万贯，分为四等。③北宋后期，减为每年二千贯至五千贯。④南宋初，因财政拮据，甚至连岳飞那样的统兵节度使，也不能支全俸。后来升至太尉，方"并支真俸"。⑤即使如此，也仍有借减之法，如"禄粟"只支"米、麦四十五石"。⑥

除上述"料钱"、"禄粟"、"公用钱"等外，后岳飞升太尉、开府仪同三司等，按规定也应另加"料钱"一百贯，以及罗、绫、绢、绵等，节度使另有"傔人衣粮"五十人，盐七宋石或五宋石等。⑦自岳飞升节度使后，宋廷还给他封爵，最后爵至武昌郡开国公，随封食邑六千一百户，食

---

① 《金佗续编》卷27黄元振编岳飞事迹。
② 《会编》卷208《林泉野记》。
③ 《宋史》卷171，卷172《职官志》。
④ 《宋会要》礼62之23，30。
⑤ 《金佗续编》卷8《照会依张俊例批勘请俸省札》。
⑥ 《宋会要》职官57之80。
⑦ 《宋史》卷171，卷172《职官志》，《文献通考》卷65。

实封二千六百户。① "旧制，每实封一户，随月俸给二十五文，其加封则自有格法"。② 岳飞的食实封加俸究竟有多少，今亦难知其详。

此外，宋高宗为了笼络岳飞，也不时颁发重赏厚赐。

依凭丰厚的收入，岳飞要铺陈豪侈的生活，并无丝毫困难。事实上，韩世忠、刘光世、张俊和吴玠四大将都过着穷奢极侈的生活，唯有岳飞是个例外，他始终保持着简朴的生活作风。

在中国古代农业社会里，主要的财产自然是土地。致富的要诀，就是兼并土地。

当时的武将大都是贪婪的土地兼并狂。张俊每年收租达六十万宋石（另一说为一百万宋石）。他的子孙一次捐献给朝廷十万宋石租米，清单上分别开列了江东和两浙路六个州府所属十个县，共计十五个庄的租米数额。他家还将淮东路真州和盱眙军的田产捐献朝廷，共计三万七千多宋亩。③

刘光世驻守淮东时，派遣"幹当使臣"掠夺民间膏腴良田，光上报给宋高宗者即达三万宋亩，实际上决不止此数。④ 韩世忠曾向宋高宗提出要求，愿用三万八千贯钱购买江南西路临江军新淦县没官田宅，后又提出要买北宋奸臣朱勔的平江府南园，请佃官田一千二百宋亩，宋高宗顺水推舟，全部赐他。宋高宗还认为韩世忠"持身廉"，将著名的永丰圩赐他。韩世忠力辞，就算是廉上加廉。他家每年所收租米多达数万宋石。⑤ 刘光世部将郦琼，其地位次于王德，约相当于岳飞部下的张宪，他在镇江府也有四千三百宋亩水陆田。⑥

岳飞从一个普通的耕夫，骤然升迁高官后，故乡汤阴县的岳氏宗族不能忍受女真贵族的奴役，便闻讯纷纷南逃，投奔岳飞。为了安置其宗族，岳飞在江州庐山之南，先后购置田七宋顷八十八宋亩，地十一宋顷九十六宋亩，水磨五所。宋时南方所谓"地"，往往是指瘠薄而出产甚少的旱地。岳飞的近十二宋顷地中，只有近九十二宋亩是熟地，其馀都是荒地，故田

---

① 《金佗续编》卷2《武胜定国军节度使万寿观使奉朝请制》。
② 《朝野类要》卷3《食邑》。
③ 《会编》卷237，《要录》卷135绍兴十年四月乙丑，《宋会要》食货3之14，《宋宰辅编年录校补》卷16。
④ 《要录》卷84绍兴五年正月癸酉。
⑤ 《要录》卷54绍兴二年五月乙亥，卷74绍兴四年三月乙亥，卷101绍兴六年五月丙戌，卷127绍兴九年四月乙亥，卷147绍兴十二年十二月己卯，《宋会要》食货61之47—48。韩世忠岁收租米额，以文津阁《四库全书》本《要录》为准，文渊阁本有错字。
⑥ 《要录》卷135绍兴十年五月辛卯。

地的收入，主要指靠这七、八宋顷水田，"尽以赡守家者"。此外，岳飞还先后盖造或购买房廊、草屋和瓦屋四百九十八间，其中三十八间建在江州城中，作为自己私宅，其馀的房屋主要集中在庐山的岳家市。岳家市既是岳母葬地，又是岳氏宗族的聚居地。①

岳飞在江州购买或建造田地、房产，固然是准备将来功成身退之用；但在他生前，主要的受益者自然是其宗族。岳飞的田产主要用于出租，抑或宗族自耕，抑或两者兼而有之，今已不知其详。但是，岳飞即使按其正常的俸禄收入，也足以购置远远超过上述数字的田地和房产，他却并未如此购置，故他的田产远远少于同时代的武将，则是确定无疑的。

宋朝的衣着仍以丝织品和麻织品为主，棉花产量颇少，棉织品视为稀珍。当时所谓的"布"，是专指麻布，穷苦百姓没有能力穿戴丝绸，只能用粗麻片裹身。很早以来，"布衣"就成了平民的代名词。岳飞平日只穿麻布，不着绸缎。有一回，他看到李娃穿着缯帛的衣裳，虽非高等的绫罗，岳飞已经很不高兴，说："吾闻后宫妃嫔在北方，尚多窭乏。汝既与吾同忧乐，则不宜衣此。"②从此以后，全家人再不敢穿戴丝绸了。

岳飞是北方人，到南方后，日常食物依然是麦面加蔬菜，如果用荤食，也只是一味。即使同部属会餐，一般也只是家常便饭，另加猪肉。有一次会食，厨师供应鸡肉，岳飞感到奇怪，问道："何为多杀物命？"厨师回答，鸡乃是鄂州知州衙门所供，岳飞立即命令，"后勿复供"。他在部将郝晟那里做客，郝晟知道岳飞的性格，只用一种素面食招待他。岳飞问此为何名，郝晟说是"酸馅"。岳飞说自己半生从未吃过这种面食，命令将馀留的酸馅作晚餐。他这种颇有点过分的节约，使众人感到惊愕和惭愧。③

岳飞对儿子们的管教极严。除了激励他们从戎报国外，在读书的馀暇，不论是岳云或岳雷，都必须在田圃里把犁握锄，操持农务。岳飞认为："稼穑艰难，不可不知也。"至于饮酒，更是在严禁之列。④

宋儒虽是强调清心寡欲，但文人"士大夫多是死于欲"，⑤ 明知女色是伐性之斧，也纵欲而亡身。至于韩世忠、刘光世、张俊、吴玠等将帅都是姬妾满堂，纵情享乐。吴玠后来因为服用丹石，酒色过度，咯血而死。⑥

---

① 《金佗稡编》卷9《遗事》，《金佗续编》卷13《天定别录序》，《户部复田宅符》，《宋会要》崇儒2之34，方域4之25，《周益国文忠公集·杂著述》卷7《泛舟游山录》。

② 《金佗稡编》卷9《遗事》。

③ 《金佗续编》卷27黄元振编岳飞事迹。

④ 《金佗稡编》卷9《遗事》。

⑤ 《朱子语类》卷89《昏》。

⑥ 《要录》卷129绍兴九年六月己巳，《宋史》卷366《吴玠传》。

韩世忠污辱部将妻女，最后竟迫使猛将呼延通自杀。① 按照宋朝规矩，官员的正妻方能得到"外命妇"的封号。刘光世别出心裁，请求朝廷封赠姬妾，此例一开，韩世忠和张俊自然也不能例外。于是"国夫人"、"郡夫人"、"淑人"、"硕人"等封号纷至沓来，居然成为旷世之典。②

唯独岳飞不近女色，"旁无姬妾"，维持了一夫一妻，同李娃恩爱相始终。吴玠的属官到岳飞处商议军事，岳飞请他吃饭。这位属官对饭菜的简单，别无姬妾、歌童、舞女之类作陪和劝酒，颇感惊讶。他回去报告吴玠后，吴玠花费二千贯，买到一个仕宦之家出身的女子，并置办许多金玉珠宝作为妆奁，不远千里而送至。于是，岳相公纳妾的新闻便不翼而飞。岳飞却将这个女子安置在一间空屋，两人隔着屏风交谈。岳飞说："某家上下所衣绸布耳，所食齑面耳。女娘子若能如此同甘苦，乃可留，不然，不敢留。"当他听到屏风后一阵不以为然的笑声，就将未见一面的"名姝""国色"退回了。

有人劝岳飞说："相公方图关陕，何不留此以结好。"岳飞说："吴少师于飞厚矣。然国耻未雪，圣上宵旰不宁，岂大将宴安取乐时耶！"吴玠得知此事后，也益加敬佩岳飞。③

岳飞平日沉默寡言，语不轻发，一旦发话，又往往言简意赅，语重而心长。他对僚属有所批评，经常是在言语中稍微有所暗示，而僚属辈已闻之悚然。④ 但是，这并不表明他胸中有很深的城府，事事处处须显示居高临下的身份；相反，岳飞的不矫饰，不矜持，不掩过，诚恳和谦虚，在当时是有名的。

每次出战，岳飞总是召集全体统制官，共同商讨，研究敌军可能击败我军的各种方案，大家殚精竭虑，谋定计审，然后再采取军事行动，故其用兵往往"有胜而无败"。⑤ 大致在绍兴五年和六年间，宋廷曾命令岳飞移镇荆南府。岳飞大会诸将，共同讨论，众人"皆以为可"，唯有任士安一言不发，岳飞一时有些怒意，任士安至此不得不进直言，说："大将所以移镇江陵，若是时，某安敢不说。某为见移镇不是，所以不敢言。据某看，这里已自成规模，已自好了。此地可以阻险而守，若往江陵，则失长

---

① 《挥麈三录》卷2，《要录》卷16建炎二年六月乙丑，《烛湖集》卷10《跋赵叔近遗事》载王渊和张俊为抢夺一个周姓妓女，杀害宗室赵叔近，又将此妓女转送韩世忠。《会编》卷204，《要录》卷138绍兴十年十二月载呼延通自杀事。
② 《要录》卷85绍兴五年二月辛丑，卷134绍兴十年二月，卷149绍兴十三年六月丙戌朔，《武林旧事》卷9，《琬琰集删存》卷1韩世忠神道碑。
③ 《金佗稡编》卷9《遗事》，《金佗续编》卷27黄元振编岳飞事迹。
④ 《金佗续编》卷27黄元振编岳飞事迹。
⑤ 《慈湖遗书》卷16《论兵》。

江之利，非某之所敢知。"岳飞还是听从他的劝告，申奏朝廷，"留军鄂渚"。①

对于文士和幕僚，岳飞更是以"礼士"和"虚心"闻名。他很乐意同他们谈古论今，以问求学，并欢迎别人直率无隐的究诘。岳飞往往同他们谈论到深夜，方才就寝。② 他时常对文士和幕僚说："某被主上拔擢至此，倘有纤毫非是，被儒生写在史书上，万世揩改不得。"他要求别人发现自己的过错，必定见告。

大凡混迹官场较久，特别是一旦拥有高官厚禄，往往沾染上令人憎恶的官气。然而在升迁至一、二品大官，身任一支最强大的方面军统帅的岳飞身上，却无丝毫官气的踪影。他表里如一，坦诚待人，连自己年轻时酗酒的小过失，也并不对部属隐讳。③

岳飞立身行事所体现的高风亮节，归根结蒂，是由他许身抗金战争的理想所支配。他在自己的战袍上刺绣了"誓作中兴臣，必殄金贼主"十个字，以示与敌人誓不俱生。宋高宗打算在临安府为他建造第宅，岳飞引用汉朝霍去病的话力辞："北虏未灭，臣何以家为！"④

有一次，岳飞命令将"宅库"里的所有物品，除了"宣赐金器"外，全部变卖，交付军匠，造弓二千张。幕僚黄纵说："此军器，当破官钱。"岳飞却淡淡地回答："几个札子乞得，某速欲用，故自为之。"⑤ 在一个贪污炽盛的社会里，能"一钱不私藏"，公私分明，已极其不易，而岳飞则更进一步，"所得锡赉，率以激犒将士，兵食不给，则资粮于私廪"。⑥ 后岳飞遇难，秦桧派人抄家，除了江州的田地、房产外，其家仅存金、玉、犀带数条，还有琐铠、兜鍪、南蛮铜弩、镔刀、弓、剑、鞍辔之类，钱一百馀贯，书籍数千卷。岳飞家中的剩钱只有其节度使俸的几分之一，却另藏有麻布和丝绢三千馀匹，米和麦五千馀斛。⑦ 巨额的布、绢、米、麦贮藏，当然主要还是为了贴补军用，而不是供本家消费的。据说上述财产估计共值九千贯，这在宋代当然不是一个小数目，但他家中并无一件金玉珍宝，却又有如此数额的准备贴补军用的物资，确是堪称"家无剩

---

① 《朱子语类》卷127。
② 《金佗稡编》卷9《遗事》，《金佗续编》卷30王自中《鄂州忠烈行祠记》，《会编》卷208《林泉野记》。
③ 《金佗续编》卷27黄元振编岳飞事迹。
④ 《金佗稡编》卷9《遗事》。
⑤ 《金佗续编》卷27黄元振编岳飞事迹。
⑥ 《金佗稡编》卷9《遗事》，《金佗续编》卷30王自中《鄂州忠烈行祠记》。
⑦ 《枫窗小牍》卷下。

财"了。①

岳飞身处国难当头、国耻深重之际，对官场和军界的腐败，尤其有切肤之痛、切齿之恨，他作为一代名将，深知国难和国耻之由。有一次朝见时，宋高宗随便感叹说："天下未太平。"岳飞当即回答：

"文臣不爱钱，武臣不惜命，天下当太平。"

这句言简意赅的名言，很快就传诵一时，以至后世，成为岳飞一身正气的写照。②

岳飞"平居洁廉，不殖货产，虽赐金己俸，散予莫啬，则不知有其家"，在当时得到了公认。③ 他忠实地履行自己一不爱钱，二不惜命的名言。他的人格魅力对将士、幕僚和世人起了极大的表率作用，产生了巨大的感召力。

人生在世，酒、色、财三关决不易过，岳飞却泰然超越三关。由于他对功名，即他心目中至神至圣的抗金事业十分热衷，对个人的利害得失也就十分恬淡。他说："大丈夫欲立功业，岂可有所好耶！"其实，作为一个有血有肉的人，岳飞不可能没有自己的嗜好。他十分嗜渴琼浆玉液，但鉴于两次酗酒的教训，将饮酒的嗜好也戒掉了。有时一些部属好意劝酒，只能使他发怒。岳飞一直盼望着攻破黄龙府（今吉林农安县）时，能一破酒戒，开怀畅饮。④ 黄龙府原是辽边境城市，金太祖攻辽，黄龙府为金朝最早夺取之重镇。⑤ 岳飞一直将黄龙府作为金之老巢和统治中心。⑥ 他和全军将士一样，深信总有一天，白山黑水之间将回荡着岳家军的凯歌。

第二节 仁严兼济 治军风范

岳飞自建炎三年独立成军后，一直以"纪律严明，秋毫不犯"，⑦"兵

---

① 《朝野遗记》。
② 《朱子语类》卷112，《金佗稡编》卷9《遗事》，《金佗续编》卷28《吴拯编鄂王事》，《齐东野语》卷13《秦会之收诸将兵柄》都有类似记载。
③ 《金佗续编》卷14《武穆谥议》。
④ 《金佗稡编》卷9《遗事》，《金佗续编》卷27黄元振编岳飞事迹。
⑤ 《金史》卷2《太祖纪》，卷24《地理志》。
⑥ 参见祖慧先生《"黄龙府"再考》，载《岳飞研究》第3辑。
⑦ 《金佗续编》卷1高宗手诏。

不犯令，民不厌兵"，① 而著称于世。岳飞在军界初露头角之际，给人印象最深的，尚不是战功，而是军纪。岳飞于绍兴元年曾对张俊说："用兵者无他，仁、信、智、勇、严五事，不可不用也。有功者重赏，无功者重罚，行令严者是也。"② 关于为将之"五德"，并非岳飞的发明，在《孙子》兵法中早已有之。孙武说："将者，智、信、仁、勇、严也。"③

岳飞将"五德"的次序有所调整，而将"仁"字放在第一位，应是受儒家思想的影响。岳飞在奏中曾说：

"臣闻正己然后可以正物，自治然后可以治人。"④

岳飞治军，主要还是以"廉"字"正己""自治"，以"仁"和"严"字"正物""治人"。

岳飞的出身和经历，使他熟知百姓受军队欺压，士卒受将领凌虐的痛苦，对腐败的军政和军风深恶痛绝。他不惜用铁的手段，以维护军队的纪律和声誉。岳飞的部众原来大都是"四方亡命、乐纵、嗜杀之徒"，所以能"奉令承教，无敢违戾"，⑤ 主要只能凭借刀斧棍棒之威。

绍兴元年，岳飞讨伐李成，途经徽州，有百姓控告他舅父姚某"骚扰"。岳飞当着姚氏的面，责备舅父说："舅所为如此，有累于飞，飞能容，恐军情与军法不能容。"姚氏也对她所钟爱的弟弟作了一番规劝。不料姚某怀恨在心，有一回竟向岳飞施放冷箭，射中鞍桥。岳飞将姚某擒获，"自取佩刀破其心"，并向老母解释说："若一箭或上或下，则飞死矣。飞为舅所杀，母虽欲一日安，不可得也。所以中鞍桥者，乃天相飞也。今日不杀舅，他日必为舅所害，故不如杀之。"姚氏也觉得此说有理，就此罢休。⑥ 岳飞平时虽"恂恂若一书生"，⑦ 毕竟还保留着赳赳武夫的粗豪本色。

绍兴二年破曹成时，岳家军基本上是北方人，冒着荆湖和广南的酷暑，负荷衣甲、粮食和兵器，奔袭数千里，使很多人感到"艰辛劳苦"，难以忍受，以至有四百七十八名官兵逃亡。其他部分宋军乘机招罗逃亡者，以扩大实力。岳飞认为此风不可长，上奏宋廷，要求在各支军队中

---

① 《金佗稡编》卷1高宗手诏。
② 《会编》卷207《岳侯传》，《金佗稡编》卷9《遗事》大致应是抄录《岳侯传》。
③ 吴九龙、杨炳安、吴如嵩、穆志超、黄朴民先生《孙子校释·计篇》，军事科学出版社，1990年。
④ 《金佗稡编》卷15《辞男云特转恩命第四札子》。
⑤ 《金佗稡编》卷9《遗事》。
⑥ 《会编》卷144，《要录》卷41绍兴元年正月己酉。
⑦ 《金佗稡编》卷9《遗事》，《金佗续编》卷14《忠愍谥议》，卷28《孙迪编鄂王事》引建炎四年邵缉荐书。

"根缉收捉"逃亡者,"押赴飞军前,对众依军法号令",使别人"不敢仿效逃窜"。宋廷为此下令,凡逃亡的使臣设赏钱三百贯,效用和军兵设赏钱一百贯,以奖励告发和搜捕。① 南宋初年,各军战士大致有使臣、效用和军兵三等。使臣为低品武官,因立战功而授官者甚多,统兵官名额有限,以至有官为正七品武翼大夫至武功大夫,通称"诸司正使",官位更高于使臣,也只能"执长行身役",即作为普通战士。②

岳飞为维护军纪,有时也尽量使军人和百姓不接触或少接触,"每屯数万众,而市不见一卒,惟阅试振旅,则人始幸观之"。③ 每到一地,岳飞"必自从十数骑周遭巡历",检查军纪的执行情况。④ 有一次行军,岳飞发现一所新盖的店屋上缺少一片茅草,便立即传问店主。店主说,军队并未打扰百姓,屋顶上本来就缺一片茅草。岳飞不信,下令追查,终于找到一个马军。他承认正在店中饮食,听说岳飞将至,急于上马,不慎掣下一束茅草。店主全家为之哭泣求情,才免于处斩,而责打一百军棍。⑤ 岳家军行经乡村,一般都露宿在民户门外,百姓开门接纳,兵士也不敢进屋。早晨启程时,民家屋外堆放的草苇依然如旧而不乱。⑥ 绍兴三年,岳飞赴吉州和虔州"征群盗",经庐陵县,一些军士借宿廛市的民家。天明以后,便主动为主人洒扫门宇,洗涤盆盎,然后整装出发。吉州知州要为岳飞饯行,不料他已混杂在偏裨之中,不辞而别。⑦

岳飞以严格的军法约束其官兵,"有践民稼,伤农功,市物售直不如民欲之类,其死不贷"。"取人一钱者,必斩"。有一个兵士因为取民家一缕麻,束缚刍草,岳飞追查盘问后,立即将他斩首。有个兵士向湖口县人项某购买薪柴,项某"爱其不扰",自愿少收二文钱,这个兵士一定不肯,说:"吾可以二钱易吾首领耶?"⑧

经过成年累月严格军纪的实践,岳家军逐渐概括出两句著名的口号:

---

① 《梁溪全集》卷72《奏知段恩招诱本司军兵逃走奏状》。
② 《伪齐录》卷上《伪齐诏谕士民榜》。
③ 《金佗续编》卷28《吴拯编鄂王事》。
④ 《独醒杂志》卷7。
⑤ 《金佗续编》卷27黄元振编岳飞事迹。
⑥ 《金佗稡编》卷9《遗事》,《金佗续编》卷30王自中《郢州忠烈行祠记》,《新安文献志》卷54吕午《和岳王庙壁上韵》。
⑦ 《周益国文忠公集·平园续稿》卷37《龙洲居士严君(致尧)墓碣》,《齐东野语》卷20《岳武穆御军》。
⑧ 《金佗稡编》卷9《遗事》,《金佗续编》卷27黄元振编岳飞事迹。

"冻杀不拆屋，饿杀不打虏。"①

南宋初年，财政拮据，军士们菲衣恶食，生计艰窘。由于钱粮供应不足或不及时，军队断炊、缺衣等情况是经常发生的。绍兴二年，岳家军破曹成后屯驻江州，"钱粮阙乏"，"致本军杀马，剪发，卖鬻妻、子"，以"博易米斛"，但居然并未发生抢掠事件，后将部分军队移屯于筠州、临江军、兴国军等地，方得以度过难关。② "冻杀不拆屋，饿杀不打虏"的口号，正是岳家军在忍饥受冻的情势下，仍大致维持军纪的真实写照。

岳飞治军虽严，却严而不酷。他对部属，对百姓，甚至对降敌，都贯穿着儒家倡导的"仁心爱物"的理念。③ 他严禁军队抢劫和骚扰百姓，正是体现他的"恤民"精神。④

有一回，他看到提辖官杖责军士，就立即制止，说："且教训之，勿轻笞辱也。"⑤ 在宋时的军队中，长官"笞辱"军士，本是屡见不鲜的事，而岳飞却采取慎重的态度。

裨将杨贵的一个兵士擅离队伍，杨贵大怒，将他脔割致死。岳飞调查此事，说："擅离队伍，罪未至是，汝当以死偿之！"他当即脱下自己的衣服，以收敛这个兵士的尸身。杨贵惶恐万分，经众将"罗拜祈免"，岳飞才允许杨贵立功赎罪。⑥

在物资供应十分菲薄和匮乏的情况下，岳飞特别注意抚恤军卒。他"奉己至薄"，经常与最下等的军士共餐。酒肉一定均分部属，如果酒太少，则搀水共啜。行军时，逢军士露宿，自己不入馆舍；出戍或出征时，命妻子李娃遍访将士家属，嘘寒问暖，以金帛周济；战斗时，只简单要求军士"手执得枪住，口有唾得咽，则已是勇也"，而常"自为旗头，身先士卒"，"亲冒矢石"，"摧精击锐，不胜不止"。伤病者则亲自慰问，甚至亲手调药；战死者则吊唁尽哀，抚育孤寡，"或以子婚其女"。岳飞大儿媳巩氏或二儿媳温氏之父，即是"死事者"。⑦

岳飞重视对军队的爱国主义教育。每次"临戎誓众"，他"言及国家

---

① 《金佗稡编》卷9《遗事》，《金佗续编》卷21《鄂王传》作"饿杀不虏掠"，稍异。
② 《金佗续编》卷29赵鼎《乞支降军马钱粮》，《忠正德文集》卷1《乞支降岳飞军马钱粮状》，《要录》卷62绍兴三年正月丁卯。
③ 《金佗续编》卷27黄元振编岳飞事迹。
④ 《会编》卷208《林泉野记》。
⑤ 《金佗续编》卷27黄元振编岳飞事迹。
⑥ 《独醒杂志》卷7。
⑦ 《金佗稡编》卷9《遗事》，《金佗续编》卷14《忠愍谥议》，《武穆谥议》，卷27黄元振编岳飞事迹，卷28《孙逌编鄂王事》引建炎四年邵缉荐书。

之祸"，往往"仰天横泗，气塞莫能语"，兵士们都歔欷感奋，愿效死力战。①

岳飞的努力取得相当的成功。在恶浊的社会环境中，岳家军当然不可能弊绝风清。但一般说来，贪污舞弊的行为尚能得到制裁，没有发展到很严重的程度。②幕僚黄纵看到一名兵士，在严寒的天气里只穿一件单麻布衫，便问他："汝怨乎？"这个兵士回答："不怨也。他军所得请给，则有减克。又如科作纳袄之类，自身虽暖，老小则冻馁矣。宣抚则不然，所请食钱若干，不减一钱，听士自用之。某自因家累重而费之，非在上者有克于我也，何怨之有。"③

由于岳飞仁严兼济，恩威并施，"小善必赏，小过必罚"，"勤惰必分，功过有别"，④故在岳家军中，养成了一种雷厉风行的军风，令下如山倒，"御众得其死力"。岳飞在庐州，"遣骑驰奏"，恰遇大江"风暴禁渡"，别人制止这名骑士渡江，这名骑士却说："宁为水溺死，不敢违相公令！"便自驾一叶轻舟，出没狂风巨浪之中，终于抵达彼岸。⑤故人称凡是在岳飞"麾下者，人百其勇"。⑥这固然是夸张之词。但是，由于主将品格的差异，管教的不同，而形成军队素质和战斗力的差距，却是无可否认的事实。

在中国古代，军政腐败，军纪放纵，是司空见惯的。军队战胜，须以掳掠维系士气；⑦军队战败，须以抢劫平息怨愤。当时纵暴记录最多的是张俊军，号称"自在军"。⑧岳飞严明军纪，整肃军政，端正军风，是一种罕见的难能可贵的特例。这固然是时代之所需，抗金之所需，也是与岳飞个人的理想、抱负、品格和特殊努力分不开的。南宋后期的吕午写诗称颂

---

① 《金佗稡编》卷9《遗事》，《金佗续编》卷30王自中《鄂州忠烈行祠记》。
② 关于岳家军中贪污舞弊事件。第一，据《金佗稡编》卷9《遗事》，岳飞"尝命其将支犒"，"匿金归己，杖而杀之"。《会编》卷155载任士安有类似情况，系误。第二，据《金佗续编》卷1绍兴七年出师疏，《要录》卷113绍兴七年八月丙申，《宋会要》食货56之44，《筠溪集》卷4《霍蠡总领荆〔襄〕财用转一官》，岳飞第二次北伐时，"在寨辛伍有饥饿闪走"，后霍蠡查出，"吏或侵渔，军多冗滥，致馈饷不继于道"。第三，《金佗稡编》卷8《鄂王行实编年》载张宪前军副统制王俊"屡以奸贪为宪所裁"。
③ 《金佗续编》卷27黄元振编岳飞事迹。
④ 《金佗续编》卷30王自中《鄂州忠烈行祠记》，《独醒杂志》卷7。
⑤ 《金佗稡编》卷9《遗事》。
⑥ 《金佗续编》卷14《武穆谥议》。
⑦ 参见《资治通鉴》卷198贞观十九年六月唐太宗征高丽，《宋史》卷255《王全斌传》平后蜀的记载。
⑧ 参见《会编》卷136，卷180，卷230崔淮夫等上两府札子，《要录》卷114绍兴七年九月辛未。

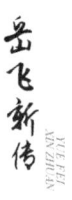

说,"当年惟说岳家军,纪律森严孰与邻。师过家家皆按堵","威名千古更无敌"。① 的确,岳飞的治军,无疑在中国军事史上是一大贡献,他自己也对本军的素质感到自豪,曾说:"某之士卒真可用矣!"②

---

① 《新安文献志》卷54吕午《和岳王庙壁上韵》。
② 《金佗续编》卷27黄元振编岳飞事迹。

拾贰

淮西兵变

宋高宗画像

第一节 淮西军易将

绍兴七年二月，当岳飞前往"行在"平江府时，① 朝廷已作出一项重要的人事更动，又正在酝酿另一项重要的人事更动。

左相赵鼎和右相张浚的分歧，已发展到完全不能共事的地步。张浚力主"行在"迁往建康府，赵鼎却图谋撤回临安府。一个计划"乘胜取河南地，擒刘豫父子"；另一个认为，刘豫虽是"几上肉"，既有金朝作后盾，"强弱不敌，宜且自守"。一个提议，"刘光世骄惰不战，不可为大帅"，应当罢免其兵权；另一个反对，"若无故而遂罢之"，"恐其士卒自此不安"。张浚既然对伪齐绍兴六年冬的进犯处置合宜，自然是理直而气壮。赵鼎自愧弗如，便提出辞呈，于当年十二月外任绍兴府知府。②

张浚逐走赵鼎，却引进老奸巨猾的秦桧。秦桧闲废五年后，又重新出任枢密使，地位仅次于张浚。他甚至在罢黜期间，依然明目张胆地宣扬投降主义主张。秦桧上奏说，"言战者专欲交兵，而彼己之势未必便"，"自古两国相敌，力强者骄，不足深较"，"乞安慰狂虏"，"明言""不敢轻犯大国"。③ 张浚被秦桧在北宋末年的表现所蒙蔽，又误认为他"柔佞易制"，以为可以拉拢他，当一个理想的"备员"。④ 秦桧也尽量克制自己恣睢暴戾的本能，明充"备员"，暗当奸细。

由于右相张浚独揽大权，刘光世的罢免就势不可免，问题在于由谁接管这支屯驻淮西的行营左护军。岳飞到达平江府后，大约也听到了一些传闻。他知道行营左护军还有不少强兵悍将，如将这支部队拨归自己指挥，对北伐的裨益是不言而喻的。

绍兴七年正月，金朝向宋朝通报了宋徽宗的死耗，故宋高宗每次召见

---

① 《金佗续编》卷8《令赴行在奏事省札》，《再令疾速赴行在奏事省札》，《要录》卷109绍兴七年二月庚子，岳飞接宋廷绍兴六年十二月和绍兴七年正月省札后，于二月到平江府。《金佗稡编》卷7《鄂王行实编年》作"春正月，入见"，系误。
② 《会编》卷170，《要录》卷107绍兴六年十二月戊戌，壬寅。
③ 秦桧奏见《会编》卷172绍兴七年正月十五日，《要录》卷87绍兴五年三月。时间应以《要录》为准，内容应以《会编》为准，因为清人修《四库全书》时，对《要录》文字作了篡改。
④ 《会编》卷220《中兴姓氏录》，《要录》卷107绍兴六年十二月甲午朔，卷108绍兴七年正月丁亥。

臣僚，总得表演出一副涕泪满面、哀不自胜的模样。① 他和岳飞见面后，谈论一番国势军情，顺便问及岳飞是否有良马。岳飞灵机一动，作出了巧妙的回答：

"骥不称其力，称其德也。臣有二马，故常奇之。日啖刍豆至数斗，饮泉〔至〕一斛，然非精洁，则宁饿死不受。介胄而驰，其初若不甚疾，比行百馀里，始振鬣长鸣，奋迅示骏，自午至酉，犹可二百里。褫鞍甲而不息不汗，若无事然。此其为马，受大而不苟取，力裕而不求逞，致远之材也。值复襄阳，平杨么，不幸相继以死。

今所乘者不然，日所受不过数升，而秣不择粟，饮不择泉。揽辔未安，踊跃疾驱，甫百里，力竭汗喘，殆欲毙然。此其为马，寡取易盈，好逞易穷，驽钝之材也。"

岳飞将自己比作"致远之材"，足以胜任直捣黄龙府的伟业。他希望宋高宗高瞻远瞩，不要耿耿介怀于去年北伐的成效不理想，而能交付给自己更多的军队和权力，以承担再次大举的重任。

岳飞这番言谈引起皇帝的重视。宋高宗赞赏他"见〔识极〕进，论议皆可取"。② 趁论功行赏的机会，将岳飞由检校少保升至正二品的太尉，并将宣抚副使、兼营田使晋升为宣抚使、兼营田大使。③ 太尉"同二府之列"，"崇以辅臣之礼"。④ 按照宋制，宰相所辖三省和枢密使等所辖枢密院，号称二府。除宰相外，枢密使、参知政事等称执政，即"辅臣"。自宋朝"祖宗以来，所置使名莫重于宣抚，多以见任执政官充使"。⑤ "以宣抚之重名，实寄专征之大事"，唯有"廊庙近臣、勋伐高世者"可膺此重任。⑥ 岳飞官拜太尉后，便"理宜增重使名"，⑦ 使虚衔和实职一致，都作为执政级高官的待遇。但是，检校少保、太尉等只是作为锦上添花的加衔，岳飞的两镇节度使虚衔仍旧保留而不变。此时，岳飞的实职差遣已超越吴玠，而与韩世忠、刘光世、张俊三大将平列。

三月，在张浚的主持下，宋高宗的"行在"迁往建康府。在平江府停

---

① 《要录》卷108绍兴七年正月丁亥、庚寅。
② 《要录》卷109绍兴七月二月己酉，《宋史全文续资治通鉴》卷20。
③ 《金佗续编》卷2《起复太尉加食邑制》，《会编》卷177，《要录》卷109绍兴七月二月丁巳，《宋会要》职官1之13。
④ 《金佗续编》卷3《再辞免起复太尉仍加食邑不允诏》。
⑤ 《宋会要》职官41之24—25。《梁溪全集》卷65《论宣抚两司职事乞降处分奏状》作"多以见任宰相、执政官充使"，"宰相"两字疑衍。
⑥ 《金佗稡编》卷14《辞宣抚副使札子》。
⑦ 《宋会要》职官41之33。

留了二十多日的岳飞,也奉命"将带马军","禁卫从行"。① 九日到达建康府后,宋高宗撇开以背嵬亲军护卫的韩世忠,在"寝阁"单独召见岳飞,对他说:"中兴之事,朕一以委卿,除张俊、韩世忠不受节制外,其馀并受卿节制。"②

所谓"节制",是指暂时指挥或间接指挥。③ 岳飞节制的范围,不仅包括刘光世的行营左护军五万二千馀人,还应包括仍为宣抚副使的吴玠行营右护军六万八千四百馀人,④ 杨沂中殿前司军约三万人,⑤ 侍卫马军司和侍卫步军司军一万二千六百人以上,⑥ 总计约十六、七万人;不归节制的韩世忠的行营前护军约三万人,⑦ 张俊的行营中护军约七万馀人,⑧ 总计约十万人。

眼前的要务,首先自然要确定淮西行营左护军的归属。宋高宗将亲笔手诏交付岳飞,以备他去淮西接管行营左护军时,面授王德、郦琼等统制。宋高宗在手诏中写道,"朕惟兵家之事,势合则雄"。"今委岳飞尽护卿等,盖将雪国家之耻,拯海内之穷"。"所宜同心协力,勉赴功名,行赏答勋,当从优厚。听飞号令,如朕亲行,倘违斯言,邦有常宪"。⑨

南宋各军不能协同配合,是个严重的战略弱点,在过去的战事中,特别是在绍兴六年的战事中,已经暴露无遗。宋高宗本人也承认,岳飞"素志殄虏,常苦诸军难合"。⑩ 这种弱点,也只有由智勇兼备的岳飞负责统一指挥,才能弥补和克服,此外别无良策。

---

① 《金佗续编》卷8《令扈车驾幸建康省札》。
② 《金佗续编》卷27黄元振编岳飞事迹。韩世忠率亲军护卫,见《要录》卷109绍兴七月三月癸亥朔。
③ 《朝野类要》卷4《节制》:"节制之称,所以使寄戍之军服其权也。若平时镇江府武锋军驻楚州,则其州守臣有统辖屯戍之兼职。"此为间接指挥之意。《金佗续编》卷5《朝省行下事件省札》规定岳飞"节制使唤"颜孝恭、崔邦弼等军,有暂时指挥之意。
④ 《要录》卷111绍兴七年五月壬午,《宋史》卷374《李迨传》。
⑤ 据《会编》卷205,《要录》卷139绍兴十一年正月己巳,《宋史》卷367《杨存中传》,后杨沂中以三万兵赴淮西,今姑依此数。
⑥ 《要录》卷108绍兴七年正月戊寅,卷110绍兴七年四月丙申。
⑦ 《会编》卷206,《要录》卷140绍兴十一年六月癸未,《宋史》卷364《韩世忠传》。
⑧ 据《会编》卷219《林泉野记》,《中兴小纪》卷29,《皇朝中兴纪事本末》卷55,《金佗稡编》卷8《鄂王行实编年》,张俊最后兵力达八万人。另据《会编》卷212,《要录》卷117绍兴七年十一月甲午,后王德以八千人隶张俊,方达八万兵力,故其时应为七万馀人。
⑨ 《金佗稡编》卷1高宗手诏。
⑩ 《金佗稡编》卷3高宗手诏。

宋高宗将全国大约七分之五的兵力，慷慨地授予岳飞一人指挥和节制，这在宋朝尚无此先例，不能不使岳飞欣喜若狂。岳飞非常感激皇帝的恩遇，更渴望抗金功成，他用工整的楷书写了一篇奏札，于十一日进呈皇帝：

"臣伏自国家变故以来，起于白屋，实怀捐躯报国、雪复雠耻之心，幸凭社稷威灵，前后粗立薄效。而陛下录臣微劳，擢自布衣，曾未十年，官至太尉，品秩比三公，恩数视二府，又增重使名，宣抚诸路。臣一介贱微，宠荣超躐，有逾涯分；今者又蒙益臣军马，使济恢图。臣实何人，误辱神圣之知如此，敢不昼度夜思，以图报称。

臣〔窃〕揣敌情，所以立刘豫于河南，而付之齐、秦之地，盖欲荼毒中原生灵，以中国而攻中国。粘罕因得休兵养马，观衅乘隙，包藏不浅。臣不及此时禀陛下睿算妙略，以伐其谋，使刘豫父子隔绝，五路叛将还归，两河故地渐复，则金贼诡计日生，它时浸益难图。

然臣愚欲望陛下假臣日月，勿复拘臣淹速，使敌莫测臣〔之〕举措。万一得便可入，则提兵直趋京、洛，据河阳、陕府、潼关，以号召五路叛将，则刘豫必舍汴都，而走河北，京畿、陕右可以尽复。至于京东诸郡，陛下付之韩世忠、张俊，亦可便下。臣然后分兵澶、滑，经略两河，刘豫父子断可成擒。如此则大辽有可立之形，金贼有破灭之理，四夷可以平定，为陛下社稷长久无穷之计，实在此举。

假令汝、颍、陈、蔡坚壁清野，商於、虢略分屯要害，进或无粮可因，攻或难于馈运，臣须敛兵，还保上流。贼定追袭而南，臣俟其来，当率诸将或剉其锐，或待其疲。贼利速战，不得所欲，势必复还。臣当设伏，邀其归路，小入必小胜，大入则大胜，然后徐谋再举。设若贼见上流进兵，并力来侵淮上，或分兵攻犯四川，臣即长驱，捣其巢穴。贼因于奔命，势穷力殚，纵今年未尽平殄，来岁必得所欲。亦不过三、二年间，可以尽复故地。陛下还归旧京，或进都襄阳、关中，唯陛下所择也。

臣闻兴师十万，日费千金，邦内骚动七十万家，此岂细事。然古者命将出师，民不再役，粮不再籍，盖虑周而用足也。今臣部曲远在上流，去朝廷数千里，平时每有粮食不足之忧。是以去秋臣兵深入陕、洛，而在寨卒伍有饥饿闪走，故臣急还，不遂前功。致使贼地陷伪，忠义之人旋被屠杀，皆臣之罪。今日唯赖陛下戒敕有司，广为储备，俾臣得一意静虑，不为兵食乱其方寸，

— 197 —

则谋定计审，仰遵陛下成算，必能济此大事也。

异时迎还太上皇帝、宁德皇后梓宫，奉邀天眷归国，使宗庙再安，万姓同欢，陛下高枕无北顾忧，臣之志愿毕矣。然后乞身还田里，此臣夙昔所自许者。"①

根据内定的安排，岳飞实际上已不再是荆湖北路和京西南路的宣抚使，而是"宣抚诸路"。除京东东路和西路是韩世忠与张俊两军的作战区外，其馀京西、陕西、河北、河东等各路辖地，都作为岳飞的作战区。他在奏札中提出全盘作战计划，准备用两三年时间，"尽复故地"。岳飞满怀决胜的豪情壮志，他唯一的忧虑就是军粮供应，故在此奏中特别强调，希望引起宋高宗的关注。

南宋初年，一度流行着迎还二圣的政治口号，二圣是指被俘的宋徽宗和宋钦宗。这个口号最初出自宋高宗的即位诏中有"同徯两宫之复"之语。② 由于宋徽宗已死，金人又不断放出风声，要以宋钦宗或宋钦宗之子组织傀儡政权，故岳飞在此奏中便不再沿用这个已经过时的政治口号，而只将宋钦宗包括在"天眷"之中。

宋高宗读完岳飞奏札，当即亲笔批示：

"览奏，事理明甚，有臣如此，顾复何忧。进止之机，朕不中制。惟敕诸将广布宽恩，无或轻杀，拂朕至意。"③

十四日，宋廷和都督府又发给岳飞三个省札和都督府札，命令岳飞招纳伪齐臣僚，规定岳飞"如行军入贼境"，"许便宜施行""军期事务"，而后奏报。其中的都督府札则是开列刘光世军的人马清单，包括行营左护军所属十个军的统制名单，共计有五万二千三百十二人，马三千零十九匹。由于罢免刘光世的命令尚未宣布，故规定此札由岳飞"密切收掌"，不得下发宣抚司机构，以免泄漏朝廷机密。④

岳飞在行朝已暂住了一月有馀，他急于离开建康府。宋廷特别规定，绍兴六年立功将佐的升官官告，可"免进入"门下省审覆，而由官告院直接发付岳飞带回鄂州。⑤

宋高宗自绍兴元年以来，虽降金之心不死，但因伪齐堵绝了求和之

---

① 《金佗续编》卷1绍兴七年出师疏，以《金佗稡编》卷11《乞出师札子》参校，两处文字有异，但前者为岳飞手迹原件，应以为准。
② 《会编》卷101。
③ 《金佗续编》卷1高宗手诏。
④ 《金佗续编》卷8《诏谕靖康叛臣能束身以归当复爵秩省札》，《许令便宜行事省札》，《督府令收掌刘少保下官兵札》。
⑤ 《要录》卷109绍兴七年三月乙亥，《宋会要》职官11之70。

路，有时不得不在表面上赞成抗金。金朝女真贵族经历几次挫败，灭宋的欲望已不很迫切；刘豫却不然，他认为若不灭宋，自己的"子皇帝"和"臣皇帝"的宝座就坐不稳当。他为此采取了一切可能的手段，包括搜罗宋高宗个人的秽行丑闻，出文榜"毁斥诟骂，无所不至"。①

宋高宗身为九重之主，竟然遭受这个旧日臣仆的糟蹋，也不免气愤难平，意欲进行报复。近年来的一系列征战，使岳飞的军事声望后来居上，无论是刘光世和张俊，还是吴玠和韩世忠，都不能与他并驾齐驱。真正要在抗金方面有所作为，自然非岳飞莫属。正值宋徽宗的凶耗传来，宋高宗在一时的感情冲动之下，似乎是"寝阁之命，圣断已坚"，② 决定重用岳飞，然而他的决定，也仅仅是一时冲动而已。③

第二节　岳飞辞职　淮西兵变

岳飞的北向用兵计划，很快遭到右相兼都督张浚的反对，以及枢密使秦桧的破坏。

张浚不满于当空名都督，企图将行营左护军作为都督府的直属部队；而岳飞"宣抚诸路"，其实已在相当程度上取代了都督府的职权。张浚一向自视甚高，去冬淮西的胜利，更使他居功自傲，忘乎所以。在他眼里，统一节制全国军马，指挥北伐战争，只有自己才名实相符，岳飞是不够资格的。

秦桧身为奸细，破坏抗金自是他的本分。如今既有张浚出面反对岳飞并统各军，秦桧更乐于在煽风点火之后，充当"备员"。

张浚和秦桧要说服宋高宗，是毫不困难的。宋太祖以武将身份发动政变，黄袍加身，故猜忌和防范武将，遂成赵宋世代相传的家规。尽管对国势卑弱的影响愈来愈大，变得有弊而无利，赵氏子孙仍恪守不违。张浚和秦桧无非是设法提醒宋高宗，不要忘记列祖列宗的家训，让岳飞掌太大的军权，一旦功盖天下，威略震主，就后悔莫及了。

---

① 《金佗续编》卷1高宗手诏。
② 《金佗稡编》卷12《乞本军进讨刘豫札子》。
③ 因秦桧父子篡改历史，在《金佗稡编》问世前，宋朝官史对宋高宗曾委派岳飞节制大部分军队的史实，一直讳莫如深。《要录》卷109绍兴七年三月乙亥，卷110绍兴七年四月丁未及《中兴小纪》卷21，《皇朝中兴纪事本末》卷40载，岳飞朝见时，"欲并统淮右之兵"，宋高宗当即驳回，并对北伐计划提出诘难，乃承袭秦熺主编《高宗日历》之曲笔。

宋高宗被张浚和秦桧提醒后，当即翻悔。但自古君无戏言，如何对岳飞取消信誓旦旦的皇命，却颇费斟酌。宋高宗给岳飞连发三份手诏。第一份手诏说：

"前议已决，不久令宰臣浚至淮西视师，因召卿议事。进止之几，委卿自专，先发制人，正在今日，不可失也。"①

至于"议事"的内容为何，似不便明说。第二份手诏说：

"览卿近奏，毅然以恢复为请，岂天实启之，将以辅成朕志，行遂中兴邪！嘉叹不忘，至于数四。自馀令相臣浚作书具道。惟卿精忠有素，朕所简知，谋议之间，要须委曲协济，庶定祸乱。"②

估计到张浚出面"具道"后引起的不快，故宋高宗一方面对岳飞大加褒奖，另一方面又要求他"要须委曲协济"。第三份手诏说：

"淮西合军，颇有曲折。前所降王德等亲笔，须得朝廷指挥，许卿节制淮西之兵，方可给付。仍具知禀奏来。"③

命岳飞"具知禀奏来"，更表明了宋高宗收回成命的急切心情。岳飞不料事情突然变卦，其愤怒的心情真是难以言喻。

由于宋高宗不便再次召见，就由张浚出头露面，将岳飞召至都督行府。张浚也同样编造不出冠冕堂皇的理由，可以对岳飞堂堂正正地作些说明。他只能装出根本没有发生过令岳飞统率淮西军的事，转弯抹角地发问："王德之为将，淮西军之所服也。浚欲以为都统制，而命吕祉以都督府参谋领之，如何？"

显然，张浚的发问绝非是征求意见，而是通知岳飞，淮西行营左护军的指挥已有新的安排。但岳飞以抗金大局为重，还是率直地作了回答："淮西一军多叛亡盗贼，变乱反掌间耳。王德与郦琼故等夷，素不相下，一旦摞之在上，则必争。吕尚书（吕祉以兵部尚书兼都督府参谋军事）虽通才，然书生不习军旅，不足以服其众。飞谓必择诸大将之可任者付之，然后可定，不然，此曹未可测也。"

张浚又问："张宣抚（俊）如何？"

岳飞说："张宣抚宿将，飞之旧帅也。然其为人暴而寡谋，且郦琼之素所不服，或未能安反侧。"

---

① 《金佗续编》卷1高宗手诏。
② 《金佗续编》卷1高宗手诏。
③ 《金佗续编》卷1高宗手诏。

张浚再问:"然则杨沂中耳。"

岳飞说:"沂中之视德等尔,岂能御此军哉。"

岳飞直言不讳,张浚却认为岳飞无非是执意扩大自己的军队实力,艴然而怒,说:"浚固知非太尉不可也!"

岳飞也愤愤然回答:"都督以正问,飞不敢不尽其愚,然岂以得兵为计耶!"

岳飞对宋高宗君臣的出尔反尔,愤慨已极,他上奏请求解除军务。其表面理由是与宰相张浚议论不合,其实当然绝不是针对张浚个人的。按当时的专制礼法,臣僚提出辞呈,须经皇帝首肯,方可离职。岳飞一怒之下,不经宋高宗许可,就在往鄂州的归途中,一面上奏,一面径自往江州庐山东林寺,给亡母"持馀服"守孝。此种做法,近乎惊世骇俗的"抗上"行为,反映了岳飞的武人气质和性格的倔强。

张浚得知岳飞擅自离职,也怒不可遏。他屡次上奏宋高宗,说:

"岳飞积虑,专在并兵,奏牍求去,意在要君。"①

他通过宋高宗,委派其亲信兵部侍郎、兼都督府参议军事张宗元任湖北、京西路宣抚判官,准备乘机剥夺岳飞军权。狂躁的张浚"方谋收内外兵柄",使天下有识之士为之"寒心"。② 秦桧当然是无条件支持张浚的愚蠢做法,然而为使自己的政治地位万无一失,还必须窥测宋高宗的意向。

宋高宗也是满腹恼怒。他召见左司谏陈公辅时,隐瞒了自己在行营左护军归属问题上的反复无常,歪曲事实真相,指责岳飞骄横跋扈。陈公辅是抗战派,向来被指为李纲的同党。他仔细回味皇帝说得不圆的谎话,感到岳飞勇于承担平定刘豫,收复中原的重任,"要当以十万众横截虏境",还是十分可取的。他于是上奏说,"飞本粗人,凡事终少委曲"。"前此采诸人言,皆谓飞忠义可用,不应近日便敢如此。恐别无他意,只是所见有异",婉转地请求宋高宗予以谅解。宋高宗尚比张浚清醒,他权衡利害得失,为了自己的帝座,尚不得不用岳飞掌军。他拒绝了张浚的收岳飞兵柄之谋,在手诏中"封还"岳飞的三份辞职奏札,不准岳飞"求闲自便"。③宋高宗发布严令,命湖北、京西路宣抚司提举一行事务王贵和参议官李若虚赶往庐山,敦请岳飞出山。

张宗元到鄂州,岳家军将士都感到莫名其妙,遂致人心惶惶,又恰逢

---

① 《宋史》卷28《高宗纪》。
② 《会编》卷199《秀水闲居录》,《中兴小纪》卷21与《皇朝中兴纪事本末》卷40注引《秀水闲居录》。
③ 《金佗稡编》卷1高宗手诏。岳飞三份辞职奏乃据三份高宗手诏的文字推断,原件今已佚失。

同提举一行事务张宪告病假休养，一时流言纷起，都说："朝廷使张侍郎代公，公不复还矣！张太尉以此辞疾。"

参谋官薛弼害怕发生兵变，忙请张宪扶病主持军务，"勒诸军各安营部，偶语者斩"。张宪对将校们说："我公心腹间事，参谋独知之，欲知其详，问之可也。"

趁众将前来询问之机，薛弼说："张侍郎来，由公之请，汝辈岂不闻乎？公解军几何时，汝辈败坏军法如此，公闻之且不乐。今朝廷已遣敕使，强公起复，张侍郎非久留者。"在张宪和薛弼的劝解下，全军将士的情绪方得以安定下来。①

张宗元赴任鄂州，原来自然对岳飞怀有某种敌意。但他目睹了岳家军雄威的军容，昂扬的士气，"旗甲精明，卒乘辑睦"，将士们正在厉兵秣马，准备"深入"中原，"横行"漠北的情景，也不禁为之感动，转而激发起对统帅岳飞的敬意。②

王贵和李若虚带了诏旨来到庐山东林寺，任凭他们左劝右说，岳飞执意不肯下山复职。拖到第六天，李若虚眼见已濒临绝境，不得不以分量最重的语言，责备岳飞说："是欲反耶？此非美事！若坚执不从，朝廷岂不疑宣抚。且宣抚乃河北一农夫耳！受天子之委任，付以兵柄，宣抚谓可与朝廷相抗乎？宣抚若坚执不从，若虚等受刑而死，何负于宣抚？宣抚亦岂不愧若虚等受刑而死？"

薛弼之弟，绍兴三年前后曾不断上奏举荐岳飞的薛徽言，也专门写信，规劝岳飞。③ 岳飞也终于明白，若再固执下去，对抗金大业不会有任何好处，最后不得不接受宋高宗的诏旨。

但是，在复职视事之前，岳飞还必须再次去"行在"建康府，向本来理亏的宋高宗请"罪"。张浚为了维护朝廷及本人的尊严，向岳飞作了此种示意。岳飞在六月朝见宋高宗，④ 他上奏说：

"臣妄有奏陈乞骸之罪，明正典刑，以示天下，臣待罪。"⑤

宋高宗回答他的，是形似宽慰，实则儆戒的一席话："卿前日奏陈轻率，朕实不怒卿。若怒卿，则必有行遣。太祖所谓犯吾法者，唯有剑耳！所以复令卿典军，任卿以恢复之事者，可以知朕无怒卿之意也。"

---

① 《要录》卷112绍兴七年七月丁卯，《浪语集》卷33《先大夫行状》，《水心文集》卷22《故知广州敷文阁待制薛公墓志铭》，《宋史》卷380《薛弼传》。
② 《金佗续编》卷3《张宗元奏军旅精锐奖谕诏》。
③ 《浪语集》卷33《先大夫行状》。
④ 《宋史》卷28《高宗纪》。
⑤ 《金佗续编》卷3《上章乞骸有旨不允继赴行在入见待罪降诏慰谕》。

几个月前，岳飞一度是宋高宗最赏识的大将，如今却成为皇帝最猜忌的武人。宋高宗的话中隐隐地透露出杀机。他一时尚不得不在表面上对岳飞作些应付和酬酢，骨子里却深怀戒备之心，毫无诚意。秦桧也表示愤愤不平，以取悦于宋高宗。①

统率各军，大举北伐的幻想破灭后，岳飞只能立足于依靠本部人马。他返回鄂州，又向宋高宗上奏：

"贼豫逭诛，尚穴中土，陵寝乏祀，皇图偏安，陛下六飞时巡，越在海际。天下之愚夫愚妇莫不疾首痛心，愿得伸锄奋梃，以致死于敌。而陛下审重此举，累年于兹，虽尝分命将臣，鼎峙江、汉，而皆仅令自守以待敌，不敢远攻而求胜。是以天下忠愤之气，日以沮丧；中原来苏之望，日以衰息。岁月益久，汙染渐深，趋向一背，不复可以转移。此其利害，诚为易见。

臣待罪阃外，不能宣国威灵，克殄小丑，致神州隔于王化，房、伪穴于宫阙，死有馀罪，敢逃司败之诛！陛下比者寝阁之命，圣断已坚；咸谓恢复之功，指日可冀。何至今日，尚未决策北向。臣愿因此时，上禀〔陛下〕成算，不烦济师，只以本军进讨，庶少塞瘝官之咎，以成陛下寤寐中兴之志。顺天之道，因民之情，以曲直为壮老，以逆顺为强弱，万全之效，兹焉可必。惟陛下力断而行之！"②

岳飞率直地批判朝廷"仅令自守以待敌，不敢远攻而求胜"的消极防御战略方针，并且提醒宋高宗，不要自食几个月前"寝阁"的"圣断"。宋高宗读到此奏，多少有些难堪，他回手诏说：

"览卿来奏，备见忠诚，深用嘉叹。恢复之事，朕未尝一日敢忘于心，正赖卿等乘机料敌，力图大功。如卿一军士马精锐，纪律修明，鼓而用之，可保全胜，卿其勉之，副朕注意。"③

与几个月前的"圣断"和手诏相比，宋高宗勉强敷衍的神情已跃然

---

① 关于岳飞辞职的经过，参据《会编》卷177，卷178，《要录》卷109绍兴七年三月乙亥，卷110绍兴七年四月丁未、庚戌、壬子，卷112绍兴七年七月丁卯，卷113绍兴七年八月乙未、丙申，《齐东野语》卷2《张魏公三战本末略》。但《会编》和《要录》的记述颇有讹谬，甚至荒诞的成分。《金佗稡编》卷9《遗事》："刘光世之兵，上初以畀先臣。秦桧知其有大举北征意，沮之，寝其命，略无愠色。"亦为岳珂故作曲笔。
② 《金佗稡编》卷12《乞本军进讨刘豫札子》，以《金佗稡编》卷7《鄂王行实编年》参校。
③ 《金佗稡编》卷1高宗手诏。

纸上。

　　岳家军的精士健马正准备出击,淮西却爆发了大规模的兵变。刘光世被撤职后,王德升任行营左护军都统制,① 十分骄倨。有一天,教场阅兵,众将执桗,用军礼拜谒,郦琼素来有些畏忌王德,便卑词进言:"寻常伏事太尉不周,今日乞做一床锦被遮盖。"粗鲁的王德不懂得乘机安抚人心,竟不答一言,上马扬尘而去。②

　　王德既犯众怒,郦琼在寒心之馀,伙同众将,联名上告王德。宋廷为调解冲突,又任命郦琼为行营左护军副都统制。张浚仍然按其原定计划,派兵部尚书、兼都督府参谋军事吕祉前去监军,而将王德的八千人马调驻建康府。③

　　吕祉善于纸上谈兵,却并无治军经验。他沿袭宋朝崇文抑武的积习,妄自尊大,对行营左护军的将佐傲慢无礼。郦琼阴蓄异志,乘机拉拢了大部分将领。吕祉发现情况不妙,急忙上奏,请求派大将进驻淮西,罢免郦琼之辈。不料其奏章的内容,竟被书吏泄漏给郦琼。朝廷发表张俊为淮西宣抚使,杨沂中为淮西制置使,消息传到行营左护军中,恰好成了导火线。④ 八月八日,郦琼发动兵变,杀吕祉等人,裹胁全军四万馀人投降伪齐。宋朝前沿的四大军区之一,一时竟处于防卫空虚的状态。朝野震惊,宋廷更是乱成一团。⑤

　　宋高宗慌忙给岳飞递发手诏,说"闻琼与卿同乡里,又素服卿之威望",命岳飞写信,争取郦琼归宋,"不特已前罪犯一切不问,当优授官爵,更加于前"。然而宋高宗的"皇恩",岳飞的书信,终究不能使郦琼回心转意。⑥

　　淮西之变使岳飞的先见之明完全得到了应验,但这种应验却给他带来了更深的痛苦。

---

① 《要录》卷111绍兴七年五月乙丑。
② 《齐东野语》卷2《张魏公三战本末略》。
③ 《要录》卷111绍兴七年五月甲申,六月戊申。关于王德调驻建康府的兵力,据《要录》卷113绍兴七年八月戊戌注。
④ 《金佗稡编》卷1高宗手诏,《要录》卷113绍兴七年八月乙未。
⑤ 《要录》卷113绍兴七年八月戊戌。
⑥ 《金佗续编》卷1高宗手诏,《忠正德文集》卷8《丁巳笔录》。

第三节　建议立储

岳飞得知淮西兵变后，驰奏"行在"建康府，说：

"淮甸迫近行在，臣愿提全军进屯，万一番、伪窥伺，臣当奋击，期于破灭。"

宋高宗并不批准岳家军移驻淮南西路，只是礼貌性地"降诏奖谕"。① 他乘机将岳飞的北伐计划一笔勾销，向岳飞发手诏说：

"淮西兵叛，事既异前，未遑亟举。"②

岳飞"部率军马前去襄汉"，③"盛秋之际，提兵按边"，本拟大举进击。他奉诏被迫中止后，又接宋高宗手诏，令他遣发水军，前往蕲州蕲春县蕲阳镇和江州，部署江防。④ 岳飞便亲率舟师，屯驻江州，"为淮、浙声援"。

接着，宋廷又令岳飞和参谋官薛弼"入觐"。薛弼从鄂州出发，顺江东下，到江州会合岳飞，一同前去"行在"建康府。薛弼在船上看到岳飞不时练习小楷，感到有点蹊跷，遂"究诘端倪"。岳飞被逼无奈，就告诉薛弼，自己正在写一份密奏，建请宋高宗立皇储，此事连宣抚司书写机宜文字岳云也不予告知，切望薛弼务须保密。

宋高宗才三十一岁，正当盛年。只因建炎三年扬州逃难，一场淫乐时的惊吓，使他丧失了生育能力。他的一个幼子又很快夭亡。宋高宗不得不接受隆祐皇太后和一些臣僚的建议，选宋太祖七世孙赵伯琮，改名赵瑗，即后来的宋孝宗，养育宫中。但宋高宗又不甘心于自己不能生子，他千方百计，求医问药，祈祷神灵，而根本不肯及早确立赵瑗的皇储地位。

岳飞曾在入朝时，去过赵瑗读书的资善堂，见到这个十岁或十一岁的孩童，聪慧可爱，极有好感，感叹地说："中兴基本，其在是乎！"⑤ 此时

---

① 《金佗稡编》卷12《乞进屯淮甸札子》，《要录》卷114绍兴七年九月癸酉。
② 《金佗稡编》卷2高宗手诏。
③ 《梁溪全集》卷100《奏陈利害札子》。
④ 《金佗稡编》卷2高宗手诏，《梁溪全集》卷100《乞令湖北京西宣抚司差兵控扼江州奏状》。
⑤ 《金佗稡编》卷21《建储辨》载，《野史》等书说岳飞曾去资善堂见过赵瑗，但无具体时间。《金佗稡编》卷8《鄂王行实编年》将此事系于绍兴八年，未必确切。

— 205 —

岳飞根据谍报，获悉金朝女真贵族准备废黜刘豫，改立宋钦宗的儿子为傀儡皇帝，图谋制造两个宋朝南北对立的局面。宋高宗不能生育的宫闱秘闻其实早已传遍遐迩。岳飞认为，应当及时确定赵瑗的皇储地位，以击破敌人的阴谋。

薛弼了解岳飞的用心后，颇有些担心，说大将不当参预立皇储的大计。岳飞却坚持认为，文官和武将都是宋朝臣僚，忧心国事，"不当形迹是顾"。

岳飞大约在九月中下旬或十月到建康府后，趁着朝见之机，向宋高宗宣读这份密奏。由于薛弼的规劝在先，他的精神不免有些紧张，恰好有风阵阵吹来，纸张摇动，他的声音也颤抖起来，古代汉文又无标点符号，更使他读不成句。岳飞读奏札时的神情，益发加重了宋高宗的疑忌。他终于冷言冷语地回答："卿虽忠，然握重兵于外，此事非卿所当与也。"

岳飞下殿时，神情颓丧，脸色如死灰一般。薛弼继岳飞进对，宋高宗向他详细追问。聪明的薛弼早有准备，将自己在船上的见闻叙述一遍，既为岳飞圆场，也为自己开脱。宋高宗转念自己正在用人之际，呵斥岳飞之馀，也须适当抚慰，便对薛弼说："飞意似不悦，卿自以意开谕之。"

宋高宗正求子心切，对岳飞此奏十分嫌恶。他翌日又对新上任的左相赵鼎说及此事，发泄自己的恼怒。赵鼎说："飞不循分守，乃至于此。"

他退朝后，召见薛弼，说："大将总兵在外，岂可干与朝廷大事，宁不避嫌。飞武人，不知为此，殆幕中村秀才教之。公归，语幕中毋令作此态，非保全功名终始之理。"① 赵鼎此语，当然也是冤枉了岳飞宣抚司的幕僚们。

岳飞的建储议，本是出自对宋皇朝，对抗金大业的耿耿忠心，这是以一己私利为重的宋高宗所不能，也不愿理解者。岳飞上密奏的结果，不仅未能对设皇储起推进作用，反而更加深了他与宋高宗之间的裂痕。

安内重于攘外，是宋朝的传统国策。安内的一项重要内容，就是对武将严加防范。南宋初年，宋高宗迫于形势，不得不让将帅居高位，掌重兵。但是，他与宰执大臣，不论是投降派，还是抗战派，大多对将帅抱着且用且疑的态度。经过绍兴四年和六年的几次战争，使宋高宗对于在东南

---

① 关于岳飞建议立储，参见《金佗稡编》卷21《建储辨》，《要录》卷109绍兴七年二月庚子，《中兴小纪》卷21，《皇朝中兴纪事本末》卷40，《浪语集》卷33《先大夫行状》，《忠正德文集》卷9《辩诬笔录》，《宝真斋法书赞》卷27《朱文公储议帖》，《朱子语类》卷127。岳珂为讳避宋高宗和岳飞的矛盾，在《建储辨》中竭力否认绍兴七年建储之议，但赵鼎的《辩诬笔录》等却提供了确证。《要录》和《中兴小纪》、《皇朝中兴纪事本末》将岳飞提议建储的时间，系于二月或四月，据《辩诬笔录》，应在九月十七日丙子赵鼎再次任相后。

偏安，已具有相当信心；而发生在绍兴七年的几件事，又使他对诸将帅，特别是岳飞相当寒心。

宋高宗不断焦思苦虑之后，盘算了一个计划。他准备用一两年的时间，"抚循偏裨"，取代大帅，再对各支大军实行分割和缩编。唯有大将兵分以势弱，他方能高枕而无忧。在一次对监察御史张戒谈话时，宋高宗有意无意将此计划透露出来。①

宋高宗决心模仿宋太祖，实施宋代的第二次"杯酒释兵权"。然而历史并未重演。宋太祖表演的是喜剧，而宋高宗表演的却是丑剧。宋太祖成为维护中原统一的明君，而宋高宗却只能是助成南北分裂的罪人。

---

① 《要录》卷119绍兴八年五月戊子，《中兴小纪》卷24，《皇朝中兴纪事本末》卷44。

拾叁

反对和议

耶律倍《出行图》

第一节 宋金酝酿和议

淮西之变后，右相兼都督张浚成为众矢之的，他的去位已势不可免。其实，若真要追究罪责，主兵的枢密使秦桧也难辞其咎。秦桧依凭其做事隐蔽，不仅没有挨受一支弹劾之箭，反而觊觎着行将空缺的相位。张浚罢相时，宋高宗曾问："秦桧何如？"张浚回答："近与共事，方知其暗。"①

他对秦桧算是有所觉察，却为时已晚。赵鼎重新出任左相。他将张浚的措置失当，归结为"不量力之过"，说国家"元气"不足，"唯有安靖不生事"。② 宋高宗要赵鼎决定执政们的"去留"，回答是"秦桧不可令去"。③ 赵鼎和秦桧共同策划，将宋高宗的"行在"自建康府后撤临安府，以遂宿愿。④

李纲对朝廷的所作所为，忧虑已极。他不断苦口婆心地上奏谏劝，希望宋高宗"临大难而不惧"，不要"望风怯敌，遽自退屈"，"弃前功，蹈后患，以自趋于祸败"。在满朝文官中，具备远见卓识，足以主持抗金大局者，惟李纲一人而已。然而宋高宗从无命李纲再相之意，因忠言逆耳，又免除他江西安抚制置大使的差遣，改任闲官。⑤ 烈士暮年，壮心不已，李纲又受了一次打击。

在金朝女真贵族各派系的互相倾轧中，领三省事完颜粘罕（宗翰）彻底失败，他的心腹高庆裔等人相继被杀或被黜，完颜粘罕（宗翰）本人也悲闷而死，或说他被缢杀狱中，刘豫的靠山完全崩塌了。⑥ 左副元帅完颜挞懒（昌）和金太宗子、领三省事完颜蒲鲁虎（汉名宗磐），金太祖子、后任尚书左丞相的完颜讹鲁观（汉名宗隽）等主和派把持朝政。金朝对郦琼投降的第一个反应，是急令解散这四万人马，表面理由是防止诈降，其

---

① 《朱文公文集》卷95张浚行状，《要录》卷113绍兴七年八月甲辰。
② 《忠正德文集》卷8《丁巳笔录》，《要录》卷116绍兴七年闰十月癸亥，《宋史》卷360《赵鼎传》。
③ 《要录》卷115绍兴七年十月戊戌。
④ 《要录》卷116绍兴七年闰十月辛巳。
⑤ 《要录》卷115绍兴七年十月戊戌，卷116绍兴七年闰十月辛巳，《宋史》卷359《李纲传》，《梁溪全集》卷100《奏陈利害札子》，《奏陈车驾不宜轻动札子》《历代名臣奏议》卷85。
⑥ 《会编》卷178，《要录》卷111绍兴七年夏，卷112绍兴七年七月辛巳，《金史》卷4《熙宗纪》，《靖康稗史笺证·呻吟语》。

实是为制止刘豫扩充军力。① 完颜挞懒（昌）等人完全无意于利用宋的淮西兵变，乘机南侵，他们事实上已将刘豫视为完颜粘罕（宗翰）的残馀势力。十一月，左副元帅完颜挞懒（昌）和右副元帅完颜兀术（宗弼）两个最高统兵官，假称助刘豫攻宋，率兵到开封府，正式废除伪齐政权。金人还放出风声，准备命宋钦宗回旧都当傀儡皇帝。②

恰好宋高宗派遣的迎奉梓宫使王伦到达北方，完颜挞懒（昌）按照"以和议佐攻战"的策略，对王伦说："好报江南（金方不用宋的国号），既道途无壅，和议自此平达。"

完颜挞懒（昌）以归还宋徽宗的梓宫（棺材），宋高宗的生母韦氏，以及黄河以南的土地为诱饵，发动政治攻势。尽管有完颜兀术（宗弼）为首的主战派反对，主和派的政见还是占了上风。

王伦在绍兴七年十二月回朝。宋高宗不料自己十一年来朝夕盼望的和谈实现在即，心中大喜，却又装出愁眉苦脸的表情，说："朕以梓宫及皇太后、渊圣皇帝（宋钦宗）未还，晓夜忧惧，未尝去心，若虏人能从朕所求，其馀一切非所较也。"他正式表示愿不惜一切代价，响应金朝的和谈之议。③

刘豫被废黜的消息传到军中，又使闷闷不乐的岳飞和全军将士感到振奋。岳飞连忙上奏，恳请"宜乘废立之际，捣其不备，长驱以取中原"。宋高宗君臣却根本不予理睬。绍兴八年（公元1138年）二月，岳飞自江州还军鄂州。他向朝廷提出增兵的请求，这又正好触犯了宋高宗的深忌，他说："上流地分诚阔远，宁与减地分，不可添兵。今日诸将之兵，已患难于分合。末大必折，尾大不掉，古人所戒。今之事势虽未至此，然与其添与大将，不若别置数项军马，庶几缓急之际，易为分合也。"④

同一个宋高宗，几年前却是另一种说法："议者多言诸大将不宜益兵。汉高祖定天下，诸将兵至十数万，未尝以为疑，故能成功。"⑤ 真可谓是此一时也，彼一时也，两种腔调，其实无非源于一己之私利。

三月，岳飞接到枢密院札子，要他"条具"北伐的计划措置。他"喜而不寐"，真以为"陛下慨然英断，将欲兴王师，举大事，以雪积年之

---

① 《会编》卷182，《要录》卷114绍兴七年九月，《宋史》卷475《刘豫传》。
② 《会编》卷180，卷181，卷182，《要录》卷117绍兴七年十一月乙巳，丙午，丁未，《宋史》卷475《刘豫传》，《金史》卷77《刘豫传》，《伪齐录》。
③ 《要录》109绍兴七年二月庚子，卷117绍兴七年十二月癸未，《宋史》卷371《王伦传》，《攻媿集》卷95王伦神道碑，《金史》卷69《宗隽传》，卷76《宗磐传》，卷77《挞懒传》，卷79《王伦传》。
④ 《要录》卷118绍兴八年二月壬戌。
⑤ 《要录》卷68绍兴三年九月戊辰。

耻"，急忙派人驰奏"行在"临安府，"周述利害"。及至所差的人回鄂州，报告"未蒙朝廷处分"，方知仍是一阵空忙而已。① 在求和心切的宋高宗眼里，岳飞此类奏议无异于痴人说梦，甚至不屑于敷衍和搪塞。

随着伪齐的倒台，很多金和原伪齐官兵纷纷倒戈降宋。岳飞坚持正确的俘虏政策，做了很多分化瓦解工作，收到相当成效。早在绍兴七年三月前，伪齐武将李清"率众归正"，投奔岳飞。② 十一月，敌方临汝军（治新蔡，今河南新蔡县）知军崔虎又向岳飞投诚。③ 绍兴八年正月，经过宣抚司幕僚张节夫的"招谕"，蔡州知州刘永寿、提辖白安时在全城军民支持下，杀金将兀鲁孛堇，带领大批军民南下，岳飞命同提举一行事务、兼前军统制张宪率兵接应。④ 八月、九月间，金朝镇汝军知军、马军统制胡清率一千一百零八人起义归宋，岳飞予以热情接待，⑤ 并任命他为选锋军副统制。⑥ 此外，敌方统制王镇、统领崔庆、将官李觏，以及华旺、孟皋等人，也先后带领部伍投归岳飞。⑦ 前伪齐河南府尹孟邦傑，虽与翟琮等人有杀兄孟邦雄之仇，也起兵反金，逮捕永安军（原为宋朝河南府永安县，今河南巩义市南）的知军，将他处死，然后南下投归岳飞。⑧

一批又一批的"归正人"，络绎不绝，既有投岳家军的，也有投其他屯驻大兵的。⑨ 当时金、伪齐投宋者称"归正人"。此外，应天府（金、伪齐改名归德府）还爆发了二万伪齐军的起义。⑩

敌人的分化，是个可喜的动向，也从某个角度证实了岳飞的判断，敌人军心不稳，民心不服，目前确是北伐的良机。但是，宋高宗君臣却把岳家军禁锢在防区之内，不准向北跨越一步。眼睁睁坐待时机的消逝，使岳飞坐卧不宁，度日如年。

四月，新任枢密副使王庶到江、淮前沿视师。王庶不久前任荆南知

---

① 《金佗稡编》卷12《奏审已条具曲折未准指挥札子》。
② 《要录》卷109绍兴七年三月丙子，《宋会要》兵15之6。
③ 《会编》卷182，《要录》117绍兴七年十一月。
④ 《会编》卷183，《要录》卷118绍兴八年正月辛丑，卷121绍兴八年八月戊辰，《宋会要》兵15之6。
⑤ 《金佗稡编》卷18《收到胡清等申省状》，《要录》卷122绍兴八年十月辛酉，《宋会要》兵15之6—7。
⑥ 《金佗稡编》卷16《王贵颍昌捷奏》。
⑦ 《金佗稡编》卷8《鄂王行实编年》，《要录》卷117绍兴七年十一月注。
⑧ 据《皇宋十朝纲要》卷22，《金石萃编》卷159《孟邦雄墓志》，孟邦傑接替孟邦雄，任河南府尹，同翟琮等军作战。《金史》卷90《张九思传》载，永安知军在天眷初，即绍兴八年，初孟邦傑所杀。
⑨ 《要录》卷118绍兴八年二月戊午，《宋会要》兵29之28。
⑩ 《金史》卷128《张奕传》。

府、荆湖北路安抚使，同岳飞已有交往。当时岳飞的参议官李若虚已调赴行朝，任军器监丞。王庶要求李若虚同行，并且保奏他为枢密行府的谘议参军。① 岳飞得知此讯，立即写公文"咨目"给王庶，说：

"今岁若不举兵，当纳节请闲！"②

他宁愿向朝廷缴纳两镇节度使的旌节，请求辞职，也决不愿素餐尸禄，坐靡岁月，表达了难以言喻的愤慨。岳飞和王庶会面后，岳飞又"抵掌击节"，慷慨陈词说："若失今日机会，他日劳师费财，决无补于事功！"

王庶对朝廷恶浊的和谈政治气氛相当厌恶，面对岳飞，还有韩世忠如此激昂的表态，倍觉珍贵，也格外赞赏。他决心回朝以后，不计成败利钝，奋力一争。③

第二节　面折廷争

自绍兴八年开始的四年之间，南宋抗战派和投降派的斗争空前激烈，亦为史无前例。宋高宗和秦桧原以为推行其降金政策，麻烦是在同金朝如何讨价还价，他们似乎并未预想到会招致国内如此强烈的反对。

很多抗战派也实难测度宋高宗的用心。建炎年间，他逃窜于维扬，流亡至海上，国势危如累卵，向金朝告哀祈和，尚可说是迫不得已。如今国威既振，强敌屡败，不与金朝和议，依然可稳居帝位，为什么非要向杀父之仇人屈膝求和不可。"高宗之为计也，以解兵权而急于和"，④ 此说是有相当道理的。当然，宋高宗身为万乘之主，"膺无敌之贵，享无伦之富"，而甘心情愿受旷古未有之耻，忍旷古未有之辱，⑤ 这应与他个人的品格，欲当太平风流天子的心理等有关。

宋高宗的屈膝求和政策，自然违背大多数人的意愿和利益，然而在专制主义中央集权的政治体制下，皇帝的独夫之志，却可逆万众之心而行，对和战的大政方针起决定作用。

---

① 《要录》卷119绍兴八年四月壬戌，丙寅。
② 《会编》卷183，卷186，《要录》卷119绍兴八年五月丁未，卷120绍兴八年六月戊辰，《宋史》卷372《王庶传》。
③ 《会编》卷186，《要录》卷120绍兴八年六月癸酉。
④ 《宋论》卷10。
⑤ 《会编》卷227何宋英上书："自旷古来，未有受辱如朝廷也！未有忍辱如陛下也！"何宋英或作何廷英。

投降派固然是由统治集团中保守的、腐朽的部分所组成，其实也是同床异梦，各怀鬼胎。就其大多数人而言，无非出自观风使舵、钻营利禄的欲念，也未必有确定的政治倾向。但是，各人狭隘动机之总和，恰好构成这个政治派别的狭隘私利。

当时的宰执共有四人，新近升为右相的秦桧自不待言。左相赵鼎和参知政事刘大中"首鼠两端"，① 其实仍倾向于降金。赵鼎的政治倾向大致是出自害怕战争，希图苟安的心理。宋高宗的降金乞和活动开场后，"物议大讻，群臣登对，率以不可深信为言"。宋高宗"意坚甚，往往峻拒之，或至震怒"。赵鼎便为他出谋划策说，"屈体请和，诚非美事。然陛下不惮为之者，凡以为梓宫及母、兄耳"。"但得梓宫及母、兄，今日还阙，明日渝盟，吾所得多矣"。"群臣以陛下孝诚如此，必能相谅"。② 于是宋高宗不厌其烦地做出声泪俱下的表演，说"朕北望庭闱"，"几于无泪可挥，无肠可断，所以频遣使指，又屈己奉币者，皆以此也"。③

然而赵鼎同秦桧的意见并不一致，他要求顾全皇帝的一点体面，议和后的礼数不要太屈辱，还主张以黄河故道为界，而得到黄河改道前的数州之地。④ 急于求成的宋高宗却深怕和谈因此告吹，对赵鼎愈来愈不能容忍，秦桧则投其所好，得其欢心。

王庶在宰执中地位最低，又是一人对三人，却大义凛然，据理力争。他听到金使南来的消息，就奉命提前在六月赶回行朝。王庶多次上奏，他列举岳飞、韩世忠等将踊跃求战的事实，说："观此则人情思奋，皆愿为陛下一战，望陛下英断而力行之。"他还坚决表示，绝不"签书和议文字"，"愿陛下惟责臣以修戎兵，不以讲和之事命臣"。⑤

金使兀林答赞谟（乌林思谋）⑥ 来到临安府，与宰执们会面。赵鼎问："地界何如？"他立即应答："地不可求而得，听大金还与汝。"

王庶目睹仇敌无比骄狂，宋高宗"反加礼意"，宰执们更是卑躬屈节，"温颜承顺"，更使他"心酸气噎"。但皇命在上，他只能对金使不看一面，

---

① 《会编》卷187，《要录》卷122绍兴八年十月戊寅。
② 《要录》卷120绍兴八年六月丙子。
③ 《要录》卷142绍兴十一年十一月丁巳。
④ 《要录》卷121绍兴八年七月戊戌，《忠正德文集》卷9《使指笔录》，《朱子语类》卷131。
⑤ 《会编》卷186，卷187，《要录》卷120绍兴八年六月戊辰，癸酉，卷121绍兴八年七月戊子，卷122绍兴八年十月戊寅。
⑥ 兀林答赞谟，宋人一般译为乌林思谋，今据陈述先生《金史拾补五种》（科学出版社，1960年版）第92页统一译名。

不交一语，以表示抗议。①

宋高宗决意讲和，虽不乏力排众议的勇气，但也不能不考虑到拥有重兵的三大将的态度。尽管对三大将的情况已相当了解，宋高宗仍然希望做一些说服和笼络的工作，以减少对金求和的阻力。于是他下令召岳飞、韩世忠和张俊三人到"行在"临安府。

岳飞在给王庶"咨目"和会面后，就"累具奏闻，乞归田野，以养残躯"。他深悉宋高宗的用心，也明白朝廷对金乞和的方针已无改变的可能。不料八月八日又接金字牌快递的命令，要岳飞"赴行在奏事"。他不得不在十二日启程，勉为此行，一路上却不断上奏，请求"屏迹山林"。岳飞心灰意懒，对此次朝见不抱任何希望，不存半点幻想，他只求履践自己若不出兵，便纳节致仕的誓言。但宋高宗却"累降诏旨不允，不许再有陈请"，岳飞拖延到九月，方才抵达临安府。②

君臣见面后，岳飞只是字斟句酌地对宋高宗表明自己的决绝态度：

"夷狄不可信，和好不可恃，相臣谋国不臧，恐贻后世讥议。"

宋高宗只能报以难堪的沉默。岳飞所谓"相臣"，当然并非专指右相秦桧，揆情度理，主持和谈的左相赵鼎本应是指责的重点。但当时赵鼎的地位已有所动摇。岳飞朝见后，又上奏说：

"不可与和，缘虏人犬羊之性，国事隙深，何日可忘！臣乞整兵复三京、陵寝，事毕，然后谋河朔，复取旧疆，臣之愿也。臣受陛下深恩厚禄，无一时敢忘。"

岳飞此次表态，遂成他与秦桧结仇之开端。③ 韩世忠也与岳飞持同样的政见。他后来又接连上十多份章疏，坚持反对和谈，恳求"举兵决战，但以兵势最重去处，臣请当之"。④

唯有"任数避事"的张俊，⑤ 却看准时机，对宋高宗和秦桧的求和活动表示绝对支持。张俊人称"铁颔"，"谓无廉耻，不畏人者"。⑥ 他在淮

---

① 《会编》卷183，《要录》卷120绍兴八年六月丁丑，卷121绍兴八年七月戊子。
② 《金佗续编》卷9《乞致仕不允仍令前来行在奏事省札》、《辞免赴行在奏事不允省札》、《同前第二札》、《再乞致仕不允省札》、《会编》卷184。由于秦桧父子篡改历史，《要录》承袭《高宗日历》，不载此次朝见。
③ 《会编》卷207《岳侯传》。
④ 《会编》卷217韩世忠神道碑，《宋朝南渡十将传》卷5《韩世忠传》，《宋史》卷364《韩世忠传》。《要录》卷122，卷123摘引其中七个奏章。
⑤ 《水心别集》卷12《四屯驻大兵》。
⑥ 《鸡肋编》卷下。

西兵变后，吓得丧魂落魄，"擅弃盱眙而归"。① 绍兴八年春，他因尚未把握朝廷的动向，又害怕朝廷追究其弃地的罪责，便在宋高宗面前大吹大擂："臣当与岳飞、杨沂中大合军势，期于破敌，以报国家。"②

曾几何时，大言犹在人耳，畏敌怯战、贪图富贵的心理，使他作此急遽的转变。从此张俊遂成为皇帝最宠信的大将，宋高宗后来说："武臣中无如张俊者，比韩世忠相去万万！"③

宋高宗过去急需识拔良将，现在则又更须倚重庸将。秦桧"任将帅，必选驽才"的方针，④正中宋高宗的下怀，驽将的好处是唯唯诺诺，不必担心他们会有危及赵氏称孤道寡的活动。

在五大帅中，岳飞原先的资历最浅，当刘光世、韩世忠和张俊升任节度使时，他还是一个低品的偏裨。岳飞的战功和声望后来居上，使韩世忠和张俊忌妒不平。岳飞从抗金的大局出发，先后给两人写了几十封书信，殷勤致意，韩世忠和张俊都置之不理。平定杨么后，岳飞又向两人奉送人员和装备齐全的大车船各一艘。韩世忠十分高兴，从此与岳飞释嫌言欢。张俊得到那艘长三十宋丈，高五宋丈的巨舰，反而认为岳飞炫耀战功，格外恼恨。⑤

通过此次朝见和表态，岳飞和韩世忠益发情投意合，而张俊则更蓄意要排挤和陷害岳飞。

第三节　群情激愤

到绍兴八年冬，为了压制不同政见，宋高宗断然罢免了赵鼎、刘大中和王庶三人，他决心重用秦桧，全力推进和议。秦桧却心存当年罢相的馀悸，他既渴望大显身手，又深怕皇帝翻覆无常，便单独对宋高宗说："若陛下决欲讲和，乞陛下英断，独与臣议其事，不许群臣干与，则其事乃可成，不然，无益也。"

宋高宗首肯后，他还要皇帝"精加思虑三日"。三天以后，他又要宋

---

① 《要录》卷119绍兴八年四月丙寅，《朱文公文集》卷97朱松行状。
② 《要录》卷118绍兴八年二月壬戌。
③ 《要录》卷167绍兴二十四年八月丙午，《渭南文集》卷16《德勋庙碑》。
④ 《要录》卷169绍兴二十五年十月丙申。
⑤ 《要录》卷90绍兴五年六月丁巳，卷109绍兴七年二月丁巳，《浪语集》卷33《先大夫行状》，《石林奏议》卷10《奏乞参酌古制造战船状》。

高宗"更思虑三日"。再过三日，秦桧奏事，"知上意坚确不移"，便进呈和议方案，要求授以全权，宋高宗欣然同意。① 从此秦桧得以独揽中枢大政，并引进党羽孙近为参知政事，肆无忌惮地进行降金乞和活动。

面对朝野反对和议的强烈呼声，秦桧一时颇感束手无策。中书舍人勾龙如渊向他献计说："相公为天下大计，而邪说横起，盍不择人为台谏，使尽击去，则相公之事遂矣。"秦桧大为赞赏，便通过宋高宗，任命勾龙如渊为御史中丞。② 宋朝的御史台官和谏官控制言路，可以纠劾百官，评议时政得失。自勾龙如渊当御史台长官后，台、谏官逐渐成为秦桧箝制舆论，排除异己的工具。

十一月，金朝诏谕江南使张通古携带金熙宗诏书，偕同宋使王伦南下。金使不称宋国，而称"江南"，不称通问，而称"诏谕"，这已使秦桧也感到难于对文官武将作出交待。更有甚者，按金方规定的礼节，宋高宗必须面北跪拜于张通古的足下，接受诏书，"奉表称臣"。昔日刘豫曾当金太宗的"子皇帝"，现在宋高宗自愿称臣，自然更卑辱十倍。但宋高宗实际上仍盘算着采取包羞忍耻的态度。③

面对如此的奇耻大辱，很多稍有血性的官员，无不怒火满腔。一时群情激愤，抗议的风潮一浪高于一浪。退闲的李纲，贬黜的张浚，也以极大的愤慨，上疏反对和议。④ 连宋高宗亲信的主管殿前司公事杨沂中，也同主管侍卫马军司公事解潜、主管侍卫步军司公事韩世良到都堂见秦桧，说："闻官家受虏书，必欲行屈己之礼，万一军民汹汹，即某等弹压不得。"他们还强调，如让皇帝对金使行跪拜礼，将来他们必然要受岳飞、韩世忠等的责备。⑤

秘书省校书郎范如圭除与别人联名上奏外，还单独写信指斥秦桧说，"相公尝自谓我欲济国事，死且不〔恤〕，宁避怨谤"，以此作为"忘雠辱国"的口实。"苟非至愚无知，自暴自弃，天夺其魄，心风发狂者，孰肯为此"，"必且遗臭万世矣"！⑥

---

① 《会编》卷184，《要录》卷122绍兴八年十月甲戌注，《宋史》卷473《秦桧传》。
② 《会编》卷186，《要录》卷123绍兴八年十一月甲辰，《宋史》卷380《勾龙如渊传》，卷473《秦桧传》。
③ 《会编》卷188，卷189，《要录》卷123绍兴八年十一月戊申，卷124绍兴八年十二月戊午，《宋史》卷473《秦桧传》，《金史》卷83《张通古传》。
④ 《要录》卷124绍兴八年十二月戊午，卷125绍兴九年正月丙戌，庚寅，126绍兴九年二月己未，《宋史》卷359《李纲传》，《梁溪全集》卷102《论使事札子》，《朱文公文集》卷95张浚行状，《历代名臣奏议》卷334张浚奏。
⑤ 《要录》卷124绍兴八年十二月庚午。
⑥ 《会编》卷187，《要录》卷123绍兴八年十一月辛亥，《宋史》卷381《范如圭传》，《朱文公文集》卷89范如圭神道碑。

严州桐庐县主簿贾廷佐上书尖锐指责，说降金则"无天可戴，无地可覆，虽生不如无生之为愈"。"陛下二、三将，如岳飞、韩世忠，皆忠义可使。""王庶忠勇有谋，将士无不服其威名"，主张"召还王庶，以监督诸将"，"则中兴之业，指日可成"。①

枢密院编修官胡铨的奏章，更引起了朝野的轰动。他实际上近乎斥骂宋高宗本人了。"陛下尚不觉悟，竭民膏血而不恤，忘国大雠而不报，含垢忍耻，举天下而臣之甘心焉"。他坚决主张斩秦桧、孙近和王伦，以谢天下，"臣备员枢属，义不与桧等共戴天"！② 这篇讨伐投降主义的雄文，很快被民间刊印出来，广为流传。③ 金朝统治者出重金买到副本，读后也大为震惊。④

临安城全城鼎沸，军民们愤愤不平，街上出现了醒目的榜帖："秦相公是细作！"有的爱国军人甚至扬言要发动兵变，杀死秦桧。⑤ 在万众唾骂声中，秦桧吓得心惊肉跳，魂梦不安，他不得不与孙近一同"上表待罪"，⑥ "宁避怨谤"的那种嚣张气焰扫地以尽。

事已至此，宋高宗只能撕下博听众议的假面，凭借专制淫威，自己出来支撑危局，扶持秦桧。他气急败坏地下令，说秦桧"无罪可待"，将胡铨"送昭州编管，永不收叙"。⑦ 按宋太祖不得杀言事官的秘密誓约，这已是不能再重的处置。宋高宗以胡铨为打击对象，惩一儆百，他立即下诏告诫百官，不准再用"浮言"动摇求和的"大计"。⑧

宋高宗虽然乞灵于高压手段，也不敢冒天下之大不韪。当年岁末，他以给宋徽宗守丧为借口，由右相秦桧等代他向金使行跪拜礼。张通古原先气焰万丈，扬言不得亏半点礼节，至此也迫于形势，同意降低礼节规格。

---

① 《敬乡录》卷5《上高宗论遣使书》。
② 《挥麈后录》卷10，《胡澹庵先生文集》卷7《戊午上高宗封事》，《历代名臣奏议》卷348，《会编》卷186，《要录》卷123绍兴八年十一月丁未，《宋史》卷374《胡铨传》。各书文字稍有出入，《要录》文字在修《四库全书》时，经清人篡改。
③ 《会编》卷186，《要录》卷123绍兴八年十一月丁未，辛亥，卷124绍兴八年十二月丙辰，卷126绍兴九年二月乙亥，《宋史》卷374《胡铨传》。
④ 《会编》卷221洪皓行状，《盘洲文集》卷74《先君述》，《诚斋集》卷82《澹庵先生文集序》，《四朝闻见录》甲集《请斩秦桧》，《鹤林玉露》甲编卷6《斩桧书》。
⑤ 《朱子语类》卷131，《朱文公文集》卷97朱松行状，《筠溪集》附录《筠溪李公家传》。
⑥ 《会编》卷186，《要录》卷123绍兴八年十一月丁未，辛亥。
⑦ 《会编》卷186，《要录》卷123绍兴八年十一月丁未，辛亥。
⑧ 《会编》卷188，《要录》卷124绍兴八年十二月丙辰。

双方草草拍板成交，演完了称臣的丑剧。①

第四节　矢志燕云

八、九年前，岳飞天真地以为一旦当上大军的统帅，即可一快平生的锐志。如今身任上将，却仍然受制于朝廷。直捣黄龙府的壮志难酬，踏破贺兰山的雄心莫伸，瞻念前程，简直渺茫得很。宋高宗在办理对金称臣手续的前后，下手诏给岳飞等大将，进行安抚，说"卿等戮力练兵，国威稍振，是致敌人革心如此"。"卿等扶危持颠之效，功有所归，朕其可忘"。②岳飞读后，很难克制对皇帝的不满，他对幕僚们气愤地说："犬羊安得有盟信耶！"

绍兴九年正月，宋高宗因乞和成功，立即宣布大赦，并对武将一律加官进爵，借以粉饰太平，平息军愤。③

正月十二日，宋廷的赦书传递到鄂州，岳飞当即命幕僚张节夫起草一封谢表。张节夫是相州安阳县人，字子亨，性格豪迈，崇尚气节，极富文采。④他将对敌人的仇恨、故土的眷恋、和议的愤懑，都凝聚于笔端，写成一篇悲壮激越、气势雄浑的杰作：

"窃以娄敬⑤献言于汉帝，魏绛发策于晋公，皆盟墨未乾，顾口血犹在，俄驱南牧之马，旋兴北伐之师。盖夷虏不情，而犬羊无信，莫守金石之约，难充溪壑之求。图苟安而解倒垂，犹之可也；欲长虑而尊中国，岂其然乎！"

"臣幸遇明时，获观盛事。身居将阃，功无补于涓埃；口诵诏书，面有惭于军旅。尚作聪明而过虑，徒怀犹豫以致疑：与无事而请和者谋，恐卑辞而益币者进。愿定谋于全胜，期收地于两

---

① 《金佗稡编》卷2高宗手诏："今月二十七日，已得大金国书，朕在谅阴中，难行吉礼，止是宰执代受。"《要录》卷124绍兴八年十二月庚辰等记载相同。《金史》卷83《张通古传》称宋高宗"受诏拜起皆如仪"，系误。
② 《金佗稡编》卷2高宗手诏。
③ 《会编》卷192，《要录》卷125绍兴九年正月丙戌，庚寅，壬辰。
④ 《会编》卷192，《要录》卷49绍兴元年十一月壬戌。
⑤ 娄敬，原作娄钦，盖宋时避宋太祖祖父赵敬名讳，改娄敬为娄钦，今复原名。

河。唾手燕云，终欲复雠而报国；誓心天地，当令稽首以称藩！"①

此份谢表刚发送临安府，二十四日，岳飞又接到由正二品太尉进秩从一品开府仪同三司的制词。"不允"辞免的诏书也纷至沓来，理由是"军声既张，国势益振，致邻邦之讲好，归故地以效诚"。② 按此逻辑，"讲好"应有岳飞张"军声"，振"国势"的一份功劳。这对岳飞当然是一种莫大的难堪，他绝不愿将耻辱当作光荣，接二连三地上奏力辞：

"臣待罪二府，理有当言，不敢缄默。夫虏情奸诈，臣于面对，已尝奏陈。切惟今日之事，可危而不可安，可忧而不可贺。可以训兵饬士，谨备不虞；而不可以行赏论功，取笑夷狄。事关国政，不容不陈，初非立异于众人，实欲尽忠于王室。欲望速行追寝，示四夷以不可测之意。万一臣冒昧而受，将来虏寇叛盟，则似伤朝廷之体。"③

岳飞恳辞官封，争辩和僵持甚久，宋高宗不予允准，强令接受。在爱国正气横遭摧残的时刻，岳飞身为十万雄师的统帅，重申收地两河、唾手燕云、复雠报国的宏誓，不能不格外振奋人心，鼓舞士气。对于正在酌酒相贺、弹冠相庆的宋高宗、秦桧等人，也自然引起他们的切齿痛恨。

第五节　祭扫八陵

揆情度理，金朝将陕西和黄河以南的土地归宋后，自西至东的吴玠、

---

① 谢表文字以《金佗稡编》卷7《鄂王行实编年》，卷10《谢讲和赦表》，《会编》卷192，《藏一话腴》甲集卷下进行参校。此外，《要录》卷125绍兴九年正月丙戌，《金佗续编》卷28《孙迪编鄂王事》，《鄂武穆王岳公真赞》也节录此表，文字稍异。
② 《金佗稡编》卷14《辞开府札子》，《金佗续编》卷2《开府仪同三司加食邑制》，卷4四份辞免开府仪同三司不允诏。
③ 《金佗稡编》卷14存辞开府札子两份，佚失两份。正文所引《辞开府札子》之《贴黄》，或疑为岳珂伪作。重要理由是"臣待罪二府"一句。按《宋史》卷162《职官志》，枢密院"与中书对持文武二柄，号为二府"。时岳飞尚未罢兵权，任枢密副使，似不应称"二府"。据《金佗续编》卷1绍兴七年出师疏，岳飞自升太尉、宣抚使后，已"恩数视二府"。又《朝野类要》卷2《两府》："枢密并直太尉。"可知"臣待罪二府"一句可信而无误。太尉称二府还可参见《云麓漫钞》卷4，《会编》卷17，卷205《淮西从军记》。

岳飞、张俊和韩世忠四支大军，应当接管上述地区，沿大河设防。然而宋高宗深怕吴玠、岳飞和韩世忠惹事生非，只命四支大军原地驻防，另派官员带少量兵力，前往接收河南之地。表面理由是"不可移东南之财力，虚内以事外"。①

秦桧更打算乘机"撤武备，尽夺诸将兵权"。参知政事李光坚决反对，说："戎狄狼子野心，和不可恃，备不可撤。"他制止了秦桧的阴谋活动。②

西京河南府是宋高宗的祖宗陵寝所在地。金朝归还河南之地后，以孝德自我标榜的宋高宗，居然忘记朝拜祖坟这件头等的"孝"事。经范如圭提醒，宋高宗才派宗室、同判大宗正事赵士㒟③和兵部侍郎张焘北上，前往祭扫西京河南府的八陵。④

赵士㒟和张焘从临安府出发，取道鄂州、信阳军、蔡州、颍昌府等地，前去西京河南府。朝廷规定，二使"祗谒陵寝"的费用，护卫军马及修葺陵寝的工匠，由岳飞支拨。岳飞对十二年前守卫西京河南府的日日夜夜，是不可能遗忘的。他早就上奏宋廷，说"自刘豫盗据以来，祖宗陵寝久〔废〕严奉"，"欲乞量带官兵，躬诣洒扫"。宋廷批准此奏，命他与赵士㒟、张焘同行。⑤ 岳飞此行的目的，也想乘机深入前沿，观察敌情，他在另一份上奏中说：

"北虏自靖康以来，以和款我者十余年矣，不悟其奸，受祸至此。今复无事请和，此殆必有肘腋之虞，未能攻犯边境。又刘豫初废，藩篱空虚，故诡为此耳。名以地归我，然实寄之也。臣请量带轻骑，随二使祗谒陵寝，因以往观敌衅。"⑥

宋高宗和秦桧接到此奏，十分惊慌，急忙连发诏札到鄂州，"令岳飞更不须亲往"，只允许他"选差将官壹、两员，部押壕寨人匠、军马，共

---

① 《要录》卷125绍兴九年正月己亥。
② 《宋宰辅编年录校补》卷15，《宋史》卷363《李光传》。
③ 赵士㒟的差遣，《要录》卷125绍兴九年正月戊子，《宋史》卷247《赵士㒟传》作"判大宗正事"，今据《鄂国金佗续编》卷9《同判宗士㒟等前去祗谒陵寝省札》。
④ 《要录》卷125绍兴九年正月戊子，《宋史》卷247《赵士㒟传》，卷381《范如圭传》，卷382《张焘传》，《朱文公文集》卷89范如圭神道碑。
⑤ 《金佗稡编》卷12《乞祗谒陵寝奏》，《金佗续编》卷9《同判宗士㒟等前去祗谒陵寝省札》，《要录》卷126绍兴九年二月己巳。
⑥ 《金佗稡编》卷12《论虏情奏略》。

壹阡人",随同赵士㒟和张焘二使前去。① 按此规定,不仅岳飞,连岳家军军一级的统制、统领官也在限制前往之列,只能"选差"将一级的正将、副将或准备将"部押"人马。

赵士㒟和张焘抵达鄂州后,岳飞一见如故,盛情招待,同他们促膝恳谈。岳飞提醒说,敌人其实无意于敛兵讲和,此行有关国体,沿途必须小心。为了保障赵士㒟和张焘一行的安全,岳飞仍不顾朝廷的限制,特命同提举一行事务、前军统制张宪率兵护送。短暂的接触,使赵士㒟对岳飞的耿耿丹心,留下难以磨灭的印象。②

五月,赵士㒟和张焘到达西京河南府,人民"夹道欢迎",大家都说:"不图今日复得为宋民,虽夕死无憾。"有些人甚至感泣起来。

其实,重新做宋朝的百姓,水深火热的生活处境也不见得真正有所改善。新委派的州县长吏,是一批"皆以贿得"的贪官,"公肆侵渔,取偿百姓"。人民的欢迎和眼泪,只是反映了他们渴望南北重新统一的爱国热情。

按古代迷信风俗,挖掘祖坟,破坏风水,也可成为政治斗争的手段。北宋八陵之被盗掘破坏,固然也是大宋列祖列宗虐民厚葬的报应,然而在宋金民族战争的条件下,更成为宋朝奇耻大辱的象征。六月间,赵士㒟和张焘返回"行在"临安府,张焘报告宋高宗说:"金人之祸,上及山陵,虽殄灭之,未足以雪此耻,复此雠也。"宋高宗还要追问:"诸陵寝如何?"张焘不愿再作正面回答,只说一句:"万世不可忘此贼!"宋高宗无言对答,只能报以难堪的沉默。③ 因为他的"孝"字号遮羞布,已被撕得粉碎了。

岳飞对于继续执掌重兵,有着一种深重的负疚之感,特别是在宋高宗强迫他接受开府仪同三司的高官以后。他又上奏请求"解罢兵务,退处林泉","就营医药"。他在奏中沉痛地说,"臣叨冒已逾十载,而所施设,未效寸长,不惟旷职之可羞,况乃微躯之负病","今讲好已定","臣之所请,无避事之谤"。④ 解除岳飞的军权,这本是宋高宗近年来梦寐以求的宿愿,但迫于当时的政治和军事形势,他仍不敢同意秦桧的建议,冒此风

---

① 《金佗续编》卷4《乞同齐安郡王士㒟等祇谒陵寝因以往观敌衅诏以将闻不可久虚不须亲往诏》,卷9《同判宗士㒟等前去祇谒陵寝省札》等五个省札,《宝真斋法书赞》卷3《高宗皇帝御笔临王操之旧京帖》。
② 《山房集》卷5《跋巩洛行记后》,卷8《杂记》,《齐东野语》卷13《岳武穆逸事》。
③ 《会编》卷195,卷248张焘行状,《要录》卷128绍兴九年五月戊子,卷129绍兴九年六月己巳,《宋史》卷382《张焘传》。
④ 《金佗稡编》卷15《乞解军务札子》,《乞解军务第二札子》。

险。岳飞至此也只能训兵饬士,以观世变。

出使金朝被拘的宋汝为,"间行投岳飞军中",岳飞"遣赴行在"。宋汝为熟悉金朝的内情,明了"金人兵老气衰"。他"作《恢复方略》献于朝",强调"今和好虽定,计必背盟,不可遽弛武备"。①

绍兴九年岁末,宋高宗御笔书写历史上曹操、诸葛亮和羊祜屯田足食的故事,颁赐岳飞。他将屯田列为保守半壁残山剩水的重要措施。岳飞在绍兴十年(公元1140年)正月初一日,写跋文回答皇帝,他指责曹操"酷虐变诈",认为诸葛亮和羊祜"德过于操远矣"。岳飞在跋文的末尾说:

> "用屯田以足兵食,诚不为难。臣不揆,愿迟之岁月,敢以奉诏。要使忠信以进德,不为君子之弃,则臣将勉其所不逮焉。若夫鞭挞四夷,尊强中国,扶宗社于再安,辅明天子,以享万世无疆之休,臣窃有区区之志,不知得伸欤否也?"②

岳飞批评曹操,隐含指责秦桧之意。他拥护加强屯田,但不赞成以此作为对金求和的资本。岳飞利用巧妙发问的方式,再次表明了自己的原则立场,并对宋高宗进行了恳切的谏劝。

第六节　北方抗金义军重新活跃

完颜挞懒(昌)等所以慷慨归还河南之地,是包藏祸心的,正如岳飞所说,不过是寄地而已。由于金军屡挫于大江天堑,完颜挞懒(昌)似乎企图将以步兵为主的宋军,诱至河南广阔平原,以便女真骑兵进行聚歼。③金朝既有卷土重来之意,所以把"黄河船尽拘北岸",并且有意保存了陕西同州与金朝所占的河中府之间的黄河桥,可以"往来自若"。金朝在河

---

① 《要录》卷139绍兴十一年三月丁卯,《宋史》卷399《宋汝为传》。《要录》文渊阁《四库全书》本作"宗汝为",《宋史》本传将他"亡归"系于"绍兴十三年",皆误。宋汝为"投岳飞军中",并"遣赴行在",应为绍兴九年事。
② 《金佗稡编》卷10《御书屯田三事跋》,《金佗续编》卷1。
③ 《藏一话腴》甲集卷下说金方《南迁录》载此密谋,今存《南迁录》亦载。按《南迁录》系伪作,而《金史》不载此事。完颜挞懒等后在金朝派系斗争中被杀,《金史》所载,实是按完颜兀术等胜利者的政治需要,将归还河南之地列为完颜挞懒等的罪状。按完颜挞懒等归宋土地,而别无图谋,似于情理不通,今姑依此说。

南之地所置官吏，也按"誓约"规定，宋朝"不许辄行废置，各守厥官"。①

宋高宗对金人其实不存戒心，他最害怕的是统兵在外的将帅惹事生非，得罪金人，故又对岳飞作出新的约束。宋高宗手诏说，"过界招纳，得少失多"，命令岳飞不得再接纳河北、河东、燕云等地的豪杰。②凡是北来者，必须送还金朝。岳飞所派遣的"渡河之士"，也务必全部撤回。

岳飞事实上并未被这些禁令束缚住手脚，他认为自己决不能出卖北方同胞，也一定要坚持连结河朔之谋。

女真贵族进入中原已十多年，掠夺和役使奴隶的嗜欲却并无多少减退。天眷元年（即绍兴八年）夏，金元帅府下令，凡积欠公私债务而无力偿还者，即以本人和妻子儿女的人身抵偿。由于女真贵族"回易贷缗，遍于诸路"，贯彻此令，就可得到成千上万的债务奴隶。于是，一切不愿做奴隶的人们便纷起反抗，或者逃亡他乡，或者杀死债主，"啸聚山谷"。

完颜挞懒（昌）为强制推行奴隶制，又于天眷二年（即绍兴九年）夏另颁新令，规定凡藏匿逃亡者之家，家长处死，产业由官府和告发者均分，人口一半当官府奴婢，一半当告发者私人奴婢，连犯罪者的四邻也须缴纳"赏钱"三百贯。他还出动大批金军，到处搜捕。搜捕队凡遇着村民，即行拷掠，或迫使自诬，或威逼诬人。"生民无辜，立成星散，被害之甚，不啻兵火"。或有持棍棒反抗，则被捕被杀，"积尸狼藉，州县囹圄为之一盈"。在苛政、暴刑、重赋、饥荒等交相煎逼之下，大批大批的人们宰耕牛，焚庐舍，上山寨，加入抗金义军的行列。③

北方民间抗金武装的活动，至绍兴初年趋向低落，自岳飞大力开展连结河朔的工作后，又出现新的高潮。

与岳飞有直接联系的太行义士最为活跃，河东路的很多通道被他们截断。高岫和魏浩率领人马攻占怀州河内县的万善镇。④另一支步佛山"忠义人"王忠植的队伍，也转战和攻取河东路的一些州军，并与陕西的宋军取得联系。⑤

---

① 《会编》卷195，《要录》卷125绍兴九年正月丙申，卷129绍兴九年六月己巳，《宋史》卷382《张焘传》，卷388《陈橐传》，《历代名臣奏议》卷91陈橐奏。
② 《金佗稡编》卷2高宗手诏，《要录》卷119绍兴八年四月。
③ 《会编》卷197《金虏节要》，《要录》卷120绍兴八年夏，卷132绍兴九年秋，《中兴小纪》卷26，《皇朝中兴纪事本末》卷48。
④ 《会编》卷178《金虏节要》，卷133绍兴九年冬，《金佗稡编》卷8《鄂王行实编年》。
⑤ 《要录》卷132绍兴九年秋，卷133绍兴九年冬，《宋史》卷448《王忠植传》，《紫微集》卷18追赠王忠植制词。

在京东路，岳飞派遣的李宝，开辟了新的抗金游击战场。李宝是兴仁府乘氏县（今山东菏泽市）人，绰号"泼李三"。他惯舞双刀，勇鸷绝伦，① 早先聚众三十多人，企图杀死金朝的濮州（治鄄城，今山东鄄城县北）知州，没有成功，脱身南归，来到"行在"临安府。宋廷正忙于求和活动，根本不理睬他。绍兴九年九月、十月间，岳飞到行朝奏事，② 李宝乘机找到这位慕名已久的统帅。岳飞收留了他，将他带回鄂州当马军。李宝见朝廷不准出师，怏怏不乐，暗中结识四十馀名军士，准备私渡大江，北上抗金。此事被发觉后，李宝挺身而出，说"乃宝之罪，众皆不预"。岳飞更为赏识他，授以"统领忠义军马"的头衔，发遣北上回乡。李宝回到京东后，与孙彦、曹洋等组织抗金武装，到处攻袭金军。③

除了李宝外，一些和岳飞没有联系的北方起义者，也使用岳家军的旗号，对金作战。绍兴九年夏，一支"岳家军"进袭东平府。金东平府尹完颜奔睹（汉名昂）带兵出战，双方相持数日，这支队伍才泛舟而去。淮阳军（金朝称邳州）也出现一支"岳家军"，围攻城垒。由于金朝援军的到达，方撤出战斗。④

此外，张青还指挥一支抗金义军，渡海直抵辽东。他使用宋军旗号，攻破苏州（治来苏，今辽宁大连市金州区），当地百姓也纷纷起义响应。⑤

面对风起云涌的反抗斗争，金朝统治者也惊慌失措，有的人甚至丧失信心。兀林答赞谟（乌陵思谋）使宋后，出任怀州知州，他听到万善镇被抗金义军攻破的消息，对当地百姓说："尔等各抚谕子弟，无得扇摇，南朝军来，吾开门纳王师。"他每天夜里辗转反侧，有时披衣起坐，唉声叹气说："我未知其死所矣！"

完颜兀术（宗弼）的心腹、悍将韩常夜饮时，也对人坦白说："今之南军，其勇锐乃昔之我军；今之我军，其怯懦乃昔之南军。"⑥

总之，大河以北出现前所未有的抗金义军活跃的局面，迎候着宋金大会战，迎候着岳家军的第四次北伐。

---

① 《历代名臣奏议》卷238 洪遵奏。
② 《金佗续编》卷9《令赴行在奏事省札》，《会编》卷197。
③ 《会编》卷200，《要录》卷132 绍兴九年十月。
④ 《金史》卷84《昂传》。
⑤ 《要录》卷133 绍兴九年冬。
⑥ 《会编》卷178，《要录》卷133 绍兴九年冬。此外，《大金国志校证》卷9还记载女真千夫长斜也怯战，进行迷信活动的故事。

拾肆

挺进中原

岳家军大捷

第一节 金军毁约南侵

绍兴九年（即金天眷二年）七月、八月间，金朝主战派右副元帅完颜兀术（宗弼）、领三省事完颜斡本（汉名宗幹）发动政变，先后杀领三省事完颜蒲鲁虎（宗磐）、领三省事完颜讹鲁观（宗隽），以及由左副元帅降任行台尚书省左丞相的完颜挞懒（昌）等主和派。完颜兀术（宗弼）升任都元帅、领行台尚书省事，兼掌军政大权。完颜兀术（宗弼）在给侄儿金熙宗的密奏中，将"诛挞懒"和"复旧疆"联成一体。① 他决心在"盟墨未乾"、"口血犹在"的情况下，大驱"南牧之马"。

完颜兀术（宗弼）先以"大阅"为名，将各部兵力调集祁州（治蒲阴，今河北安国市）的元帅府。他改变秋冬季发动攻势的常规，而在盛夏用兵。绍兴十年五月，金朝分兵四路南下，元帅右监军完颜撒离喝（杲）攻打陕西，李成夺取西京河南府，完颜兀术（宗弼）亲率主力，突入东京开封府，聂黎孛堇出兵京东路。金朝骑兵势如疾风骤雨，很快占领不设防的河南各州县。宋朝的官员们或望风而遁，或迎风而降，只有少数人进行认真抵抗。②

金朝的变卦，不仅没有出乎岳飞等众多抗战派的预料，而宋高宗和秦桧也早就得到可靠的情报。绍兴九年三月，宋使王伦到达东京开封府，与完颜兀术（宗弼）办理交割河南地界的手续。完颜兀术（宗弼）属下有个王伦的故吏，他秘密向王伦透露了完颜兀术（宗弼）准备发动政变，杀完颜挞懒（昌）等人的图谋。王伦赶紧写一密奏，报告形势波诡云谲，请求宋廷速派张俊守东京开封府，韩世忠守南京应天府，岳飞守西京河南府，吴玠守京兆府，张浚重开都督府，节制诸大将，以备不虞。宋高宗和秦桧却置之不理，命令王伦照旧出使金朝。六月，王伦渡过黄河，刚到达中山府，即被金朝扣押。③ 女真贵族发付副使蓝公佐回到宋朝，除按约索取

---

① 《会编》卷197，《要录》卷130绍兴九年七月己卯朔，卷131绍兴九年八月戊午，《金史》卷4《熙宗纪》，卷69《宗隽传》，卷76《宗磐传》，卷77《宗弼传》，《挞懒传》，卷79《王伦传》。

② 《会编》卷200，卷202，《要录》卷135绍兴十年五月丙戌，《永乐大典》卷3586《毘陵集·乞屯兵江州札子》，《金史》卷77《宗弼传》，卷84《杲传》。

③ 《攻媿集》卷95王伦神道碑，《要录》卷127绍兴九年三月丙申，卷129绍兴九年六月乙亥，《宋史》卷371《王伦传》，卷473《秦桧传》。王伦故吏密告时间，据王伦神道碑叙事，应在三月交割地界时。

"岁贡"外，①又提出宋朝必须使用金朝年号等无理要求，进行挑衅。②形势逐步发展到剑拔弩张的地步，可是宋高宗仍然不肯令岳飞等大部队进驻河南，而派刘锜为东京副留守，率军前往，其启程和行军又相当迟缓。③这当然是政治性的调防。在宋高宗和秦桧看来，刘锜官位较低，不至于违抗朝廷，滋生事端。

韩世忠眼看金朝发生变故，连淮阳军的戍兵和屯田兵都已撤回，上奏主张先发制人，乘虚掩击。宋高宗却说他是武夫粗人，"不识大体"，"若乘乱幸灾，异时何以使夷狄守信义"。④他对臣僚并无信义，而对杀父的仇邦却讲求信义，宁愿坐待金人毁约南侵。

处境最狼狈的，是自许"以诚待敌"⑤的右相秦桧。按照惯例，完颜兀术（宗弼）南侵之日，也只能是秦桧引咎辞职之时。既然屈膝求和的政策已经破产，肯定会招致大批猛烈的、尖利的弹劾奏章。然而在两年时间内，抗战派官员多被贬黜，秦桧的党羽已密布朝廷，台、谏官更成其掌心之玩物，自下而上的弹劾，秦桧已无需担心了。关键是宋高宗本人的态度，皇帝喜怒莫测，可能因此对秦桧反目。第二次罢相的阴影笼罩在秦桧头上，使他不寒而栗。经过一番密谋策划，御史中丞王次翁自愿充当说客，他向宋高宗进言："前日国是，初无主议。事有小变，则更用他相，盖后来者未必贤于前人，而排黜异党，收召亲故，纷纷非累月不能定，于国事初无补也。愿陛下以为至戒，无使小人异议乘间而入。"

宋高宗深表赞许。秦桧仍不放心，又派给事中冯檝进行试探，向宋高宗建议起用张浚。宋高宗怒冲冲地回答："宁至覆国，不用此人！"⑥于是秦桧方得以安心。实际上，即使没有王次翁缓颊，宋高宗也不可能罢免秦桧，因为降金方针的契合，两人即使异梦，也须长久同床。

在金军大举进犯的形势下，抗金的招牌已不容不抢。由于秦桧以往全

---

① 关于银二十五万两、绢二十五万匹的"岁贡"，宋朝原已应允，见《忠正德文集》卷9《使指笔录》，《金佗续编》卷4《金人叛盟兀术再犯河南令诸路进讨诏》，《会编》卷200，《要录》卷135绍兴十年五月戊戌。但据《要录》卷132绍兴九年十月辛亥，《攻媿集》卷95王伦神道碑，《宋史》卷371《王伦传》，绍兴九年"岁贡"尚未缴纳。
② 《要录》卷134绍兴十年正月辛巳，卷135绍兴十年五月丙戌注引金朝诏书。
③ 《要录》卷134绍兴十年二月辛亥，卷135绍兴十年四月壬戌，《宋朝南渡十将传》卷1《刘锜传》。
④ 《要录》卷131绍兴九年八月丙寅。
⑤ 《会编》卷225《绍兴正论》，《要录》卷119绍兴八年五月辛亥，《宋史》卷376《魏矼传》，卷473《秦桧传》。
⑥ 《会编》卷200，《要录》卷135绍兴十年五月戊戌，卷136绍兴十年六月丙午，《宋史》卷380《王次翁传》，卷473《秦桧传》，《挥麈后录》卷11。

心全力降金乞和，不留馀地，仓卒之际，竟找不到转圜和文过饰非的口实。多亏官员张嵲为他背诵了《尚书·商书·咸有一德》中"德无常师，主善为师"一句话，才帮他摆脱了窘境。《尚书》这句话，既成了护身符，又可作杀威棒。这个老奸巨猾摇身一变，又以坚决的抗战派自居。以往的主和，今日的主战，都成为善良的美德，他大言不惭地表示，"愿先至江上，谕诸路帅同力招讨"，还要宋高宗效法汉高祖，"以马上治天下"。①

表面上，宋廷发布声讨诏文，以节度使的官衔，银五万两，绢五万匹，田一百顷，第宅一区，悬赏擒杀完颜兀术（宗弼），② 又发表韩世忠、张俊和岳飞兼河南、北诸路招讨使，③ 似乎要决心收复失地。实际上，投降的方针，依然贯穿于宋廷的战略指导之中。

第二节　宋军抗击

宋军抗击金军，事实上划分成三个战场。

西部战场有行营右护军等部队。当时四川宣抚使吴玠已经病逝，文臣川、陕宣抚副使胡世将主持军务，统辖行营右护军都统制吴璘，川、陕宣抚司都统制杨政和枢密院都统制郭浩三军。吴璘是吴玠之弟，他和杨政原是吴玠的左右手，骁勇敢战。金军占据陕西大部，但吴璘等三部与金朝元帅右监军完颜撒离喝（杲）相持，互有胜负，彼此都未能给对手以重大打击。④

东部战场的宋军主将是京东、淮东路宣抚处置使韩世忠。他命统制王胜等攻取海州（治朐山，今江苏连云港市西）。自己率部在淮阳军附近的泇口镇、潭城、千秋湖陵等地击败敌人，然而却又顿兵淮阳军城下，久攻

---

① 《会编》卷217，《要录》卷136绍兴十年六月甲辰朔，《宋史》卷473《秦桧传》，《朱子语类》卷131，《宾退录》卷4，《琬琰集删存》卷1韩世忠神道碑。
② 《金佗续编》卷12《将帅军民如能擒杀兀术者除官并赐银绢田宅省札》，《会编》卷200，《要录》卷136绍兴十年六月甲辰朔。
③ 《金佗续编》卷2《少保兼河南府路陕西河东河北路招讨使加食邑制》，《会编》卷200，《要录》卷136绍兴十年六月甲辰朔，《宋会要》职官42之64。
④ 《会编》卷200，卷202，卷204，《要录》卷135，卷136，卷137，《宋史》卷366《吴璘传》，卷367《杨政传》，《金史》卷72《豰英传》，《拔离速传》，卷84《杲传》，《宋会要》兵14之27—33。宋金双方关于陕西战事，记载互异。实际情况应是在金军占领陕西大部分土地后，双方处于胶着状态。

不克。①

无论是东部和西部，都不是主战场，对此次宋金战争全局不起决定作用。关键是在中部战场，一方是都元帅完颜兀术（宗弼）指挥的金军主力，另一方则是岳飞、张俊和刘锜三军。

刘锜新任东京副留守，带领近二万人马，连同大批将士眷属，前去开封府。这是宋廷为应付突发事变，而调遣北上的唯一一支较大的兵力。宋廷宁肯舍近求远，不准岳家军就近北上驻防，又命刘锜军拖带家属，扶老携幼，其措置之乖谬，实源于主和的方针。

绍兴十年五月，刘锜军途经京西路的顺昌府（治汝阴，今安徽阜阳市）时，得到金军败盟南犯的急报。接着，金军又源源不断地拥向顺昌府。五月、六月间，因进攻屡遭挫败，完颜兀术（宗弼）亲率十多万大军前来，双方众寡悬殊。秦桧为宋高宗起草手诏，令刘锜"择利班师"，以便女真骑兵在广阔原野上追歼这支步兵。

刘锜军的基干是十多年前威震太行的八字军，王彦病死后，此军归刘锜指挥，他们拥有丰富的战斗经验，士气高昂。刘锜身处险境，深知只能犯死求生，可战而不可却。他以斩钉截铁般的语言，激励士伍，誓与顺昌共存亡。完颜兀术（宗弼）骄横不可一世，他看到如此卑薄残缺的城垣，说："顺昌城壁如此，可以靴尖踢倒！"

刘锜军充分利用暑热天气，以逸待劳，以少击众，大败金朝最精锐的骑兵部队。金军死五千多人，伤一万多人，战马死三千多匹，完颜兀术（宗弼）狼狈逃回开封府。

顺昌之战是继和尚原与仙人关两次战役后，宋朝的第三次大捷。英勇的八字军首创在平原地区大破金军的奇迹。金军"自言入中原十五年，尝一败于吴玠，以失地利而败；今败于刘锜，真以战而败"，"十五年间，无如此战"。②

完颜兀术（宗弼）的攻势已被击破，而宋军则开始转入反攻。在北方被扣押多年的宋使洪皓，也写密奏报告宋廷，说顺昌战后，金人"震惧丧魄"，将燕山府的珍宝席卷而北，准备放弃燕、雲以南的土地。③可见女真贵族对战争前途，已开始丧失信心。

---

① 《会编》卷204，卷217韩世忠神道碑，《要录》卷136，卷137，《宋朝南渡十将传》卷5《韩世忠传》，《宋史》卷364《韩世忠传》，《宋会要》兵14之28—31。
② 关于顺昌之战，参见《会编》卷201，卷202，《要录》卷135，卷136，《宋会要》兵14之27—28，《宋史》卷366《刘锜传》，《宋朝南渡十将传》卷1《刘锜传》，《朱子语类》卷132。
③ 《会编》卷221洪皓行状，《要录》卷136绍兴十年闰六月己亥，《宋史》卷373《洪皓传》，《盘洲文集》卷74《先君述》。

第三节　违诏出师

岳飞闻知金军毁约的消息，一则以愤，二则以喜，他赶紧以公文通知各大军区，① 准备大举反击。

岳家军在鄂州整整被羁束了三年，枕戈待旦。岳飞以无战之年，为有战之时，十分注重对部队实施最严格的实战训练。他自己擅长左右开弓，也教战士左右开弓，精习射技。全军将士都身披重铠，苦练冲陡坡，跳壕堑等战斗动作，手脚趫捷，② 堪称"无一不当十"。③

由于薛弼的调离，宋廷向岳飞宣抚司委派了一位新的参谋官，名叫朱芾。他是京东路青州益都县人，原任广南西路转运副使。绍兴八年，交阯国王身死，他充任吊祭使。④ 大概在他归国以后，即往鄂州赴新任。宋高宗和秦桧的本意，是要朱芾充当朝廷耳目，监视岳飞，在军中贯彻朝廷的意图。然而朱芾却和岳飞情投意合，他积极参与军事谋划，"忠无遗策"，⑤ 成为岳飞的得力助手。

此外，从前不敢隶属岳飞的赵秉渊，也调任岳家军的胜捷军统制。绍兴四年冬，当金、伪齐联军南犯之时，赵秉渊从和州（治历阳，今安徽和县）逃跑，部兵纵火大掠，他受到降官贬秩的处分。⑥ 赵秉渊一旦调遣到岳飞麾下，未免惶恐不安。岳飞因当年的酒失，也颇为内疚，他勉励赵秉渊以战功洗刷过去的耻辱，而不予歧视。

正当岳飞积极部署出师之际，有个名叫冯时行的士人向他上书，称誉他"忠勇壮烈，柱石本朝，德望威名，夷夏充满"。"区区愤激之心，日夜之所冀望以尊主庇民者，如相公之贤，独一、二数耳"。冯时行建议，"以相公之威望，虏人素所畏服，若能以数万之众，径趋商、虢，使必闻声股慄，望风破胆，岂徒保卫川蜀，必能据有关陕"。⑦ 此信其实也反映了爱国

---

① 《要录》卷135绍兴十年五月丙戌注载岳飞牒胡世将公文，估计他也应通知其他军区。
② 《金佗稡编》卷4《鄂王行实编年》，卷9《遗事》。
③ 《鹤山先生大全文集》卷71《知南剑州洪公（秘）墓志铭》。
④ 《要录》卷11建炎元年十二月壬申，卷118绍兴八年三月丁亥，《宋会要》蕃夷4之42—43。
⑤ 《东窗集》卷12《朱芾落敷文阁待制知徽州制》，《紫微集》卷12朱芾转官制词。
⑥ 《要录》卷82绍兴四年十一月辛未，卷84绍兴五年正月壬子。
⑦ 《永乐大典》卷8414《冯缙雲先生集·上岳相公书》

的士大夫辈对岳飞所寄予的重望，认为欲光复故土，已非岳飞莫属。但岳飞并未采纳他的建议，将关陕作为本军的主攻目标。按岳飞的积极反攻计划，十万大军事实上分成奇兵、正兵和守兵三个部分。

奇兵是深入敌后的游击军。京东路一支由李宝和孙彦指挥。岳飞又另派两支部队渡河北上，一支由梁兴、赵雲和李进统领，另一支由董荣、牛显和张峪统领。

正兵是挺进前方的正规军。在西方，武赳率郝义等将，带领轻兵，击破虢州，与陕州"忠义军兵"首领吴琦、商州知州邵隆诸军唇齿相依，联成一体。他们切断完颜兀术（宗弼）和完颜撒离喝（昊）两支金军的直接联系，护卫岳飞主力军的后背。① 在东部，岳飞亲自统率重兵，向辽阔的京西路平原地区疾进。最早出动的，是惯打头阵的同提举一行事务、前军统制张宪，还有游奕军统制姚政所部。他们奉命紧急驰援刘锜。②

后方守兵自然包括全体水军。岳家军甚至还接管了直到江南西路江州和江南东路池州的江防，③ 拱卫着湖北、江西以至江东三路的安全。

大军出征前，将士们纷纷同家眷相约，一定要在故土平定之时，旧疆光复之日，再团圆重逢。大家都充满了必胜的信念，一往无前的锐气。

岳飞再次亲笔上奏，请求宋高宗及时设立皇储。他认为在举行军事攻击的同时，更须预防金朝利用宋钦宗，进行政治讹诈。宋高宗正在用人之际，当然不能再给岳飞以难堪，于是在手诏中，对他的"忱诚忠谠""嘉叹"一番。④

按照宋高宗的新命，岳飞自从一品的开府仪同三司晋升正一品的少保。⑤ 当时太师、太傅和太保称"三公"，少师、少傅和少保称"三孤"或"三少"。⑥ 岳飞的官位至此已跻入三孤的最低一阶。但岳飞仍恳辞新命，他上奏说，"臣闻忠臣之事君，计功而受赏，量力而受官，不为苟得，以贪爵禄。况师旅方兴，事功未著，臣方同士卒之甘苦，明将佐以恩威，冀成尺寸之功，仰报君父之德"。"候将来功绩有成，臣将拜手稽首，祗承

---

① 《金佗稡编》卷12《乞号令归一奏》，《紫微集》卷12郝义等十人转官制，估计郝义等为武赳部属。
② 《金佗稡编》卷2高宗手诏。
③ 《金佗稡编》卷2高宗手诏载，命岳飞"遣舟师至江州屯泊"。《石林奏议》卷11《奏措画防江八事状》："近者又闻岳飞分兵下守池州。"
④ 《金佗稡编》卷2高宗手诏，卷12《乞定储嗣奏略》，卷21《建储辨》引《野史》。
⑤ 《金佗续编》卷2《少保兼河南府路陕西河东河北路招讨使加食邑制》，《会编》卷200，《要录》卷136绍兴十年六月甲辰朔，《宋会要》职官1之4。
⑥ 《宋史》卷161《职官志》。

休命矣"。①

按照中国古代儒家的教诲，岳飞对抗战是热衷的，而对富贵是淡薄的。他在戎马倥偬之中，想到了一位旧交，江州庐山东林寺的慧海和尚。绍兴六年、七年间，他两次上庐山，打扰慧海宁静的、与尘世绝缘的生活。岳飞给慧海寄诗一首，以抒襟怀：

"湓浦庐山几度秋，长江万折向东流。
男儿立志扶王室，圣主专师灭虏酋。
功业要刊燕石上，归休终伴赤松游。
丁宁寄语东林老，莲社从今着力修。"②

他预料此次北伐的成功，已指日可待，故嘱托慧海为自己筹办退隐事宜。

顺昌大战开始时，宋高宗确实惊慌异常。他深怕刘锜一军被歼，故频催岳飞，"多差精锐人马，火急前去救援"，"不得顷刻住滞"。但是，宋高宗又不愿让岳飞乘机北伐，故命令他"重兵持守，轻兵择利"，"候到光、蔡，措置有绪，轻骑前来奏事"。③ 宋高宗规定光州和蔡州为岳飞进军的极限，不但黄河以北，就是黄河以南的土地，包括东京开封府、西京河南府和南京应天府，都准备一概放弃。"穷边指淮淝，异域视京洛"，④ 夺取一个蔡州，即可为两年前的屈膝求和遮羞，这是宋高宗和秦桧的基本战略方针。

六月下旬，宋廷特遣往岳飞军中"计事"的司农少卿李若虚来到鄂州，当时岳飞已率大军北上，李若虚赶到德安府（治安陆，今湖北安陆市），方与岳飞会晤。岳飞见到前任参议官，这本是高兴的事，然而李若虚传达宋高宗的旨意，却是"兵不可轻动，宜且班师"！岳飞断然不从，据理力争。北伐的计划已经延搁三年，机不可失，岂容一误再误。李若虚本来就是违心地执行皇命，他激于大义，毅然主动承担了"矫诏之罪"，在关键时刻支持了岳飞。⑤

李若虚目送一队队雄赳赳、气昂昂的健儿奔赴前方，不由得心潮起伏。他的故乡洺州尚是沦陷区，胞弟李若水殉难已有十四年，看来雪国耻、复家仇的时机终于来临，他衷心祝愿岳家军的旌旗直指北疆，早传

---

① 《金佗稡编》卷15《辞少保第三札子》。
② 《金佗稡编》卷19《寄浮图慧海》。
③ 《金佗稡编》卷2高宗手诏。
④ 《剑南诗稿》卷21《醉歌》。
⑤ 《会编》卷202，《要录》卷136绍兴十年六月乙丑，而《金佗稡编》卷8《鄂王行实编年》隐讳了岳飞违诏出师的史实。

捷报。

第四节　第四次北伐

完颜兀术（宗弼）败于顺昌府后，他本人与龙虎大王完颜突合速退回开封府，命大将韩常守颍昌府，翟将军守淮宁府，三路都统完颜阿鲁补守应天府。① 金军企图以颍昌、淮宁、应天三府作开封府的前卫，开封府作这三府的后盾，负隅顽抗。

根据敌情，岳飞主力军的第一步战略目标，是扫荡开封府的外围。

六月初，张宪和姚政率前军与游奕军直抵光州，往东北的顺昌府方向疾进。由于顺昌府于十二日解围，张宪便挥兵折向西北，击破敌军，袭取蔡州，也可能是顺昌解围前先克复蔡州，为岳家军此次大举北伐，举行了一个奠基礼。岳飞当即派马羽镇守蔡州。②

牛皋的左军也接着出战。十三日，在京西路打败金军，兵锋直指汝州。牛皋率左军攻克他的故乡鲁山等县，又挥师东向，同大军会合。③

二十三日，统领孙显在蔡州和淮宁府之间，大破金朝裴满千夫长的部伍，实际上是对淮宁府作了一次试探性的军事侦察。④

闰六月，岳家军经过集结和准备后，又发起新的更猛烈的攻势。

首先出击的，仍然是能征惯战的张宪。十九日，同提举一行事务、前军统制张宪指挥傅选等将，在离颍昌府四十宋里的地方，同金朝的韩常军

---

① 《会编》卷201，卷202，《要录》卷136绍兴十年六月乙卯，《宋朝南渡十将传》卷1《刘锜传》。但《金史》卷68《阿鲁补传》说守颍州（顺昌府）为大挞不野臭，守许州（颍昌府）为韩常，守陈州（淮宁府）为赤盏晖，守归德府（应天府）为完颜阿鲁补。按《金史》卷80《赤盏晖传》和《大臭传》未载两人守陈州和颍州，《阿鲁补传》所载有误。关于三路都统，《会编》卷181，卷182说即是完颜阿鲁补（阿鲁波、阿鲁保），《会编》卷200，《要录》卷117绍兴七年十一月丙午，卷135绍兴十年五月丁亥，卷136绍兴十年六月乙卯，闰六月戊戌说是葛王完颜襄，参对《金史》卷6《世宗纪》，应以前一说为准。

② 《金佗稡编》卷9《遗事》，《会编》卷205《淮西从军记》，《皇宋十朝纲要》卷23，《宋史》卷29《高宗纪》。其中《淮西从军记》所载取蔡州时间有误。

③ 《金佗续编》卷28《吴拯编鄂王事》，《会编》卷202，卷208《林泉野记》，《要录》卷136绍兴十年六月丙辰，《宋史》卷29《高宗纪》。各书未载牛皋战于京西何地，今据张宪和武赳的作战地区推断，应为汝州一带。

④ 《会编》卷202，《要录》卷136绍兴十年六月丙寅。裴满，原作"排蛮"，据《金史拾补五种》统一译名。

对阵。韩常军被杀得落花流水，溃不成军。张宪麾军追奔逐北，在二十日夺取颍昌府城。①

张宪留董先的踏白军和姚政的游奕军守颍昌府城，自己又会同牛皋、徐庆等军，东进淮宁府。二十四日中午，在淮宁府城外十五宋里，同敌骑三千多人发生遭遇战。岳家军击破金军，分兵数路，进行追击。金方翟将军率领本城兵马，另加自开封府发来的援军，在城外几宋里处"摆布大阵"。张宪率励全军，分进合击，突入敌阵，粉碎金军的顽抗，乘胜占据淮宁府城。这是岳家军此次北伐以来，与金军第一次大规模会战，金将王太保等人被俘，岳家军还虏获一批战马。②

二十五日上午，踏白军统制董先得悉金军自本府长葛县（今河南长葛市）来犯，即同游奕军统制姚政出城迎战。在城北的七里店，金酉镇国大王、韩常和邪也孛堇率六千馀骑，已经摆开军阵。显然，由于得到开封府金军的增援，韩常企图夺回颍昌府城。董先和姚政率部分头直捣敌阵，双方激战一个时辰，金兵终于败退。岳家军追杀三十几宋里路，方才收兵③。

金军拱护开封府的三个战略要地，顷刻之间，被岳家军拔除了两个。剩下一个南京应天府，原属京东西路，当时新设应天府路，④ 应是张俊军的作战区。尽管开封府的门户业已打开，岳飞继续执行扫除外围的计划，他期待张俊和刘锜两军北上，以便共同与完颜兀术（宗弼）大军举行战略决战。

张宪麾军收复开封府以南地区，战果辉煌；另一支岳家军，则在提举一行事务、中军统制王贵的指挥下，又接着向开封府以西的地区进军。

二十五日，王贵派遣的将官杨成等率兵前往郑州。金军万夫长漫独化带五千馀骑出城迎战，岳家军掩杀敌人，一鼓作气，攻克郑州。⑤ 二十九日，准备将刘政又率兵突入开封府中牟县（今河南中牟县），夜袭漫独化的营寨。岳家军杀死很多敌人，夺得三百五十多匹战马，一百多头骡、驴，还有大量衣物器甲，漫独化本人生死不明。⑥

---

① 《金佗稡编》卷16《复颍昌府奏》，《会编》卷204，《要录》卷136绍兴十年闰六月壬辰。

② 《金佗稡编》卷16《陈州颍昌捷奏》，《会编》卷204，《要录》卷136绍兴十年闰六月丙申。《要录》称淮宁府守将仍是韩常，系误。

③ 《金佗稡编》卷16《陈州颍昌捷奏》。

④ 《要录》卷127绍兴九年三月己亥。

⑤ 《金佗稡编》卷16《郑州捷奏》，《会编》卷204。按《会编》卷207《岳侯传》，《要录》卷136绍兴十年闰六月丁酉，《宋史》卷29《高宗纪》载，由郝晸等克郑州，系误。

⑥ 《金佗稡编》卷16《漫独化捷奏》。

中军副统制郝晸统领军马，直指西京，在离河南府城外六十宋里扎营。金朝河南知府李成手下有七千多"番人"，三千多"食粮军"，五千多匹战马。七月一日，李成发几千骑前来挑战。郝晸命将官张应和韩清指挥马军，迎头痛击，神速地追杀到西京河南府城下，郝晸也鼓率全军为后继。李成心胆俱裂，连夜弃城狂逃。岳家军于翌日光复了西京河南府。

翟兴部将李兴早先在商州等地抗金。绍兴三年，翟琮军南撤，伪齐军占领襄汉一带后，李兴被迫投降伪齐。金朝归还黄河以南地域，他重新担任宋朝西京河南府兵马钤辖。此次金军大举南下，宋朝西京留守李利用和副总管孙晖都弃城逃跑。承信郎李靓率兵英勇抵抗，俘虏了翟将军。然而在敌人优势兵力的攻击下，李靓战败牺牲。① 李兴只带七名骑兵，从天津桥转战到定鼎门，额颅受伤，昏仆于地。他在半夜甦醒后，跑到伊阳、福昌、永宁三县，招集民众，组织抗金武装，有兵二千人。② 岳飞特命中军统领苏坚前往联络，双方密切协作，并肩作战。李兴和苏坚率部队攻占西京河南府另外五个县，又在河清县（今河南孟津县东北）打败金军，并收复汝州城。他们与郝晸所部会合后，岳飞特命李兴和苏坚共守西京河南府。③

在不足半个月的时间内，岳家军凯歌猛进，席卷京西，④ 兵临大河，胜利地完成了扫清开封府外围的作战计划。

---

① 《周益国文忠公集·省斋文稿》卷28《忠义李君传》，《宋史》卷453《李靓传》。
② 《金佗稡编》卷8《鄂王行实编年》。
③ 《金佗稡编》卷9《遗事》，卷12《李兴吴琦转官告乞付军前给降奏》，卷16《复西京奏》，《会编》卷200，卷204，《要录》卷135绍兴十年五月己丑，卷137绍兴十年七月癸卯。
④ 当时京西路只剩不属河南之地的滑、孟两州没有收复。

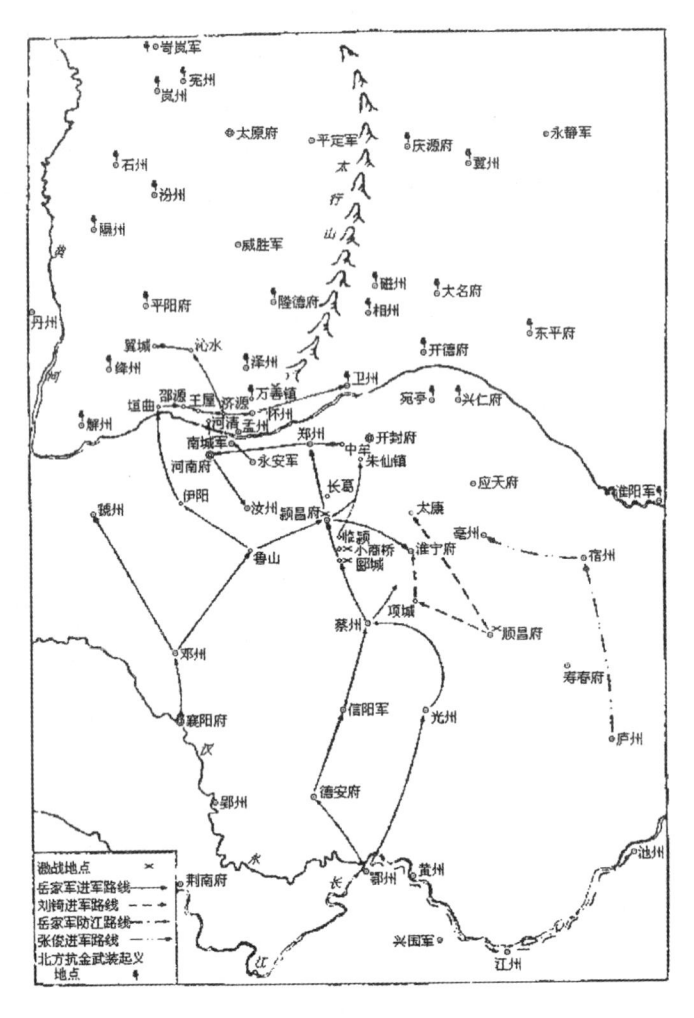

岳家军第四次北伐路线图

第五节 孤军深入的形势

李若虚从岳飞军前还朝后，说："敌人不日授首矣，而所忧者他将不相为援。"① 这实际上是反映了岳飞对战争前途的估计。宋高宗和秦桧对李若虚自然非常憎恨，但一时又难于处分其矫诏之罪，因为在李若虚的背后，是个掌重兵的统帅。

---

① 《要录》卷144绍兴十二年正月戊申。

岳飞出师时的此种忧虑，很快地变成了现实。东部战场的韩世忠军，西部战场的吴璘、杨政和郭浩军是努力作战的，但他们与敌军处于胶着状态，不可能直接配合岳家军作战；而中部战场的张俊和刘锜两部，却又没有与岳家军协同作战。

张俊手下的第一名统制，原是认张俊为"阿爹"的庸将田师中。田师中娶张俊亡子之妻，对张俊奉承谄媚，因此得到张俊的宠信。① 淮西兵变后，王德的八千人马驻扎建康府，无所归属。张俊用重金予以收买，方得以有一个善战的部将。② 张俊的部伍扩充到八万人，装备也很精良。③ 然而他却将行营中护军视若私产，抱有一种悭吝的守财奴心理，人马愈多，装备愈好，就愈不敢打冒风险的大仗、受损失的硬仗。

顺昌大战时，张俊受命解围，一直迁延不行。完颜兀术（宗弼）退兵后的第十一天，即六月二十三日，王德领数千骑兵姗姗来迟，抵达顺昌府，算是尽了策应之责，旋即还军。④ 闰六月，张俊发兵北上，金朝宿州（治符离，今安徽宿州市）知州马秦兵败投降，亳州（治谯县，今安徽亳州市）知州郦琼率部逃遁，近乎兵不血刃，便占领两州。当地百姓激于爱国热忱，"列香花迎军"。不料张俊军"虏掠良人妻妾，夺取财物，其酷无异金贼"，并在数日后班师，"民皆失望"。⑤

两次不足道的小捷，邀赏却是漫天讨价。第一，张俊请求宋廷将王德和田师中升至仅次于节度使的正任承宣使；第二，张俊上报说，行营中护军竟有四万多人立"功"，须论"功"行赏。依火头、辎重兵等占全军四分之一计，⑥ 则上报的"有功之士"，竟占战士的三分之二。他的所作所为，连给秦桧出谋划策的张嵲也愤愤不平，说张俊"不俟命而擅退师，使岳飞军孤"，"何应罚而反赏"。⑦

其实，擅自退兵的指责，也冤枉了张俊。依宋高宗和秦桧的军事部署，只"令张俊措置亳州"。⑧ 如今张俊多取一个宿州，已属锦上添花，焉

---

① 《会编》卷206，《要录》卷140绍兴十一年五月甲子。
② 《会编》卷212，《要录》卷117绍兴七年十一月甲午，《建炎以来朝野杂记》甲集卷18《绍兴内外大军数》。
③ 《金佗稡编》卷8《鄂王行实编年》，《会编》卷219《林泉野记》，《中兴小纪》卷29，《皇朝中兴纪事本末》卷55。
④ 《会编》卷201，《要录》卷136绍兴十年六月丙寅。
⑤ 《会编》卷204，卷230，《要录》卷136绍兴十年闰六月丙戌、戊戌、庚子。
⑥ 参见拙作《宋朝军制初探》（增订本）第八章第五节入队和不入队、队外，中华书局，2011年。
⑦ 《紫微集》卷25《为张俊乞赏缴奏状》，《为王德田师中除正任承宣使缴奏状》，《宋史》卷445《张嵲传》。
⑧ 《金佗稡编》卷2高宗手诏。

有不赏之理。宋高宗既已偏心于张俊,自然须慷慨地满足他的请求。

刘锜的部队编成前、右、中、左、后、游奕和选锋七军。顺昌府解围后,刘锜派左军和右军护送家属、伤员及辎重等先行,按宋廷接二连三的命令,撤往镇江府。① 刘锜本人率领剩下的一万几千人马,留驻顺昌府,既不违诏北进,也未遵命南撤。刘锜自顺昌一战成名,身价百倍,颇为踌躇满志,事实上已无意于另立新功。

张俊如此,刘锜如彼,则中部战场岳飞的孤军深入,已成定局。

随着光复地区的日益扩大,岳家军的兵力也日益分散。宋高宗和秦桧以顺昌府原属京西路为借口,令岳飞"分拨兵将,严为守备",以接替刘锜全军南撤后的防务。岳飞上疏反对,说自己的部队分布在陕州、虢州、西京河南府、郑州、汝州、颍昌府、淮宁府、蔡州等广大地域,还有军队派遣到河东、河北等路,恳请将刘锜一军留在顺昌府,"庶几缓急可以照应"。② 岳飞还上奏要求将驻虢州的武赳一军撤回,把原属陕西路的陕、虢两州交付川、陕宣抚司管辖。由李兴任河南府知府兼新设的河南府路安抚使,独立负责本路防务。此外,蕲、黄、光三州的防务,也请拨还张俊的淮西宣抚司照管。③

由于岳飞面临孤军深入,而又兵力分散的不利态势,开封府的金军主力又近在咫尺,因此急于缩小防区,集中兵力。事实上,在收复西京河南府后,岳家军已停止正面的推进,开始逐步向开封府附近集结兵力。

完颜兀术(宗弼)看到有机可乘,不待岳家军集结完毕,抢先发动了大规模的反攻。

第六节　郾城和颍昌大捷

七月初,金朝都元帅完颜兀术(宗弼)指挥的主力部队,经过一个半月的休整,并增添了由盖天大王完颜赛里(汉名宗贤)等所率领的生力援军后,④ 倾巢而出,直扑郾城。在此之前,完颜兀术(宗弼)还发付金军

---

① 《会编》卷201。
② 《金佗稡编》卷12《乞刘锜依旧屯顺昌奏》。
③ 《金佗稡编》卷12《乞号令归一奏》。
④ 《靖康稗史笺证》之《青宫译语》、《呻吟语》、《宋俘记》载,盖天大王即完颜赛里,《金史》卷70有《宗贤传》,据《金史》卷135《国语解》,"赛里"意为"安乐"。又据《石林奏议》卷12《奏乞立赏格募人擒捕兀术等用事首领十三人札子》载,完颜赛里最初"在溽、滑,以主签军"。

家属渡河北上，预作撤退的准备。① 总之，完颜兀术（宗弼）在屡战失利后，虽心虚胆怯，却仍不甘心失败，他利用闰六月后的"弓劲马肥"有利时节，② 企图作孤注一掷。

八日，有探事人报告岳飞，完颜兀术（宗弼）督龙虎大王完颜突合速、盖天大王完颜赛里（宗贤）、昭武大将军韩常等将，统领精锐马军一万五千多骑，披挂着鲜明的衣甲，自北方赶来，距郾城县只有二十多宋里路。显然，这一万五千人既是十几万大军的前锋，又是其精华，金军中充当步兵的汉人签军，是没有多少战斗力的。当时岳飞麾下只有背嵬军和一部分游奕军，游奕军的另一部分则随统制姚政驻守颍昌府。完颜兀术（宗弼）应是得到郾城兵少的情报，故亲率主力进行突击，企图一举摧毁对方的司令部。

岳飞深知将会有一场前所未遇的恶战，以寡敌众的硬仗，也坚信自己的将士能够承受严酷的考验。他首先命令岳云率领背嵬和游奕马军，出城迎击。岳飞神色严毅，对儿子说："必胜而后返，如不用命，吾先斩汝矣！"

当天下午，岳云舞动两杆铁锥枪，挥军直贯敌阵。双方的骑兵开始激烈的鏖战。岳家军主要依靠缴获的战马，装备了相当规模的骑兵。③ 其骑兵的数量和质量都胜过其他各支宋军，能够与金朝引以为骄傲的骑兵单独周旋。在平原旷野上驰突，正是女真骑兵的长技。岳家军不可能依托山险，也没有凭借城垣，却是在最有利于女真骑兵发挥威力的地形，进行骑兵会战。这在宋金战争中尚属首次，也是郾城之战不同于和尚原、仙人关、顺昌等战的特点。

金方的后续部队源源不绝地拥来。岳云的马军经过一个回合的战斗，打败敌骑的一次冲锋后，又招致更多的敌骑进行第二次冲锋，举行两军第二回合的战斗。形势逐步发展到与完颜兀术（宗弼）"全军接战"的地步，④ 金方十馀万大军先后开进战场。杨再兴要活捉完颜兀术（宗弼），单骑冲入敌阵，杀金军将士近百名。⑤ 他自己也身中数十枪，遍体创伤，仍然战斗不止。

---

① 《金佗稡编》卷12《乞乘机进兵札子》，《金佗续编》卷10《收复赵州获捷照会杨沂中除淮北宣抚刘锜除宣抚判官》。
② 《金佗稡编》卷2高宗手诏。
③ 《金佗稡编》卷22《淮西辨》载，绍兴十一年援淮西时，光背嵬"亲军"即有"八千馀骑"，郾城之战时当亦接近此数。
④ 《金佗续编》卷10《奖谕郾城获捷省札》，《郾城获捷支犒士卒省札》。
⑤ 《会编》卷204，而《金佗稡编》卷8《鄂王行实编年》，《要录》卷137绍兴十年七月己酉作"数百人"。

在战斗最激烈的时刻，黄尘蔽天，杀声动地，岳飞亲率四十骑突出阵前。都训练霍坚急忙上前挽住战马，说："相公为国重臣，安危所系，奈何轻敌！"岳飞用马鞭抽了一下霍坚的手，说："非尔所知！"他跃马驰突于敌阵之前，左右开弓，箭无虚发。将士们看到统帅亲自出马，士气倍增。①

女真骑兵的擅长是弓箭，然而宋朝发达的经济技术条件，使岳家军配备的弓弩射程更远，穿透力更强。至于白刃近战，更是女真骑兵之所短。女真骑兵能够坚忍不拔地进行韧性战斗，然而岳家军持续交锋了几十个回合，也毫无倦色和馁意。金军惯用左、右翼骑兵，进行迂回侧击。按宋时行阵术语，左、右翼骑兵称"拐子马"。② 岳飞也指挥军队，运用巧妙的战术，对付敌之两翼拐子马，"或角其前，或掎其侧，用能使敌人之强，不得逞志于我"。③

完颜兀术（宗弼）眼见骑兵会战不能取胜，焦躁万分，下令将披挂"重铠全装"的"铁浮图"军投入战斗。"铁浮图"军也称铁塔兵，形容重甲骑士装束得如同铁塔一般，都是完颜兀术（宗弼）麾下精练的亲兵。④此次"铁浮图"军每三匹马用皮索相连，"堵墙而进"，进行正面冲击。由于金军一反以左、右翼拐子马迂回侧击的惯技，"自谓奇计"。完颜兀术（宗弼）希图以严整的、密集的骑兵编队，击溃对方较为散乱的骑兵。岳飞当即令步兵上阵，他们手持麻扎刀、提刀、大斧之类以步击骑的利器，⑤专劈马足。只要一匹马仆地，另外两匹马就无法奔驰，"铁浮图"军乱作

---

① 岳飞亲自出战，《金佗稡编》卷8《鄂王行实编年》系于十日，与《金佗稡编》卷16《郾城县并垣曲县等捷奏》相抵牾，应为八日大战时事。

② 《武经总要》前集卷7，《会编》卷201，卷202，卷244《金虏图经》，《历代名臣奏议》卷90吕颐浩奏，《水心别集》卷16《后总》，《琬琰集删存》卷3李显忠行状，《宋朝南渡十将传》卷1《刘锜传》。

③ 《紫微集》卷12梁吉等转官制。

④ 《会编》卷201，卷202，卷243《炀王江上录》，《宋朝南渡十将传》卷1《刘锜传》，《宋史》卷377《陈规传》，《石林居士建康集》卷1《闻兀术将过淮再遣晁公昂觇师》。《炀王江上录》说，后金海陵王完颜亮迁都燕京时，仍有"铁浮图一十万"随行，但不作为亲兵。浮图即是宝塔之意。

⑤ 《会编》卷215《征蒙记》，《鹤林集》卷20《边备札子》。麻扎刀为"制马之具"，"以截其胫"。大斧在大仪镇、柘皋等战中也发挥很大威力。

一团。① 岳家军步兵与敌骑"手拽厮劈",杀得尸横遍野,天色业已昏黑,金军一败涂地,狼狈溃逃。岳家军在此战中"戕其酋领",还夺得二百馀匹战马。②

在此次大战中,不仅梁吉等一大批武将,还有宣抚司斡办公事韩之美,准备差遣杨光凝、吴师中等幕僚,都立有战功。③

完颜兀术(宗弼)经历此次失败,仍不甘心,试图反扑。十日下午,巡绰马军飞报宣抚司,说有金军骑兵一千多人,径来进犯郾城县北的五里店。在这支金军的后面,征尘滚滚,更不知有多少军马。岳飞当即率领军马出城,并差背嵬军将官王刚,带背嵬使臣五十多骑,组成一支精悍的军官队,前往侦察。

王刚等到达五里店,只见金军已摆布一字阵,其间有个敌将,身穿紫袍,当是头领无疑。于是王刚根据擒贼先擒王的原则,率使臣们闪击敌军,大家挥舞兵刃,一拥而上,先把这名金将砍死。一千多名敌骑惊惶失措,如鸟兽散。岳家军在敌尸和马鬃上,分别摘到两个红漆牌,上面写有"阿李朵孛堇"字样,证明是敌方一个悍将。王刚以五十多骑杀退金军一千多骑后,还乘胜追赶了二十多宋里,而后收兵。④

郾城之战是空前的大捷,宋廷不得不在奖谕诏中,作出了极高的评价:

"自羯胡入寇,今十五年,我师临阵,何啻百战。曾未闻远以孤军,当兹巨孽,抗犬羊并集之众,于平原旷野之中,如今日之用命者也。盖卿忠义贯于神明,威惠孚于士卒,暨尔在行之

---

① 《会编》卷202汪若海札子载顺昌之战时,金军"三人为伍,以皮索相连",乃是"铁塔兵"用于攻城,舍马步战。《金佗稡编》卷8《鄂王行实编年》所载,乃骑兵"贯以韦索,凡三人为联"。岳珂所述,将"拐子马"与"铁浮图"混为一谈,系误。据《晋书》卷107《石季龙载记》,慕容恪"乃以铁锁连马,简善射鲜卑勇而无刚者五千,方阵而前",也与金军此种战术相似。《金佗稡编》卷2高宗手诏称此战"虏以精骑冲坚,自谓奇计",应即是指采用三马相联的战术。若仅用左、右拐子马,此乃惯技,不可谓"奇计"。
② 《金佗稡编》卷2高宗手诏,卷16《龙虎等军捷奏》,《宋会要》兵14之30,《会编》卷204,《要录》卷137绍兴十年七月己酉。据高宗手诏,可知岳飞另有一补充捷奏,今已佚失,故不知被戕金军"酋领"为何人。
③ 《紫微集》卷12梁吉等转官制,韩之美转官制,卷13杨光凝、吴师中转官制。按梁吉等将只转一官,属战功较小者,而战功较大者已无转官制传世。
④ 《金佗稡编》卷16《郾城县北并垣曲县等捷奏》,《会编》卷204。

旅，咸怀克敌之心，陷阵摧坚，计不反顾，鏖斗屡合，丑类败奔。"①

完颜兀术（宗弼）惨败之馀，虽不敢再窥伺郾城县，却仍想作一番挣扎。他以大军插入郾城县和颍昌府之间的临颍县（今河南临颍县），妄图切断岳飞和王贵两军的联系。

岳飞兵力不多，不能立即向临颍县发动进攻。他估计完颜兀术（宗弼）可能会调转兵锋，攻打颍昌府，命岳云率领一部背嵬骑兵，绕道急驰，前往增援。岳飞一方面加速调集兵力，另一方面还向顺昌府的刘锜写信求援，请求他的军队北上，参加会战。

张宪等统制大约先后从淮宁府等地率部前来郾城县。十三日，张宪奉命率领背嵬军、游奕军、前军，还有其他一些军组成的雄厚兵力，挺进临颍县，寻求与完颜兀术（宗弼）大军决战。

将官杨再兴和王兰、高林、罗彦、姚侑、李德等以三百骑为前哨。他们抵达临颍县南的小商桥时，与金方大军猝然相遇。金军进行包抄围掩。尽管众寡悬殊，杨再兴也毫无惧色，率三百骑士奋不顾身地进行殊死战。最后，杨再兴与三百将士全部牺牲。金军也支付了更惨重的代价，光被杀的即有二千馀人，其中包括万夫长（忒母孛堇）撒八、千夫长（猛安孛堇）、百夫长（谋克孛堇）、五十夫长（蒲辇孛堇）等百馀人。② 当时恰值大雨滂沱，溪涧里都注满了血水。③

完颜兀术（宗弼）再无勇气同张宪的大军较量，他留下八千金兵守临颍县，自己带领主力军转攻颍昌府。

十四日天明，张宪指挥的大部队直逼临颍县，以摧枯拉朽之势，扫荡金军，一直追过县城三十多宋里。敌人或往颍昌府方向，或往开封府尉氏

---

① 《金佗续编》卷4《郾城斩贼将阿李朵孛堇大获胜捷赐诏奖谕仍降关子钱犒赏战士》，《新安文献志》卷2《奖谕武胜定国军节度使湖北京西宣抚使岳飞郾城胜捷仍降犒赏诏》。

② 据《会编》卷3，卷244《金虏图经》，《金史》卷44《兵志》，金军自五夫长、十夫长至万夫长，有六级编制单位。《金佗稡编》卷8《鄂王行实编年》说杀"万户撒八孛堇、千户、百人长、毛毛可百馀人"，毛毛可即谋克之歧译，似与百人长重复，然《宋会要》兵14之34也有类似记载，估计《鄂王行实编年》所载应包括五十夫长在内。

③ 《会编》卷204，《要录》卷137绍兴十年七月乙卯称杨再兴等死于颍昌之战，系误。关于杨再兴之军职，绍兴六年为副将，绍兴十年时，《金佗稡编》卷2高宗手诏说明词为"小校"，《要录》卷137绍兴十年七月己酉和《宋史》卷29《高宗纪》说为"统制"，《要录》卷137绍兴十年七月乙卯说为"将官"，估计他至多是"将官"中正将一级，如当一军统制，不会只率三百骑前往巡绰。

县方向逃跑。① 岳家军获得杨再兴的战尸，焚化以后，竟得箭镞两升，②足见当日战事之惨烈，捐躯之英勇。岳飞和将士们都痛悼不已，对三百猛士深致敬意。岳飞特地上奏，要求宋廷对杨再兴、王兰、高林等将追赠七官或六官。③

在张宪军轻易取胜的当天上午，颍昌府也展开了大会战。完颜兀术（宗弼）、镇国大王和韩常，另有四名万夫长，以骑兵三万多骑，在城西列阵。接着，十万名步兵也陆续到达战场，大约由龙虎大王完颜突合速、盖天大王完颜赛里（宗贤）等率领。金军在舞阳桥以南摆开阵势，横亘十多宋里，金鼓震天。

戍守颍昌府的共有五个军，然而除踏白军外，中军统领苏坚在西京河南府，选锋军统制李道在外地，背嵬军和游奕军的一部分又在郾城县和临颍县，都不是全军。王贵令统制董先率踏白军，副统制胡清率选锋军守城，自己和姚政、岳云等率中军、游奕军与背嵬军出城决战。显然，这又是一场以少击众的硬仗和恶战。

二十二岁的虎将岳雲抢枪纵马，率领八百名背嵬骑士，首先驰击金军。步兵也展开严整的队列继进，翼蔽马军，与敌军左、右拐子马搏战。一方面依仗兵多势众，另一方面凭借士气勇锐，愈斗愈勇。两军苦战了整整几十个回合，依然难分高低胜负。岳云前后十多次出入敌阵，身受百馀处创伤。④ 很多步兵和骑兵也杀得"人为血人，马为血马"。在最艰难的时刻，连宿将王贵也不免有些气馁怯战，岳云以自己的坚定，制止了王贵的动摇，终于使全军"无一人肯回顾者"。⑤

到了正午，守城的董先和胡清分别率领踏白军和选锋军两支生力军，出城增援，战局才很快得以扭转。完颜兀术（宗弼）全军溃败。

颍昌大捷战果辉煌，岳家军杀敌五千多人，俘敌二千多人，马三千多匹，金、鼓、旗、枪、器甲之类更是多得不计其数。完颜兀术（宗弼）的女婿、统军使、金吾卫上将军夏姓万夫长当阵被杀。副统军粘汗孛堇身受重伤，抬到开封府后死去。岳家军还杀死金军千夫长五人，活捉渤海、汉儿都提点、千夫长王松寿，女真、汉儿都提点、千夫长张来孙，千夫长阿

---

① 《金佗稡编》卷16《小商桥捷奏》。
② 《金佗稡编》卷9《遗事》，《会编》卷204，《要录》卷137绍兴十年七月乙卯。
③ 《紫微集》卷19杨再兴、王兰、高林、罗彦、姚侑、李德等追赠制词。
④ 《金佗稡编》卷9《遗事》，《诸子遗事》。
⑤ 《金佗续编》卷27黄元振编岳飞事迹。

黎不，左班祗候承制田瑾等七十八名敌将。①

郾城和颍昌两战，是岳家军在第四次北伐中关键性的大捷。在孤军深入，而兵力来不及集中的险境之下，岳家军依靠将士的勇敢和技艺，经历酷烈的战斗，熬过严峻的形势，击破敌军的优势兵力，终于迈入走向胜利的坦途。

完颜兀术（宗弼）自绍兴元年后，亲自经历了和尚原、仙人关、顺昌、郾城和颍昌五次大败，而最后两战又是在金军完全得天时地利条件下的大败。他率残兵败将奔回开封府，事实上已最后丧失还手之力；至于往后能否招架住岳家军的进攻，也毫无把握。金军在绍兴十年以前，尚未和岳家军进行过严重的较量，这回才真正领教了岳家军的威力。金军中从此流传了一句著名的评语：

"撼山易，撼岳家军难！"②

他们不得不承认，这是一支排山倒海般的攻势不足以冲散的哀师，轰雷飞电般的重击不足以摧毁的铁军。

刘锜的援军出发了，可惜并非全军，只是由雷仲和柳倪指挥的约数千步兵的偏师。他们按刘锜指令，没有奔赴战场，而是直奔开封府南部的太康县。由于岳家军已经击溃了敌军，他们到达太康县后，不见金军的踪影，即行撤回。其实，趁完颜兀术（宗弼）大军倾巢而出之机，主动乘虚直捣开封，方是积极进取的军事谋略。然而在宋朝保守的消极防御的军事传统影响下，刘锜似乎根本未作此考虑，他的谋划只是出兵"牵制"敌势

---

① 据《金佗稡编》卷16《王贵颍昌捷奏》，当另有一补充捷奏，今已佚失。《金佗稡编》卷8《鄂王行实编年》关于战绩的叙述，当另有所据，实际上应来源于补充捷奏。其中"杀其统军、上将军夏金吾（失其名）"，据《金史》卷55，卷57《百官志》，即是正三品统军使、金吾卫上将军，《王贵颍昌捷奏》称"当阵杀死万户一人"，估计即是此人。《鄂王行实编年》"擒渤海、汉儿王松寿，女真、汉儿都提点、千户张来孙"一句，在"王松寿"之上，应脱"都提点、千户"五字，两军应为渤海人、女真人与原辽统治区汉人混合编组。《会编》卷204，《要录》卷137绍兴十年七月乙卯载颍昌之战，其中显然有讹。
② 《金佗稡编》卷9《遗事》，《金佗续编》卷30王自中《鄂州忠烈行祠记》。

而已。①

第七节　北方抗金义军胜利出击

在岳家军正兵连战皆捷的同时，插入敌后的奇兵，也与当地民众密切配合，袭击金军，切断道路，克复了很多州县。

京东路的李宝和孙彦所部，是绍兴十年同金军交锋的第一支岳家军，时李宝军有八千人。② 五月间，完颜兀术（宗弼）大军刚南侵时，李宝率众来到故乡兴仁府一带。他探听到金军有四个千夫长提领四千馀骑，到宛亭县（今山东菏泽市西南）的荆堽扎营，便与孙定、王靖、曹洋等分兵两路，在二十四日乘船夜袭金营。金军因人困马乏而酣睡，毫无戒备，仅在梦寐中被刀斧斫杀者，就有几百人。待到金军发觉遭受奇袭后，更是一片混乱，人不及甲，马不及鞍，或被岳家军所杀，或从河堤坠落，淹死在黄河。四名千夫长全部丧命，其中有一个叫"鹘旋郎君"，即是宗室完颜鹘旋，他的白旗上写明其军职为"都元帅越国王前军四千户"，是这支金军的酋领。此外，岳家军还缴获战马达一千匹。

六月二日，金朝一名"金牌郎君"，按金朝官制，"金牌以授万户"，③估计此人为宗室，姓完颜的万夫长，督率自东京开封府以北发来的大队人马，企图进行报复。李宝和孙彦率部迎头痛击，再次打败金军，追杀二十多宋里。金军大批被杀伤，或被拥掩入黄河中淹死。岳家军还缴获了不少兵器和甲胄。④ 李宝一军吸引了一部分金军兵力，有力地支援了当时的顺昌之战。

---

① 《会编》卷205《淮西从军记》，《宋朝南渡十将传》卷1《刘锜传》，两书所载因夸张刘锜战功而失实。自七月八日郾城之战至七月十四日颍昌之战，为时仅七日。刘锜从接岳飞书信，到发兵至太康县，为时已晚，不可能起到援助岳飞的作用。相反，雷仲和柳倪的偏师未遇金兵，恰好享受了岳家军破敌的战果。《三朝北盟会编》卷205《淮西从军记》和《宋朝南渡十将传》卷1《刘锜传》都不载雷仲和柳倪军与金军交锋，唯有《皇宋十朝纲要》卷23所载："（七月）庚申，刘锜遣统制雷仲掩袭金人千户乐也孛堇于太康县围镇，连败之。"只是与一金军千夫长交锋，且于十四日乙卯颍昌之战后五天，即十九日庚申，显然未对岳家军自郾城至颍昌的战局起何作用。

② 《金佗稡编》卷8《鄂王行实编年》。

③ 《金史》卷58《百官志》。

④ 《金佗稡编》卷19《鹘旋郎君捷报申省状》，《会编》卷200，《要录》卷135绍兴十年五月辛卯。《会编》所载与捷报颇有出入，应以捷报为准。

忠义军马统制孟邦杰奉命扫荡京西路大河以南的残敌。他一举攻克北宋皇陵所在的永安军,①向西北的南城军(治孟津,今河南偃师市北)推进。七月四日夜二更时分,孟邦杰的部将杨遇率领勇士,从军城的北角攀登而上。金军对来自北城的奇袭并无准备,乱作一团,被杀者有三千馀人,拥掩入水者不计其数。杨遇所部夺到鞍马、舟船、器甲、弓箭、旗、枪等很多战利品。一部分残敌乘船逃过黄河。②

梁兴自投奔岳飞后,大约在绍兴六年冬或七年春,为实施岳飞当时的北伐计划,又重返太行山区。由于北伐计划遭受破坏而流产,梁兴只能孤军奋战于敌后。绍兴八年,他的队伍遭受金将徐文的围攻,③撤回鄂州。此次他和董荣等带领两支人马北上,形势已根本改观,两河地区几乎到处是起义的烽火、抗金的义旗。

梁兴、赵云、李进和董荣、牛显、张峪率领的两支队伍,途经伊阳等县,④在七月一日到达西京河南府以西的黄河沿岸,二日清晨渡黄河。他们逐走河北岸的三十多名金朝骑兵,追赶到绛州垣曲县。梁兴和董荣先礼后兵,"张榜说谕",敌人"不肯归降"。岳家军便绞缚云梯,捷足登城,杀散守军,活捉千夫长刘来孙等十四人,夺取战马一百多匹以及器仗之类。⑤

四日,梁兴和董荣两军挥戈东向,前往京西路孟州王屋县(今河南王屋),在西阳和邵源两地扎营。当即有汉儿军张太保等带六十多人投诚。五日,梁兴和董荣两军攻破东阳敌寨,直逼县城。守城金军不敢抵抗,弃城而逃。岳家军乘胜赶过县城,追奔二十多宋里,杀敌三十多人,缴获到八匹战马和其他战利品。梁兴等令当地"百姓首领"王璋等五十多人,负责召集人民,守卫县城。

六日,他们又挺进至济源县(今河南济源市)西的曲阳。金将高太尉率领五千馀人马前来,双方血战了整个上午。金军大败,在十多宋里的路上横尸遍野,遗弃的刀、枪、旗、鼓等器械无数。梁兴和董荣等正待收兵休整,高太尉又带领怀州、孟州(治河阳,今河南孟州市)和卫州发遣的一万多人马,进行反扑。梁兴、董荣和两军将士"不顾死生",忍受疲劳,又浴血奋战了一个下午,再败高太尉,歼灭敌人步军十分之八,活捉一百多人,夺取战马、骡、驴等二百多匹。因连日鏖战,梁兴和董荣两军的伤

---

① 《金佗续编》卷28《吴拯编鄂王事》,《会编》卷208《林泉野记》。
② 《金佗稡编》卷16《复南城军捷奏》。
③ 《金史》卷79《徐文传》。
④ 《金佗稡编》卷12《李兴吴琦转官告乞付军前给降奏》。
⑤ 《金佗稡编》卷16《郾城县北并垣曲县等捷奏》

员很多，于是暂往济源县北十多宋里的燕川"歇泊下寨"。①

由于民众的配合和支援，梁兴等部的声势愈益壮大。在河东路，他们攻占了绛州翼城县（今山西翼城县）、泽州沁水县（今山西沁水县）等地，杀金朝千夫长阿波那字菫。在河北路，梁兴等军又深入怀州和卫州地界。②

河北路卫州的岳家军忠义统制赵俊出兵北上，会合另一忠义统制乔握坚的队伍，收复庆源府。③磁州、相州、开德府、冀州（治信都，今河北冀州市）、大名府，④泽州、隆德府、平阳府、绛州、汾州（治西河，今山西汾阳市）、隰州（治隰川，今山西隰县）等地民众也都揭竿而起，"期日兴兵"。

王忠植领导的河东路人民抗金武装，克复了岚州、石州、保德军（今山西保德县）等十一州军，活跃于河东路的北部。⑤陕西忠义统制吴琦也派统领侯信渡河，攻劫金军在中条山柏梯谷的营寨，杀敌和俘敌各二百多人，夺马二十多匹。接着，侯信又转战到解州境内，破金军七千多人，俘敌五百多人，夺马五十多匹，器甲七百多件，斩金将千夫长乞可。⑥

梁兴的报告递发到岳飞的宣抚司，说：

"河北忠义四十馀万，皆以岳字号旗帜，愿公早渡河。"⑦

父老百姓们也都争先恐后地牵牛挽车，"以馈义军"。金朝自燕山以南，"号令不复行"。

岳家军和北方民众抗金义军相互配合，协同作战，这在中国古代军事史上蔚为奇观。只有在女真贵族强制对广大汉人剃头辫发，推行奴隶制等特殊的历史条件下，才会出现如此波澜壮阔的爱国壮举。

---

① 《金佗稡编》卷16《河北颍昌诸捷奏》，《金佗续编》卷28《吴拯编鄂王事》，《会编》卷208《林泉野记》。

② 《金佗续编》卷11《令契勘梁兴见今措置事宜开具申闻省札》，《会编》卷207《岳侯传》，卷208《林泉野记》。

③ 《金佗稡编》卷12《乞乘机进兵札子》，《金佗续编》卷10《收复赵州获捷照会杨沂中除淮北宣抚刘锜除宣抚判官》。

④ 《金史》卷87《仆散忠义传》。

⑤ 《会编》卷204，《要录》卷133绍兴九年冬，《宋史》卷448《王忠植传》，《紫微集》卷18追赠王忠植制词。《金史》卷77《宗弼传》说，岳飞"复出兵涉河东，驻岚、石、保德之境"。按岳家军并未到达河东路北部，王忠植亦未受岳飞指挥，《宗弼传》所载可能是指王忠植抗金义军使用岳飞旗号，或因岳家军为抗金之重心，故将与岳飞无关的军事行动亦归之岳飞。

⑥ 《会编》卷204，《要录》卷137绍兴十年八月戊寅，《宋会要》兵14之32—33，《紫微集》卷12侯信转官制。

⑦ 《金佗续编》卷14《忠愍谥议》。

第八节 朱仙镇之战

金朝女真贵族在以岳家军为中坚的宋军,以及北方抗金义军的痛击下,锐气丧尽,军心涣散。都元帅完颜兀术(宗弼)仍企图在北方强行签军,却已难以再抓到兵夫,他哀叹说:"我起北方以来,未有如今日屡见挫衄!"①

龙虎大王完颜突合速的亲信、姓纥石烈的合扎(亲军)千夫长,还有张仔、杨进等金将,都密受岳飞的旗和榜,主动率部投诚,纥石烈千夫长更改用汉姓汉名高勇。② 以勇悍著称的昭武大将军韩常,在顺昌战败后,曾被完颜兀术(宗弼)以柳条鞭挞九十。③ 此次颍昌之战,完颜兀术(宗弼)的女婿夏姓统军使、万夫长被杀,使他更不敢回军开封府。韩常屯军在颍昌府北的长葛县(今河南长葛市东北),派密使向岳飞请降。岳飞派贾兴回报,表示允许。

岳飞为大河南北频传的捷报所鼓舞,他对部属说:

"今次杀金人,直到黄龙府,当与诸君痛饮!"④

岳飞曾经忧虑各支大军不能协同,影响战局;如今则胜券在握,必欲光复旧物,犁庭扫穴,以大快人心。

经过三日休整,岳家军开始向开封府进兵。七月十八日,驻临颍县的同提举一行事务张宪同徐庆、李山、傅选、寇成等诸统制,率领几个军的兵力,往东北方向进发。路上遭遇金人骑兵六千,张宪命众统制以马军冲锋,很快击溃敌军,追杀十五宋里,"横尸遍野",缴获战马一百多匹。⑤

---

① 《金佗续编》卷14《忠愍谥议》,《会编》卷202汪若海札子。
② 《金佗稡编》卷8《鄂王行实编年》原作"忙查千户高勇"。据《金史》卷44《兵志》,"合扎者,言亲军也"。"忙查"和"合扎"为女真语之歧译,此千夫长必是女真人无疑。据《金史》卷135《金国语解》,《会编》卷3,女真姓"纥石烈"和"那懒"的相应汉姓为"高",今姑取其一。
③ 《会编》卷201,卷202。
④ 《金佗续编》卷14《忠愍谥议》。黄龙府为今吉林省农安县。邓广铭先生认为,岳飞所说的黄龙府其实是指燕京,参见《"黄龙痛饮"考释》,载《邓广铭全集》第8卷;祖慧先生认为,黄龙府是宋人泛指辽金统治中心,其实是指金朝上京会宁府,参见《"黄龙府"再考》,载《岳飞研究》第3辑。笔者赞同后一说。
⑤ 关于此战金军兵力,《金佗稡编》卷16《临颍捷奏》作"约五千骑",《金佗稡编》卷8《鄂王行实编年》作"六千","五"与"六"当有一字刊误,今姑从后者。

王贵也自颍昌府发兵，五十四岁的牛皋率领左军，在进军路上打败敌军，战功卓著。①

完颜兀术（宗弼）以十万大军，驻扎于开封府城西南四十五宋里的朱仙镇，希图再次负隅顽抗。岳家军北上，到距离朱仙镇四十五宋里的尉氏县（今河南尉氏县）驻营，"南有南营，北有北营，东有小寨，西有大营"，作为"制胜之地"。② 岳家军前哨的五百背嵬铁骑抵达朱仙镇，双方一次交锋，敌人即全军奔溃。③ 女真骑兵的士气全靠进攻维系，在迭受挫败之馀，终于落到不堪一击的地步。

完颜兀术（宗弼）最后只剩下一条路，放弃开封府，准备渡河北遁。④ 被拘留的宋使洪皓在家书中说：

"顺昌之败，岳帅之来，此间震恐。"⑤

宋高宗曾在给岳飞手诏中忧虑"恐至高秋马肥，不测氵突"，"至秋则彼必猖獗"。⑥ 如今事实证明，岳家军已完全打破了以往的战争常规，正是在女真骑兵最活跃的时节和地形，大败敌人。金朝女真贵族惶恐万状，而又一筹莫展。

十二年前，岳飞被迫随杜充撒离旧京的情景，尚记忆犹新；如今用民众迎劳之壶浆，以洗涤耻辱的时刻终于来临。十三年前，宗泽"过河"的呐喊，尚萦绕岳飞耳际；如今用将士庆功之美酒，以慰藉英灵的时刻也终于来临。开封高大的城垣，宏丽的宫殿，纵横交错的街道，对岳家军说来，已是可望而可及。

---

① 《宋史》卷368《牛皋传》。
② 《嘉靖尉氏县志》卷1《保分》，卷2《游寓》载，约四百年后，当地仍保留了"岳寨保、南营保、北营保"的纪念地名。
③ 《会编》和《要录》不载朱仙镇之战，说颍昌战后，岳飞即停止进兵，准备班师。今存此战的最早记录见于《金佗稡编》卷8《鄂王行实编年》。据《宋史》卷368《牛皋传》，"飞命皋出师，战汴、许间"，即开封府与颍昌府之间，"功最"。又《金佗续编》卷14岳霖等《赐谥谢表》："鼓行将入于京都。"证明《会编》和《要录》所载不确，《鄂王行实编年》所载应有所据，朱仙镇之战未必出自岳珂杜撰。前引《嘉靖尉氏县志》卷1《保分》，卷2《游寓》的记载，更提供了此战的有力旁证。
④ 《金佗稡编》卷8《鄂王行实编年》。又《金史》卷77《宗弼传》载岳飞"出兵"后，"宗弼遣孔彦舟下汴、郑两州"，此实为岳飞班师后之重占开封府，可与《鄂王行实编年》之说互相印证。
⑤ 《鄱阳集》拾遗《使金上母书》。
⑥ 《金佗稡编》卷2高宗手诏。

拾伍

功废一旦

胡瓌《卓歇图》

第一节　十年之力　废于一旦

古代的通信技术十分落后，而战争形势往往瞬息万变，故皇帝对远征的将帅实行遥控，一般是不适宜的。但是，军事上十分保守和怯弱的赵宋皇朝，又将遥控视为防范武将、维护皇权的家规。有时，甚至连作战的阵图都须皇帝亲授，前线每一项军事行动都须禀命而行，把将帅们随机应变的主动权剥夺干净。

宋代最快速的马递是金字牌，用一宋尺多长的朱漆木牌，上写金字："御前文字，不得入铺。"用驿马接力传送，不得入递铺稍事停留。凡皇帝发下急件，用金字牌传递，日行五百宋里。臣僚发给朝廷急件，另用"急递"，日行四百宋里。① 事实上，纸面规定日行四百或五百宋里的速度往往达不到，这是由战争、道路条件、气候等多种因素造成的。岳飞自鄂州或前方发往"行在"临安府的急递奏状，行程须十日以上；临安府行朝用金字牌传递诏令，一个来回，约需二十日左右。② 鉴于如此长的往返时间，宋高宗在手诏中也曾说"朕不可以遥度"，"兵难遥度"等语。③ 但是，为了贯彻他的意图，有时又非"遥度"不可。

宋廷命李若虚制止岳飞出师未成。宋高宗便又命令岳飞在攻占蔡州和淮宁府后，于闰六月底终止军事行动，"轻骑一来相见"。④ 岳飞却继续提兵北上，长驱中原，使宋高宗和秦桧惶惶不可终日。

宋高宗对战争前途心存两怕，一怕全胜，二怕大败。如果全胜，则武将兵多、功高而权重，会威胁皇权。尽管岳飞再三真心诚意地表示，北伐成功后要解甲退隐，宋高宗总是疑神疑鬼。在他看来，岳飞绍兴七年自行解职，奏请建储等事，不是证明岳飞居心叵测吗？倘若大败，则宋高宗有可能成为阶下之囚，欲为临安布衣而不可得。绍兴元年以来宋军的多次胜利，也不可能根除宋高宗的恐敌顽症，他始终对金方的力量估计过高，对宋方的力量估计过低。岳家军节节推进，宋高宗在深宫中反而惴惴不安，

---

① 《梦溪笔谈》卷11，《宋会要》方域10之25，52，11之9，17，20。戏曲、小说之类往往将金字牌作为令牌，实属误解。
② 《鄂国金佗稡编校注》卷8第517页、第529页、第533页、第543页、第604页、第605页、第607页。
③ 《金佗稡编》卷2高宗手诏。
④ 《金佗稡编》卷2高宗手诏。

因此，他在手诏中再三叮咛岳飞，要避免与完颜兀术（宗弼）大军决战，"全军为上"，"占稳自固"，"必保万全"。①

秦桧身为奸细，与抗金事业势不两立。然而两个多月以来，各战场传来的是或大或小的捷报，而无败报，这使他更急于要从中破坏。秦桧捣鬼有术，然亦有限，单凭他以三省、枢密院的省札发号施令，对岳飞、韩世忠等官高权重的将帅并无多大约束力。根据若干年来形成的惯例，唯有宋高宗的亲笔手诏，才对将帅们具有更大的约束力；而宋高宗的手诏也并非是他个人作品，往往是由他和宰执大臣一起商量，并由他们为之起草。②

到七月上旬，秦桧对各战场的动态有一个基本了解。宋、金两军在东部和西部战场处于拉锯或胶着状态，进展不大。中部战场的张俊已经撤军，唯独岳家军却长驱猛进，攻势凌厉。显然，对金战局的成败，系于岳家军之进退。秦桧看准时机，也透彻了解宋高宗的心理，迫不及待地向宋高宗提出班师的建议，理由是岳飞"孤军不可留"。③ 他还唆使殿中侍御史罗汝楫上奏说：

> "兵微将少，民困国乏，岳飞若深入，岂不危也！愿陛下降诏，且令班师。"④

班师，一不至于大败，二不至于全胜，正中宋高宗下怀。于是，宋高宗在七月八日或稍后，即与郾城之战大致同时，发出了第一道班师诏。

岳飞在七月五日，即郾城之战前夕，上奏报告梁兴、董荣、赵俊、乔握坚等部的胜利，并说：

> "臣契勘金贼近累败衄，其虏酋四太子等皆令老小渡河。惟是贼众尚徘徊于京城南壁一带，近却发八千人过河北。此正是陛下中兴之机，乃金贼必亡之日，若不乘势殄灭，恐贻后患。伏望

---

① 《金佗稡编》卷2高宗手诏。
② 《朱文公文集》卷95张浚行状："赐诸将诏旨，往往命公拟进，未尝易一字。"《要录》卷136绍兴十年六月乙卯载，宋高宗命刘锜"择利班师"的"御笔"，"其实宰相（秦桧）所拟也"。
③ 《金佗稡编》卷8《鄂王行实编年》说，秦桧"先诏韩世忠、张俊、杨沂中、刘锜各以本军归，而后言于上，以先臣孤军不可留，乞姑令班师"。按韩世忠班师晚于岳飞，杨沂中军更是在岳飞班师后，方自临安府出发赴淮西。秦桧所谓"孤军"，应是指中部战场张俊军已撤退，刘锜军正待撤退，而岳飞以孤军深入开封外围的情势。
④ 《会编》卷207《岳侯传》，《要录》卷137绍兴十年七月壬戌注。罗汝楫奏乃是概要，原文作"岳某"，当改为"岳飞"。

速降指挥，令诸路之兵火急并进，庶几早见成功。"①

此奏一去十馀日，并无一兵一卒进援的消息。待熬过郾城和颍昌两次苦战后，却盼到一道班师诏，时值十八日，即张宪进行临颍之战的当天。岳飞不愿，不忍，也不肯舍弃行将到手的胜果，他没有下令终止向开封府的进军，而是写了一封"言词激切"的奏章，反对"措置班师"，他说：

"契勘金虏重兵尽聚东京，屡经败衄，锐气沮丧，内外震骇。闻之谍者，虏欲弃其辎重，疾走渡河。况今豪杰向风，士卒用命，天时人事，强弱已见，功及垂成，时不再来，机难轻失。臣日夜料之熟矣，惟陛下图之。"②

隔了两三日，大军前锋已进抵朱仙镇，而岳飞却在一天之内，接连收到十二道用金字牌递发的班师诏。这十二道诏旨全是措辞严峻，不容改变的急令：大军班师回鄂州，岳飞本人去"行在"临安府朝见皇帝。宋高宗发手诏的时间，大约是在七月十日左右，正是他得到七月二日克复西京河南府捷报之时，就急忙作出丧心病狂的决定。③

岳飞遭受自绍兴七年以来的又一次政治打击，而此次打击的分量要沉重得多。这个敢于藐视刀光、斜睨剑影的大丈夫，不禁悲愤地啜泣起来，他面东朝"行在"临安府的方向再拜，说：

"臣十年之力，废于一旦！非臣不称职，权臣秦桧实误陛下也。"

岳飞终于领悟到一条真理，朝廷是决不允许他抗金成功的。他只能作出一生最痛心的决定，下令班师。

撤军令自然严重影响了岳家军的军心和士气。原来将士们与家属相约，不破金军不团圆，如今却功败垂成，中途折回，又有何面目见人。岳飞看到自己这支在强敌面前不屈不挠、毫无愧色的雄师，居然变得行伍不

---

① 《金佗稡编》卷12《乞乘机进兵札子》，《金佗续编》卷10《收复赵州获捷照会杨沂中除淮北宣抚刘锜除宣抚判官》，宋廷回札日期为七月十六日。《金佗稡编》卷2高宗手诏："览卿七月五日及八日两奏。"前一奏即此奏。

② 《金佗稡编》卷12《乞止班师诏奏略》。此奏已佚失，今仅存其概要。《金佗稡编》卷3高宗手诏："得卿十八日奏，言措置班师，机会诚为可惜。卿忠义许国，言词激切，朕心不忘。"即是指此奏。

③ 关于十二道班师诏之说，最早见于《会编》卷207《岳侯传》，而《金佗稡编》卷1至卷3，《金佗续编》卷1所保存的八十六份高宗手诏中，并无十二道班师诏。据《金佗续编》卷13《给还御札手诏省札》，《夷坚甲志》卷15《辛中丞》，宋高宗给岳飞的手诏原有"数百章"，今已大部佚亡。从岳飞七月十八日上奏的语气看，无十二道班师诏发布最严厉的命令，他是不会放弃垂成之功的。

整,"旂靡辙乱",真是心如刀割,半天不说一句话,最后,他长叹一声:"岂非天乎!"①

岳飞夜宿荒村野寺,与部将们相对而坐,久久沉默不语,他突然发问:"天下事竟如何?"众人都不愿再说什么,唯独张宪回答:"在相公处置耳!"② 然而他的劝勉未能使岳飞产生回师的勇气。

岳飞的退师,使京西的百姓大失所望,很多人闻讯拦阻在岳飞马前,边哭边诉,说:"我等顶香盆,运粮草,以迎官军,虏人悉知之。今日相公去此,某等不遗噍类矣!"岳飞含泪取诏书出示众人,说:"朝廷有诏,吾不得擅留!"

大军撤至蔡州时,又有成百上千的人拥到衙门内外,其中有百姓,有僧道,也有书生。一名书生率众人向岳飞叩头,说:"某等沦陷腥膻,将逾一纪(十二年)。伏闻宣相整军北来,志在恢复,某等跂望车马之音,以日为岁。今先声所至,故疆渐复,丑虏兽奔,民方室家胥庆,以谓幸脱左衽。忽闻宣相班师,诚所未谕,宣相纵不以中原赤子为心,其亦忍弃垂成之功耶?"岳飞又以班师诏出示众人,大家都失声痛哭。最后,岳飞决定留军五日,以掩护当地百姓迁移襄汉。

大军从蔡州南下,回到鄂州。岳飞本人在七月二十七日,率骑兵二千,取道顺昌府,渡过淮河,前往"行在"临安府。他上奏说,自己"恭依累降御笔处分,前赴行在奏事"。③

第二节　金军重占河南

完颜兀术(宗弼)原以为此次战争败局已定,他夜弃开封城后,正准备渡过黄河,有个北宋时的无耻太学生却要求进见,对完颜兀术(宗弼)说:"自古未有权臣在内,而大将能立功于外者。以愚观之,岳少保祸且不免,况欲成功乎!"

---

① 《会编》卷204,《要录》卷137绍兴十年七月壬戌。按岳飞撤军时,"旂靡辙乱不整",应有此可能。《宋史》卷29《高宗纪》载"自郾城还,军皆溃",与史实不符,疑来源于秦熺《高宗日历》之诬诬。
② 《会编》卷207,《要录》卷143绍兴十一年十二月癸巳注引《中兴遗史》。
③ 《金佗稡编》卷12《赴行在札子》,《金佗续编》卷10《令疾速赴行在奏事省札》,《会编》卷207《岳侯传》,《要录》卷137绍兴十年七月壬戌。据《铁网珊瑚》书品卷2《宋两朝御札墨本》引宋高宗赐杨沂中手诏:"得岳飞奏,措置班师。"可知岳飞"措置班师"原奏今已佚失。

完颜兀术（宗弼）经此人提醒后，决定暂不过河。他想起被杀的族叔完颜挞懒（昌）为金朝留下了奸细秦桧，决定加以利用。完颜兀术（宗弼）在迭遭挫败之馀，开始了从主战派到主和派的转变。

岳飞撤兵的消息被证实后，完颜兀术（宗弼）喜出望外，立即整军卷土重来。在前一阶段的战争中，完颜兀术（宗弼）很不信任原伪齐降附的兵痞，除李成外，如孔彦舟之流"只单马随军，并无兵权"。[①] 此时才利用了孔彦舟、徐文等人。完颜兀术（宗弼）以孔彦舟为前锋，重新回军开封府。

岳飞部署"王贵等在蔡州"，[②] 在前沿尚留下少量部队，是为掩护河南百姓南迁，并且接应大河以北梁兴等军撤退者。他们在兵力单薄、士气受挫的情势下，难以抵挡金方大军的进攻。孔彦舟袭击郑州时，曾夜劫中牟县敌营的准备将刘政不幸被俘。留驻西京河南府登封县（今河南登封市）的孟邦杰，守汝州的郭清、郭远等军，也接着败退。[③]

八月上旬，金朝翟将军率部包围淮宁府。新任知州赵秉渊一扫昔日的怯战心理，勇敢地进行抵抗。岳飞派遣李山和史贵的部队，刘锜派遣韩直的部队，内外夹攻，打败金军。他们结束了岳家军第四次北伐的最后一战，然后撤兵。[④] 岳家军作战仍十分勇猛，小军官杨兴率领几十人，在淮宁府沿河同数百敌骑接战，杨兴左臂中六箭入骨，"犹坚力向前"，从上午苦战到下午，金军死伤累累，最后被迫遁走。[⑤]

岳家军的班师，使整个战局发生逆转。八月，韩世忠因久攻淮阳军不克，也在宋廷的命令下撤军了。[⑥]

宋高宗得到岳飞郾城之战的捷报，特别是接到他七月十八日反对班师的上奏后，又略为回心转意。七月二十五日，即岳飞班师后几天，杨沂中的殿前司军奉命自"行在"临安府开赴淮南西路。宋高宗接着又发手诏，改令岳飞"且留京西，伺贼意向，为牵制之势"。[⑦] 此类手诏当落笔之际，其实已成废文。

---

① 《会编》卷202汪若海札子。
② 《铁网珊瑚》书品卷2《宋两朝御札墨本》高宗赐杨沂中手诏。
③ 《金史》卷77《宗弼传》，卷79《孔彦舟传》、《徐文传》。
④ 《会编》卷204，《要录》卷136绍兴十年闰六月丙申载，张宪军克淮宁府后，岳飞即命赵秉渊任府，系误。据《金佗稡编》卷18《论刘永寿等弃淮宁府申省状》、《差赵秉渊知淮宁府申省状》，赵秉渊乃接替擅弃淮宁府之刘永寿，继任知府。赵秉渊等战淮宁府，据《金佗稡编》卷9《遗事》，《会编》卷204、卷207《岳侯传》，《要录》卷137绍兴十年七月壬戌，乙丑。
⑤ 《紫微集》卷17杨兴转官制。
⑥ 《要录》卷137绍兴十年八月乙亥，九月壬寅朔。
⑦ 《金佗稡编》卷3高宗手诏。

八月中旬，杨沂中军到达宿州，以五千骑兵夜袭临涣县（今安徽临涣）柳子镇，却不见金军踪影。他得知金方以重兵埋伏于归路，"遂横奔而溃"。金军乘胜占领宿州，因当地百姓欢迎过宋军，遂恣意报复，大肆屠戮。①

绍兴十年的宋金大战，从顺昌之战开始，至宿州失陷告终。宋高宗和秦桧的战略指挥，帮助了金军重占河南之地，使宋军屡次大捷的辉煌战果毁于一旦。

岳飞前往"行在"临安府的路途已走了大半，又不断接到宋高宗前后自相矛盾的手诏，还有秦桧以三省、枢密院名义递发的省札。尽管来回更改，最后仍是令他"疾驰入觐"，"赴行在奏事"。② 他对此类诏札，只能报以苦笑。当岳飞不断听到中原传来的意料中的凶耗，不由悲愤地说：

"所得诸郡，一旦都休！社稷江山，难以中兴！乾坤世界，无由再复！"③

岳飞以本军单独完成北伐的希望至此彻底幻灭。他八月到行朝，不愿再说废话，只是一心一意力请解除军务。岳飞还恳辞新加的少保官衔，他痛切地说，"比者羯胡败盟，再犯河南之地，肆为残忍，人神共愤"。"今则虏骑寇边，未见殄灭，区区之志，未效一、二。臣复以身为谋，惟贪爵禄"，"万诛何赎"！④

在颖昌大战中，岳雲"功先诸将"，但岳飞按照惯例，不予上报。宋廷查明后，承认"显赏未行，殊非国典"，将岳雲升迁左武大夫、忠州防御使。其升官制词说，"成功行封，犹有遗者"，"大帅之子，能以勇闻。比从偏师，亲与敌角，刈旗斩将，厥功为多"。岳飞仍然上奏力辞，说"父之教子，岂可责以近功"。"赏典过优，义不遑处"。⑤

宋高宗针对岳飞辞职的回诏说：

"未有息戈之期，而有告老之请。虽卿所志，固尝在于山林；而臣事君，可遽忘于王室？所请宜不允。"⑥

尽管猜忌已甚，只因"未有息戈之期"，宋高宗还不敢顺水推舟地削

---

① 《会编》卷204，《要录》卷137绍兴十年八月丁亥。《宋史》卷367《杨存中传》作"五百骑"。据《元丰九域志》卷5，柳子镇属临涣县。
② 《金佗稡编》卷3高宗手诏，《金佗续编》卷10《令疾速赴行在奏事省札》。
③ 《会编》卷207《岳侯传》。
④ 《金佗稡编》卷15《辞少保第五札子》。
⑤ 《金佗稡编》卷9《遗事》，《诸子遗事》，卷15《辞男雲特转恩命札子》，《紫微集》卷16岳雲转官制。
⑥ 《金佗续编》卷4《颖昌捷后俄诏班师上章力请解兵柄致仕不允诏》。

夺岳飞的兵柄。

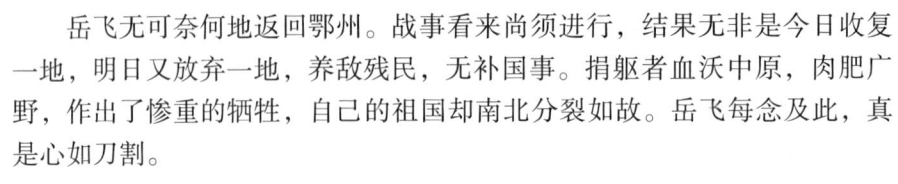

岳飞无可奈何地返回鄂州。战事看来尚须进行，结果无非是今日收复一地，明日又放弃一地，养敌残民，无补国事。捐躯者血沃中原，肉肥广野，作出了惨重的牺牲，自己的祖国却南北分裂如故。岳飞每念及此，真是心如刀割。

第三节　北方抗金义军的失败

宋朝的正规军撤退了，而北方的爱国军民却依然在敌后苦斗。

李宝军在开德府一带被金将徐文所败，① 被迫向南方转移。抗金义军在广济军夺取金人的纲船队，虏获很多银、绢、钱、粮，乘船沿运河南下。到达徐州（治彭城，今江苏徐州市）时，李宝依曹洋的建议，袭击一支前往增成的金军，杀敌无数，捉住七十馀人当活口。这支义军途经金朝前沿要塞淮阳军时，有贾姓知军率数十骑追来，问为何人，李宝说："我曹州泼李三也，欲归朝廷耳！"他引弓一发，贾知军应声中箭坠马。

李宝率五千部兵到达楚州后，将七十多名俘虏交付韩世忠。韩世忠殷勤款留，李宝截髪大哭，表示一定要还归岳家军。韩世忠只好写信征询岳飞的意见，岳飞回覆说："是皆为国家报虏，何分彼此。"于是，李宝就在韩世忠军中正式任职。②

在京东，袭庆府奉符县（金改为泰安州，今山东泰安市）"卒徒"张贵领导的抗金义军，被金将王伯龙所镇压。③

镇守西京河南府的李兴军，屡次挫败金将李成的反扑。李成无可奈何，请求完颜兀术（宗弼）增援了大批军马。绍兴十年九月，李兴因众寡不敌，放弃河南府城，转移到永宁县白马山寨。李成在冬季围攻山寨，李兴挥兵夜焚敌营，一直追杀过洛水以北十八宋里，直至福昌县三乡镇（今河南三乡），④ 连战克捷，李成逃窜，奔回河南府。绍兴十一年（公元1141年）六月，李兴组织军民万人南撤，在大章谷打退金朝几千骑兵的邀

---

① 《金史》卷79《徐文传》。
② 《金佗稡编》卷9《遗事》，《会编》卷204，《要录》卷138绍兴十年十月丙戌，《紫微集》卷12李宝转左武大夫和除遥郡刺史制。
③ 《金史》卷81《王伯龙传》。
④ 据《金史》卷25《地理志》，三乡镇属福昌县。

击,历尽艰辛,直抵鄂州。宋廷命李兴担任左军同统制,成为牛皋的副手。①

梁兴、赵云等人闻知大军班师后,不肯渡河南撤,仍在大河以北与金军作战。他们转战各地,在大名府、开德府一带,截取了金朝山东路的金、帛纲,河北路的马纲。②梁兴、赵云等人出生入死,迭挫强敌,饱经磨难,在绍兴十一年或绍兴十二年(公元1142年)初,杀回鄂州。③

河北抗金义军控制下的冀州和北京大名府,也相继被金军攻破。④

王忠植所率抗金义军,奉川、陕宣抚司之命,转移至陕西,解救被围的庆阳府(治安化,今甘肃庆阳市)。他率部途经延安府(治肤施,今陕西延安市)时,不幸被叛将赵惟清所俘。金军将王忠植押到庆阳城下劝降,他大声疾呼:"我河东步佛山忠义人也,为金人所执,使来招降。愿将士勿负朝廷,坚守城壁,忠植即死城下!"金朝元帅右监军完颜撒离喝(杲)大怒,王忠植披襟高喊:"当速杀我!"遂慷慨就义。⑤

北方很多爱国军民临危不惧,以"勿负朝廷"互相勉励。然而宋高宗和秦桧控制下的宋廷,却置故土遗民于不顾。北方广大的抗金义军,因缺乏正规军的支援,与金朝军力对比悬殊,终于陷于失败。

第四节　三援淮西

金朝都元帅完颜兀术(宗弼)在绍兴十年战争的最后阶段,得到便宜,又趾高气扬起来。绍兴十一年春,他以重兵突入淮南西路。由于以往战事中的损兵折将,此次金军入侵,名为十三名万夫长的编额,其实只有九万馀人,⑥兵势非复往年之盛。

---

① 《会编》卷204,卷206,《要录》卷137绍兴十年八月壬午,九月戊申,卷138绍兴十年十二月,卷140绍兴十一年六月甲申,《宋史》卷29《高宗纪》,《金史》卷79《李成传》。
② 《金佗续编》卷11《令契勘梁兴见今措置事宜开具申闻省札》。
③ 据《北山文集》卷1《勘襄阳府疏》,在绍兴十一年底或绍兴十二年初,梁兴已与选锋军统制李道共守襄阳府。《要录》卷82绍兴四年十一月丙寅注,卷97绍兴六年正月癸酉注,《宋会要》仅制10之20,33载有梁兴和赵云在绍兴十二年六月的自叙状。
④ 《金史》卷87《仆散忠义传》。
⑤ 《宋史》卷448《王忠植传》,《紫微集》卷18追赠王忠植制词。
⑥ 《金佗续编》卷11《照会四太子勾诸处军马攻打楚州省札》。

宋朝在淮南西路有三支大军，淮西宣抚使张俊有兵八万人，淮北宣抚副使杨沂中有兵三万人，[①]淮北宣抚判官刘锜有兵约二万人，[②]总兵力超过其他各大战区，完全足以抵御金军的进攻。但是，宋高宗每逢感到军情紧急时，最急需的将帅还是岳飞。一道道金字牌传递的急件，如星飞电驰，直发鄂州的湖北、京西路宣抚司。宋高宗在手诏中用尽了甘言美语，"卿忠智冠世"，"朕素以社稷之计，倚重于卿"，"破敌成功，非卿不可"，"朝夕需卿出师之报"。[③]惊慌失措的神态，跃然纸上。

"一闻战鼓意气生，犹能为国平燕赵"。[④]岳飞恢复故土的希冀，似乎又有点死灰复燃了。他得到"虏酋将自寿春等处入寇淮西"的"探报"，尚未知金军侵淮西之确讯，而更在宋高宗手诏下达之前，就主动上奏，请求"令臣提军前去，会合诸帅，同共掩击，兵力既合，必成大功"。[⑤]二月四日，岳飞又连发两奏，说"虏既举国来寇，巢穴必虚，若长驱京、洛"，"势必得利"。这当然是出奇制胜的上策，中国军事史上早有"围魏救赵"的成功战例。虽然金将李成带领一万五千多人驻守蔡州，[⑥]也决非是岳家军的对手。但是，岳飞素谙宋高宗的脾胃，估计到皇帝决不会接受此策，故又于当日第二奏中提出了中策，他说，"虏知荆、鄂宿师必自九江进援"，"乞且亲至蕲、黄，相度形势利害，以议攻却"，"贵得不拘，使敌罔测"。[⑦]岳飞认为，本军若改由蕲州和黄州一带渡江，出敌不意，或可收腹背夹击之效。

果然不出岳飞所料，宋高宗看到"长驱京、洛"的奏章，当即回绝：

"备悉卿意，然事有轻重，今江、浙驻跸，贼马近在淮西，势所当先。"

在另一道手诏中，宋高宗批准了岳飞的中策。[⑧]

由于公文往返颇费时日，在宋高宗写这两份手诏前，岳飞已于二月九日，接到宋高宗在正月二十九日发出的第一份援淮西手诏，立即上奏，报告本军"择定十一日起发，往蕲、黄、舒州界"。这是岳家军第三次驰援

[①]《会编》卷205，《要录》卷139绍兴十一年正月己巳，《宋史》卷367《杨存中传》。

[②]《会编》卷205《淮西从军记》，《要录》卷139绍兴十一年正月己未。

[③]《金佗稡编》卷3高宗手诏。

[④]《剑南诗稿》卷3《老马行》。

[⑤]《金佗稡编》卷12《乞会诸帅兵破敌奏》。

[⑥]《金佗续编》卷12《照会虏贼韩常等犯界省札》。

[⑦]《金佗稡编》卷12《乞出京洛奏略》，《乞出蕲黄奏略》，两奏原文已佚，今仅剩概要。

[⑧]《金佗稡编》卷3高宗手诏。

淮西，"见苦寒嗽"的岳飞，亲率八千多背嵬铁骑，以为前驱。①

十八日，岳家军尚未赶到战场，淮西的宋、金两军已在无为军巢县（今安徽巢湖市）西北的柘皋镇，②举行了大规模的会战。此战的特点是两军的主将张俊和完颜兀术（宗弼）都未亲临战场。张俊在名义上是主将，其实与杨沂中、刘锜各自成军，"不相节制"，只是各军进退由他一人决定。③王德隶属张俊后，任都统制，张俊多少有点自知之明，故让王德负责战场指挥。④张俊素来怯战，他未亲临战场，在某种意义上是成全了这次会战。⑤完颜兀术（宗弼）此次出兵，其副手是元帅左监军、龙虎大王完颜突合速和五太子、邢王完颜阿鲁补（汉名宗敏），⑥而柘皋的金军由完颜阿鲁补（宗敏）、韩常等指挥，完颜突合速亦未参战，参战兵力估计应只有几万人。⑦宋军有杨沂中、刘锜两军，另加王德所率行营中护军的一部分，参战兵力估计在十万上下，比金军占有优势。双方接战后，金兵依旧用左、右翼拐子马奔突进击，宋方的步兵挥长柄大斧迎战，打败了金军。这也是一次激烈的鏖兵。

柘皋战胜后，金军退出庐州。张俊根据不确实的情报，以为敌人已经退兵，命令刘锜军渡江回太平州，自己准备和旧部属杨沂中"耀兵淮上"，再行班师，其实是企图排挤刘锜，独吞战功。⑧岳飞兵临庐州，也接到张俊的咨目，说敌军已退，"前途粮乏，不可行师"，实际上是给这支客军下逐客

---

① 《金佗稡编》卷3高宗手诏，卷22《淮西辨》。据《宋史》卷29《高宗纪》，宋高宗第一份令"岳飞进兵江州"的手诏发于正月二十九日己巳。又岳飞出师后，宋高宗于二月"十七日"，方接到岳飞二月四日两奏，并发两份回诏。
② 据《元丰九域志》卷5，柘皋镇属巢县。
③ 《会编》卷205《淮西从军记》。
④ 《要录》卷136绍兴十年闰六月戊戌。
⑤ 《会编》卷205《淮西从军记》，《要录》卷139绍兴十一年二月丁亥，《宋会要》兵14之34，《宋史》卷368《王德传》，卷369《张俊传》，《宋朝南渡十将传》卷6《张俊传》等明确记载张俊未参加此战。《会编》卷205，卷219《林泉野记》，《海陵集》卷23《张循王神道碑》等载张俊亲自参战，系误。
⑥ 《金佗续编》卷11《照会四太子勾诸处军马攻打楚州省札》，《会编》卷215《征蒙记》。据《金史》卷69《宗敏传》，邢王即完颜阿鲁补。《会编》卷18说邢王乃金太祖第八子，另有"五太子"完颜窝里混。《大金国志校证·金国世系之图》则说窝里混"改名宗敏"。《宋会要》兵14之34有"五太子生兵"之语，《金史》中并无完颜窝里混的记载，"五太子"和邢王估计为同一人。
⑦ 《要录》卷139绍兴十一年二月丁亥。按宋方记载，包括《江苏金石志》卷11《少保王公神道碑》说金方参战兵力十馀万，乃夸张失实。金军入淮西总计九万馀人，参战者仅部分兵力，应只有几万人。
⑧ 《会编》卷205《淮西从军记》。

令。岳飞明白张俊的居心,就退兵舒州,上奏宋廷,请宋高宗决定进止。①

不料完颜兀术(宗弼)为了报复,用郦琼之计,以孔彦舟作先锋,在三月四日,即张俊令刘锜班师的前一日,已急攻濠州(治钟离,今安徽凤阳县)。② 濠州的流星马前来告急求援,方惊破了张俊的美梦,他立即召回业已南撤的刘锜军,共同进兵北上。三月九日,张俊、杨沂中和刘锜约十三万大军赶至黄莲埠,距濠州城尚有六十宋里,便接到八日州城陷落的消息。③ 金兵破城后,大肆烧杀剽掠,驱掳居民而去。张俊得到探报,说濠州已无金兵,又希图去空城耀武扬威一番,以掩饰赴援不及的窘态。他命王德和杨沂中率"两军所选精锐"六万人,包括二千馀骑前往。不料遭金军伏击,杨沂中和王德只身逃回,部众大部被歼,沿途遗弃的兵器和甲胄无数。在黄莲埠的张俊和刘锜闻讯后,也拔寨南撤。④

韩世忠奉命自楚州率军赶到濠州时,败局已无可挽回。金军企图阻遏他的归路,韩世忠军且战且退,全师而还。⑤

尚在舒州待命的岳飞,⑥ 得知战局变化的某些消息,宋高宗一份三月一日发出的手诏,又令他"尽行平荡","以除后患",⑦ 就统兵倍道兼程北上。行军途中,岳飞先后接到张俊和韩世忠两军的凶耗,悲愤的心情再也难以克制,一句迹近"指斥乘舆",即责骂皇帝的话,便夺口而出:"国家了不得也,官家又不修德!"实际上,这正是他郁结半年有馀的心声。

---

① 《金佗稡编》卷3高宗手诏,卷22《淮西辨》。
② 《金佗稡编》卷3高宗手诏,《会编》卷205,《要录》卷139绍兴十一年三月癸卯,《金史》卷79《孔彦舟传》。
③ 《会编》卷205《淮西从军记》。《宋朝南渡十将传》卷1《刘锜传》作"至黄莲埠","顿兵不进,濠州失守",与前一说有异。
④ 关于濠州之败,参见《会编》卷205,卷205《淮西从军记》,《要录》卷139绍兴十一年三月丁未,戊申,《宋朝南渡十将传》卷1《刘锜传》,《宋史》卷366《刘锜传》,卷367《杨存中传》。
⑤ 关于韩世忠在濠州之败退,《会编》卷217韩世忠神道碑,《宋会要》兵14之34—35载韩世忠捷报,乃讳败而虚报无疑。今据《会编》卷205,卷236,《要录》卷139绍兴十一年三月辛亥,卷193绍兴三十一年十月戊午,《江湖长翁文集》卷27《上赵丞相札子》。
⑥ 《要录》卷139绍兴十一年三月庚戌,秦桧奏称岳飞军已退至与舒州对江的池州,系误。据《金佗稡编》卷3高宗最后一份援淮西手诏,只说岳飞"往来庐、舒间",根本未提池州。
⑦ 《金佗稡编》卷3高宗手诏。

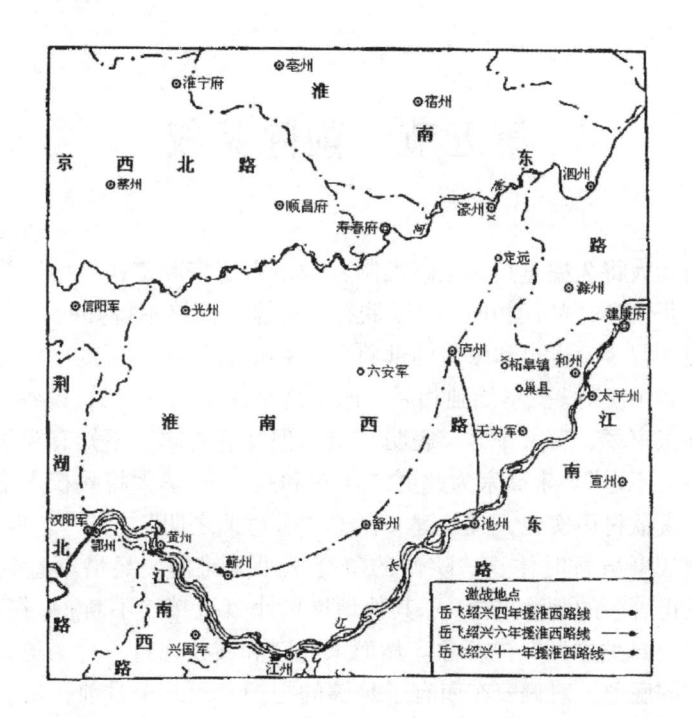

淮西形势图

岳飞还怒冲冲地对张宪说："似张家人，张太尉尔将一万人去跩踏了。"他又指着董先说："似韩家人，董太尉不消得一万人去跩踏了。"此类气话无非是埋怨张俊和韩世忠两军"不中用"。① 十二日，岳家军抵达濠州以南的定远县，金军闻风渡淮北撤。

儿戏似的淮西之战结束了，宋军先胜后败，张俊负有不可推卸的责任。但他回朝后，却反诬刘锜作战不力，岳飞逗遛不进，以求推诿罪责。② 宋高宗和秦桧自然完全偏袒张俊。秦桧的党羽更是一哄而起，飞短流长，对岳飞竭尽毁谤、中伤之能事。③

---

① 《金佗稡编》卷24《张宪辨》，《建炎以来朝野杂记》乙集卷12《岳少保诬证断案》。
② 《会编》卷219《林泉野记》，《要录》卷141绍兴十一年七月甲寅，《宋史》卷366《刘锜传》。
③ 关于岳飞三援淮西，《会编》卷205，《要录》卷139绍兴十一年三月庚戌等记载，基本上承袭了张俊等人的毁谤。《金佗稡编》卷3提供了宋高宗十五道手诏的原文，卷22《淮西辨》也对史实真相作了有说服力的澄清。但是，岳珂的记述和辩白也有个别夸张失实之处。如《金佗稡编》卷8《鄂王行实编年》说岳飞"师至庐州"，金军"望风遽遁"，而庐州乃是淮西宋军乘柘皋之胜而收复的。

第五节　削除兵权

　　害怕诸大将久握重兵，跋扈难制，这是宋高宗和宰执们始终藏于胸臆的隐忧。张浚和赵鼎任相时，"屡欲有所更张，而终不得其柄"。① 王庶任枢密副使，曾令韩世忠和张俊的部将分兵移屯，为张俊所觉察，托人向王庶传话，表示反对。② 秦桧独相后，向宋高宗"乘间密奏"，说各行营护军目前号称张家军、韩家军等，表明"诸军但知有将军，不知有天子，跋扈有萌，不可不虑"。宋高宗为此更"决意和戎"。③ 罢大将兵权之事，虽酝酿多年，真欲付诸实施，其关键又在于"有息戈之期"。

　　淮西战事虽暂时休止，陕西的争夺正难分难解，吴璘军直到当年九月，又赢得著名的剡湾之捷，④ 其他地区的小仗也接连不断。⑤ 在表面上，似并"未有息戈之期"的征象。然而宋高宗和秦桧通过各种渠道，已洞悉金方愿和的底蕴，对偏安东南有了足够的把握。七八个月前，岳飞主动辞免兵柄，宋高宗尚无允准的胆量；如今他却和秦桧接受范同之建议，⑥ 准备主动地采取断然措施。⑦

　　三月二十一日及稍后，宋廷发出省札，"令岳飞先次遣发军马回归"

---

① 《要录》卷169绍兴二十五年十月丙申。
② 《要录》卷120绍兴八年六月乙亥，《中兴小纪》卷24与《皇朝中兴纪事本末》卷44引张戒《默记》。《要录》此处称张俊排行为"张十"，据《会编》卷230，《要录》卷138绍兴十年十月丁亥注，《挥麈录馀话》卷2，《鸡肋编》卷下和《中兴小纪》与《皇朝中兴纪事本末》，当作"张七"。
③ 《鹤林玉露》甲编卷5《格天阁》。
④ 《会编》卷206，《要录》卷141绍兴十一年九月辛亥，丙辰，癸亥，《琬琰集删存》卷1吴璘神道碑，《宋史》卷366《吴璘传》。
⑤ 如《金佗续编》卷12《令体探贼马侵犯光州速差兵应援省札》，《令措置应援光州省札》载光州之小捷，即为一例。
⑥ 《要录》卷140绍兴十一年四月辛卯，《宋史》卷380《范同传》，卷473《秦桧传》。
⑦ 据《会编》卷206，《要录》卷141绍兴十一年九月戊申，乙卯，《金史》卷4《熙宗纪》，卷60《交聘表》，卷77《宗弼传》，宋金双方正式互通国书议和，始于绍兴十一年九月，而暗使往返应早于此。宋高宗若无和议的把握，决不敢自三月、四月始，便采取一系列自坏长城的断然措施。

鄂州，本人由舒州往"行在"临安府"奏事"。① 四月下旬，岳飞到行朝时，韩世忠和张俊已早到六七日。宋高宗、秦桧及其心腹王次翁等十分焦急不安，只是成天用美酒和佳肴招待韩世忠和张俊，拖延时日。岳飞来到后，宋廷一面继续在西湖为之举办盛筵，一面却连夜起草制词，发表韩世忠和张俊任枢密使，岳飞任枢密副使，留朝任职，明升暗降，削除兵权。宋朝历史上第二次"杯酒释兵权"终于实现了。岳飞保留少保的阶官，其两镇节度使的虚衔和宣抚使、招讨使、营田大使的实职同时撤销。②

张俊率先表示拥护，带头交出所统行营中护军，"拨属御前使唤"。实际上，他与秦桧早有默契，"约尽罢诸将，独以兵权归俊"，才能虽低，而野心不小。张俊从此更与秦桧沆瀣一气，"同主和议"。③

岳飞雄图不展，壮志难酬，继续执掌大兵，对他无异于大耻大辱，故早已提出辞呈。他虽未料想到朝廷此番精心设计和突然措置，对兵柄也毫不留恋。他请求朝廷将自己带来的亲兵，只留少量"当直人从"，其馀发遣回鄂州，"庶使缓急贼马侵犯，有所统摄，不致误事"。宋高宗立即予以批准。④

韩世忠的京东、淮东宣抚处置司，张俊的淮西宣抚司和岳飞的湖北、京西宣抚司紧接着撤销了，三宣抚司原辖的行营前护军、行营中护军和行营后护军的军号也予以取消，各统制官所部都冠以"御前"两字，以示直属皇帝，"将来调发，并三省、枢密院同奉圣旨施行"。⑤ 此外，宋廷还提高各军总领的职权，规定总领除管理钱粮外，还要负责报发朝廷和各军之间的往返文件，预闻军政，实际上起着监军的作用。⑥

---

① 《金佗续编》卷12《令权暂驻扎舒州听候指挥前来奏事省札》。此札发于三月二十一日，此后命岳飞赴行朝的省札今已佚失。

② 《金佗续编》卷2《枢密副使加食邑制》，卷28《鄂武穆王岳公真赞》，《会编》卷206，《要录》卷140绍兴十一年四月辛卯，壬辰，癸巳，《宋宰辅编年录校补》卷16，《山房集》卷8《杂记》，《齐东野语》卷13《秦会之收诸将兵柄》，《宋史》卷380《王次翁传》，卷473《秦桧传》。

③ 《会编》卷219《林泉野记》，《要录》卷140绍兴十一年四月乙未，卷147绍兴十二年十一月癸巳，卷169绍兴二十五年十月丙申。

④ 《金佗续编》卷12《照会发回所带人马归本处防拓把截依奏省札》。

⑤ 《金佗续编》卷12《改所管制领将副军兵充御前省札》，《罢逐路宣司省札》，《会编》卷206，《要录》卷140绍兴十一年四月乙未，《宋会要》职官32之37，41之34。

⑥ 《要录》卷140绍兴十一年五月辛丑，《宋史》卷167《职官志》，《朱子语类》卷128。《要录》有"诸军并听节制"的记载。"并"，《宋会要》职官41之46，《文献通考》卷62《职官考》，《山堂群书考索》后集卷13，《玉海》卷132，《景定建康志》卷26等作"不"，疑以"不"字为准。

王贵接替岳飞，担任鄂州驻扎御前诸军都统制，张宪担任副都统制，负责指挥原岳家军。① 宋廷对他们很不放心，特命秦桧党羽林大声出任湖、广总领，进行监视。② 宋高宗和秦桧对岳飞的幕僚也十分猜忌，在宣布岳飞为枢密副使的前两天，就发表随同岳飞赴"行在"的参谋官朱芾外任镇江知府，前参议官李若虚外任宣州知州，旨在不让他们与岳飞朝夕相处，出谋划策。③ 岳飞本不愿被人视为武夫和粗人，自罢兵权后，更不穿戎装，成日"披襟作雍容之状"，居然也引起秦桧的忌恨。④

　　刘锜也遭受张俊的排挤，而被解除兵权。宋廷发表他出任荆南知府，并规定"或遇缓急，旁郡之兵许之调发"，旨在对王贵和张宪起箝制作用。岳飞从抗金大局出发，爱惜刘锜的才勇，奏请留他掌兵，却被宋高宗和秦桧断然拒绝。⑤

　　宋高宗在给岳飞的制诏中说，"朕以虏寇未平，中原未复，更定大计，登用枢臣"。"近资发纵指示之奇，远辑摧陷廓清之绩"。"所愿训武厉兵，一洒雠耻"。⑥ 他又亲自对韩世忠、张俊和岳飞三大将说："朕昔付卿等以一路宣抚之权尚小，今付卿等以枢府本兵之权甚大。卿等宜共为一心，勿分彼此，则兵力全而莫之能御，顾如兀术，何足扫除乎！"⑦

　　在此类冠冕堂皇、慷慨激昂的言词背后，真正加速的正是向仇敌求降的步伐。尽管宋代轻视武人的积习甚深，不少士大夫仍然看透了宋廷罢三大将兵柄的真意。明州知州梁汝嘉上奏认为，这表明朝廷"无复进取之计"。⑧ 曾任荆湖北路安抚使的刘洪道听说岳飞罢宣抚使，为之"顿足抵掌"而"流涕"。⑨

　　岳飞在绍兴十年已承受了第二次政治打击，但他却万万未曾料到，自罢宣抚使之日始，惨重的大难行将临头。

---

① 《要录》卷140绍兴十一年六月甲申，卷141绍兴十一年九月癸卯。
② 《要录》卷140绍兴十一年六月壬申。
③ 《要录》卷140绍兴十一年四月庚寅。
④ 《会编》卷206，《要录》卷140绍兴十一年四月壬辰。
⑤ 《会编》卷206，《要录》卷141绍兴十一年七月甲寅，《宋朝南渡十将传》卷1《刘锜传》，《宋史》卷366《刘锜传》。
⑥ 《金佗续编》卷2《枢密副使加食邑制》，卷4《辞免枢密副使不允诏》，《再辞免同前不允诏》。
⑦ 《要录》卷140绍兴十一年四月乙未。
⑧ 《周益国文忠公集·平园续稿》卷29《宝文阁学士通奉大夫赠少师梁（汝嘉）神道碑》。
⑨ 《要录》卷143绍兴十一年十二月丁卯，《宋史》卷474《万俟卨传》。

拾陆

冤狱碧血

岳飞孙岳珂书法

第一节 直道危行

金朝都元帅完颜兀术（宗弼）经历绍兴十年和绍兴十一年几次大战的挫败，不得不承认"南宋近年军势雄锐，有心争战"，① 而决意讲和。绍兴十年秋，完颜兀术（宗弼）曾正式写信给秦桧说：

"尔朝夕以和请，而岳飞方为河北图，且杀吾婿，不可以不报。必杀岳飞，而后和可成也。"②

他提出以杀岳飞作为和议的条件，秦桧自然是唯命是从，而关键在于宋高宗本人对此书信与讲和条件持何种态度。

岳飞是战功赫赫的将帅，又是身为执政的高官。按宋太祖秘密誓约的规定："不杀大臣及言事官，违者不祥。"③ 十五年前，宋高宗杀害上书言事的陈东和欧阳澈，结果只是极大地提高了牺牲者的声誉，而使自己背负难以洗刷的恶名。此后宋高宗一直引以为训，不敢轻易开杀戒。秦桧对胡铨恨之入骨，在自己的一德格天阁中写上胡铨等人的姓名，"必欲杀之而后已"。④ 然而在宋太祖秘密誓约的约束下，只要宋高宗未予首肯，他始终无法杀害官卑职小，而又贬黜流放的胡铨。

尽管岳飞的生命也受宋太祖誓约的保护，但宋高宗为了对金媾和的成功，加之对岳飞的忌恨，故在秦桧的怂恿下，决定杀害岳飞。在淮西会战时，宋高宗一方面褒奖岳飞，"卿见苦寒噉，乃能勉为朕行，国尔忘身，谁如卿者"；⑤ 另一方面，却已与秦桧进行罪恶的谋划。罢岳飞兵权，仅是完成了第一个步骤。⑥

秦桧和岳飞在和战问题上，自然是势不两立。岳飞看到绍兴十年秦桧

---

① 《会编》卷215《征蒙记》。
② 《金佗稡编》卷8《鄂王行实编年》，卷20《吁天辨诬通叙》载，此信内容由官员查籥所透露，查籥为宋高宗和宋孝宗时人。
③ 《会编》卷98《北狩闻见录》，《要录》卷4建炎元年四月，《宋史》卷379《曹勋传》，《松隐文集》卷26《进前十事札子》，《古今说海》本《避暑漫抄》。
④ 《宋史》卷473《秦桧传》。
⑤ 《金佗稡编》卷3高宗手诏。
⑥ 见《金佗稡编》卷22《淮西辨》，《要录》卷140绍兴十一年四月乙未注，《中兴小纪》卷29，《皇朝中兴纪事本末》卷56，《宋宰辅编年录校补》卷16所引秦桧党羽的《王次翁叙记》，称淮西会战时，"上始有诛飞意"。《王次翁叙记》尽管通篇是诬蔑不实之词，却提供了宫廷密谋的具体时间。

奏中所引"德无常师，主善为师"之语，认为此言"饰奸罔上"，气愤地说："君臣大伦，比之天性，大臣秉国政，忍面谩其主耶!"两人的仇隙更深。

但是，秦桧对韩世忠的憎恶，也不亚于岳飞。绍兴八年、九年间，韩世忠曾命部属假扮红巾军，企图袭杀金使张通古，破坏和议，虽因部将告密，而未成功，却使秦桧切齿痛恨。按秦桧的如意算盘，是一不做，二不休，先害韩世忠，后杀岳飞，这两人正是他的主要政敌。

五月上旬，三大帅任枢密使和副使不足半个月，宋廷即命张俊和岳飞前往淮南东路。在名义上，他们的任务是"措置战守"，"方国步之多艰，念寇雠之尚肆"，"当令行阵之习有素，战守之策无遗，伐彼奸谋，成兹善计"。事实上，他们的任务一是罗织韩世忠的罪状，二是肢解原韩家军，将其大本营由淮东前沿的楚州，撤往江南的镇江府。这正是宋廷准备降金的又一重大步骤，因为金朝向来反对宋朝在淮南屯驻重兵。张俊的头衔是"按阅御前军马，专一措置战守"，岳飞的头衔是"同按阅御前军马，专一同措置战守"，加两个"同"字，作为副职。宋廷规定，他们对前沿军务可以"随宜措置，专一任责"。在枢密使张俊和枢密副使岳飞到前沿后，留在"行在"临安府的另一枢密使韩世忠，便处于有虚名而无实职的地位。①

原来秦桧早已物色到一条走狗，这就是淮东总领胡纺。胡纺原先因奉承韩世忠，"奴事"韩世忠的"亲校"耿著等人，步步高升。他后来又看风使舵，趋附秦桧，绍兴八年、九年韩世忠袭击金使的计划，便是由他出面告密的。三大帅罢兵权后，胡纺依照秦桧的发纵指示，出首控告昔日"奴事"的对象，说耿著自"行在"临安府回楚州，散布流言蜚语，"二枢密来楚州，必分世忠之军"，"吕祉之戒，不可不虑"，"鼓惑众听"，并且"图叛逆"，"谋还世忠掌兵柄"。秦桧下令逮捕耿著，以酷刑逼供，企图由此牵连韩世忠。②

当张俊和岳飞离开临安府前，秦桧曾在政事堂布置使命，示意岳飞"以罗织之说，伪托以上意"，并且假惺惺地说："且备反侧!"

耿直的岳飞明了秦桧的用心后，便严词回绝，说"世忠归朝，则楚州之军，即朝廷之军也"。"公相命飞以自卫，果何为者？若使飞捃摭同列之

---

① 《金佗续编》卷4《带枢密本职前去按阅御前军马措置战守诏》，卷12《令前去按阅专一任责省札》，《要录》卷140绍兴十一年五月丁未。《金佗稡编》卷8《鄂王行实编年》据省札日期，将张俊和岳飞受命时间系于五月十一日，稍误。省札乃是受命后另作补充规定，据《要录》注，他们受命时间应为"五月上旬"。

② 《要录》卷140绍兴十一年五月庚申，卷141绍兴十一年七月壬寅，卷147绍兴十二年十二月己未朔，《宝真斋法书赞》卷2《高宗皇帝亲随手札御书》。

私，尤非所望于公相者"。秦桧受岳飞责备后，气得脸上变色。

岳飞出使后，方得知耿著的冤狱，他说："吾与世忠同王事，而使之以不辜被罪，吾为负世忠！"岳飞连忙写信，告知韩世忠。韩世忠接信后，大吃一惊，立即求见宋高宗，大哭大吵一场，"投地自明"。宋高宗本来就无意于杀害这位苗刘之变的救驾功臣，便召见秦桧，示意不得株连韩世忠。于是，这件冤狱便以耿著"杖脊"和"刺配"了结。[1]

六月，岳飞和张俊来到楚州，这是淮东战区的大本营，控扼运河的重镇。岳飞巡视城防，凭吊当年赵立和全城军民苦斗与死难的遗址，追忆自己当年在淮东的血战和挫败，心潮起伏，思绪万千。

李宝当时正出戍海州，岳飞将他召来，"慰劳甚周至"。李宝发现，这位旧帅在备受挫折之馀，依然我行我素，健旺的斗志并未衰减。两人匆匆见面，又很快告别，谁也未曾料想到，这竟是最后的诀别。李宝奉岳飞之命，扬帆出海，北上登州（治蓬莱，今山东蓬莱市）和文登县（今山东威海市文登区）扫荡一番，为他二十年后的密州胶西县（今山东胶州市）大海战，作了一番认真的预演。[2]

岳飞检点兵籍，发现韩世忠军才有三万馀人马，居然自守有馀，能西援淮西，北上京东，真是位"奇特之士"。他更深切地感到，拒绝朝廷错误的政令和军令，实为责无旁贷。他向张俊恳切地，然而又是强烈地表示，反对拆散原韩家军，反对将其大本营后撤镇江府。岳飞说："今国家唯自家三、四辈，以图恢复。万一官家复使之（指韩世忠）典军，吾曹将何颜以见之？"

韩世忠和张俊一直是同僚和平辈，因私交不坏，终于成为双重的儿女亲家。但张俊此时正做着独掌天下之兵的迷梦，对岳飞的规劝自然置若罔闻。他只是建议要修缮楚州的城壁、壕堑之类，岳飞不愿意回答。张俊便一再追问，岳飞只能以直言相告："吾曹蒙国家厚恩，当相与戮力复中原，若今为退保计，何以激励将士？"

尽管耿著的冤狱，已对岳飞预示了险恶的朕兆，但他不忍坐视朝廷和张俊的倒行逆施，只要事关抗金大局，只能据理力争。他一语道破了提倡修城，无非是为准备撤军江南。张俊听后，"艴然变色"。他满腔恼怒，遂向两名卫兵发泄，搜剔一点微小的罪名，要将两人处斩。岳飞为此"恳救数四"，只是更增强了张俊不杀不足以解恨的兽性。岳飞最后看到两名无辜者之屈死，更愤愤不平。

---

[1] 《金佗稡编》卷20《吁天辨诬通叙》，《金佗续编》卷21《鄂王传》，《要录》卷141绍兴十一年七月壬寅，《宝真斋法书赞》卷2《高宗皇帝亲随手札御书》。

[2] 《会编》卷206，《要录》卷140绍兴十一年六月癸未。

张俊秉承宋高宗和秦桧的旨意，怀着肢解原韩家军的鬼胎，处处疑神疑鬼。岳飞住在楚州城里，他只敢住在城外，以备若有风吹草动，便于逃命。

中军统制王胜参见之前，有人捕风捉影地报告："王胜有害枢使意。"王胜在教场整列队伍，将士们顶盔贯甲，接受张俊检阅。张俊心虚，便问："将士何故摝甲？"王胜弄得莫名其妙，答道："枢使来点军马，不敢不带甲。"张俊忙令卸甲。

尽管有岳飞的反对，又不得军心，张俊仍然凭借自己的正职地位和朝廷的支持，一意孤行。他下令拆毁位于淮北的海州城，其实是准备割让金朝，强迫当地居民迁移镇江府，"人不乐迁，莫不垂涕"。淮东军也按宋廷的原计划，自楚州后撤镇江府，精锐的原韩世忠背嵬亲军，则抽调往临安府屯驻。① 宋高宗甚至亲下手诏，将在平江府的韩世忠部属"成闵所管""百来人"，"拨入背嵬军，付（张）俊"，"恐走逸了"。② 一件小事，不惮烦劳，亲自过问，足见他对韩世忠的深忌，对罢兵权的关注。

按宋高宗和秦桧的盘算，对原韩家军作如此措置，既消除了朝廷的一大隐患，也扫除了降金的一大障碍。但张俊却执意扩充自己的势力，他紧接着将自己的枢密行府设于镇江府，③ 以便直接掌管这支原属韩世忠的部队。

第二节　罢官赋闲

岳飞不能制止张俊的胡作非为，于七月初回"行在"临安府后，④ 便愤慨地提出辞呈，请求宋高宗罢免自己的枢密副使，"别选异能，同张俊措置战守"。

宋高宗和秦桧为对付三大帅，事实上采取利用嫌隙，使之互攻，以坐收渔利的方针。在韩世忠的问题大致解决后，紧接着就准备对岳飞下毒手，更何况岳飞出使时的所作所为，完全拂逆了朝廷的旨意。尽管如此，

---

① 《金佗稡编》卷23《山阳辨》，《会编》卷206，卷212，《要录》卷140绍兴十一年六月癸未。
② 《道园学古录》卷11《高宗御书》，《跋高宗御书》。虞集跋将韩世忠亲兵背嵬军，误作岳飞亲兵。
③ 《会编》卷206，卷219《林泉野记》，《要录》卷141绍兴十一年七月。
④ 《要录》卷141绍兴十一年八月甲戌注。

宋高宗仍然耍弄帝王权术，他在不允诏中说，"朕以二、三大帅各当一隅，不足以展其才，故命登于枢机之府，以极吾委任之意"。"今卿授任甫及旬浃，乃求去位，行府之命，措置之责，乃辞不能。举措如此，朕所未喻。夫有其时，有其位，有其权，而谓不可以有为，人固弗之信也"。词意如此剀切，宋高宗似乎是全心全意希望岳飞施展才能，"御敌"抗金，尽管岳飞不识抬举，而皇恩仍是曲加优容。① 其实，这不过是一纸侮弄忠肝义胆的臣僚的文字游戏。宋高宗再也没有强令岳飞去行使"措置之责"，前沿的军务全由张俊设在镇江府的枢密行府包揽，岳飞和韩世忠一样，留在行朝，有虚位而无实职。②

当得知金朝已再次明确表示了愿媾和的意向，倔强的岳飞仍不肯喑默保身，他明知皇帝的主意毫无挽回馀地，却依然上奏，犯颜直谏。他说，"金虏无故约和，必探我国之虚实"。"今日兀术见我班师，有何惧而来约和？岂不伪诈。据臣所见，见为害，不见为利也"。③

宋高宗下不允岳飞辞职诏后，对岳飞的弹劾奏章也接踵而至。这是在秦桧的唆使下，由右谏议大夫万俟卨和御史中丞何铸、殿中侍御史罗汝楫三名台、谏官出面的。欲加之罪，何患无辞，但是，像岳飞那样兢兢业业献身抗金事业的人，确实并无什么把柄，可资以纠弹。即使在此类肆意诬蔑的奏章中，也不得不承认岳飞"蚤称敢毅，亟蒙奖拔"，"慨然似有功名之志，人亦以此称之"。作为攻讦口实者，主要是以下数事。第一，"不避嫌疑，而妄贪非常之功；不量彼己，而几败国之大事"。言语含混，其实是指岳飞建议立皇储和反对与金媾和。此两事仅一笔带过，尚不作为攻讦的重点。第二，"自登枢筦，郁郁不乐，日谋引去，以就安闲，每对士大夫但言山林之适"，"不思报称"，"亦忧国爱君者所不忍为也"。第三，淮西之役，"坚拒明诏，不肯出师"，"略至龙舒（舒州别名）而不进"，"以玩合肥之寇"。第四，"衔命出使，则妄执偏见，欲弃山阳（楚州别名）而守江"，"以楚为不可守"，"沮丧士气，动摇民心"。④ 后两条则完全是撷拾张俊之唾馀，含血喷人。

由于张俊对岳飞援淮西的问题，不断地散布流言飞语，有人曾劝岳飞与张俊进行"廷辨"，岳飞却说："吾所无愧者，此心耳，何必辨。"岳飞胸襟坦荡，认为不辨自明，然而在事实上，援淮西之谤，却渐至众口铄金、积毁销骨的地步。

---

① 《金佗续编》卷4《乞罢枢密副使仍别选异能同张俊措置战守不允诏》。
② 《会编》卷206，《要录》卷141绍兴十一年七月，八月甲戌注。
③ 《会编》卷207《岳侯传》，《要录》卷141绍兴十一年七月癸丑注。
④ 《金佗稡编》卷21《建储辨》，卷22《淮西辨》，卷23《山阳辨》，《要录》卷141绍兴十一年七月壬子，八月甲戌，《鸿庆居士集》卷36万俟卨墓志铭。

宋高宗也把握时机，亲自出面配合，他说："飞于众中倡言：'楚不可守，城安用修。'盖将士戍山阳厌久，欲弃而之他，飞意在附下以要誉，故其言如此，朕何赖焉！"秦桧连忙帮腔说："飞对人之言乃至是，中外或未知也。"①

按照惯例，台、谏官上章弹劾之日，即是宰执引咎辞官之时。更何况是岳飞，他既明白朝廷的用心，更以素餐尸禄为耻，他上奏沉痛地说，"臣性识疏暗，昧于事机，立功无毫发之微，论罪有丘山之积"。"岂惟旷职之可虞，抑亦妨贤之是惧，冀保全于终始，宜远引于山林"。②岳飞通过耿著的冤狱事件，更体察到了秦桧的心狠手辣，他深知自己的退闲，绝不意味着秦桧就能善罢甘休。故岳飞摆脱宋代辞职奏的常规，特别强调"保全于终始"的问题。

八月九日，宋高宗不失时机地解除岳飞枢密副使的职务，为岳飞保留了少保的阶官，又"特授"他原来的武胜、定国军两镇节度使，充万寿观使的闲职。在罢官制词中，宋高宗说岳飞的"深衅"，"有骇予闻，良乖众望"，但他仍然宽大为怀，"记功掩过"，"宠以宽科全禄"，"所以保功臣之终"。他要求岳飞"无贰色猜情"，"朕方监此以御下"。③表面上看，罢官制与岳飞的辞职奏是互相呼应的。其实，宋高宗根本不想"保功臣之终"，而是在"贰色猜情"一句中，埋伏了杀机。岳云也保留左武大夫、忠州防御使的遥郡官阶，改任提举醴泉观，与父亲一同退闲。④岳飞的幕僚沈作喆为他作谢表说：

"功状蔑闻，敢遂良田之请；谤书狎至，犹存息壤之盟。"

岳飞对"谤书"表明了理所当然的蔑视，但对宋高宗"保功臣之终"的盟誓，却仍以臣子之礼，而表示感戴之情。秦桧读此谢表，更是怀恨在心。⑤

宋廷对岳飞的幕僚非常忌恨。岳飞任枢密副使后，尚有于鹏、党尚友、孔戊、孙革、张节夫等十一人与他过从甚密。岳飞出使楚州时，他们都被岳飞奏辟，充任其属官。岳飞不去镇江府赋闲，尽管事势的发展，已显示了各种险恶的朕兆，他们仍置个人安危得失于不顾，始终不渝地追随

---

① 《要录》卷141绍兴十一年七月癸丑。
② 《金佗稡编》卷15《乞解枢柄第二札子》，《乞解枢柄第三札子》。
③ 《金佗续编》卷2《武胜定国军节度使万寿观使奉朝请制》，《要录》卷141绍兴十一年八月甲戌，《宋会要》职官78之41，《宋宰辅编年录校补》卷16。按《会编》卷206，卷208《林泉野记》，《宋会要》职官54之14载岳飞充醴泉观使，系误。
④ 《金佗稡编》卷9《诸子遗事》，《要录》卷143绍兴十一年十二月癸巳。
⑤ 《寓简》卷8。

岳飞。"各请宫祠，平居无事，聚于门下"。宋廷发表他们为地方官，"趣令之任"，强行遣散，以防他们再与岳飞直接往来，为之出谋划策。① 高颖本是北宋进士，"陷伪十年，固穷守节"，② 他迟至绍兴十年九月，方出任岳飞湖北、京西宣抚司参议官。高颖主动请求，愿"裨赞岳飞十年连结河朔之谋"。③ 岳飞被解除兵柄后，高颖曾任司农少卿，旋即以"实无他能"为由而"放罢"。无差遣实职的高颖回到鄂州。宋廷害怕他与王贵、张宪等有交往，在岳飞罢官的前一日，又发表高颖添差福建路安抚大使司参议官，"添差"意味着并无实职，"限三日之任"，并且命令湖、广总领林大声"优与津发"。④

岳飞闲废后，一无兵，二无权，对皇权已毫无威胁，对宋廷的降金乞和活动也无力干预。但是，宋高宗和秦桧并未至此罢休，罢官仅是完成了陷害岳飞的第二步骤。

第三节　张宪之诬

张俊设枢密行府后，又立即在鄂州驻扎御前诸军另命牛皋"兼提举一行事务"，董先"承枢密行府差同提举一行事务"，⑤ 重复设官，旨在分割、削弱和牵制都统制王贵与副都统制张宪的兵权，自然也着意显示张俊的恩典，企图藉以拉拢和收买原岳家军的两员名将。

几个月来，秦桧和张俊一直在原岳家军中寻觅代理人。张俊利用诸统制官"各以职次高下，轮替入见"的规定，⑥ 命鄂州驻扎御前诸军都统制王贵第一个来镇江府的枢密行府参见，趁机进行威胁和利诱。王贵在颍昌大战中一度怯战，岳飞曾准备施行军法，将他斩首，因众将恳请求情，方将他赦免。此外，有一次民居失火，王贵中军的部卒乘机窃取民家的芦

---

① 《要录》卷141绍兴十一年八月甲戌注，己卯。
② 《要录》卷132绍兴九年九月戊子，卷142绍兴十一年十一月辛酉，《宋会要》选举34之52。
③ 《金佗续编》卷10《令措置河北河东京东三路忠义军马省札》，卷11《令遣发参议官高颖措置三路忠义军马省札》，《要录》卷137绍兴十年九月乙卯。
④ 《要录》卷141绍兴十一年七月辛丑，八月癸酉，《宋会要》职官70之23—24。
⑤ 《宋史》卷368《牛皋传》，《武汉文博》2015年第2期武汉市文物考古研究所、武汉大学历史学院《武汉蔡家嘴墓地发现南宋董先墓及墓志铭考》引董先墓志铭。
⑥ 《金佗续编》卷12《改所管制领将副军兵充御前省札》，《要录》卷140绍兴十一年四月乙未，《宋会要》职官41之34。

筏，岳飞偶然发现后，立即处斩，并且责打王贵一百军棍。秦桧和张俊以为王贵一定怨恨岳飞，可以引诱上钩。然而王贵毕竟是岳飞长期信用的亲将，他说："相公为大将，宁免以赏罚用人，苟以为怨，将不胜其怨矣！"最后，张俊等人又以王贵家的阴私，进行胁持，王贵为了保全自己的身家性命，被迫屈从。

张宪的前军副统制王俊，绰号称"王雕儿"，这是因为他专事搏击，坑害无辜，无情无义，就如雕捕食鸟兽一般。他自绍兴五年编入岳家军后，寸功未立，一官不升，却屡次因奸贪而受张宪的制裁，因此怀恨在心。秦桧的党羽林大声到鄂州就任湖、广总领后，按照自己的特殊使命，物色了王俊，① 还串通了姚政、傅选和庞荣三个统制。秦桧和张俊费尽心机，也不过在鄂州全军二、三百名武将中，收买了四名败类。

王贵在八月二十三日稍后，自镇江府返回鄂州。接着，鄂州驻扎御前诸军副都统制张宪又于九月一日启程，前往镇江府的枢密行府，以参见枢密使张俊。八日，王俊便正式向王贵投呈诬告状，说张宪得知岳飞罢官赋闲后，召见王俊，图谋裹胁鄂州大军前去襄阳府，以威逼朝廷将军权交还岳飞。状词并非是刀笔吏的高明手笔，却是一派拙劣的谎言。张宪既与王俊"同军而处，反目如仇"，居然在王俊"反覆不从"的情况下，将自己谋反叛逆的全部计划"吐露无隐"。任何稍有头脑的人，都能明显地看出状词中的破绽，实属诬告无疑。② 王俊最初将状纸投送荆湖北路转运判官荣薿，荣薿拒不接受。③ 王贵也明知王俊诬告，却只能违心地将状纸转交"专一报发御前军马文字"的总领林大声，林大声又以急递发往镇江府的张俊枢密行府。④

王俊诬告的时间显然是经过精心策划的。张宪虽然早七天启程，但沿途须昼行夜宿，而急递却是昼夜兼程，反而得以早到。张宪到达镇江府，恰好是自投罗网。张俊等候王俊的诬告状到手，就立即逮捕前来参谒的张宪。按宋时的法规，枢密院无权开设刑堂，所以枢密院小吏职级严师孟和

---

① 《金佗稡编》卷8《鄂王行实编年》只说"桧、俊使人谕之，辄从"，未载所使何人。从今存史籍看，疑为新任湖、广总领林大声。

② 《金佗稡编》卷24《张宪辨》，《要录》卷143绍兴十一年十二月癸巳注，《挥麈录馀话》卷2。据王俊状词，直至八月二十三日，王贵尚未返鄂州，鄂州大军由张宪"坐衙"，处置军务。

③ 《挥麈后录》卷11，《要录》卷141绍兴十一年九月癸卯注，卷147绍兴十二年十月丙戌。

④ 《金佗稡编》卷8《鄂王行实编年》，《会编》卷206载王贵逮捕张宪，系误，《要录》卷141绍兴十一年九月癸卯已有考证。据《要录》卷140绍兴十一年五月辛巳，《宋会要》职官41之46，诬告状应由林大声递发。

令史刘兴仁拒绝"推勘","恐坏乱祖宗之制"。陷害病狂、逼供心切的张俊，哪里顾得列祖列宗这些规矩，他命亲信王应求"推勘",① 又"亲行鞫炼"，将张宪拷打得体无完肤，死去活来。同秦桧、张俊等人的预谋相反，张宪没有屈服于淫刑毒罚，不肯招承。张俊便命人编造了枢密"行府锻炼之案"，上报秦桧。②

王俊在诬告状中捏造，张宪曾对他说："我相公处有人来，教我救他。"但他做贼心虚，又在状纸所附的"小贴子"中补充说："俊即不曾见有人来，亦不曾见张太尉使人去相公处。张太尉发此言，故要激怒众人背叛朝廷。"③ 然而张俊却不顾连诬告者本人也已否认的事实，上奏说：

"张宪供通，为收岳飞处文字后谋反，（枢密）行府已有供到文状。"

秦桧急忙奏请，将张宪和岳云押送大理寺狱"根勘"，并召岳飞至大理寺，一并审讯，宋高宗立即予以批准。④

岳飞的罢官制词中规定他"仍奉朝请",⑤ 即每月初一日、初五日、十一日、十五日、二十一日和二十五日，须上朝立班。⑥ 岳飞不愿继续留在"行在"临安府，他上奏申请"一在外宫观差遣",⑦ 宋高宗不予批准。⑧ 岳飞只好告假，回到江州私邸暂住。

雄心壮志一旦破灭，造化还给岳飞留下一个温暖和睦的家庭。长子岳雲和巩氏成婚后，已有三个孩子，长孙岳甫四岁，长孙女岳大娘三岁，次孙岳申一岁。十六岁的岳雷也和温氏结婚，温氏生下次孙女岳二娘，已有两岁，她可能又怀有身孕。三子岳霖十二岁，四子岳震七岁，五子岳霆三岁，还有女儿岳安娘。⑨ 三十九岁的岳飞正当盛年，却已成为抱儿弄孙的祖父。

---

① 《会编》卷206。
② 《金佗稡编》卷24《张宪辨》节录"行府锻炼之案"的部分文字。
③ 《金佗稡编》卷24《张宪辨》。
④ 《会编》卷206，《要录》卷142绍兴十一年十月戊寅，《建炎以来朝野杂记》乙集卷12《岳少保证断案》。
⑤ 《金佗续编》卷2《武胜定国军节度使万寿观使奉朝请制》。
⑥ 《朝野类要》卷1《六参》，卷4《奉朝请》。
⑦ 《金佗稡编》卷15《辞除两镇在京宫观第二札子》。
⑧ 《金佗续编》卷4《辞免武胜定国军节度使依前少保充万寿观使仍奉朝请乞一在外宫观差遣不允诏》。
⑨ 关于岳飞的家庭成员及其年龄，参见《金佗续编》卷13《先兄甫等复官省札》，《先兄琛等补官告》，《宋岳鄂王年谱》卷1，卷2，卷4，《岳庙志略》卷1《继忠词》。

白天，儿孙们承欢膝下，尚能使岳飞稍开愁颜；每到夜间，他却不由不辗转反侧，不能入寐。一个秋夜，不绝的蟋蟀声，惊破了他千里转战的梦魂。醒悟以后，方知凯歌归故乡，不过是美梦一场。岳飞的心情倍觉凄凉，就披衣去庭院步月。天明以后，他填写了一阕《小重山》词：

"昨夜寒蛩不住鸣，惊回千里梦，已三更。起来独自绕阶行，人悄悄，帘外月笼明。

白首为功名，旧山松竹老，阻归程。欲将心事付瑶琴，知音少，弦断有谁听。"①

岳飞痛恨那密密重重的悍松恶竹，遮挡了重返故土的征程，然而事到如今，他已完全丧失了砍伐的能力。

有位好心的部将、从八品从义郎蒋世雄，乘着改授福州专管巡捉私盐官的机会，自鄂州飞马顺道急奔江州。他报告岳飞，说自己从进奏官王处仁处，得知王俊上告张宪"背叛"的消息。② 岳飞至此方才明白，秦桧等人陷害韩世忠的故伎又重演了。几个月前是胡纺告讦耿著，企图牵连韩世忠；如今是王俊诬陷张宪，阴谋加害于自己，如出一辙。③

岳飞在江州居留，为时甚短，就接到宋廷的命令，召他回"行在"临安府。岳飞深知此行吉凶难卜。他深悉秦桧的奸险，然而他毕竟是皇帝一手提拔的武将，自己的罢官制词中，宋高宗声言要"全终始之宜"，"尽君臣之契"，④ 真假是非，应能分辨清楚，韩世忠见到皇帝，不是已逢凶化吉了吗？

岳飞即刻上路，岳雲、岳雷等随同前往。一个夜里，他们在某县驿舍投宿，已有一位巡检官借住于此，听说岳少保到来，急忙搬了出来。岳飞见附近并无旅店，就命他在门房暂宿。夜阑更深，堂上依旧点燃蜡烛，岳飞和随行者环坐，不能安卧。岳雲、岳雷和一些亲从都觉得此去凶多吉少，他们上前禀事，细声密语，力劝岳飞中止此行。岳飞严肃地说："只得前迈！"连劝三次，应答如初。巡检官从壁缝中窥见此情此景，颇感困惑不解。事后，人们方知岳飞此去"非赴嘉召"，却仍保持着一种"趋死如归"的堂堂正气。⑤

---

① 《金佗稡编》卷19。
② 《要录》卷143绍兴十一年十二月癸巳注，《建炎以来朝野杂记》乙集卷12《岳少保诬证断案》。
③ 《宝真斋法书赞》卷2《高宗皇帝亲随手札御书》。
④ 《金佗续编》卷2《武胜定国军节度使万寿观使奉朝请制》。
⑤ 《金佗续编》卷28《鄂武穆王岳公真赞》。

第四节　千古奇冤

岳飞到达临安府后，鄂州大军的进奏官王处仁又冒着风险，再次向他报告了王俊诬告的事。① 他还恳切地劝岳飞上奏"自辨"，岳飞感慨地说："使天有目，必不使忠臣陷不义；万一不幸，亦何所逃！"倔强耿直的岳飞不愿效法韩世忠，去求见宋高宗，因为宋高宗并不缺乏辨别真伪的能力，没有辩白的必要。

秦桧和张俊选中了心腹杨沂中，命令他去拘捕岳飞。十月十三日，杨沂中应召来见秦桧，秦桧并未接见，只是派三省的值班官转交一份"堂牒"，并且转达了秦桧一句话："要活底岳飞来！"

杨沂中当即来到岳飞府邸，岳飞出来迎接他，笑呵呵地说："十哥，汝来何为？"当时诸将结为兄弟，杨沂中排行第十，但仍比岳飞大一岁。② 杨沂中相当尴尬，忙说："无事，叫哥哥。"

岳飞说："我看汝今日来，意思不好。"说完，就抽身回里屋去了。杨沂中将堂牒传送进去后，只见一个小侍婢捧出一杯酒来。杨沂中觉得有点蹊跷，岳飞是否会在里屋自杀，并使自己同归于尽呢？他踌躇片刻，观察动静，最后明白自己不过是胡乱猜测，于是把酒一饮而尽。岳飞随后出来，说："此酒无药，我今日方见汝是真兄弟，我为汝往。"③ 岳飞稍加思索，又语重心长地对杨沂中说："皇天后土，可表飞心耳！"

岳飞乘轿前往大理寺。他下轿后，不见一人，只见四面垂帘。岳飞稍坐片刻，便有几名狱吏出来，说："这里不是相公坐处，后面有中丞，请相公略来照对数事。"岳飞感慨地说："吾与国家宣力，今日到此，何也！"

狱吏们带岳飞拐到另一处，只见张宪，还有岳云，都已卸脱衣冠，披戴枷锁，露体赤脚，浑身血染，痛苦呻吟，惨不忍睹。岳飞满腔的悲愤，简直要迸裂五脏六腑，他全身的鲜血，似乎都已被怒火所燃烧。④

---

① 《要录》卷143绍兴十一年十二月癸巳注，《建炎以来朝野杂记》乙集卷12《岳少保证证断案》。

② 据《要录》卷107绍兴六年十二月丙午，《建炎以来朝野杂记》乙集卷11《将相四十以下建节者》，《宋史》卷367《杨存中传》，杨沂中比岳飞大一岁，杨沂中后改名存中。

③ 《金佗续编》卷28《鄂武穆王岳公真赞》引杨存中孙杨伯嵒之说，但其中有美化祖父的成分。

④ 《会编》卷207《岳侯传》，《要录》卷142绍兴十一年十月戊寅注。

接着，又有一名胥吏带纸墨笔砚前来，用一种威胁的口吻说："汝观今世乌有大臣系狱而生者？趣具成案，吾为汝书！"原来迫使岳飞自诬的口供已早有准备，① 岳飞对他怒目而视，不答一语。

按宋高宗的诏旨，特设诏狱审讯岳飞。宋朝诏狱，是"承诏置推"的罕见的大狱，专设制勘院。② 宋廷还特别将岳飞"逮系诏狱"的事，公开"榜示"朝野。③ 御史中丞何铸和大理卿周三畏被特命为正、副主审官，"奉圣旨，就大理寺置司根勘"。④ 当岳飞被带到两名主审官面前时，他再也不能克制自己，指天划地，情绪激动异常，身体也站立不稳。突然，狱卒们厉声呼喝道："叉手正立！"

岳飞才恍然大悟，自己已不再是十万雄师的统帅，而是阶下的囚犯。他只能以最大的努力，压抑激愤的感情，叉手站立，⑤ 转而沉静地辩白自己的冤屈，既言之有理，又持之有故。最后，岳飞解开衣服，袒露背部。何铸看到"尽忠报国"四个大字，深嵌于岳飞后背的肌肤，不由不收敛起严酷的面孔。

何铸在两三个月前曾参与弹劾岳飞，现在终于悔悟了。他不忍心再为此丧天害理的勾当，便去见秦桧，力辩岳飞的无辜。秦桧张口结舌，难以对答，就向何铸透露底蕴说："此上意也！"何铸仍不退让，说："铸岂区区为一岳飞者，强敌未灭，无故戮一大将，失士卒心，非社稷之长计。"秦桧理屈词穷，遂上奏宋高宗，改命万俟卨为御史中丞，任制勘院的主审官。⑥

万俟卨是个十分狠毒的小人。他过去担任荆湖北路转运判官和提点刑狱时，岳飞虽向来尊敬文人，但知道他人品很坏，予以鄙视，万俟卨一直怀恨在心。他趁入觐的机会，投靠秦桧，在宋高宗面前对岳飞大肆潜毁，从此就留在朝廷，宦运亨通。⑦ 他接办岳飞狱案，正好乘机挟私报仇。

万俟卨上任伊始，便会同周三畏审讯，他将王俊的诬告状等摆在岳飞面前，喝问道："国家有何亏负，汝三人却要反背？"岳飞回答："对天盟

---

① 《浪语集》卷7《周将军庙观岳侯石像二首》。
② 《宋史》卷200《刑法志》。
③ 《金佗续编》卷30范澄之《南剑州布衣上皇帝书》。
④ 《要录》卷143绍兴十一年十二月癸巳注，《建炎以来朝野杂记》乙集卷12《岳少保诬证断案》。按《金佗稡编》卷8《鄂王行实编年》，卷23《山阳辨》说："先臣下吏，上初不许，桧实矫诏，輿致大理。"乃为讳避宋高宗之罪责，而故作曲笔。
⑤ 《会编》卷206。关于叉手，参见朱瑞熙先生等《辽宋西夏金社会生活史》第225页，中国社会科学出版社，1998年，此处系刘复生先生撰写。
⑥ 《宋史》卷380《何铸传》。
⑦ 《宋史》卷474《万俟卨传》。

誓，吾无负于国家。汝等既掌正法，且不可损陷忠臣。吾到冥府，与汝等面对不休。"万俟卨冷笑说："相公既不反，记得游天竺日，壁上留题曰，'寒门何日得载富贵'乎？"众人随声附和说："既书此题，岂不是要反也！"

岳飞见他们恣意诬陷，无可理诉，不由长叹一声，悲愤地说："吾方知既落秦桧国贼之手，使吾为国忠心，一旦都休！"他合上双眼，任凭狱卒百般拷打，始终沉默不语，也决不呻吟呼喊。①

岳飞虽然自幼受尽贫困生活的煎熬，却从未品尝过囹圄的苦痛。在他生命垂尽的两个半月中，各种各色的惨酷刑罚，实际上是给岳飞上人生的最后一课。万俟卨的唯一目标，就是强迫岳飞自诬；岳飞也以倔强的性格，顽韧的意志，进行不屈不挠的抗争，他决不自诬。

最后，岳飞拒进饮食，唯求速死，这也是他仅剩的反抗手段。于是秦桧和万俟卨便将与案情毫无牵连的岳雷，也以"入侍看觑"为名，而投入囹圄。② 这个其实是尚未成人的青年，在狱中陪伴父亲，度过了人生最悲惨的时日。

有个名叫隗顺的狱卒，非常同情岳飞，尽心竭力地给予他可能的关照和护理。还有一个狱子，颇通君主专制的哲理。有一天，他忽然说："我平生以岳飞为忠臣，故伏侍甚谨，不敢少慢，今乃逆臣耳！"

岳飞请问其故，狱子说："君臣不可疑，疑则为乱，故君疑臣则诛，臣疑君则反。若臣疑于君而不反，复为君疑而诛之；若君疑于臣而不诛，则复疑于君而必反。君今疑臣矣，故送下棘寺，岂有复出之理！死固无疑矣。少保若不死，出狱，则复疑于君，安得不反！反既明甚，此所以为逆臣也。"

岳飞入狱后，当然不可能再对宋高宗有何幻想，但狱子的高论说得如此透彻，也使他悲慨万端。岳飞仰望苍天，长久一发不言。③ 最后，他提笔在狱案上写了八个大字：

"天日昭昭！天日昭昭！"④

岳飞入狱的消息传开后，朝野震惊。一些端人正士不顾宋高宗和秦桧的专制淫威，纷纷设法营救岳飞。

齐安郡王赵士㒟曾因朝拜八陵，对岳飞尽忠国事，印象极深。他身为

---

① 《会编》卷207《岳侯传》，《要录》卷142绍兴十一年十月戊寅注。
② 《要录》卷143绍兴十一年十二月癸巳注，《建炎以来朝野杂记》乙集卷12《岳少保诬证断案》。
③ 《会编》卷207。
④ 《说郛》卷19，《说郛》弓23曾三异《因话录》。

宋高宗的"皇叔",① 是宋朝宗室中德高望重的一位。赵士㒟对宋高宗说："中原未靖,祸及忠义,是忘二圣,不欲复中原也。臣以百口保飞无他。"②

文士智浃、布衣刘允升、南剑州(治剑浦,今福建南平市)布衣范澄之等,也分别上书言事。范澄之在上书中尖锐指出,"宰辅之臣媚虏急和","胡虏未灭,飞之力尚能戡定","是岂可令将帅相屠,自为逆贼报仇哉"！他还引用南北朝时宋文帝杀名将檀道济,自毁长城的鉴戒,恳切希望宋高宗回心转意。他强调说："臣之与飞,素无半面之雅,亦未尝漫刺其门,而受一饭之德,独为陛下重惜朝廷之体耳。"③

参加审讯或诏狱结案的大理寺左断刑少卿薛仁辅,④ 与大理寺丞何彦猷、李若朴(李若虚弟)等人,也力排众议,企图保全岳飞的性命。

韩世忠也已罢免枢密使,任醴泉观使的闲职。他"杜门谢客,绝口不言兵",以躲避秦桧的迫害。但是,为了岳飞的深冤,他仍鼓起勇气,前去质问秦桧。秦桧冷冰冰地回答：

"飞子雲与张宪书虽不明,其事体莫须有。"

"莫须有"意即"岂不须有",⑤ 韩世忠"艴然变色",愤愤不平地说：

"相公！'莫须有'三字,何以服天下！"⑥

万俟卨竭尽全力,对岳飞深文周纳；周三畏则畏首畏尾,对万俟卨唯唯诺诺。⑦ 最后,万俟卨命大理评事元龟年所定的岳飞罪名,主要有三条。第一,岳飞和岳雲分别写"谙目"给王贵和张宪,策动他们谋反,其中岳

---

① 《要录》卷5建炎元年五月。
② 《会编》卷206,《要录》卷142绍兴十一年十一月丁未,卷144绍兴十二年三月辛亥,《宋史》卷247《赵士㒟传》。
③ 《金佗稡编》卷20《吁天辨诬通叙》,《金佗续编》卷30范澄之《南剑州布衣上皇帝书》,《会编》卷208,《要录》卷144绍兴十二年正月戊申。
④ 《宋会要》职官63之14。
⑤ 宋时"莫须"一词颇为常见,如《金佗稡编》卷2高宗手诏："据事势,莫须重兵持守,轻兵择利。"《永乐大典》卷19735《曾公遗录》载,宋哲宗主张恢复保甲军训,说："府界莫可先行?"此语《宋史》卷192《兵志》作"府界岂不可先行"。
⑥ 《金佗稡编》卷24《张宪辨》,《要录》卷143绍兴十一年十二月癸巳,《琬琰集删存》卷1韩世忠神道碑,《江苏金石志》卷12《韩蕲王碑》,《宋史》卷364《韩世忠传》,《中兴小纪》卷29引《野史》,各书文字稍异。又《皇朝中兴纪事本末》卷58,《宋宰辅编年录校补》卷16作"必须有"。
⑦ 《会编》卷207说周三畏反对冤狱,系误,见《要录》卷144绍兴十二年正月戊申考证。周三畏因升附会冤狱,而升迁刑部侍郎,故《金佗稡编》卷20《吁天辨诬通叙》表彰何铸、薛仁辅、李若朴与何彦猷,唯独不及周三畏。

飞的"谙目"由幕僚于鹏和孙革执笔。第二，淮西之役，"拥重兵"而"逗遛不进"，"坐观胜负"。第三，岳飞得知张俊和韩世忠等军战败后，曾说"官家又不修德"。又岳飞曾说："我三十二岁上建节，自古少有。"此语被引伸和篡改为"自言与太祖俱以三十岁为节度使"。这两句话被定为"指斥乘舆"的弥天大罪。

第一条罪状的物证全属子虚乌有，被说成是王贵和张宪"当时焚烧了当"。第二条罪状是在岳飞辩驳"甚明"，行师"往来月日"可考，"竟不能紊"的情况下，强行诬陷定案。第三条本是口说无凭，而董先被追赴大理寺作旁证，又说岳飞无"比并"太祖的"语言"。①

万俟卨等人千方百计搜剔而得的岳飞罪名，竟如此可怜，毫无说服力，这在宋高宗和秦桧的内心是十分清楚的。按宋之"国朝著令，劾轻罪，因得重罪，原之，盖不欲求情于事外也"。② 万俟卨等却是在罪名"无验"的情况下，③ 不断横生枝节，辗转推求，罗织新的罪名。由于岳飞非杀不可，什么太祖誓约，什么"国朝著令"，什么罪状"无验"，全可弃之不顾。秦桧"于东厢窗下，画灰密谋"，其妻王氏"赞成之"，说："擒虎易，放虎难！"④

自张宪被捕之日始，岳飞的冤狱拖延了约三个馀月，万俟卨最后也忧心忡忡，"惧无辞以竟其狱"。眼看已到岁末，宋高宗和秦桧为欢度新春，向金朝献媚，再也等待不及了。十二月二十九日（公元1142年1月27日），万俟卨等通过秦桧，匆匆上报一个奏状，提出将岳飞处斩刑，张宪处绞刑，岳云处徒刑，说"今奉圣旨根勘，合取旨裁断"。他们所拟的刑名，无疑已是最大限度地施加重刑。但宋高宗当即下旨：

"岳飞特赐死。张宪、岳雲并依军法施行，令杨沂中监斩，仍多差兵将防护。"

按宋朝刑法，岳雲本拟"以官当徒"，⑤ 只是"追一官"，即将其左武大夫、忠州防御使降一官，"罚铜二十斤入官，勒停"，即革职，罚铜二十斤折合铜钱二贯四百文，⑥ 却根本不能满这个独夫民贼之意。宋高宗不仅

---

① 《金佗稡编》卷22《淮西辨》，卷24《张宪辨》，《要录》卷143绍兴十一年十二月癸巳，《建炎以来朝野杂记》乙集卷12《岳少保诬证断案》，《挥麈录馀话》卷2。
② 《金佗续编》卷21《鄂王传》。
③ 《宋史》卷380《何铸传》。
④ 《山堂肆考》角集卷42《误国之报》引《夷坚志》。晚出的《朝野遗记》亦载此事，但说成王氏一语致岳飞遇害，乃夸大其词。
⑤ 《宋刑统》卷2。
⑥ 《庆元条法事类》卷76《罚黩》。

将岳云超越流刑,改判死刑,还将其他卷入冤狱者逐一法外加刑。①

当日,狱官令岳飞沐浴,将他"拉胁",即猛击胸胁而死。按照规定,岳飞的尸体应当草草地埋葬在大理寺的墙角下。好心的狱卒隗顺含悲忍痛,冒险背负岳飞的尸身,就近走出临安城西北的钱塘门,偷偷埋葬于九曲丛祠附近北山山麓的平地上,坟前种两棵橘树,以作标记,诡称"贾宜人坟"。宜人是宋时官员"外命妇"的一种名号。② 岳飞随身尚有一个玉环,也许是李娃的纪念品吧!妻子至死不渝的深情,陪伴岳飞长眠地下。③ 岳飞死年三十九岁。

张宪和岳云被绑赴临安城的闹市,不仅杨沂中当场监斩,连张俊也按捺不住狂喜,亲临刑场。临安各城门都以重兵把守,禁卫森严,以防民众闹事。岳云死年二十三岁。两个献身抗金战场,出入枪林箭雨的猛士,终于牺牲在宋朝投降派的屠刀之下。

岳飞和张宪的家属被流放到岭南和福建,宋高宗亲自下旨规定,"多差得力人兵,防送前去,不得一并上路",他们的"家业籍没入官"。然而在漫长的流放途中,却不断有素不相识的人,含泪向岳飞和张宪的家属慰问致哀。④

岳飞的悲剧是个人的悲剧,更是时代的悲剧。时代的悲剧,通过他个人的悲剧,得到了很强烈、很集中的表现。岳飞之死,标志着南北分裂,北方人民受女真贵族奴役的长久化。

---

① 《要录》卷143绍兴十一年十二月癸巳,《建炎以来朝野杂记》乙集卷12《岳少保诬证断案》。按《金佗稡编》卷8《鄂王行实编年》,卷24《张宪辨》引《野史》,还有晚出的《朝野遗记》,说秦桧以"片纸入狱",杀害岳飞,都属荒诞不经,应以岳飞刑案原件为准。岳珂于《金佗稡编》单取《野史》之说,是为强调"初未有旨也",他必须讳避宋高宗杀害祖父之罪责。

② 《宋史》卷163《职官志》,《宋会要》仪制10之28—29。

③ 《朝野遗记》,《宝庆四明志》卷9《史浩传》,《周益国文忠公集·杂著述》卷2《龙飞录》。关于岳飞之死和葬,其说各异,如《会编》卷207,《要录》卷143绍兴十一年十二月癸巳注引《中兴遗史》,称岳飞"死于狱中,枭其首",按岳飞既为"赐死",应是全尸,此说系误。《会编》卷207《岳侯传》说,当年十二月二十七日,"侯中毒而死,葬于临安菜园内",其日期与葬地系误。后世传说岳飞死于风波亭,宋代无此记载,故并不可信。

④ 《金佗续编》卷21《鄂王传》,《要录》卷143绍兴十一年十二月癸巳,卷147绍兴十二年十月壬戌,《建炎以来朝野杂记》乙集卷12《岳少保诬证断案》,《夷坚丙志》卷15《岳侍郎换骨》。

第五节　蔓引株连

岳飞父子和张宪三人的遇害，只是这次冤狱的高潮，而不是终结。

宋高宗、秦桧和张俊对威震南北的原岳家军极不放心。鄂州驻扎御前诸军都统制王贵过去一直是岳飞的亲信和副手，他对待冤狱，也只是违心地勉强敷衍。事实上，秦桧和张俊炮制的假案，亦已牵连到王贵，说岳飞父子的"谘目"，是寄给王贵和张宪两人的。王贵明白自己的危险处境，主动"抗章而自列"，"引疾以为辞"。宋廷顺水推舟，授予他侍卫亲军步军副都指挥使的虚衔，添差福建路马、步军副都总管的闲职。

张俊举荐其宠儿田师中接替王贵，意在并吞原岳家军，得到宋高宗的批准。田师中这个驽将当鄂州驻扎御前诸军都统制，很少有人服气，连附会冤狱的傅选也不例外。① 田师中上任后，特别调来"蜀兵数千人自随，以为弹压"。② 他采取阴谋手段，拉拢一些武将，更打击和排斥一些武将，将很多反对者以"老病"为由，"皆授添差离军"。③

牛皋反对朝廷降金，经常发牢骚，故撤销提举一行事务，仍降为左军统制，竟被田师中毒死。牛皋临死时，对亲人说："皋年六十一，官至侍从，幸不薋足。所恨南北通和，不以马革裹尸，顾死牖下耳！"④ 岳飞的爱将徐庆从此默默无闻，无疑也是受到排挤，抑郁而终。另一勇将董先奉命统原岳飞背嵬亲军，"赴行在宿卫。既至，改充（侍卫）步军司统制"。⑤ 这是与原韩世忠的背嵬军作同样处置，对原岳家军实施肢解。董先在大理寺作证时，显然不愿完全昧着良心，诬陷主帅。故虽统背嵬军平安到行朝，⑥ 也算有功，却从原同提举一行事务降为一军统制。

被肢解后的鄂州大军还进行缩编，由十万人以上减至七万人以下，或

---

① 《金佗稡编》卷24《张宪辨》，《会编》卷208，卷219《林泉野记》，《要录》卷144绍兴十二年三月丁未，卷153绍兴十五年五月己酉，《东窗集》卷14《王贵除侍卫亲军步军〔副都〕指挥使添差福建路副都总管制》。
② 《性善堂稿》卷6《重庆府到任条奏便民五事》。
③ 《要录》卷149绍兴十三年六月壬辰，《中兴小纪》卷31，《皇朝中兴纪事本末》卷61。
④ 《会编》卷216，《要录》卷156绍兴十七年三月丁卯，《宋史》卷368《牛皋传》。
⑤ 《武汉文博》2015年第2期武汉市文物考古研究所、武汉大学历史学院《武汉蔡家嘴墓地发现南宋董先墓及墓志铭考》引董先墓志铭。
⑥ 参见《京口耆旧传》卷8《汤鹏举传》。

四、五万人。① 田师中贪饕无厌，将原张俊军的一套腐败作风，也带到鄂州军中，使鄂州驻扎御前诸军素质退化，其军纪和战斗力"非复"岳飞统兵时的"规模"。②

在宋高宗和秦桧看来，岳飞的部将还算是粗人，对岳飞的幕僚尤须严惩不贷。

按宋高宗亲判的法外加刑，直接卷入冤案的于鹏和孙革，还有给岳飞通风报信的进奏官王处仁和武将蒋世雄，分别受到革职，流放岭南和"编管"的惩处。文士智浃和张宪门僧泽一分别"决臀杖"和"决脊杖"。泽一"刺面"，发配"三千里外州军"的厢军牢城营中"收管"，充当最低等的"小分"兵。智浃本是上书为岳飞辨诬，结果被反诬为受岳云贿赂，捎信给张宪。他流放到袁州后，因不堪凌虐而死。③

此外，朱芾、李若虚、高颖、王良存、夏珙、党尚友、张节夫等十三名幕僚，都被贬逐流放。朱芾的贬官责词中指责他"诡随"和"阿谀"岳飞，"坐阅贯盈之恶"。李若虚的贬官责词中，更肆意谩骂，"以尔凡陋，本无他能，每恣轻儇，殊乏素行"，"甘奴隶之鄙态"，"卒陷鸣枭之恶"。归根结蒂，无非是李若虚支持岳飞抗金之"素行"，才引起投降派的切齿痛恨。李若虚和朱芾被贬责后，"不自循省"，"窃议时政"，"唱为浮言"，又被加重处分。高颖辗转归宋，一意抗敌，不料爱国有罪，竟被流放岭南"编管"。李若虚和高颖都饮恨死于贬所。④ 唯有岳飞的前参谋官，明哲保身的薛弼，因为与秦桧、万俟卨曾有交往，未受株连。然而他的内心深处，仍是同情故帅的，故对岳飞和同僚并无落井下石的行为。⑤

岳飞的"亲校"王敏求、胜捷军副将杨浩、部将邢舜举等，也都受到

---

① 《要录》卷158绍兴十八年闰八月乙酉，殿前司"总七万馀人"，"兵籍为天下冠"。《建炎以来朝野杂记》甲集卷18《乾道内外大军数》载，宋孝宗乾道时，鄂州都统司兵力编额为四万九千人或五万二千人，估计鄂州大军缩编后，应接近此数。

② 《历代名臣奏议》卷96李椿奏，《南轩先生文集》卷24《答朱元晦》（其十）。

③ 《会编》卷208，《要录》卷143绍兴十一年十二月癸巳，卷144绍兴十二年正月戊申，《建炎以来朝野杂记》乙集卷12《岳少保诬证断案》。

④ 《要录》卷142绍兴十一年十一月辛酉，卷144绍兴十二年正月乙巳，戊申，二月乙丑朔，卷145绍兴十二年五月甲辰，六月乙酉，《宋会要》职官70之25，76之71，《宋史》卷380《薛弼传》、《罗汝楫传》，《东窗集》卷12《朱芾落敷文阁待制知徽州制》，卷14《李若虚落秘阁修撰制》。

⑤ 《要录》卷144绍兴十二年正月戊申，《浪语集》卷33《先大夫行状》，《水心文集》卷22《故知广州敷文阁待制薛公墓志铭》，《宋史》卷380《薛弼传》。按岳珂在《金佗稡编》卷8《鄂王行实编年》，卷21《建储辨》对薛弼的指责甚重，亦言过其实。

"除名"、"编管"或其他处罚。① 至于其他的受迫害者，在史籍上已难于有完整的统计。②

齐安郡王赵士㒟受御史中丞万俟卨等人的弹劾，说他"身为近属"，"交结将帅"，被革职并逐出临安府，"令建州居住"，施行软禁。③

薛仁辅由宋高宗亲自下诏，说他"持心不平，用法反覆"。右谏议大夫罗汝楫上奏弹击何彦猷和李若朴，说当大理寺官"聚断"岳飞狱案时，两人"喧然力争，以众议为非，务于从轻"。何铸则由万俟卨、罗汝楫和殿中侍御史、兼权侍御史江邈交章弹奏，说他"日延过客，密议朝政，以欲缓岳飞之死"，"使亲旧腾播""谓议狱不合"。他们都因此先后罢官。④ 其他反对冤狱的官员，如蒋灿、许旸等，也受罢官处分。⑤

上书营救岳飞的刘允升，被关进大理寺狱，惨遭杀害。另一个范澄之则在流放地含悲辞世。⑥

前荆湖北路安抚使刘洪道也遭万俟卨的攻讦，说他献媚于岳飞，听到岳飞罢宣抚使的消息，便大惊失色，"顿足抵掌，倡为浮言，簧鼓将士，几至变生"。刘洪道因此被流放到广南的柳州（治马平，今广西柳州市）"安置"，"终身不复"。⑦ 另一个反对和议的官员张戒，因一度去鄂州投靠岳飞，也受"勒停"阶官的处分。⑧ 宦官黄彦节"犯颜而出"，赞助岳飞抗金，宋高宗以他受岳飞资助钱财等罪名，"除名"，"枷项"送广南容州

---

① 《要录》卷148绍兴十三年正月丁未，卷152绍兴十四年九月甲子，《夷坚甲志》卷13《邢舜举》。

② 如《要录》卷167绍兴二十四年七月癸丑，《挥麈三录》卷3载，"有李将领者"，"坐岳飞累，编置全州"，已不知其名。

③ 《金佗稡编》卷20《吁天辨诬通叙》，《会编》卷206，《要录》卷142绍兴十一年十一月丁未，卷144绍兴十二年三月辛亥，《宋史》卷247《赵士㒟传》，卷474《万俟卨传》，《山房集》卷5《跋巩洛行记后》，卷8《杂记》，《齐东野语》卷13《岳武穆逸事》。

④ 《金佗稡编》卷20《吁天辨诬通叙》，《会编》卷207，《要录》卷144绍兴十二年正月乙巳，戊申，卷146绍兴十二年八月丙寅，卷147绍兴十二年十月庚辰，卷162绍兴二十一年闰四月乙酉，卷173绍兴二十六年七月丁未，《宋会要》职官70之25，《宋史》卷380《何铸传》，《罗汝楫传》，卷474《万俟卨传》。

⑤ 《负暄野录》卷上《蒋宣卿书》，《京口耆旧传》卷2《许旸传》。又《周益国文忠公集·杂著述》卷6《泛舟游山录》也记载有吴姓"寺丞"反对岳飞冤狱。

⑥ 《金佗稡编》卷20《吁天辨诬通叙》，《岳庙志略》卷1。

⑦ 《要录》卷143绍兴十一年十二月丁卯，《宋会要》职官70之25，《宋史》卷474《万俟卨传》，《周益国文忠公集·奏议》卷10《论刘洪道赠官》，《舆地纪胜》卷112《柳州》。

⑧ 《要录》卷147绍兴十二年十一月庚戌，《宋史》卷30《高宗纪》。

（治普宁，今广西容县）"编管"。① 直到岳飞身后十五年，江州知州范漈因他任鄂州知州时，"诣事岳飞"，也被罢官。②

更有甚者，因为憎恨一个"岳"字，居然接受前岳飞幕僚姚岳的荒谬而无耻的建议，宋廷下令，将岳州改名纯州，其节镇名岳阳军又改为华容军。③ 这在宋朝是史无前例的。

在秦桧第二次任相当权的十八年间，冤狱之多，不可胜计，而岳飞冤狱的诛戮之惨，株连之广，却是绝无仅有的。秦桧嗜杀成癖，却仍受到宋高宗的约束。宋高宗在不少冤狱中，愿意遵守宋太祖的誓约，乐意于扮演一个宽宏大量的角色。他唯独在岳飞的冤狱中，却凶相毕露，并无任何伪装。

第六节　绍兴和议

宋高宗和秦桧一面杀害岳飞，一面正式对金媾和，两件事都自九月开始，双管齐下。金朝都元帅完颜兀术（宗弼）则一面遣使，一面出兵蹂践淮南，连破泗州、楚州等地，"淮南大震"，进行讹诈和示威。枢密使张俊以"恐妨和议"为由，不发兵渡江迎战。④

十一月，宋金和谈正式拍板成交。重要条款如下：第一，宋朝向金朝奉表称臣；第二，宋每年向金进贡银二十五万两，绢二十五万匹；第三，双方东以淮水为界，西以大散关（今陕西宝鸡市西南）为界。对于陷身牢狱的岳飞，这事实上又是下了一道催命符。金朝获得了在战场上得不到的大片土地，岳家军当年攻克的商、虢、唐、邓等州，吴璘等部收复的陕西州县，以至吴玠当年坚守的和尚原要塞，都割让金朝。⑤ 邵隆坚决反对割

---

① 《朱子语类》卷132，《要录》卷144绍兴十二年二月庚午。
② 《要录》卷125绍兴九年正月己丑，卷175绍兴二十六年十一月辛巳。
③ 《会编》卷234，《要录》卷168绍兴二十五年六月癸卯，《宋会要》方域6之34—35，《铁庵方公文集》卷17《书·刘子栗（缜）》。
④ 《会编》卷206，卷215《征蒙记》，《要录》卷141绍兴十一年九月戊申，乙卯，卷142绍兴十一年十月乙亥。
⑤ 《会编》卷208，《要录》卷142绍兴十一年十一月辛丑，卷146绍兴十二年八月辛酉朔，月末。据上引记载，宋方最初尚存商州上津和丰阳两县，然而按《宋史》卷89《地理志》，《金史》卷26《地理志》，后丰阳县亦并入金朝。

让商州，被秦桧贬官后毒死。①

金朝女真贵族成全了宋高宗的"孝心"，允许将宋徽宗梓宫、宋高宗生母韦氏等送还。至于宋钦宗，则仍须扣押在北方，以作政治讹诈的资本。②宋高宗以"臣构"的名义敬献誓表，"既蒙恩造，许备藩方，世世子孙，谨守臣节"，"有渝此盟，明神是殛"。金朝依据誓表，"册康王为宋帝"。③办完当臣仆的手续后，宋高宗方才称心如意，高枕无忧了。

张俊以为吞并韩世忠和岳飞两军，独掌天下之兵的计谋已经成功，而志得意满。不料秦桧立即唆使殿中侍御史江邈出面弹奏，说他图谋不轨，"大男杨存中握兵于行在，小男田师中拥兵于上流。他日变生，祸不可测"，实际上还是将诬害韩世忠和岳飞的故伎，还治张俊自身。宋高宗保他"无谋反之事"，却又乘机批准他退闲。④执柯伐柯，斫伐韩世忠和岳飞的任务一旦完成，张俊这个斧柄也随之被扔弃。

金朝女真贵族最敬畏岳飞，平日往往不直呼其名，而称为"岳爷爷"⑤，其实是遵从汉人避名讳的习俗，而"爷爷"意为"父"。⑥他们得知岳飞死耗，个个欢天喜地，酌酒相庆，大家高兴地说："莫予毒也！"他们无法杀害岳飞，却由宋廷代他们下手。被扣押在北方的宋使洪皓，目击此情此景，心如刀割，只能吞声抽泣。⑦

绍兴十二年，金使盖天大王完颜赛里（宗贤）、刘祹等送韦氏和宋徽宗梓宫南归，⑧宋高宗为表演自己的"圣孝"，大事张罗一齣"皇太后回銮"的闹剧。

不料刘祹竟向宋朝官员发问："岳飞以何罪而死？"馆伴官无言以对，含含糊糊地回答："意欲谋叛，为部将所告，以此抵诛。"刘祹冷笑一声，说："江南忠臣善用兵者，止有岳飞，所至纪律甚严，秋毫无所犯。所谓

---

① 《会编》卷208，卷214，《要录》卷146绍兴十二年八月，卷153绍兴十五年四月庚寅。
② 《会编》卷215《征蒙记》载完颜兀术遗嘱，"若制御所不能"，"遗天水郡公桓安坐汴京，其礼无有弟与兄争"。
③ 《金史》卷77《宗弼传》，《要录》卷142绍兴十一年十一月庚申注。
④ 《会编》卷212，卷219《林泉野记》，《要录》卷147绍兴十二年十一月癸巳，卷169绍兴二十五年十月丙申。
⑤ 《金佗稡编》卷20《吁天辨诬通叙》。
⑥ 《剑南诗稿》卷27《书愤》："剧盗曾从宗父命。"《老学庵笔记》卷1："群盗降附者百馀万，皆谓汝霖（宗泽字）曰'宗爷爷'。"
⑦ 《金佗续编》卷14《忠愍谥议》，《山堂肆考》角集卷42《误国之报》引《夷坚志》。
⑧ 《要录》卷145绍兴十二年六月己卯，《宋史》卷30《高宗纪》，《金史》卷70《宗贤传》，卷79《王伦传》。

项羽有一范增而不能用，所以为我擒。如飞者，无亦江南之范增乎！"① 媚敌求和者到底还是受到了毫不客气的奚落。

金熙宗之后的金海陵王完颜迪古乃（汉名亮），曾亲历绍兴十年的恶战，领教过岳家军的威力。岳飞死后二十年，金海陵王大举南侵时，金军中还流传一句话：

"岳飞不死，大金灭矣！"②

岳飞身后六十多年，金朝在招诱吴曦叛变的诏书中也承认，岳飞的"威名战功，暴于南北"。③ 金人对这个最可畏的敌手，仍心存馀悸。

第七节 冤狱昭雪 民众怀念

宋金议和后，秦桧依仗金人"不许以无罪去首相"的规定，④ 稳当终身宰相，独揽大权。宋高宗被金人剥夺了罢免秦桧之权，对秦桧虽亦忧心兼以寒心，却无可奈何。秦桧安排其养子秦熺主编宋高宗生前的编年史——日历，恣意篡改官史，又严禁私史，自以为可在历史上永葆美誉，不留骂名。绍兴二十五年（公元1155年），秦桧病死，宋高宗方得以收回对宰相的任免权，却又令秦桧党羽万俟卨、汤思退等人继续执政。对于受迫害的官员，大多予以宽贷或平反，唯独岳飞例外。

在整整二十年内，很少有人敢在公开场合为岳飞主持正义。相反，有的无耻之士却舞文弄墨，阿谀宋高宗和秦桧，诋毁岳飞。曾惇献诗说，"和戎诏下破群疑"，"吾君见事若通神"，"裴度只今真圣相"，"沔鄂蕲黄一千里，更无人说岳家军"，便得"升擢差遣"。⑤ 孙觌说，"主上英武，所以驾驭诸将"，"而干戈鈇钺，亦未尝有所私贷，故岳飞、范琼辈皆以跋扈赐死"。⑥

然而公道自在，人心不服。大约在秦桧死后，张孝祥上奏说：

"岳飞忠勇，天下共闻，一朝被谤，不旬日而亡，则敌国庆

---

① 《说郛》卷18叶寘《坦斋笔衡》，《说郛》弓47赵葵《行营杂录》。
② 《浪语集》卷22《与汪参政明远论岳侯恩数》。
③ 《金史》卷98《完颜纲传》。
④ 《金佗稡编》卷20《吁天辨诬通叙》，《朱文公文集》卷95张浚行状，《四朝闻见录》乙集《吴雲壑》，《鹤林玉露》甲编卷5《格天阁》。
⑤ 《能改斋漫录》卷11《曾郎中献秦益公十绝句》。
⑥ 《会编》卷218，《鸿庆居士集》卷36韩世忠墓志铭。

幸，而将士解体，非国家之福也。"

他请求宋高宗给予平反，皇帝对这个状元算是特别"优容"，不予治罪。① 绍兴三十一年（公元1161年），金海陵王大举南侵，南宋抗金情绪重新高涨。官员杜莘老上奏说，"岳飞，良将也，以决意用兵"，"文致极法，家属尽徙岭表。至今人言其冤，往往为之出涕"。他请求"昭雪岳飞，录其子孙，以激天下忠臣义士之气"。② 太学生程宏图和宋苞也分别上书，说岳飞被"诬致大逆"，"则三军将士忠愤之气沮矣"，要求"复岳飞之爵邑，而录用其子孙，以谢三军之士，以激忠义之气"。③ 倪朴草拟上书，说岳飞"勋烈炳天地，精忠贯日月"，"志清宇宙"，"而反受大戮"，要求予以平反。④

宋高宗正当用人抗金之际，却仍无意于为岳飞平反。他只是下诏，将"蔡京、童贯、岳飞、张宪子孙家属令见拘管州军并放令逐便"，给岳飞和张宪家属解除拘禁，以开"生还"之路，⑤ 却须与蔡京、童贯之流祸国巨奸并列，也足见这个独夫之用心。

绍兴三十二年（公元1162年），宋高宗退位，传位于宋孝宗赵昚，赵昚乃赵瑗之更名。宋孝宗倾向抗金，他即位伊始，立即宣布给岳飞平反昭雪，追复原官，以礼改葬栖霞岭下。⑥ 但在追复诏中，仍给太上皇保留体面，说此举乃"仰承"宋高宗的"圣意"。在词臣周必大所写的追复制词中，则特别强调岳飞"事上以忠，至无嫌于辰告"。此处"辰告"一词，是指岳飞"尝上疏请建储"。⑦ 宋孝宗仅在孩童时代见过岳飞一面，但对这位故将之忠于自己，仍有感激图报之意。

特赦令下达时，岳雷因饱经忧患，已含恨去世，其妻温氏可能也已辞世，留下四子二女，由岳云妻巩氏照管。岳霖、岳震、岳霭（后由宋孝宗改名岳霆）、岳甫、岳申等幸存的岳飞子孙，还有岳安娘的丈夫高祚，都

---

① 《于湖居士文集》附录《宣城张氏信谱传》，此传说张孝祥于秦桧生前已上奏，疑误，可参《要录》卷166绍兴二十四年三月辛酉。
② 《金佗续编》卷30杜莘老《乞昭雪奏札》。
③ 《金佗稡编》卷9《昭雪庙谥》，《会编》卷236，卷237，《要录》卷190绍兴三十一年五月戊戌。宋苞，《会编》和《要录》有的版本作宋苞。
④ 《倪石陵书·拟上高宗皇帝书》。
⑤ 《要录》卷193绍兴三十一年十月丁卯。
⑥ 《要录》卷200绍兴三十二年七月戊申，《周益国文忠公集·杂著述》卷2《龙飞录》，《咸淳临安志》卷87。
⑦ 《金佗续编》卷13《追复旨挥》，《追复少保两镇告》，《周益国文忠公集·掖垣类稿》卷4《岳飞叙复元官》，《宋会要》职官76之70，《齐东野语》卷20《岳武穆御军》。

补官授职。① 然而他们在历史上都并无大作为。李娃在流离颠沛之馀，又活了十多年，到淳熙二年（公元1175年）病逝，享寿七十五岁，葬于江州。②

宋孝宗后召见岳霖时说：“卿家纪律、用兵之法，张、韩远不及。卿家冤枉，朕悉知之，天下共知其冤。”③

尽管如此，宋孝宗给岳飞的昭雪是有限度的。他在位后期，方按当时礼制，给岳飞定谥。最初议为"忠愍"，宋孝宗认为，"使民悲伤"曰"愍"，则对太上皇有"失政"之讥，便改用"武穆"。④ 宋高宗死后，吏部侍郎章森建议用岳飞"配享"庙庭，宋孝宗即予拒绝，而宁愿用张俊为"配享"。⑤

宋宁宗嘉泰四年（公元1204年），追封岳飞为鄂王。⑥

宋理宗宝庆元年（公元1225年），将岳飞改谥"忠武"。⑦

宋朝褒扬岳飞，却又不能将宋高宗置于元凶和主犯的地位。宋亡以后，方无此禁忌。

与宋孝宗等人的追复、定谥等政治活动相比，唯有民众的哀悼和怀念，才是真挚的，具有永久价值的。

在绍兴十一年的阴暗岁末，当岳飞等人遇害的消息传开后，临安市民莫不哀痛悲悼，不少人泣不成声，"下至三尺之童"，都唾骂秦桧。宋廷为标榜屠戮有理，将岳飞的狱案，"令刑部镂板，遍牒诸路"。这反而更激发了各地人民的痛悼之情，"天下闻者无不垂涕"。⑧ 有士人李安期，为岳飞"作表忠诗百二十首吊之"。⑨ 岳飞死后一年，鄂州军中很多将领前往武昌县（今湖北鄂州市）走马游乐，有一个军士为"忠义所激"，吟诗一首说：

"自古忠臣帝主疑，全忠全义不全尸。
武昌门外千株柳，不见杨花扑面飞。"

---

① 《金佗续编》卷13岳雲等复官告、省札，《周益国文忠公集·掖垣类稿》卷2，卷4岳雷等复官制。
② 《宋岳鄂王年谱》卷6，《嘉靖九江府志》卷3。
③ 《金佗稡编》卷9《昭雪庙谥》。
④ 《金佗续编》卷14《忠愍谥议》，《武穆谥议》，《武穆覆议》，《建炎以来朝野杂记》甲集卷9《渡江后改谥》。
⑤ 《宋史》卷35《孝宗纪》，《周益国文忠公集·杂著述》卷11《思陵录》，《建炎以来朝野杂记》乙集卷4《高庙配享议》，卷12《岳少保证证断案》。
⑥ 《金佗稡编》卷27《追封鄂王告》，《宋史》卷38《宁宗纪》。
⑦ 《金佗续编》卷16《赐谥忠武省札》，《赐谥告词》，《宋史》卷41《理宗纪》。
⑧ 《会编》卷207，卷207《岳侯传》，《要录》卷143绍兴十一年十二月癸巳注，卷144绍兴十二年正月戊申，《老学庵笔记》卷1。
⑨ 《嘉靖邵武府志》14《隐士》，《同姓名录》卷10。

在宋廷的黑暗统治下，这首诗做得比较隐晦，却是指责"帝主"杀害岳飞无疑。将士们听后，都"为之悲泣"而"罢游"。①

二十年后，为抵御金海陵王的南犯，御史中丞汪澈"宣谕荆、襄"。鄂州将士联名上状，要求为故帅伸冤理枉，"哭声如雷"，众人甚至大呼："为我岳公争气，效一死！"汪澈劝慰多时，答应禀报朝廷，人们仍啜泣不止。②

直到岳飞身后好几十年，江、湖之地的百姓依然家家户户张挂岳飞的遗像，奉祀不衰，还流传了很多歌颂他的民间故事。鄂州城内的旌忠坊，特别为岳飞设立忠烈庙。③岳霖途经赣州（原名虔州），即有"父老帅其子弟来迎"，个个泪流满面，说："不图今日复见相公之子。"他到荆湖北路任官，鄂州军民闻讯后，"设香案，具酒牢，哭而迎"，以表示他们对岳飞的缅怀。其中有一个老媪，她的丈夫和儿子、女婿都因"不善为人"，被岳飞所斩。但她仍对这位正直严明的故帅深致悼念。④词人刘过在《六州歌头》中写道：

"过旧时营垒，荆鄂有遗民，忆故将军，泪如倾。"⑤

袁甫也写诗说：

"儿时曾住练江头，长老频频说岳侯：

手握天戈能决胜，心轻人爵祇寻幽。"⑥

宋高宗和秦桧曾经使宋朝官史中，塞满了谀词和谰言。颂宋高宗，则"大功巍巍，超冠古昔"，赞秦桧，则"大节孤忠，奇谋远识"；诋岳飞，则"稔成罪衅"，"逆状显著"。⑦然而曾几何时，此类文辞便成了"满地黄花堆积"，"如今有谁堪摘"。⑧是非曲直，毕竟是不容颠倒的。

---

① 《忠文王纪事实录》卷4。
② 《金佗稡编》卷9《昭雪庙谥》，卷20《吁天辨诬通叙》。
③ 《金佗续编》卷14《湖北转运司立庙牒》，《敕建忠烈庙省牒》，卷28《孙逌编鄂王事》，卷30王自中《鄂州忠烈行祠记》，《舆地纪胜》卷66《鄂州》。
④ 《金佗稡编》卷9。
⑤ 《金佗续编》卷28《庐陵刘过题鄂王庙六州歌头词并跋》。
⑥ 《蒙斋集》卷20《岳忠武祠》（其二）。
⑦ 《要录》卷146绍兴十二年八月己丑附"史臣秦熺等曰"，卷147绍兴十二年十一月辛丑。
⑧ 借用李清照词，见《漱玉词》卷3《声声慢》。

历史是无情的。时势造就了岳飞这个英雄人物，却又由于各种力量和因素的交互作用，毁灭了这个英雄，特别是毁灭了他的理想。人民却是多情的，千百年来，西子湖畔的忠魂，得到了永久的尊崇和纪念。①

---

① 本书十六章叙事和引文，凡取材于《金佗稡编》卷4至卷8《鄂王行实编年》相应年月的记载，一般不另作注释。

附录一　岳飞的历史评价

一、岳飞在抗金战争中的地位

宋朝是当时全世界最高度发展的农业文明社会，其农业以租佃制为主。宋代文明超过唐代文明，在经济、文化等方面取得宏大的进展。近代史家从宋代文明中发现若干近代文明的原始征象，但这并不意味着宋代文明已经接近，或者行将蜕变为近代文明。相反，从主流方面看，宋代文明正是传统文明的延续、深化和堆积。一种文明愈是发展得过于成熟，则蜕变为一种新的更高的文明，似乎就愈是积重难返，步履维艰。

在宋代文明的正常发展中，受到了两次严重的冲击和破坏，第一次是公元十二世纪女真人的南下，第二次是公元十三世纪蒙古人的南下。

发生于公元十二世纪的宋金战争，是中国历史上范围很广、持续很久的民族战争。在岳飞生前，酷烈的战祸遍及宋朝除四川、广南和福建以外的各路，对经济和文化造成很严重的破坏。即使在岳飞身后的近一百年，自黄河以南，到长江以北的广阔地域，大多人口稀少，经济凋弊，没有恢复到北宋末年的水平。[①] 南北分裂的局面，严重地阻碍社会经济的发展，给各族人民造成深重的苦难。

女真族侵入中原，吸收了先进的汉族文明，固然使本民族取得了飞跃的进步。但是，这却是以先进文明被严重摧残，出现大破坏和大倒退为代价的。在相当程度上说，女真人的汉化即是腐化。金朝迁居中原的以女真人为主体的猛安谋克户，也与清朝八旗子弟同样，经历了类似的腐化和衰败命运。

特别是在岳飞生前，即女真族南侵之初，乃是汉族文明遭受劫难最主要、最惨重的阶段。除了大规模的烧杀抢掠外，对汉人民族意识刺激最深者，一是对汉族男子强行"剃头辫发"，二是强制推行奴隶制，三是大量所谓"猛安谋克户"南迁，大规模掠夺汉人耕地。宋朝的民间奴婢，大多

[①] 南宋关于淮南东路、淮南西路、京西南路和荆湖北路地荒人稀的记载很多。《揽辔录》，《攻媿集》卷111《北行日录》记录了金朝河南地区的荒凉景象。《金史》卷47《食货志》也说，即使到金章宗初年，"河南地广人稀"。

"本佣雇良民"，"雇卖与人"，① 他们与主人之间虽有身份差别，其实已是原始的雇佣关系。金元之际，中国北方社会奴隶制成分的扩张，当然是严重的倒退。岳飞被害三十年后，范成大出使金朝，看到一个女婢颊刺"逃走"两字，写诗说："屠婢杀奴官不问，大书黥面罚犹轻。"② 他从汉文明的高度，看不惯此种野蛮行为，表示义愤。

在金朝女真贵族的侵掠、屠杀和奴役之下，以汉族为主体的各族民众，进行了英勇顽强的斗争，其动员之广，规模之大，持续之久，在中国古代史上是没有先例的。中国现代大文豪鲁迅先生曾说："真的猛士，敢于直面惨淡的人生，敢于正视淋漓的鲜血。"③ 在抗金战争中，这样的猛士，无论是留名后世的，或者是没有留名后世的，何止成千上万。正是这些猛士们的奋斗牺牲，保卫了当时最先进的文明，也促进了女真族的进步和汉化。

南宋初期，作为抗金的中心人物，前后有四位。第一位是李纲，他在朝廷掌政，却仅任相七十五日。第二位是宗泽，他以东京留守、开封尹的身份，虽未被授予全权，事实上却主持了前沿军务一年。第三位是吴玠，他作为战区统帅，自绍兴元年至绍兴四年，在川、陕交界率军独立抗击金军主力。第四位是岳飞，他也是战区统帅，从绍兴四年克复襄汉，到绍兴十一年遇害的八年间，一直是南宋抗金的主角。当然，就后世的名望和影响而言，岳飞又超出了前面的三位。

这四人的共同命运，是必须受制于朝廷，特别是受制于作为降金主角的宋高宗。吴玠专事自守，与宋高宗尚无多少冲突，而李纲、宗泽和岳飞三人都不同程度地受到以宋高宗为首的投降派的打击和迫害，其中尤以岳飞的下场最为悲惨。故陆游诗说：

"公卿有党排宗泽，帷幄无人用岳飞。
遗老不应知此恨，亦逢汉节解沾衣。"④

岳飞本是扶犁握锄的农家子，他投身抗金，最初也不过是一员偏裨小将，却很快地崭露头角，从靖康元年至绍兴三年的八年之间，便跃升为战区统帅。岳飞许身和效命抗金战场十六年，后八年是其生平业绩的主要阶段。尽管他是南宋四、五支大军的统帅之一，论官位，他也一直低于刘光世、韩世忠和张俊，但是，岳家军作为南宋抗金的主力和中坚，却是举世公认的事实。故宋孝宗后来也对岳霖说："卿家纪律、用兵之法，张、韩

---

① 《续资治通鉴长编》卷54咸平六年四月癸酉，《宋会要》刑法2之148。
② 《石湖居士诗集》卷12《清远店》。
③ 《华盖集续编·记念刘和珍君》。
④ 《剑南诗稿》卷25《夜读范至能揽辔录言中原父老见使者多挥涕感其事作绝句》。

远不及。"①

为着光复故土，南北重新统一，维护文明和进步，岳飞不屈不挠地奋斗了后半生，直至生命的最后一息，仍履践着自己"尽忠报国"的誓言，表现了一种崇高的爱国精神和民族气节。他作为一位历史伟人，受到中国人世代的尊崇和纪念，是理所当然的。

二、岳飞在中国古代军事史上的地位

为说明岳飞在中国古代军事史上的地位，有必要将岳飞与当时的抗金名将作一番比较。

陆游诗说："堂堂韩岳两骁将，驾驭可使复中原。"② 后世提到南宋初抗金名将，也往往韩、岳并称。就坚决抗金的志向而论，韩世忠和岳飞是可以匹配的。若从军事成就而论，则韩世忠不仅次于岳飞，也不及吴玠和刘锜。

吴玠是第一个使金军遭受惨败的南宋将帅，他的功绩是不可抹煞的。然而他守则有馀，攻则不足，和尚原与仙人关两次大捷，是防御性的战役，而不是进攻性的战役。自绍兴四年以后，川、陕战场大致上处于相对沉寂的状态。吴玠显然满足于所取得的成就，未能大举出师，克复失地，最后以服食丹石，沉湎女色而死。

刘锜原来的地位和声望并不高，顺昌之役，使他一战成名。宋高宗评论说："顺昌之胜，所谓置之死地然后生，未为善战也。锜之所长，在于循分守节，危疑之交，能自立不变，此为可取。"③ 我们不必因人废言，宋高宗所说是有道理的。顺昌之战是防御性的战役，纵观刘锜的军事生涯，也只有此战打得出色。往后绍兴十一年柘皋之胜和濠州之败，已大不如前。二十年后，金海陵王大举南侵，刘锜败于淮东，军事声誉更是一落千丈。

韩世忠一生最出名的有两仗：一是黄天荡之战，以八千水师堵截金朝号称十万大军，一度使完颜兀术（宗弼）相当狼狈，扭转了宋军望风奔溃的颓势，但最后仍以失败告终；二是大仪镇之战，被撰写神道碑的赵雄和往后的史传夸大为"中兴武功第一"，④ 其实不过是伏击金军万夫长聂儿孛

---

① 《金佗稡编》卷9《昭雪庙谥》。
② 《剑南诗稿》卷34《感事》（其二）。
③ 《要录》卷139绍兴十一年二月丁丑，《后村先生大全集》卷83《玉牒初草》。
④ 《会编》卷217，《琬琰集删存》卷1，《江苏金石志》卷12。《宋朝南渡十将传》卷5《韩世忠传》和《宋史》卷364《韩世忠传》沿用此说。

董的前锋部队，杀敌数百的小捷。① 此后韩世忠率军长期守卫淮东，除曾攻取海州外，屡攻淮阳军不克，在救援濠州时又被战败，无大的战功可言。

在南宋初年的将帅中，如果说吴玠和刘锜是防御型的将帅，岳飞则是进攻型的将帅。

保守和怯弱的宋朝，长期以来形成了消极防守的军事传统，习惯于分兵把守，结果无非是被动挨打。反之，金军在战略上一直居于优势，他们能够集中兵力，统一指挥，并依靠骑兵进行大规模的机动的进攻战。到绍兴年间，尽管宋军素质有了显著提高，非北宋末年可比，而宋金之间在战略指挥上之优劣，却仍无改变。

岳飞比吴玠、刘锜等人高明之处，在于他对宋朝的军事传统有所认识，有所批判，也有所突破。他上奏批评宋高宗和朝廷"仅令自守以待敌，不敢远攻而求胜"，② 他"常苦诸军难合"，③ 力争自己对诸军的统一指挥。尽管他的战略方针受宋高宗和朝廷的阻难，却仍组织了如第一次、第二次和第四次北伐那样大规模的进攻战役，并且编练了强大的骑兵，在最有利于女真骑兵发挥威力的地形和时节，对抗敌人，这在当时是绝无仅有的。南宋初年，具备光复故地的决心和能力的统帅，唯有岳飞一人。这得到当时人的公认。范澄之上书营救岳飞说："况胡虏未灭，飞之力尚能戡定。"④ 金方刘祹称"江南忠臣善用兵者，止有岳飞"。⑤ 被金人拘押的宋使洪皓"言虏中所大畏服者"是岳飞。⑥ 甚至岳飞身后二十年，金朝方面尚有"岳飞不死，大金灭矣"之说。⑦

岳飞组织和训练了一支坚不可摧的岳家军，并且保持了"冻杀不拆屋，饿杀不打房"⑧ 的严明军纪，这在古代实为罕见和难能可贵，成为两宋三百二十年间最得军心和民心的将帅。

岳飞重视北方民间抗金义军，提出"连结河朔"⑨ 的军事思想，发动、联络和支援北方抗金义军，使之与岳家军互相呼应或配合，夹攻金军。这

---

① 《会编》卷162《绍兴甲寅通和录》，卷164，《要录》卷81绍兴四年十月戊子。参见拙作《韩世忠大仪镇之战述评》，载《点滴编》，河北大学出版社，2010年。
② 《金佗稡编》卷12《乞本军进讨刘豫札子》。
③ 《金佗稡编》卷3高宗手诏。
④ 《金佗续编》卷30《南剑州布衣上皇帝书》。
⑤ 《说郛》卷18叶真《坦斋笔衡》，引47赵葵《行营杂录》。
⑥ 《金佗续编》卷14《忠愍谥议》。
⑦ 《浪语集》卷22《与汪参政明远论岳侯恩数》。
⑧ 《金佗稡编》卷9《遗事》。
⑨ 《金佗续编》卷10《令措置河北河东京东三路忠义军马省札》。

既是先进的军事思想，更是高明的战略部署。岳飞在这方面无疑是受宗泽的熏陶，而其成就却也胜过前人。

在战争史上，不乏好战嗜杀的名将。他们的特点是将战争作为乐趣，草菅人命，动辄杀人盈城，杀人盈野。岳飞却深受儒家思想的熏陶，"仁心爱物"。① 他英勇善战，却从未将杀人视为乐趣。"凡出兵，必以广上德为先，歼其渠魁，而释其馀党，不妄戮一人"。这不仅表现在他平定吉州、虔州叛乱和对杨么叛军的处置上，即使对金军也不例外，"是以信义著敌人不疑，恩结于人心，虽虏人、签军，皆有亲爱愿附之意"。② 这种"以仁为本"，珍视人命的军事观，即杜甫诗中所谓"苟能制侵陵，岂在多杀伤"，③ 也是十分难得的，是中华军事学上一种值得珍视，并应发扬光大的好传统。

《孙子兵法》是古代一部天才的军事著作，它标志着中国当时军事理论的高度发展，实为盖世无双。然而自此部兵书问世后，尽管中国历代名将辈出，军事理论上却无重大突破和更新。在这种前提下，岳飞反对防守，主张进攻的方针，仁严兼济的治军实践，"连结河朔"的策略以及"以仁为本"的军事观，无疑是在中国古代军事思想史上的四项重要贡献。

当然，岳飞作为一个战区统帅，非但不能改变宋廷的战略，还只能在相当程度上受制于宋廷的战略。此外，他在某些具体的军事指挥中，也同样未完全摆脱宋朝军事传统的束缚。对宋军说来，"兵贵神速"多半是句空话，这也不单纯是以步兵为主的缘故。例如建炎四年援楚州，绍兴元年救江州，岳家军因携带家眷，行动迟缓，而贻误战机。在绍兴十年北伐的决战阶段，岳飞似并未乘完颜兀术（宗弼）大军倾巢而出之机，乘虚直入开封府，迫使金人撤退，而掩击其归师，或组织张宪和王贵两军夹击临颍县的金方大军。最后是张宪一军未能在临颍县与敌决战，而王贵一军，则在颍昌府于同日与敌进行以少击众的苦战。如若两军会合，战果肯定会更大。以上评论，也许是今人对岳飞不适当的苛求。

总的说来，岳飞是南宋初年出类拔萃的名将，在中国古代军事史上占有相当的地位。同其他朝代的名将相比，必须考虑到宋朝文官政治下根深蒂固的抑武传统，对尚武精神的摧残等不利条件，其成就和贡献更是难能可贵。

---

① 《金佗续编》卷27黄元振编岳飞事迹。
② 《金佗稡编》卷9《遗事》。
③ 《全唐诗》卷218《前出塞》。

三、岳飞的爱国主义和忠君思想

中国历史上的爱国主义,大致是自秦汉以来,由于统一的多民族国家的建立、巩固和发展,而长期形成的对祖国的最深厚的感情。爱国主义就是对祖国的热爱和忠忱。但是,在岳飞所处的时代,爱国主义不可避免地与保卫赵宋家天下、忠君思想融合为一,须知祖国、国家和君主,乃是现代人的不同概念。国家与祖国,在概念上自然有重大差异,不能混淆。正如恩格斯说:"国家无非是一个阶级镇压另一个阶级的机器。"① 这是经典性的科学结论。但是,忠君思想不可能等同于愚忠。

后世人对岳飞"愚忠"的印象,其实并非真正得自于准确的历史记载。岳珂编写祖父岳飞的传记,即《鄂国金佗稡编》的《鄂王行实编年》,固然竭力讳避和抹煞岳飞与宋高宗的矛盾,但强调、渲染和虚构岳飞的"愚忠"形象,还是更晚的事。清朝乾隆皇帝为使臣僚对自己尽忠,有意将岳飞渲染为对皇帝"愚忠"的楷模。他称赞岳飞"知有君而不知有身,知有君命而不知惜己命,知班师必为秦桧所搆,而君命在身,不敢久握重权于封疆之外"。② 此段评论并不符合史实,岳飞为抗金成功,并未回避久握军权之嫌,绍兴十年班师时,他也未料想到会遭秦桧的毒手。当然,给人印象最深者,还是《说岳全传》、戏曲之类的艺术虚构。如在清人钱彩的《说岳全传》中,岳飞死到临头,仍对宋高宗感恩戴德,忠心不二,他亲自捆缚企图造反的岳雲和张宪,引颈受戮。

其实,宋人尽管一般都肯定岳飞,却并未将他作为忠君道德的楷模,更无人认为他有今人所谓的"愚忠"思想。理学集大成人物朱熹在肯定岳飞"忠勇"的同时,又认为岳飞"有些毛病"。"毛病"之一是"骄横","若论数将之才,则岳飞为胜,然飞亦横"。"岳飞较疏,高宗又忌之,遂为秦所诛"。"毛病"之二,是"恃才不自晦",锋芒毕露,不行韬晦保身之计。③

如今看来,朱熹的一些指责,倒恰好是岳飞的一些优点。例如他在绍兴七年愤慨辞职,绍兴十年违诏出师,说明他对皇帝并非是绝对服从,而

---

① 《〈法兰西内战〉1891年单行本导言》,《马克思恩格斯选集》第2卷第336页,人民出版社,1972年。
② 《岳庙志略》卷首《岳武穆论》。
③ 《朱子语类》卷131,卷132。明张志淳《南园漫录》卷1《论将》认为:"夫朱子之论岳,多得之张敬夫(张栻)。敬夫之言,多得之于父浚,宜无怪者。"此说有理。张浚对岳飞的指责,既有宋代崇文抑武风尚下文臣的优越感,对武将的偏见,又有个人为淮西兵变文过饰非的成分。

毫无怨尤。

研究问题忌带表面性，若仅从今存宋高宗手诏和岳飞奏议着眼，总不免有表面应酬的官样文章。人们摘引此类文词，说明君爱臣，臣忠君，自然并不困难，却不足以说明实质性的问题。

如果进行由表及里的探究，就不难发现，绍兴七年是宋高宗和岳飞君臣关系发生转析的一年。自绍兴元年到七年初，宋高宗需要擢用良将，安内攘外，以保全皇位。岳飞升迁最快，后来居上，一时成为宋高宗最器重的武将，甚至准备授以全国大部兵力的指挥权。岳飞在上奏中非常感激皇帝的破格提拔，渴望抗金功成，以为报答。但是，自宋高宗取消兼统淮西行营左护军的成命，岳飞愤而辞职以后，围绕着设立皇储，要求增兵，对金和战等问题，君臣之间的裂痕愈来愈深。宋高宗最后使用屠刀，也是冰冻三尺，非一日之寒。

岳飞的悲剧在于既要爱国，又须忠君，事实上两者不可兼得。他在生前最后几年中，既对皇帝愈来愈不满，却又不能摆脱忠君道德的束缚。最后则是宋高宗对这个根本没有野心的将帅下毒手。人们不能苛求岳飞具有反对专制政治的超前意识，岳飞的才能、品格和风骨尽管堪称是古代武将的典范，却反而不容于世，成为专制腐败政治的典型牺牲品。

元朝史臣在《宋史》卷365《岳飞传》论中说："高宗忍自弃其中原，故忍杀飞。"可谓是一针见血。《史记》卷92《淮阴侯列传》说："狡兔死，良狗烹；高鸟尽，良弓藏；敌国破，谋臣亡。"此段韩信之说，道破了中国专制帝制下君臣关系的残酷规则，名将的悲惨归宿，何况尤甚于此。正如漆侠先生所说："在宋代，则往往是狡兔未死而走狗先烹。"[①] 宋高宗忍于向杀父之仇屈膝称臣，忍于偷安半壁残山剩水，又忍于对一代贤将下毒手，在宋朝又是绝无仅有的。

在中华四千年以上的悠久历史中，对后世子孙起着巨大精神影响的历史伟人，为数并不多，而岳飞则是其中的一位。岳飞"尽忠报国"的精神，他的高风亮节，不仅为表率于宋代，[②] 也激励着后世。

残酷的宋金战争早已成为历史陈迹，金朝的女真人逐渐融合在汉族之中，其后裔也已成为汉人的一部分，仅有少量留在东北的女真人，成为后来满族的祖先。然而岳飞的崇高爱国精神，却长久地滋养着我们民族的神魂，砥砺着我们民族的志节。他的不朽词作《满江红》，也长久地震撼着

---

① 《杨倩描〈吴家将〉序》，《漆侠全集》第9卷第308页，河北大学出版社，2008年。
② 如《宋史》卷451《徐应镳传》载，南宋亡时，太学生徐应镳在原是岳飞故宅的太学，祭奠岳飞祠，然后全家自焚。

我们民族的心灵。

　　一个伟大的，而又多灾多难的文明古国，她之所以能屡仆而屡兴，千百年来的爱国主义传统，作为一种巨大的精神支柱，无疑是发挥着重大作用的。每当祖国蒙受耻辱，遭遇劫难，濒临危亡之际，总是有大批大批的爱国志士，甘愿为她的荣辱、兴衰、存亡而献身。岳飞等先烈的榜样，鞭策着后人；而后人的奋斗业绩，也可超越前人。

　　我们必须歌颂历史上的民族英雄，为我们的时代树立爱国正气。但是，新时代的爱国主义，应当以民主和科学作为基本内涵，这与古代的爱国主义，既有密切的传承关系，又有继往开来的创新。

　　时至今日，中华大地仍处于文明重建阶段。中华民族是有强韧生命力的民族，中华民族不甘永远落人之后，也不会永远落人之后。建设新文明，并不意味着必须彻底毁灭旧传统。特别是有悠久历史的中华民族，必将发扬光大本民族优秀的、有价值的旧传统，而摈弃坏的、不适用的旧传统，以滋养和建设崭新的文明。

附录二 有关岳飞生平的史料

中国古代一向重视史籍的编纂。唐朝建立了完备的官修史书制度，使史书的修纂，由私撰为主转变为官修为主。宋朝的官史更加发达，皇帝的言行，宰执朝夕议政等，被编录为时政记、起居注、日历之类。品级较高的臣僚死后，他们的行状、墓志铭之类也须上报史馆。每代皇帝死后，史官们依据上述各种记录，编写成纪传体的国史和编年体的实录。

尽管宋朝官史发达，私人作野史，写笔记小说的风气依然盛行。司马光的《涑水记闻》中，就记载不少异闻轶事，有的甚至触犯列祖列宗的尊严，与《资治通鉴》的"臣光曰"说教适成鲜明对照，这也是时风如此。私史和野史或可保存一些官史所避讳或隐没的史料。

官史的基本缺陷，是在很多场合下须仰承当政者的鼻息，篡改和歪曲史实真相。宋高宗朝的官史，自秦桧再相以后，不仅自己"监修国史"，又以其养子秦熺"领国史"，① 主编宋高宗生前的主要官史——编年体的日历。据绍兴三十二年（公元1162年）史官张震奏：

> "自建炎元年至绍兴十二年，日历已成者五百九十卷，多所舛误。而十二年以后迄今，所修未成书者至八百三十馀草卷，未立传者七百七人。"②

这一千四百二十馀卷，是接近于《高宗日历》的全数。《宋史》卷203《艺文志》载有"《高宗日历》一千卷"，③ 这当是后来对"草卷"进行加工删削后的实数。"盖绍兴十二年以前日历，皆成于桧子熺之手"，④ "凡所纪录，莫非其党奸谀诡佞之词，不足以传信天下后世"，后来有个叫徐度的官员翻阅此类官史，唯有"太息而已"。⑤

从建炎元年到绍兴十二年，正是宋金和战，南宋抗战派和投降派激烈斗争的重要时期。岳飞最初投身抗金到被害的主要经历，都是在此期间。唐宋时代日历、实录等编年史都有附传。一般体例是记录某年某月某日某

---

① 《宋史》卷473《秦桧传》。
② 《要录》卷198绍兴三十二年闰二月丙戌。
③ 参见《玉海》卷47《高宗日历》。
④ 《要录》卷122绍兴八年九月乙巳注。
⑤ 《挥麈后录》卷1，《文献通考》卷194《经籍考》引《中兴艺文志》，《宋史》卷473《秦桧传》。

人死，其下即有本人附传。① 故《高宗日历》在记载岳飞赐死时，应有一篇秦熺之流撰写的岳飞传。此传将岳飞作为逆臣，当然竭尽毁谤污蔑之能事，不遗馀力地抹煞岳家军的战绩。当时一个"日历之官"说：

"自（绍兴）八年冬，桧既监修国史，岳飞每有捷奏，桧辄欲没其实，至形于色。其间如阙略其姓名，隐匿其功状者，殆不可一、二数。"②

岳飞生前尚且如此，他惨遭杀害后，就更可想而知了。宋孝宗按照惯例，给岳飞赐谥时，就遇到秦桧父子篡改历史所造成的困难。一方面，"人谓中兴论功行封，当居第一"；③ 另一方面，在吏部考功司覆议"武穆"谥号时，"因博询公平生之所以著威望，系安危，与夫立功之实，其非常可喜之大略，虽所习闻，而国史秘内，无所考质"。人称岳飞功居第一，只是凭传闻印象，而官史中却无以证实。于是只得采取访问故将遗卒的办法，"独得之于旧在行阵间者云"。④ 足见岳飞的抗金事迹，被湮没到了何等地步。

《高宗日历》等宋代官史业已佚亡，现存有关岳飞事迹的主要史籍，有《宋史》、《金史》、《三朝北盟会编》、《建炎以来系年要录》和《鄂国金佗稡编、续编》五部史书。除了《金史》以外，其他四部史书都在不同程度上承受了秦桧父子篡改历史的后果。

《宋史》是二十四史中内容最庞杂的一部。人们可以列举其千百条错误，但《宋史》毕竟是最基本的宋代历史资料。《宋史》在元朝末年仓猝成书，大体上是照抄宋人自撰的纪传体国史等书。《宋史》卷365《岳飞传》，卷368《张宪传》、《杨再兴传》、《牛皋传》等大致即是抄自《中兴四朝国史·岳飞传》。《中兴四朝国史》到宋宁宗时为止。《宋史》卷365《岳飞传》的叙事止于"嘉〔泰〕四年，追封鄂王"，而不载宋理宗即位之初的宝庆元年（公元1225年），为岳飞改谥"忠武"一事，即是明证。⑤

《中兴四朝国史·岳飞传》大体照抄和节略了章颖的《岳飞传》，而章

---

① 《司马文正公传家集》卷63《答范梦得》。
② 《金佗稡编》卷20《吁天辩诬通叙》。
③ 《金佗续编》卷14《忠愍谥议》。
④ 《金佗续编》卷14《武穆覆议》。
⑤ 关于宋《中兴四朝国史》之成书，及其与《宋史》的关系，参见《玉海》卷46《淳祐四朝史》，《宋史》卷42《理宗纪》淳祐二年正月，卷44《理宗纪》宝祐二年八月，宝祐五年闰四月，卷102《礼志》，《廿二史札记》卷23《宋史多国史原本》。

颖的《岳飞传》又大体照抄岳飞孙岳珂的《鄂王行实编年》。故《宋史》卷365《岳飞传》与《宋史》卷24至卷29《高宗纪》的记载不能没有抵牾,《高宗纪》其实正是来源于《高宗日历》等官史。如《岳飞传》说绍兴十年岳飞自朱仙镇班师,而《高宗纪》却说"自郾城还,军皆溃"。这仅是《宋史》粗制滥造,失于剪裁的一例。

尽管如此,《宋史》仍为研究岳飞,了解他平生事迹的时代背景提供了有用的记录。例如,《宋史》卷28《高宗纪》所载绍兴七年岳飞辞职时的张浚上奏,同书卷380《何铸传》关于岳飞背刺"尽忠报国"的记载,同书卷399《仇悆传》关于岳家军援淮西的记载等,都相当重要。

《金史》与《宋史》同时修撰,它主要依据金人自撰的史书写成。《金史》的缺点也颇多,其记载宋金战争则往往扬胜讳败。南宋初期,宋朝有和尚原、仙人关、顺昌、郾城和颍昌五次大捷,《金史》却只承认和尚原一次,其他四战只字不提。但是,《金史》仍可补充或纠正宋方记载之不足,还记录一些金朝初年北方抗金义军活动的史实。如果仔细分析,《金史》也多少透露了岳家军绍兴十年北伐时,金朝所处的窘境。《金史》卷77《宗弼传》实际上也承认一度放弃开封城,后又重占的史实。

《三朝北盟会编》和《建炎以来系年要录》两书,是今存记述宋高宗一代历史,也包括宋金和战的资料最为丰富的史书。《会编》引用大量制诏、国书、奏议、碑志、记序等文献资料,即使彼此矛盾,也兼收并蓄。《要录》主要根据日历等官史,也旁采诸家著述,考订较为精详。这两部史书提供岳飞事迹的史料,自然比《宋史》和《金史》丰富得多。但是,两书的作者徐梦莘和李心传尽管肯定岳飞,而对岳飞事迹的叙述却相当疏略,甚至不知不觉承袭秦熺《高宗日历》的某些诬蔑不实之词。岳飞的主要事迹,包括四次北伐,绍兴七年并统淮西军而受的打击,绍兴八年和九年的反对和议,绍兴十一年援淮西以至遇害等,这两部书都无完全和准确的叙述,既有讹谬,又有疏漏。

人们谈论宋代的编年史,往往是《续资治通鉴长编》和《建炎以来系年要录》并称,其实《要录》不如《长编》。《长编》的写作原则是宁繁毋略,而《要录》则是名符其实的"要录"。如果将《宋会要辑稿》同两书对比,情况就比较清楚。《长编》的记载至少有相当部分比《宋会要》详细,而《要录》的记载往往比《宋会要》简单,甚至删削了一些有价值的史料。《宋会要》的《中兴会要》部分,尚能提供某些被《要录》删略的岳飞事迹。例如《要录》卷109绍兴七年三月甲子条只载王贵和牛皋升官,而《宋会要》兵18之38则说明升官原因:"掩杀逆贼五大王刘復、李成等,累立奇功故也。"看来秦熺《高宗日历》尚未删削的史实,倒是被《要录》所节略。

《鄂国金佗稡编、续编》一书，当然是研究岳飞最重要的史籍。

岳飞从遇害到平反，长达二十一年。宋孝宗为岳飞昭雪后，岳霖方开始搜集资料，整理父亲的历史传记，却为时已晚。

岳飞家中原来存有大量的朝廷和军中文件，在他入狱以后，即被查抄，大多销毁或散佚了。即以宋高宗给岳飞的"御笔手诏"而论，共达"数百章"，这只怕是唯一不得被随便销毁或扔弃者，结果却保存在左藏南库"架阁"。① 皇帝的御笔，不供奉在秘书省之类机构，却在库房中存放，这也是一种出于宋高宗和秦桧政治需要的荒谬而特殊的处置方式。最后岳霖和岳珂父子搜求到的宋高宗"御笔手诏"，仅存八十六件，大部分亦已散失，则其他文件的散佚程度更可想而知。此外，很多人存有岳飞信札，或有关记录，也因惧祸，而纷纷毁弃。②

既然得到的文字资料有限，岳霖只能"考于闻见，访于遗卒"。③ 然而这方面的收获也不大。岳飞的儿子一辈，只有长子岳云出入行阵，颇知岳家军的战绩和往事，却已一起罹难。次子岳雷在岳飞逝世时已十六岁，也比较懂事，然而却在宋孝宗宣布昭雪前，已抑郁而终。三子岳霖在岳飞辞世时只有十二岁，四子岳震七岁，五子岳霆三岁，长孙岳甫四岁，这几个人更不能提供什么资料。至于岳飞妻子李娃，按照古代礼教，一般是不过问军务的，她所了解的岳飞平生事迹，就有很大的局限。

在岳飞身后几十年间，故将遗卒丧亡殆尽。从今存记载看，如王贵、牛皋、董先、李若虚等重要部将和幕僚都已在岳飞平反前逝世。在淳熙五年（公元1178年）给岳飞赐谥的文件中，官员们尽管参考了宋高宗的亲笔手诏，也访问了"旧在行阵间者"，却仍将岳飞的事迹写得颠三倒四，挂一漏十。故后来袁甫写诗感叹说："背嵬军马战无俦，压尽当年几列侯。先辈有闻多散轶，后生谁识发潜幽？"④ 应当指出，由于年深月久，记忆不确，故遗闻自然也不尽可靠。

岳霖虽然遇到很大困难，还是请后来官至国子博士的顾杞，整理出一个岳飞传记的草稿，在临死时托付给儿子岳珂。

岳珂依靠宰相京镗的帮助，"大访遗轶之文，博观建炎、绍兴以来纪述之事。下及野老所传，故吏所录，一语涉其事，则笔之于册"，⑤ 对顾杞的草稿加工整理，修改补充，最后定稿即名《鄂王行实编年》。此后，岳

---

① 《金佗续编》卷13《给还御札手诏省札》，《夷坚甲志》卷15《辛中丞》。
② 如《浪语集》卷33《先大夫行状》和《书先右史遗编》载，薛徽言"遗岳侯书亡"之经过。《山房集》卷5《跋巩洛行记后》，《云麓漫钞》卷1也有类似记载。
③ 《金佗稡编》卷9。
④ 《蒙斋集》卷20《岳忠武祠》（其三）。
⑤ 《金佗稡编》卷9。

珂又将《鄂王行实编年》以及其他的文件、记录等，汇编成《鄂国金佗稡编》二十八卷和《鄂国金佗续编》三十卷。因岳飞后追封鄂王，故名"鄂国"，"金佗"大约就是王印之意，"稡"或与"萃"字相通。

尽管《金佗稡编、续编》中保存的资料残缺不全，此书仍取得相当的成就，恢复了岳飞事迹的部分历史真相。

例如，绍兴七年岳飞和宋廷发生冲突的原委，秦熺的《高宗日历》作了精心的篡改。其实，《赵鼎事实》已对此有所透露，说刘光世"罢兵柄，欲以此兵付岳飞，为北向之举"。① 李心传虽将这条记载编入《建炎以来系年要录》之附注，而正文之叙事依然承袭秦熺的曲笔。《三朝北盟会编》的叙事也同样是荒诞不经的。《金佗稡编》公开了宋高宗的手诏，另加《金佗续编》提供黄元振编岳飞事迹，证实宋高宗君臣对岳飞并统淮西行营左护军问题的出尔反尔，使真相得以大白。

由于秦桧父子不遗余力地掩没岳家军的战功，宋人谈到绍兴十一年和议前的战役，往往只提顺昌和柘皋两战，而不提郾城和颍昌两战。宋孝宗乾道二年（公元1166年），定所谓"中兴以来十三处战功"，② 多数是不足道的小胜，却不列岳家军的郾城和颍昌两次大捷。关于这两次战役，有关资料虽亦散佚甚多，而《金佗稡编》却仍保留一道奖谕诏说：

"自羯胡入寇，今十五年，我师临阵，何啻百战。曾未闻远以孤军，当兹巨孽，抗犬羊并集之众，于平原旷野之中，如今日之用命者也。"③

此诏证明宋廷当时曾对郾城大捷作出的绝高评价。又如对绍兴十一年岳飞援淮西，《三朝北盟会编》和《建炎以来系年要录》都承袭秦桧、张俊之流的诬蔑，说岳飞有意逗遛，拒不赴援。《金佗稡编》依据宋高宗手诏等，作了有说服力的辨诬。

《鄂国金佗稡编、续编》的主要缺点，是回避与抹煞宋高宗和岳飞的矛盾，客观上为宋高宗开脱罪责。既然祖父是在赵宋政权之下恢复名誉的，岳珂只能说祖父和宋高宗本来是亲密无间的，仅是秦桧从中作祟，才发生了悲剧。岳珂编集此书，就是要"章先帝委寄待遇之隆"，④ 表白祖父

---

① 《要录》卷109绍兴七年二月庚申注。
② 《宋会要》兵19之17—18，《宋史》卷33《孝宗纪》，《建炎以来朝野杂记》甲集卷19《十三处战功》。
③ 《金佗续编》卷4《郾城斩贼将阿李朵孛堇大获胜捷赐诏奖谕仍降关子钱犒赏战士》，《新安文献志》卷2《奖谕武胜定国军节度使湖北京西宣抚使岳飞郾城胜捷仍降犒赏诏》。
④ 《金佗稡编》卷3《臣珂跋》。

"独以孤忠,结知明主"。① 岳珂的苦衷是可以理解的,然而却不能不歪曲事实的某些真相。从今存记载看,一些反映宋高宗和岳飞矛盾的记录,几乎都经过岳珂的筛选,在《鄂王行实编年》等叙事或论述中,并无片言只语的存留。

更有甚者,岳珂还有意曲解史实。绍兴七年,岳飞本以愤慨辞职,作为对宋高宗君臣收回成命的抗议,而岳珂却说宋高宗"寝其命"后,岳飞"略无愠色"。② 岳飞在当年奏请设立皇储,被宋高宗视为越轨行为,当面予以责备。岳珂却大费笔墨,写《建储辨》一文,力辩其无。岳飞的入狱和被害,都是由宋高宗亲自批准,并将岳云从徒刑超越流刑,改为死刑。岳珂看过有关狱案文件,③ 却杜撰了"先臣下吏,上初不许,桧实矫诏,舆致大理"之说,④ 又宁肯引用《野史》的荒诞记载,说秦桧写一纸条交付狱官,就轻易地杀害祖父。

岳珂苦心掩饰的结果,是为后世戏剧、小说虚构岳飞的"愚忠"形象开了先河。

《鄂国金佗稡编、续编》也还有其他一些缺陷,如《鄂王行实编年》等部分对资料的占有不够充分,岳珂本着孝子慈孙之心,对祖父的事迹不免有虚美的成分,其史笔也有不少错讹和疏漏。

除了以上五部书外,李纲的《梁溪全集》,赵鼎的《忠正德文集》,张嵲的《紫微集》和薛季宣的《浪语集》也有相当的资料价值。本书叙述岳家军第二和第三次北伐,在相当程度上是依靠了《梁溪全集》和《忠正德文集》的记载,得以补充和纠正《金佗稡编》等书的缺略和错误。

笔者编录的《鄂国金佗稡编、续编校注》一书,依据不同版本,对此书文字作了校勘和标点,填补了原书的一部分缺页和缺字,并引用宋代各种记载,主要对《鄂王行实编年》作了注释和考证。此书可以作为研究岳飞的基本史料书。此书所用《三朝北盟会编》的注释文字,其版本为流行之清光绪刻本,如今又有上海古籍出版社影印之清许涵度刻本出版。但笔者在作注释工作时,尚不可能利用后一版本,进行校勘,这不免是个缺憾。就我所见,《三朝北盟会编》这两个版本各有优劣,难于取其一而废其一,只能长短互补。此外,《鄂国金佗稡编、续编校注》一书的注释中,对宋代少量次要的岳飞资料,也有遗漏。当此书再版之机,笔者又做了一

---

① 《金佗稡编》卷20《吁天辨诬通叙》。
② 《金佗稡编》卷9《遗事》。
③ 《金佗稡编》卷24《张宪辨》引证了狱案的部分文字。
④ 《金佗稡编》卷23《山阳辨》,岳珂说,此说乃依据《三朝北盟会编》和《野史》,今查《会编》卷206,卷207《岳侯传》和《中兴小纪》卷29"据《野史》修入"的文字,并无秦桧"矫诏"之说。

些补苴工作。目前已大致完成了此书的又一次修订和补充，争取日后出三版。

应当承认，人们对《鄂王行实编年》史料价值的评价，是有差异的。就笔者所见，《鄂王行实编年》虽有前述缺点，实为私家传记的通病，可与大抵源于私家记述的《宋史》诸列传"一视同仁"，无须"另眼相看"。总的说来，它仍是记述岳飞事迹最重要的史料，其丰富和可信程度胜过《三朝北盟会编》和《建炎以来系年要录》两大史籍。自先师邓广铭先生带头破除对《鄂王行实编年》的迷信以来，后继者大抵都没有将此传记当作不得质疑的经典性信史。至于对《鄂王行实编年》史料虚实的考辨，自然会出现一些分歧，仁者见仁，智者见智，似无须强求一律，不妨众说并存。例如，对于谁是杀害岳飞的元凶问题，邓广铭先生依他的辨证，还是大体沿用《鄂王行实编年》的秦桧矫诏杀岳飞说。然而笔者则认为，此乃岳珂的可以理解的曲笔，并论证了杀人元凶是宋高宗。这当然是对《鄂王行实编年》的一条最重要的反证。总的说来，《鄂国金佗稡编、续编校注》的考证，只是笔者一家之言，人们尽可提出异议。

附录三 岳飞年表

宋徽宗崇宁二年，一岁。
　　二月十五日，生于河北西路相州汤阴县永和乡孝悌里。
重和元年，十六岁。
　　与刘氏结婚。
宣和元年，十七岁。
　　六月，长子岳雲生。
宣和四年，二十岁。
　　应募充敢战士。平盗匪陶俊、贾进。
　　父岳和病故，回家守孝。
宣和六年，二十二岁。
　　再次应募，往平定军当兵，不久升偏校。
宋钦宗靖康元年，二十四岁。
　　三月，次子岳雷生。
　　参加河东路抗金战争，六月，往寿阳县和榆次县进行武装侦察。
　　九月、十月间，平定军陷落，返回汤阴县。
　　冬，背刺"尽忠报国"，去相州从军，在侍御林、滑州等处立功。
　　随大元帅康王往北京大名府。初隶宗泽。
宋高宗建炎元年，二十五岁。
　　正月，与金军战于开德府。
　　二月，战于曹州，进驻柏林镇。
　　四月，随大元帅康王往南京应天府。
　　六月、七月，上书要求抗金，被革职。
　　八月，往北京大名府，投奔张所，充中军统领，升任统制。
　　九月，从王彦转战新乡县等地。后孤军苦斗于太行山。
　　冬，投归宗泽。十二月，战汜水关，后升统领。
建炎二年，二十六岁。
　　春，参加滑州之战。后与宗泽讨论阵法，升统制。
　　七月，从闾勍进驻西京河南府。
　　八月，战于汜水关、竹芦渡。
建炎三年，二十七岁。

自春至夏，在开封府南薰门外、淮宁府、崔桥镇等地击破王善、张用等。

七月，随杜充南撤建康府。

十月，击破李成于九里冈。

十一月，从陈淬迎击金军，在马家渡战败。

十二月，南下广德军，克复溧阳县。

是年或上年与李娃结婚。

建炎四年，二十八岁。

二月，进驻宜兴县张渚镇。

三月，战于常州。

四月、五月，收复建康府。

七月，迁通、泰州镇抚使、兼知泰州。

九月，战于承州。

十一月，弃泰州，战南霸塘。三子岳霖生。

绍兴元年，二十九岁。

三月至六月，破李成，降张用。

七月，任神武右副军统制，屯兵洪州。

十二月，升神武副军都统制。

绍兴二年，三十岁。

四月至五月，破曹成。

七月，屯兵江州。

绍兴三年，三十一岁。

夏，平定吉、虔州之叛乱。

九月，赴"行在"临安府朝见，任江南西路、舒、蕲州制置使、神武后军统制。

绍兴四年，三十二岁。

五月至七月，复襄汉六郡，后移屯鄂州。

八月，授从二品清远军节度使，任荆湖北路、荆、襄、潭州制置使。

十二月，初援淮西，战庐州。

绍兴五年，三十三岁。

二月，授镇宁、崇信军节度使，升神武后军都统制，改荆湖南、北、襄阳府路制置使。

四月，四子岳震生。

四月至六月，平定杨幺叛乱。

九月，加检校少保。

十二月，升荆湖北路、襄阳府路招讨使。太行山抗金义军首领梁兴等到鄂州。

绍兴六年，三十四岁。

二月，赴镇江府商讨军事，往"行在"临安府朝见。

三月，升荆湖北路、京西南路宣抚副使，移镇武胜、定国军节度使。母姚氏死。

七月、八月，破镇汝军，复商、虢州和伊阳、长水、福昌、永宁县。

十月，奉命援淮西，至江州而还。

十一月、十二月，击败金、伪齐军，战何家寨、蔡州、白塔、牛蹄等处。

绍兴七年，三十五岁。

二月，赴"行在"平江府朝见，加正二品太尉，升宣抚使。

三月，随宋高宗往建康府，受命节制行营左护军等军。

四月至六月，愤而辞职，受命返鄂州复职，后奏请以本军进讨刘豫。

八月至九月、十月，因淮西兵变，驻兵江州。赴"行在"建康府朝见，奏请立皇储。

绍兴八年，三十六岁。

屡次上奏和写信，恳请举兵北伐。

九月，赴"行在"临安府朝见，反对降金乞和。

绍兴九年，三十七岁。

正月，加从一品开府仪同三司，屡上表奏，反对屈膝苟安。

三月，五子岳霆生。

四月，派军护送赵士㒟等祭扫西京河南府八陵。

九月、十月，赴"行在"临安府朝见，收留抗金义士李宝。

绍兴十年，三十八岁。

六月、闰六月、七月，加正一品少保，再次奏请立皇储；连复蔡州、颍昌府、淮宁府、郑州、汝州、虢州、河南府等地，派奇兵深入京东、河北、河东；大败金军于郾城县和颍昌府，进军朱仙镇，奉诏班师。

八月，赴"行在"临安府朝见，请求辞职不准。

绍兴十一年，三十九岁。

二月、三月，援淮西。

四月，授枢密副使，罢兵权。

五月、六月，出使楚州，营救韩世忠。

八月，罢枢密副使。

十月，入大理寺狱。

十二月二十九日，遇害于狱中。

附录四 岳飞的部将和幕僚

关于岳飞的部将和幕僚，人们似乎并不陌生，但此类知识往往来自《说岳全传》、戏曲之类的艺术虚构，故有必要对有关史实作一些介绍，对于有志于从事历史题材创作者，也可能会提供一些方便。笔者翻阅宋代史料，曾企图将岳家军各军和各将的统兵官，岳飞制置使司、招讨使司、宣抚使司等幕僚属官，排列成一个完整的战斗序列和编制名单，然而因资料之残缺不全，只能以失败告终。在传世的断简残编中，岳飞的部将和幕僚，有的尚可勉强拼凑成一个较完整的简历，有的仅存片断记述，有的长期服役于岳家军，有的仅短期充当岳飞部属，情况各不相同。今不论记载之详略，凡在史籍中可考之人名，都予以逐一介绍。

一、部将

（一）王贵

王贵（？—公元1153年），为相州汤阴县人。①

建炎四年春，岳飞进据宜兴县，作为抗金根据地，命王贵和傅庆率军二千，破土匪郭吉。② 八月，通、泰州镇抚使岳飞率军进屯泰州，时王贵任统制，指挥兵马自江阴军渡江。③ 后随岳飞进兵承州，与金军作战。十月，岳飞军退守泰州后，将战袍和金带赏赐王贵，以奖励承州军功。④

绍兴元年正月，岳飞率军前往江南西路，讨伐李成，将军队眷属安置于徽州，百姓诉其舅父姚某骚扰民间。岳飞责备姚某，姚某怀恨在心，乘押马同行之机，向岳飞施放冷箭。岳飞将姚某擒获，令王贵和张宪捉其手，取佩刀刺死姚某。⑤ 可知自建炎末至绍兴初，王贵和张宪已是岳飞的主要助手。

---

① 《金佗续编》卷28《孙逌编鄂王事》。
② 《金佗稡编》卷5《鄂王行实编年》。
③ 《金佗稡编》卷17《申刘光世乞兵马粮食状》。
④ 《会编》卷143，《要录》卷38建炎四年十月。
⑤ 《会编》卷144，《要录》卷41绍兴元年正月己酉记事太略，无王贵等捉手的情节。

— 315 —

绍兴二年闰四月，岳飞在贺州破曹成后，令王贵统兵往郴州、桂阳军招降曹成馀党。①

绍兴三年，王贵参加镇压吉、虔州盗匪，自武显大夫、阁门宣赞舍人迁遥郡刺史，落阁门宣赞舍人。② 又与徐庆破盗匪高聚于袁州，张成于萍乡。③

绍兴四年四月，在岳家军第一次北伐前夕，宋高宗给岳飞的手诏说："朕尝闻卿奏，称王贵、张宪、徐庆数立战效，深可倚办。方今正赖将佐竭力奋死，助卿报国，以济事功，理宜先有以旌赏之。"特赐王贵等捻金线战袍和金束带各一。④ 王贵参加襄阳府之战，又与张宪进军邓州，破金将刘合孛堇、伪齐将李成数万联军，克邓州，又于唐州再破敌军。⑤ 襄汉之役后，岳飞上奏，请求侍奉患病的老母姚氏，"将本军人马，权暂令统制官王贵、张宪主管"，⑥ 宋高宗不准。

绍兴五年，王贵参加镇压杨幺军。六月，杨钦投降，岳飞令王贵设筵接待。⑦

绍兴六年，岳家军第二次北伐，王贵与郝晸、董先克虢州寄治卢氏县，又分兵西取商州，东占伪齐顺州州治伊阳县，又遣第四副将杨再兴统兵复长水县。⑧ 是年冬，王贵率师在唐州的大标木大破伪齐五大王刘復军。⑨ 岳飞进兵蔡州，在归师途中，王贵击破伪齐追兵。⑩

绍兴七年三月，因去年冬天的战功，王贵自拱卫大夫、和州防御使落

---

① 《金佗稡编》卷5《鄂王行实编年》，卷19《追赶曹成捷报申省状》。
② 《金佗稡编》卷19《虔（吉）州捷报申省状》，《金佗续编》卷5《收捕虔吉州盗贼王贵以下推恩省札》，《会编》卷207《岳侯传》，《要录》卷64绍兴三年四月丁未，卷68绍兴三年九月甲戌，《宋史》卷27《高宗纪》。
③ 《金佗稡编》卷5《鄂王行实编年》，《宋史》卷27《高宗纪》将此事系于绍兴二年十二月。
④ 《金佗稡编》卷2原将此诏系于绍兴十年，据《宋会要》礼62之58改。
⑤ 《金佗稡编》卷6《鄂王行实编年》，卷16《邓州捷奏》，《中兴小纪》卷16，《要录》卷78绍兴四年七月甲子，《宋会要》兵14之25，《皇宋十朝纲要》卷22，《宋史》卷27《高宗纪》。
⑥ 《金佗稡编》卷13《乞侍亲疾札子》。
⑦ 《金佗稡编》卷6《鄂王行实编年》。
⑧ 《金佗稡编》卷7《鄂王行实编年》，卷16《复西京长水县捷奏》，《金佗续编》卷28《吴拯编鄂王事》，《忠正德文集》卷8《丙辰笔录》，《会编》卷208《林泉野记》，《要录》卷105绍兴六年九月丙寅朔，《宋史》卷28《高宗纪》。
⑨ 《梁溪全集》卷92《乞遣兵策应岳飞奏状》，《金佗稡编》卷7《鄂王行实编年》，卷19《何家寨捷报申省状》。
⑩ 《金佗稡编》卷7《鄂王行实编年》，《会编》卷207《岳侯传》。

阶官，升正任棣州防御使、龙、神卫四厢都指挥使。① 岳飞因并统淮西等军，大举北伐的计划被宋廷取消，愤而辞职。王贵与参议官李若虚前往庐山东林寺，敦请岳飞出山复职。②

绍兴十年，岳家军最后一次大举北伐，中军统制、提举一行事务王贵负责收复开封府以西地区，命部将杨成夺取郑州，准备将刘政于开封府中牟县夜袭金军万夫长漫独化营寨，中军副统制郝晸等克复西京河南府。③ 王贵率军进驻颍昌府，增援董先和姚政。七月，金朝都元帅完颜兀术（宗弼）在郾城大败后，率金军主力猛扑颍昌，王贵率岳云、董先、姚政、胡清等与金军激战，大败完颜兀术（宗弼）军。然而当两军鏖斗，胜负难分之际，王贵一度怯战，被岳云制止，战后受岳飞责罚。④ 岳飞班师时，"留王贵等在蔡州"。⑤

绍兴十一年四月，岳飞被解除兵柄，王贵继任鄂州驻扎御前诸军都统制，将都统制司移于城东黄鹄山麓。⑥ 六月，河南知府李兴率军民突围南归，王贵申奏宋廷，委派李兴任左军同统制。⑦ 王贵往镇江枢密行府参见枢密使张俊，遭到胁迫，返鄂州后，于九月被迫接受前军副统制王俊的诬告状，递发镇江枢密行府。宋廷遂据以设置冤狱，杀害岳飞等人。然而在此冤案中，王贵本人仍受牵连，说他与张宪共同接受岳飞策动谋反的书信，当即焚烧。⑧

岳飞遇害后，王贵自知处境危困，遂引疾辞职。绍兴十二年三月，宋廷发表武安军承宣使、权鄂州驻扎御前诸军都统制王贵添差福建路马、步军副都总管，并授予侍卫亲军步军副都指挥使的虚衔，离军赋闲，由张俊

---

① 《要录》卷109绍兴七年三月甲子，《宋会要》兵18之38。
② 《会编》卷178，《要录》卷112绍兴七年七月丁卯。
③ 《金佗稡编》卷8《鄂王行实编年》，卷16《郑州捷奏》，《漫独化捷奏》，《复西京奏》。
④ 《金佗稡编》卷8《鄂王行实编年》，卷16《王贵颍昌捷奏》，《金佗续编》卷28《吴拯编鄂王事》，《会编》卷204，卷207《岳侯传》，卷208《林泉野记》，《要录》卷137绍兴十年七月乙卯，《宋史》卷29《高宗纪》。
⑤ 《铁网珊瑚》书品卷2《宋两朝御札墨本》高宗赐杨沂中手诏。
⑥ 《舆地纪胜》卷66《鄂州》。
⑦ 《会编》卷206，《要录》卷140绍兴十一年六月甲申。
⑧ 《金佗稡编》卷8《鄂王行实编年》，卷24《张宪辨》，《挥麈录馀话》卷2，《会编》卷206，卷207《岳侯传》，《中兴小纪》卷29，《皇朝中兴纪事本末》卷58，《要录》卷141绍兴十一年九月癸卯，《建炎以来朝野杂记》乙集卷12《岳少保证证断案》，《宋史》卷368《张宪传》，卷380《何铸传》。关于王贵在岳飞冤狱中的作用，有的记载说他亲自诬告，或说他亲自逮捕张宪，显然不确。王贵只是接受王俊之诬告状，并转发镇江府之张俊枢密行府。

亲信田师中接任都统制。王贵改官制词说："典禁旅之严，内则资其扈卫；总兵符之重，外则薄其威名。兼此异恩，属吾骁将。具官某早亲行阵，素习韬钤。抚众甚宽，列营驯其号令；临机必ま，强敌避其锋棱。屡收斩获之功，方倚训齐之政。胡抗章而自列，遽引疾以为辞。载畴盟府之战多，参领瓯闽之军律。仍升侍卫之职，以壮董兵之权。服我宠荣，毋忘报称。"①

绍兴十五年五月，王贵的官衔去"添差"两字，为福建路马、步军副都总管，仍属闲官。宋高宗看"除目"时说："此辈处之优稳如此，则见在军者有所激劝矣。"②

绍兴二十三年八月，王贵病死。③

绍兴二十八年，宋廷追赠王贵为宁国军节度使。④

（二）张宪

张宪（？—1142年）自建炎末至绍兴初，已是岳飞的主要助手。建炎四年，岳云在张宪所部从军。⑤ 九月，岳飞率军抵达泰州，又进兵承州，令张宪负责守卫泰州城。⑥ 统制傅庆对岳飞严格的军纪不满，向刘光世部将王德表示，"欲复事刘相公"，统领张宪将此事报告岳飞，后岳飞斩傅庆。⑦

绍兴元年正月，岳飞军至徽州，杀舅父姚某时，令王贵和张宪抓住姚某之手。⑧ 岳飞率军至江南西路讨伐李成，留张宪于徽州，保护军队眷属。六月，盗匪张琪自宣州引兵犯徽州，张宪退遁。⑨ 张宪在当地需索钱粮，与知州孙佑发生龃龉。⑩

绍兴二年四月，岳飞讨伐曹成，张宪和吴锡军自全州南下，解除曹成对桂州之包围。⑪ 前军统制张宪奉命攻荔浦县莫邪关，其亲兵郭进奋勇先

---

① 《会编》卷208，《要录》卷144绍兴十二年三月丁未，《东窗集》卷14《王贵除侍卫亲军步军〔副都〕指挥使添差福建路副都总管制》。
② 《要录》卷153绍兴十五年五月己酉。
③ 《要录》卷165绍兴二十三年八月己卯。
④ 《宋会要》仪制1之23，此处之"二十八年"疑为"二十三年"之笔误。
⑤ 《金佗稡编》卷9《诸子遗事》。
⑥ 《金佗稡编》卷17《申刘光世乞兵马粮食状》。
⑦ 《会编》卷143，《要录》卷38建炎四年十月。
⑧ 《会编》卷144，《要录》卷41绍兴元年正月己酉。
⑨ 《要录》卷45绍兴元年六月壬午。
⑩ 《新安志》卷10《记闻》。
⑪ 《梁溪全集》卷76《乞全州免听广西节制奏状》，原奏作"六月"，应是"四月"之刊误。

登，遂攻破关城。敌将杨再兴率军反扑，杀第五将正将韩顺夫和岳飞之弟岳翻，张宪和后军统制王经率部击败杨再兴。① 闰四月，岳飞在贺州破曹成后，命张宪统兵自贺州、连州招降曹成馀部。张宪在追击中俘杨再兴，又至沅州，擒获曹成部将郝政。②

绍兴三年，张宪参加镇压吉、虔州盗匪，自武功郎、阁门宣赞舍人迁武略大夫、吉州刺史，落阁门宣赞舍人。③ 是年冬，张宪奉命招收失守襄阳府的败将李横等人，李横不愿投奔岳飞。④

绍兴四年四月，在岳家军第一次北伐前夕，宋高宗特赐王贵、张宪、徐庆捻金线战袍和金束带。⑤ 张宪参加破郢州和随州之战，又与王贵进军邓州，破金将刘合孛堇、伪齐将李成数万联军，克邓州，又于唐州再破敌军。⑥ 襄汉之役后，岳飞上奏，请求侍奉患病的老母姚氏，"将本军人马，权暂令统制官王贵、张宪主管"，⑦ 宋高宗不准。

绍兴六年，岳家军第二次北伐后，岳飞目疾发作，时王贵在前沿掌兵，同提举一行事务张宪于鄂州主持军务。⑧ 是年冬，张宪参加对伪齐军的反击。⑨

绍兴七年，岳飞因并统淮西等军，大举北伐的计划被宋廷取消，愤而辞职。全军将士人心浮动，张宪与参谋官薛弼设法抚定。⑩

绍兴八年正月，金朝蔡州知州刘永寿等人杀金将兀鲁孛堇，率军民归宋，岳飞命张宪前往接纳。⑪

绍兴九年，宋金和议后，赵士㒟、张焘等前往西京河南府朝拜北宋皇

---

① 《金佗稡编》卷9《遗事》，《会编》卷151，《要录》卷53绍兴二年闰四月丙申。
② 《金佗稡编》卷5《鄂王行实编年》，卷19《追赶曹成捷报申省状》，《会编》卷151，《要录》卷53绍兴二年闰四月丙午，《宋史》卷368《张宪传》、《杨再兴传》。
③ 《金佗稡编》卷19《虔（吉）州捷报申省状》，《金佗续编》卷5《收捕虔吉州盗贼王贵以下推恩省札》，《会编》卷207《岳侯传》，《要录》卷64绍兴三年四月丁未，卷68绍兴三年九月甲戌，《宋史》卷27《高宗纪》。
④ 《会编》卷155，《要录》卷71绍兴三年十二月甲午。
⑤ 《金佗稡编》卷2高宗手诏，《宋会要》礼62之58。
⑥ 《金佗稡编》卷6《鄂王行实编年》，卷16《邓州捷奏》，《会编》卷159，《要录》卷77绍兴四年六月，卷78绍兴四年七月甲子，《宋会要》兵14之25，《皇宋十朝纲要》卷22，《宋史》卷27《高宗纪》，368《张宪传》。
⑦ 《金佗稡编》卷13《乞侍亲疾札子》。
⑧ 《金佗续编》卷7《目疾令不妨本职治事省札》。
⑨ 《会编》卷207《岳侯传》。
⑩ 《浪语集》卷33《先大夫行状》，《水心文集》卷22《故知广州敷文阁待制薛公墓志铭》，《要录》卷112绍兴七年七月丁卯，《宋史》卷380《薛弼传》。
⑪ 《会编》卷183，《要录》卷118绍兴八年正月辛丑。

陵，岳飞命张宪统兵护送。①

绍兴十年，岳家军最后一次大举北伐，前军统制、同提举一行事务张宪和姚政统兵救援顺昌府。②刘锜顺昌战胜后，张宪负责收复开封以南地域，统兵攻占颍昌府，又破金军"大阵"，克复淮宁府。郾城之战后，张宪率军夺据临颍县，又与徐庆等在临颍县东北击破金军。③岳飞班师时，张宪曾劝岳飞，说天下事"在相公处置耳"。④

绍兴十一年，张宪随岳飞增援淮西。⑤岳飞被解除兵柄，龙、神卫四厢都指挥使、阆州观察使张宪任鄂州驻扎御前诸军副都统制。九月，他前往设于镇江府的枢密行府，被枢密使张俊逮捕。投降派用前军副统制王俊的诬告状，诬他与岳飞、岳雲父子通同谋反。韩世忠责问秦桧，秦桧说："飞子雲与张宪书虽不明，其事体莫须有。"是年岁末，张俊和杨沂中亲赴临安闹市，将张宪和岳雲处斩，张宪家属被流放广南和福建路。⑥

绍兴三十一年，时宋金再战，宋高宗诏蔡京、童贯、岳飞、张宪等子孙家属，令各拘管州军"放令逐便"。⑦

宋孝宗乾道元年，张宪追复原官。⑧

---

① 《山房集》卷5《跋巩洛行记后》。
② 《金佗稡编》卷2高宗手诏，卷8《鄂王行实编年》。
③ 《金佗稡编》卷8《鄂王行实编年》，卷16《复颍昌府奏》，《陈州颍昌捷奏》，《小商桥捷奏》，《临颍捷奏》，《金佗续编》卷28《吴拯编鄂王事》，《会编》卷204，卷207《岳侯传》，卷208《林泉野记》，《要录》卷136绍兴十年闰六月壬辰，丙申，《宋史》卷29《高宗纪》，卷368《张宪传》。
④ 《会编》卷207，《要录》卷143绍兴十一年十二月癸巳注引《中兴遗史》。
⑤ 《金佗稡编》卷24《张宪辨》，《要录》卷143绍兴十一年十二月癸巳，《建炎以来朝野杂记》乙集卷12《岳少保诬证断案》。
⑥ 《金佗稡编》卷8《鄂王行实编年》，卷22《淮西辨》，卷23《山阳辨》，卷24《张宪辨》，《金佗续编》卷21《鄂王传》，《挥麈录馀话》卷2，《会编》卷206，卷207，卷207《岳侯传》，卷208《林泉野记》，《中兴小纪》卷29，《皇朝中兴纪事本末》卷58，《要录》卷141绍兴十一年九月癸卯，卷142绍兴十一年十月戊寅，卷143绍兴十一年十二月癸巳，卷147绍兴十二年十月壬戌，《宋史》卷29《高宗纪》，卷200《刑法志》，卷368《张宪传》，卷473《秦桧传》，卷474《万俟卨传》，《建炎以来朝野杂记》乙集卷12《岳少保诬证断案》，《宝真斋法书赞》卷2《高宗皇帝亲征随手札御书》，《琬琰集删存》卷1韩世忠神道碑。
⑦ 《要录》卷193绍兴三十一年十月丁卯。
⑧ 《金佗续编》卷14《张宪复官旨挥》，《张宪复官告》，《宋史》卷368《张宪传》。

宋宁宗嘉泰四年，宋廷追赠张宪为宁远军承宣使。①

（三）徐庆

徐庆为相州汤阴县人。②

绍兴元年冬，岳飞命徐庆、王万率三千兵马，会合江东安抚大使司统制颜孝恭、郝晸等，破石陂寨兵变首领姚达、饶青于建昌军。③

绍兴二年，岳飞在贺州破曹成后，命徐庆往邵州、道州招降其馀党。④

绍兴三年，徐庆、傅选率军在筠州平定李宗亮、张式兵变。⑤ 是年夏，敦武郎徐庆参加镇压吉、虔州盗匪，转三官，除阁门宣赞舍人。⑥ 他又与王贵破盗匪高聚于袁州，张成于萍乡。⑦

绍兴四年四月，在岳家军第一次北伐前夕，宋高宗给岳飞的手诏说，"朕尝闻卿奏，称王贵、张宪、徐庆数立战效，深可倚办"，"理宜先有以旌赏之"。特赐徐庆等捻金线战袍和金束带各一。⑧ 襄汉之役中，徐庆与张宪、牛皋率军攻破随州。⑨ 十二月，徐庆与牛皋率军救援淮西，在庐州击败敌军，后自武功郎升五官，特迁遥郡武功大夫、开州刺史。⑩

---

① 《金佗稡编》卷28《加赠张宪信札》，《张宪赠承宣使告》，《宋史》卷368《张宪传》。关于张宪事迹，如《江湖长翁文集》卷22《记岳侯事》载岳飞委派张宪降服湖南"盗"张平事，《翠微先生北征录》卷8《弩制》介绍蹠弶弩说："张宪伏之于中林，而捉真珠。"据《靖康稗史笺证》的《南征录汇》，《青宫译语》和《宋俘记》，真珠大王是完颜粘罕长子。此两事诸书俱不载，亦无具体年月，今附注于此。

② 《金佗续编》卷28《孙迪编鄂王事》。

③ 《金佗稡编》卷5《鄂王行实编年》，《金佗续编》卷5《权知潭州并权荆湖东路安抚都总管省札》载"差出捉杀石陂群贼军兵三千人"，《要录》卷57绍兴二年八月甲午。

④ 《金佗稡编》卷5《鄂王行实编年》。

⑤ 《金佗稡编》卷5《鄂王行实编年》。

⑥ 《金佗稡编》卷5《鄂王行实编年》，《金佗续编》卷5《收捕虔吉州盗贼王贵以下推恩省札》，《会编》卷207《岳侯传》，《要录》卷85绍兴五年二月壬辰。

⑦ 《金佗稡编》卷5《鄂王行实编年》无徐庆名，据《宋史》卷27《高宗纪》补，《高宗纪》将此事系于绍兴二年十二月。

⑧ 《金佗稡编》卷2高宗手诏，《宋会要》礼62之58。

⑨ 《金佗稡编》卷6《鄂王行实编年》。

⑩ 《金佗稡编》卷19《庐州捷报申省状》，《金佗续编》卷28《吴拯编鄂王事》，《会编》卷164，卷207《岳侯传》，卷208《林泉野记》，《要录》卷83绍兴四年十二月壬辰，卷89绍兴五年五月戊戌，《宋会要》兵18之34—35，《宋史》卷27《高宗纪》，卷399《仇悆传》，《皇宋十朝纲要》卷22。

绍兴十年，岳家军最后一次大举北伐，徐庆参加淮宁府、临颍县等战。①

徐庆官至防御使。②

（四）毕进

毕进为兖州人，南宋中期名将毕再遇之父。

建炎二年，毕进从岳飞于西京河南府护卫北宋皇陵。后转战江、淮间，官至武义大夫。③

（五）赵宏

赵宏曾于相州汤阴县当弓手，人称赵胡子。

建炎二年，赵宏从岳飞于西京河南府护卫北宋皇陵。岳飞奉命率部回驻开封，主管侍卫步军司公事闾勍向他借用十名能征惯战的使臣，留守河南府。赵宏即十使臣之一，后随闾勍撤离北方。

建炎四年，闾勍和史康民在濠州定远县与金军作战，闾勍被俘，不屈而死，史康民赖赵宏营救，幸免于难。④

（六）岳亨

建炎三年，岳亨为岳飞部将，随岳飞屡破王善军。⑤

（七）傅庆

傅庆（？—公元1130年）为卫州人，窑户出身。

傅庆曾任大将刘光世部属，建炎三年马家渡之战后，追随岳飞。建炎四年春，岳飞进据宜兴县，作为抗金根据地，命傅庆和王贵率军二千，破土匪郭吉。傅庆参加复建康之役，在清水亭一战立功，又参加讨捕盗匪戚方的战斗。他骁勇善战，又居功自傲。岳飞出任通、泰州镇抚使后，军纪益严，傅庆有憾意，承州之战无军功。他向刘光世部将王德表示，"欲复事刘相公"，张宪将此事报告岳飞，岳飞隐忍未发。有一次比赛射箭，傅庆射远居第一，岳飞赏酒，又取战袍和金带赏赐王贵，以奖励承州军功。

---

① 《金佗稡编》卷8《鄂王行实编年》，卷16《临颍捷奏》，《会编》卷207《岳侯传》，《要录》卷136绍兴十年闰六月丙申，《宋史》卷368《张宪传》。
② 《金佗续编》卷28《孙迪编鄂王事》。
③ 《宋史》卷402《毕再遇传》。
④ 《会编》卷138，《要录》卷33建炎四年五月甲寅。
⑤ 《金佗稡编》卷4《鄂王行实编年》。

傅庆忌妒不平，出面干涉，说"当赏傅庆"。岳飞大怒，将他处斩。①

（八）姚政

姚政为相州汤阴县人。②

建炎四年五月，岳飞复建康府后，得刘经部将王万报告，说与岳飞合军屯驻宜兴县的刘经，图谋杀害岳飞母妻，并吞岳飞所部。岳飞即命部将姚政连夜急驰宜兴县，设计杀刘经。③

绍兴三年，姚政时为武功郎、正将。④

绍兴五年二月，姚政因军功升武显大夫。⑤

绍兴十年，岳家军举行最后一次北伐。姚政时任游奕军统制，奉命随张宪救援顺昌府。⑥ 刘锜顺昌战胜后，张宪攻占颍昌府，姚政即与董先率军留守，击破金镇国大王、韩常等军之反扑。⑦ 后随王贵与完颜兀术（宗弼）亲率的金军主力激战，大败敌军。⑧

绍兴十一年，王俊诬告张宪，宋廷遂据以设置冤狱，杀害岳飞等人，姚政与庞荣、傅选附会王俊之诬告。姚政由遥郡观察使升正任团练使。⑨

（九）王万

王万为相州汤阴县人。⑩

王万原为刘经部将。建炎四年五月，岳飞复建康府后，向岳飞报告，说刘经图谋杀害岳飞母妻，并吞岳飞所部。岳飞命姚政杀刘经后，王万即改隶岳飞。⑪

---

① 《金佗稡编》卷4、卷5《鄂王行实编年》，卷9《遗事》载"傅庆以夸功诛"，《会编》卷143，《要录》卷38建炎四年十月。
② 《金佗续编》卷28《孙逌编鄂王事》。
③ 《会编》卷138。
④ 《要录》卷68绍兴三年九月甲戌。
⑤ 《要录》卷85绍兴五年二月癸巳，姚政升官，当因绍兴四年北伐等军功。
⑥ 《金佗稡编》卷2高宗手诏，卷8《鄂王行实编年》。
⑦ 《金佗稡编》卷8《鄂王行实编年》，卷16《陈州颍昌捷奏》，《金佗续编》卷28《吴拯编鄂王事》，《会编》卷208《林泉野记》。
⑧ 《金佗续编》卷28《吴拯编鄂王事》，《会编》卷204，卷207《岳侯传》，卷208《林泉野记》，《要录》卷137绍兴十年七月乙卯，《宋史》卷29《高宗纪》。
⑨ 《金佗稡编》卷8《鄂王行实编年》，《挥麈录馀话》卷2载王俊诬告状中之"姚观察"，即是姚政。《金佗续编》卷28《孙逌编鄂王事》称姚政官至团练使，当自遥郡观察使升正任团练使。
⑩ 《金佗续编》卷28《孙逌编鄂王事》。
⑪ 《会编》卷138。

绍兴元年冬，岳飞命徐庆、王万率三千兵马，会合江东安抚大使司统制颜孝恭、郝晸等，破石陂寨兵变首领姚达、饶青于建昌军。①

绍兴三年，王万参加镇压吉、虔州盗匪。②

绍兴四年，王万参加岳家军第一次北伐，复襄阳府后，他与荆南镇抚司统制辛太驻兵清水河，充当饵兵，辛太擅自逃离，王万配合大军，大破伪齐李成军。邓州之战，王万与董先出奇兵突击，配合王贵、张宪军，破金将刘合孛堇、伪齐将李成联军数万。③

王万官至横行。④

（十）庞荣

庞荣原为统制扈成部属。建炎三年冬，建康府失守后，岳飞、刘经和扈成三统制率军南撤，途中约定共往广德军。扈成违背原约，率所部径往镇江府金坛县，被盗匪戚方所杀，统领庞荣率残部投奔屯驻宜兴县的郭吉。

建炎四年春，岳飞率军进驻宜兴县，庞荣又脱离郭吉，归附岳飞，后任右军统制。⑤

绍兴三年，庞荣参加镇压吉、虔州盗匪。⑥

绍兴十一年正月，时统制庞荣驻守德安府。⑦ 在岳飞冤狱中，庞荣以"傅会"而升官。⑧

（十一）王经

绍兴元年，团练使、后军统制王经随岳飞讨伐李成。⑨

---

① 《金佗稡编》卷5《鄂王行实编年》，《金佗续编》卷5《权知潭州并权荆湖东路安抚都总管省札》载"差出捉杀石陂群贼军兵三千人"，《要录》卷57绍兴二年八月甲午。

② 《会编》卷207《岳侯传》。

③ 《金佗稡编》卷6《鄂王行实编年》，卷16《邓州捷奏》，《要录》卷76绍兴四年五月甲寅，《宋会要》职官40之7—8，《中兴小纪》卷16，《皇朝中兴纪事本末》卷29，卷30，《宋史》卷27《高宗纪》，卷368《张宪传》。

④ 《金佗续编》卷28《孙迪编鄂王事》。据《宋史》卷169《职官志》，南宋时武阶自通侍大夫下至右武大夫共十三阶，通称横行。

⑤ 《会编》卷135，卷136，卷137，按当时岳飞本人任江、淮宣抚司右军统制，故《会编》载岳飞命庞荣任右军统制，应是后来的事。

⑥ 《会编》卷207《岳侯传》。

⑦ 《金佗续编》卷12《照会虏贼韩常等犯界省札》。

⑧ 《金佗稡编》卷8《鄂王行实编年》。

⑨ 《金佗稡编》卷19《东松寺题记》中提及"后军王团练"，应即是王经。

绍兴二年，岳飞讨伐曹成，王经参加莫邪关之战，与张宪合军击破杨再兴之反扑。①

（十二）韩顺夫

韩顺夫（？—公元1132年）在绍兴二年，任岳飞所属第五将正将。岳家军讨伐曹成，破莫邪关后，韩顺夫解鞍卸甲，饮酒作乐。敌将杨再兴乘机反攻，杀韩顺夫。②

（十三）郭进

郭进原为张宪亲兵。绍兴二年，郭进在莫邪关之战中首先登城，挥枪刺杀敌军旗头，曹成军乱，岳家军乘势夺关。岳飞当即解金束带及银器赏郭进，并补秉义郎。③

（十四）杨再兴

杨再兴（？—公元1140年）为相州人。④

绍兴二年，杨再兴时为曹成部将。在莫邪关之战中，杀岳飞第五将正将韩顺夫和胞弟岳翻。曹成战败后，杨再兴被俘，岳飞不计较杀弟之仇，将杨再兴收留军中。⑤

绍兴三年，杨再兴时为副将、承节郎。⑥

绍兴六年，岳家军举行第二次北伐，第四副将、武经郎杨再兴率部击破伪齐军，克复西京河南府长水县。⑦ 是年冬，杨再兴参加对伪齐军的反击。⑧

绍兴十年，岳家军举行最后一次北伐。在郾城大战中，杨再兴为生擒金都元帅完颜兀术（宗弼），单骑突入敌阵，杀敌近百，身中数十创。完颜兀术（宗弼）大军占据临颍县，杨再兴与王兰、高林、罗彦、姚侑、李

---

① 《会编》卷151，《要录》卷53绍兴二年闰四月丙申。
② 《会编》卷151，《要录》卷53绍兴二年闰四月丙申，《宋史》卷368《杨再兴传》。
③ 《金佗稡编》卷9《遗事》，《会编》卷151，《要录》卷53绍兴二年闰四月丙申。
④ 《会编》卷151载岳飞对杨再兴说："我与尔是乡人。"当为相州人。
⑤ 《金佗稡编》卷5《鄂王行实编年》，《会编》卷151，《要录》卷53绍兴二年闰四月丙申，丙午，《宋史》卷368《杨再兴传》。
⑥ 《要录》卷68绍兴三年九月甲戌。
⑦ 《金佗稡编》卷7《鄂王行实编年》，卷16《复西京长水县捷奏》，《要录》卷104绍兴六年八月戊申，《宋会要》兵14之27，《宋史》卷28《高宗纪》，卷368《杨再兴传》，《皇宋十朝纲要》卷23。
⑧ 《会编》卷207《岳侯传》。

德等统三百骑至小商桥，与敌猝然相遇，杀敌二千馀人，杨再兴等全部英勇战死。张宪率大军继至，夺据临颍县，获杨再兴尸，焚之，得箭镞二升。追赠七官。①

（十五）王兰

王兰（？—公元1140年）在绍兴十年，岳家军举行最后一次北伐时，随张宪克淮宁府。② 后又随杨再兴进兵临颍县小商桥，英勇战死，追赠七官。③

（十六）高林

高林（？—公元1140年）在绍兴十年，岳家军举行最后一次北伐时，随杨再兴进兵临颍县小商桥，英勇战死，追赠七官。④

（十七）罗彦

罗彦（？—公元1140年）在绍兴十年，岳家军举行最后一次北伐时，随杨再兴进兵临颍县小商桥，英勇战死，追赠五官。⑤

（十八）姚侑

姚侑（？—公元1140年）在绍兴十年，岳家军举行最后一次北伐时，随杨再兴进兵临颍县小商桥，英勇战死，追赠六官。⑥

（十九）李德

李德（？—公元1140年）在绍兴十年，岳家军举行最后一次北伐时，随杨再兴进兵临颍县小商桥，英勇战死，追赠六官。⑦

---

① 《金佗稡编》卷8《鄂王行实编年》，卷9《遗事》，《会编》卷204，卷207《岳侯传》，《要录》卷137绍兴十年七月己酉，乙卯，《紫微集》卷19追赠杨再兴等人的两道制词，《宋朝南渡十将传》卷1《刘锜传》，《宋史》卷29《高宗纪》，卷368《张宪传》，《杨再兴传》。

② 《会编》卷207《岳侯传》。

③ 《会编》卷204，卷207《岳侯传》，《要录》卷137绍兴十年七月乙卯，《紫微集》卷19追赠杨再兴等人的两道制词，《宋史》卷29《高宗纪》。

④ 《会编》卷204，《要录》卷137绍兴十年七月乙卯，《紫微集》卷19追赠杨再兴等人的两道制词。

⑤ 《紫微集》卷19追赠杨再兴等人的两道制词。

⑥ 《紫微集》卷19追赠杨再兴等人的后一道制词。

⑦ 《紫微集》卷19追赠杨再兴等人的后一道制词。

（二〇）寇成

绍兴三年，寇成参加镇压吉、虔州盗匪。①

绍兴六年，寇成时任统制，于虢州等地反击伪齐军，杀降兵五百人，受岳飞弹劾。②

绍兴十年，岳家军举行最后一次北伐，寇成参加临颍县等战。③

（二一）李山

建炎四年，李山任江南西路兵马副都监，虔州文士李敦仁举行叛乱，又接受招安，官府将李敦仁所部收编，隶属李山。既而复叛，李山和张忠彦奉命镇压。④

绍兴元年，李山部与南安军（治大庾，今江西大余县）吴忠叛军作战。建州范汝为叛军进攻，李山战败，退兵光泽县（今福建光泽县）和信州（治上饶，今江西上饶市）。⑤

绍兴二年，李山所部仅馀六、七百人。李纲出任荆湖、广南路宣抚使，请求将李山一部隶宣抚司，宋廷未予批准。⑥

绍兴三年，时李山所部驻扎蕲州。九月，宋廷决定将李山一军拨属岳飞。⑦

绍兴四年冬，李山参加援淮西之战。⑧

绍兴六年，统制李山率军兵一千馀人，往虔州"讨捕""盗贼"，江西安抚制置大使李纲要求宋廷，不让岳飞将此军"抽回"，"且存留李山在虔

---

① 《会编》卷207《岳侯传》。
② 《梁溪全集》卷92《乞遣兵策应岳飞奏状》，《金佗稡编》卷9《遗事》，《金佗续编》卷3《寇成等擅杀贼兵宣谕戒励诸军诏》，卷7《伪五大王至蔡州令审料敌情省札》，《要录》卷107绍兴六年十二月己亥。
③ 《金佗稡编》卷16《临颍捷奏》，《金佗续编》卷28《吴拯编鄂王事》，《会编》卷208《林泉野记》。
④ 《要录》卷38建炎四年十月辛卯，《宋会要》兵10之26—27，《宋史》卷26《高宗纪》。
⑤ 《要录》卷45绍兴元年六月庚寅，卷48绍兴元年十月癸巳，卷49绍兴元年十一月庚戌，《宋史》卷26《高宗纪》。
⑥ 《梁溪全集》卷67《乞拨颜孝恭军马付本司使唤奏状》，《乞差拨兵将前去广东招捕曹成奏状》，卷68《乞差辛企宗等军马奏状》。
⑦ 《金佗稡编》卷5《鄂王行实编年》，《会编》卷155，《要录》卷68绍兴三年九月丙寅。
⑧ 《会编》卷207《岳侯传》。

州弹压措置"。①

绍兴十年，岳家军举行最后一次北伐，李山参加临颍县之战。岳飞班师后，李山奉命与史贵增援守卫淮宁府的赵秉渊，击退金军，弃城南归。②

绍兴十二年，岳飞被杀害后，宋廷命田师中取代王贵，任鄂州驻扎御前诸军都统制，李山等不服。③

绍兴十三年，李山自后军副统制迁中军副统制。④

绍兴十九年，左武大夫、忠州团练使、鄂州驻扎御前破敌军统制李山添差福建路马、步军副总管，离军赋闲。⑤

（二二）傅选

建炎元年，傅选为太行山忠义民兵首领，参加王彦的八字军。⑥

建炎三年，傅选等九将隶属杨惟忠，护卫隆祐皇太后至江南西路，全军自行溃散，傅选等"悉去为盗"。⑦

建炎四年春，傅选攻陷郴州，大肆焚掠，后又至虔州皇太后行宫，归降宋廷。⑧

绍兴元年，傅选为统制，江南东路安抚大使吕颐浩拣选赵延寿所部精锐五千馀人，分隶傅选等军。⑨

绍兴二年，杨惟忠"讨军贼赵进"，武德郎、阁门宣赞舍人傅选为前锋，赵进不战而降。⑩ 杨惟忠病死，江南西路安抚大使李回收其军隶本司，以统制傅选所部为前军。⑪

绍兴三年，傅选与岳飞部将徐庆率军在筠州平定李宗亮、张式兵变。⑫

---

① 《梁溪全集》卷85《乞差兵将讨捕虔吉盗贼及存留李山弹压奏状》。
② 《金佗稡编》卷8《鄂王行实编年》，卷16《临颍捷奏》，《会编》卷204，卷207《岳侯传》，《要录》卷137绍兴十年七月壬戌，乙丑。
③ 《会编》卷208，《要录》卷144绍兴十二年三月丁未。
④ 《要录》卷149绍兴十三年六月壬辰。
⑤ 《要录》卷160绍兴十九年七月甲辰。
⑥ 《会编》卷113，卷198王彦行状，《要录》卷9建炎元年九月乙卯，《宋史》卷368《王彦传》。
⑦ 《会编》卷134，《要录》卷29建炎三年十一月丁卯。
⑧ 《会编》卷112《林泉野记》，卷136，卷137，《要录》卷31建炎四年正月丙辰，二月甲戌朔，《宋史》卷26《高宗纪》。
⑨ 《要录》卷44绍兴元年五月癸亥。
⑩ 《要录》卷53绍兴二年四月壬申。
⑪ 《要录》卷54绍兴二年五月辛酉。
⑫ 《金佗稡编》卷5《鄂王行实编年》。

傅选所部驻扎江州，宋廷决定将傅选一军拨属岳飞。①

绍兴五年，傅选参加镇压杨么军。②

绍兴六年冬，傅选参加岳家军第三次北伐。③

绍兴十年，岳家军举行最后一次北伐，傅选与牛皋进兵京西，又随张宪克复颖昌府、淮宁府，并参加临颍县之战。④

绍兴十一年，傅选附会王俊，诬告张宪。⑤

绍兴十二年，田师中取代王贵，任鄂州驻扎御前诸军都统制，傅选等不服。⑥ 六月，右武大夫、雄州防御使、御前背嵬军同统制傅选自陈"首先叙述张宪反状"，宋廷升傅选一官，改任殿前司副统制。⑦

后傅选离军赋闲，曾任江南西路副总管。⑧

绍兴二十九年正月，傅选因"贪暴"，自右武大夫、容州观察使、荆湖南路马、步军副总管责授靖州团练副使，惠州安置。⑨ 八月，宋高宗因他曾立战功，特命矜宥，复为右武大夫、容州观察使，充两浙东路马、步军副总管。⑩

绍兴三十一年，傅选移江南东路建康府驻扎。⑪

（二三） 武赳

武赳（？—公元1158年）在绍兴二年官为武经郎，任舒州知州，破盘踞太湖县司空山盗匪李通。⑫

绍兴三年九月，岳飞任江南西路、舒、蕲州制置使，武赳便成岳飞部属。

---

① 《会编》卷155，《要录》卷68绍兴三年九月丙寅。
② 《会编》卷207《岳侯传》，《要录》卷90绍兴五年六月癸丑。
③ 《金佗续编》卷28《孙逌编鄂王事》，《会编》卷207《岳侯传》。
④ 《金佗稡编》卷8《鄂王行实编年》，卷16《临颍捷奏》，《金佗续编》卷28《吴拯编鄂王事》，《会编》卷207《岳侯传》，卷208《林泉野记》，《要录》卷136绍兴十年闰六月壬辰。
⑤ 《金佗稡编》卷8《鄂王行实编年》，《挥麈录馀话》卷2，《要录》卷141绍兴十一年九月癸卯。《要录》载王俊诬告，"以统制官傅选为证"，然而《挥麈录馀话》所载的诬告状中，只提及傅选，并未有以傅选为证的状词。
⑥ 《会编》卷208，《要录》卷144绍兴十二年三月丁未。
⑦ 《会编》卷208，《要录》卷145绍兴十二年六月戊辰。
⑧ 《夷坚支乙》卷5《傅选学法》说傅选在任江西路副总管时学雷法，估计应是绍兴十二年后事。
⑨ 《要录》卷181绍兴二十九年正月丙寅，《宋会要》职官70之48。
⑩ 《要录》卷183绍兴二十九年八月甲寅。
⑪ 《要录》卷192绍兴三十一年八月丁未。
⑫ 《要录》卷51绍兴二年正月癸丑，《宋会要》兵13之12。武赳，《要录》作武纠。

绍兴五年，武赳因"招辑流亡，经理郡事，备见有方"，转一官，并规定任满日再任。①

绍兴七年八月，武经大夫、阁门宣赞舍人武赳任襄阳知府。②

绍兴八年，武赳因营田有功，经岳飞保奏，"进秩一等"。③

绍兴十年，岳家军举行最后一次北伐，武赳率军进占虢州，任知州，后又将他召回。④

绍兴十一年，武功大夫、果州团练使武赳复任襄阳知府，进横行一官。⑤ 后因当地发生火灾，"镌官一等"。⑥

绍兴二十八年，右武大夫、成州团练使武赳病死。⑦

（二四）张旦

绍兴四年，岳家军克复襄汉后，武功大夫、神武后军干办官张旦为左武大夫、唐、邓、郢州、襄阳府安抚使、兼襄阳知府，以二千人戍守。⑧

绍兴六年二月，张旦兼营田使。⑨ 因岳飞之奏请，宋廷发表右武大夫、达州团练使张旦充荆湖北路兵马钤辖。⑩ 十二月，张旦复任襄阳知府。⑪

绍兴七年，张旦改任蕲州知州。

绍兴八年，张旦蕲州知州任满。⑫

（二五）刘康年

绍兴四年，神武后军提举一行事务、武功大夫刘康年往南宋行朝，利

---

① 《要录》卷90绍兴五年六月乙丑，《宋会要》职官60之29。
② 《要录》卷113绍兴七年八月己未。
③ 《金佗稡编》卷9《遗事》，《要录》卷122绍兴八年九月庚子。
④ 《金佗稡编》卷12《乞号令归一奏》。
⑤ 《要录》卷139绍兴十一年二月辛未，卷140绍兴十一年五月戊申。这两条记载都说武赳时为游奕军统制，按当时姚政仍是游奕军统制，《挥麈录馀话》卷2王俊诬告状中，转述姚政称"我游奕一军"，武赳疑是同统制或副统制。
⑥ 《樵溪居士集》卷5《武赳等降官制》，《武赳降官制》，武赳降官大约是再任襄阳知府后之事。
⑦ 《要录》卷179绍兴二十八年五月丁丑。又《苕溪集》卷40《〔武经〕大夫兼阁门宣赞舍人侍卫步司统制军马武赳依敕书内指挥转一官》，从武赳官衔看，当在绍兴七年前后，然当时任侍卫步军司统制，实有可疑之处，今附注于此。
⑧ 《金佗稡编》卷9《遗事》，卷10《条具荆襄相度移治及差官奏》，《金佗续编》卷6《检会前札》，《要录》卷78绍兴四年七月丁丑。
⑨ 《要录》卷98绍兴六年二月壬寅，《宋会要》食货63之102。
⑩ 《要录》卷98绍兴六年二月丙辰。
⑪ 《要录》卷107绍兴六年十二月丙辰。
⑫ 《要录》卷109绍兴七年二月庚子注，三月丙子，卷120绍兴八年六月己卯注。

用请求襄汉之役立功将士功赏之机，私填印纸，伪作岳飞"画一陈乞"，请求封岳飞母姚氏为国夫人，次子岳雷授文资，庐山东林寺僧慧海赐号佛心禅师。岳飞得知后，鞭打刘康年五百，上章待罪，请求宋廷收回成命，刘康年受"冲替"处分。①

（二六）牛皋

牛皋（公元1087—1147年）字伯远，汝州鲁山县人。

牛皋初为弓手。金军南侵，他组织民众抵抗，补保义郎，于鲁山破盗匪杨进。

建炎三年，牛皋在京西路一带与金军十馀战，皆捷。

建炎四年正月，东京留守上官悟辟牛皋任本司同统制、兼京西路提点刑狱公事。② 四月，牛皋在宝丰县宋村袭击金西路渡江军之归师，获胜，又捷于鲁山县邓家桥。③ 此后牛皋一度被迫投降伪齐。④

绍兴三年，宋将李横北伐，牛皋等"背伪归正"，宋廷任命为左武大夫、安州观察使、蔡、唐州、信阳军镇抚使、兼蔡州知州，又自左武大夫升亲卫大夫。⑤ 金朝元帅左都监完颜兀术（宗弼）出兵增援伪齐，击败李横、牛皋等军。伪齐军南侵，襄阳府等地相继失守，牛皋、李道等渡江，⑥ 请求接受岳飞节制。⑦ 十二月，宋廷命牛皋、董先两部一千馀人隶属岳飞。⑧

绍兴四年，牛皋和董先至"行在"临安府，向宋高宗面陈"伪齐必灭

---

① 《金佗稡编》卷9《遗事》，卷13《劾刘康年伪奏乞恩泽奏》，《再乞寝罢刘康年伪乞恩泽札子》，《要录》卷82绍兴四年十一月庚午，卷84绍兴五年正月癸酉注。
② 《会编》卷136，《要录》卷31建炎四年正月，《宋史》卷368《牛皋传》。关于牛皋早期的官衔，各书记载有异，今从略。
③ 《会编》卷138，《要录》卷32建炎四年四月，《宋史》卷26《高宗纪》，卷368《牛皋传》。
④ 《要录》卷55绍兴二年六月丙申，《会编》卷153。《宋史》卷368《牛皋传》隐讳牛皋降伪齐事。
⑤ 《会编》卷154，《要录》卷63绍兴三年二月庚戌，《宋会要》兵14之8，15之2，《北海集》卷16赐李横、翟琮等抚谕敕书，《华阳集》卷1《牛皋转两官》，《宋史》卷27《高宗纪》，卷368《牛皋传》。
⑥ 《金佗稡编》卷5《鄂王行实编年》，《会编》卷155，《要录》卷63绍兴三年三月己巳，卷65绍兴三年五月丙辰，卷69绍兴三年十月癸卯，《中兴小纪》卷15绍兴三年十月己酉，《皇朝中兴纪事本末》卷27，《忠正德文集》卷2《奏乞应副李横状》，《历代名臣奏议》卷233章谊奏，《宋史》卷27《高宗纪》。
⑦ 《金佗稡编》卷10《措置李横等军奏》，《奏审李道牛皋军奏》，《金佗续编》卷29赵鼎《乞支钱粮赡给李横军兵》。
⑧ 《金佗稡编》卷18《措置襄汉乞兵申省状》，《要录》卷71绍兴三年十二月甲午。

之理,中原可复之计",宋廷赏银各一千两。① 牛皋任岳飞的中军统制,参加随州、襄阳府等战役。② 襄汉六郡收复后,牛皋任唐、邓、郢州、襄阳府安抚副使,负责戍守。③ 十二月,牛皋和徐庆率军救援淮西,在庐州击败敌军,升中侍大夫。④

绍兴五年,李邴上奏,建议用牛皋等偏将,以轻兵扰敌,进取京东路。⑤ 牛皋参加镇压杨么军,并主张对失败者进行屠戮,岳飞不予采纳。⑥ 后升遥郡武泰军承宣使,改行营后护军中军统制。⑦

绍兴六年,岳飞升湖北、京西路宣抚副使,牛皋任宣抚司左军统制。⑧ 他参加第二次北伐,破镇汝军等地,擒伪齐将薛亨。⑨ 是年冬,牛皋参加对伪齐军的反击,进兵蔡州。⑩

绍兴七年三月,中侍大夫、武泰军承宣使牛皋落阶官,升正任建州观察使,⑪ 后加龙、神卫四厢都指挥使。⑫

绍兴九年,宋高宗说:"岳飞军中偏裨,如董先、牛皋颇骁勇可用,但先好货,皋嗜酒,皆有所短,未可统众。"不同意两人戍守河南之地。⑬

---

① 《会编》卷159,《要录》卷75绍兴四年四月戊子,《宋会要》礼62之58。
② 《金佗稡编》卷6《鄂王行实编年》,《会编》卷159,《要录》卷77绍兴四年六月,《宋史》卷27《高宗纪》,卷368《牛皋传》。
③ 《金佗稡编》卷6《鄂王行实编年》,卷9《遗事》,卷10《条具荆襄相度移治及差官奏》,《金佗续编》卷5《朝省行下事件省札》,卷6《措置防守襄阳随郢等州省札》,《照会措置防守已收复州郡省札》,《要录》卷78绍兴四年七月丁丑。
④ 《金佗稡编》卷6《鄂王行实编年》,卷19《庐州捷报申省状》,《金佗续编》卷28《吴拯编鄂王事》,《会编》卷164,卷207《岳侯传》,卷208《林泉野记》,《要录》卷83绍兴四年十二月壬辰,《宋会要》兵18之34—35,《宋史》卷27《高宗纪》,卷368《牛皋传》,卷399《仇悆传》,《皇宋十朝纲要》卷22。
⑤ 《会编》卷173,《要录》卷87绍兴五年三月,《历代名臣奏议》卷88,《宋史》卷375《李邴传》,李邴上奏时间应以《要录》为准。
⑥ 《金佗稡编》卷6《鄂王行实编年》,《金佗续编》卷26《杨么事迹》,《会编》卷207《岳侯传》,《要录》卷90绍兴五年六月癸丑,《宋史》卷368《牛皋传》。
⑦ 《宋史》卷368《牛皋传》原作"改行营护圣中军统制",按绍兴五年十二月,岳飞所部改军号为行营后护军,《牛皋传》应有错字。
⑧ 《宋史》卷368《牛皋传》作"寻充湖北、京西宣抚司左军统制",岳飞于当年三月升宣抚副使,牛皋改任宣抚司左军统制应为三月后事。
⑨ 《会编》卷169,《要录》卷104绍兴六年八月甲辰,《皇宋十朝纲要》卷23,《宋史》卷28《高宗纪》。
⑩ 《金佗续编》卷28《孙迪编鄂王事》,《会编》卷207《岳侯传》。
⑪ 《要录》卷109绍兴七年三月甲子,《宋会要》兵18之38。
⑫ 《宋史》卷368《牛皋传》,参照绍兴七年三月牛皋之官衔,加龙、神卫四厢都指挥使当是此后之事。
⑬ 《要录》卷132绍兴九年九月己亥,《中兴小纪》卷27绍兴九年十月戊午。

绍兴十年，岳家军最后一次大举北伐，牛皋在京西路击败金军，参加淮宁府之战，又"战汴（开封）、许（颍昌）间"，以战功卓著，除捧日、天武四厢都指挥使、成德军承宣使。①

绍兴十一年，宋廷罢荆湖北、京西南路宣抚司，解除岳飞兵柄。张俊的"枢密行府以皋兼提举一行事务"。牛皋后改任鄂州驻扎御前左军统制。他反对朝廷降金，经常发牢骚，故撤销提举一行事务，仍降为左军统制。后又转宁国军承宣使。②

绍兴十六年，牛皋因"委保马骥陈乞阵亡恩泽不实"，"罚铜十斤"。③

绍兴十七年三月，因牛皋对宋金和议表示不满，秦桧密令鄂州驻扎御前诸军都统制田师中将牛皋毒死，时年六十一岁。他临终时说："所恨南北通和，不以马革裹尸，顾死牖下耳！"④ 五月，宋廷追赠牛皋安远军节度使。⑤

牛皋子牛僎，后官至鄂州、江陵府驻扎御前诸军副都统制，江陵府驻扎。⑥

（二七）董先

董先（公元1106—公元1156年）字觉民，河南府渑池县人。

建炎三年，翟兴任京西北路安抚制置使，董先为安抚制置司前军统制，与金军作战，"勇功为多"。⑦

绍兴元年四月，翟兴命都统制董先追捕冒充宋宗室信王的邓州人杨某，杀杨某于商州。⑧ 六月至八月，虢州知州邵兴屯卢氏县，遭董先攻击，退至兴元府。董先遂占据商、虢二州。⑨ 金将高琼攻商州，被董先和部将

---

① 《金佗稡编》卷8《鄂王行实编年》，《金佗续编》卷28《吴拯编鄂王事》，《会编》卷202，卷207《岳侯传》，卷208《林泉野记》，《要录》卷136绍兴十年六月丙辰，闰六月丙申，《宋史》卷29《高宗纪》，卷368《牛皋传》。
② 《宋史》卷368《牛皋传》。
③ 《宋会要》职官70之30—31。
④ 《会编》卷216，《要录》卷156绍兴十七年三月丁卯，《宋史》卷368《牛皋传》。
⑤ 《宋会要》仪制11之23。
⑥ 《周益国文忠公集·奉诏录》卷1《议鄂州军帅御笔·回奏·同日回奏》。
⑦ 《会编》卷150，《武汉文博》2015年第2期武汉市文物考古研究所、武汉大学历史学院《武汉蔡家嘴墓地发现南宋董先墓及墓志铭考》引董先墓志铭，《宋史》卷453《张玘传》。翟兴任京西北路安抚制置使，见《会编》卷120，《要录》卷19建炎三年正月庚辰朔。
⑧ 《会编》卷147，《要录》卷43绍兴元年四月，《宋史》卷452《翟兴传》。
⑨ 《会编》卷147，《要录》卷45绍兴元年六月甲午，《宋史》卷26《高宗纪》。

张玘击败。① 为支援川陕吴玠抗金，董先和董震出兵洛水，败金军数百人。②

绍兴二年二月，董先谋害另一支抗金义军首领李兴未遂，双方发生冲突。董先投降伪齐，③ 与宋将王彦屡次交锋。四月，王彦败董先于马岭关，复商州。④ 十一月，伪齐刘豫召武功郎、河南镇抚司都统制董先至开封府，任大总管府先锋将，董先写密信告张玘，命他不发遣自己家属至开封府，以谋重归宋朝。⑤

绍兴三年，宋将李横北伐，刘豫命董先出战。董先离开封府后，乘机率数百骑士，投奔翟兴之子翟琮，任河南府、孟、汝、郑州镇抚司都统制，后又升武功大夫、吉州观察使、镇抚副使，商、虢、陕州镇抚使等。⑥ 金朝元帅左都监完颜兀术（宗弼）出兵增援伪齐，击败李横等军。四月，伪齐李成以二万人破虢州，董先"率兵五千御之，众寡不敌"，遂统馀部二千馀人南撤，至江南西路洪州，上章待罪。⑦ 十二月，宋廷命牛皋、董先两部一千馀人隶属岳飞。⑧

绍兴四年，董先与牛皋至"行在"临安府，朝见宋高宗，宋廷赏银各一千两。⑨ 董先礼遇隐士王忠民，将他送往宋廷，⑩ 还举荐镇抚司幹办公

---

① 《宋史》卷453《张玘传》。
② 《要录》卷48绍兴元年十月乙亥。
③ 《会编》卷150，《要录》卷51绍兴二年二月，《宋史》卷27《高宗纪》。
④ 《会编》卷150，卷198《林泉野记》，《要录》卷60绍兴二年十一月乙丑，《宋会要》兵18之33，《宋史》卷27《高宗纪》。关于王彦与董先交战情况，各书记载有异，今以《宋会要》和《宋史》为准。
⑤ 《要录》卷60绍兴二年十一月乙丑，《宋史》卷453《张玘传》。
⑥ 《要录》卷62绍兴三年正月甲子，卷65绍兴三年五月丙辰，《宋会要》职官42之77—78，方域10之51，《宋史》卷27《高宗纪》绍兴三年五月丙辰，卷453《张玘传》，《北海集》卷16赐李横、翟琮等抚谕敕书，《华阳集》卷2《董先除观察使陕西安抚》。按《宋史》卷27《高宗纪》绍兴三年四月丁亥载"伪齐知虢州董震及其统制董先来归"，据《张玘传》，"董先"应为"张玘"之误。据《宋会要》和《华阳集》，董先还一度任商、虢、陕三州经略安抚使，虢州知州等职务。
⑦ 《金佗稡编》卷5《鄂王行实编年》，卷10《措置李横等军奏》，《金佗续编》卷29赵鼎《乞支钱粮赡给李横军兵》，《会编》卷155，《要录》卷64绍兴三年四月丙申，卷65绍兴三年五月丙辰、己未，卷67绍兴三年七月庚申，八月乙未，卷69绍兴三年十月癸卯，《中兴小纪》卷15，《皇朝中兴纪事本末》卷26，《宋史》卷27《高宗纪》。
⑧ 《金佗稡编》卷18《措置襄汉乞兵申省状》，《要录》卷71绍兴三年十二月甲午，《宋史》卷453《张玘传》。
⑨ 《要录》卷75绍兴四年四月戊子，《宋会要》礼62之58。
⑩ 《要录》卷65绍兴三年五月辛酉，卷66绍兴三年六月壬子，卷138绍兴十年，《宋会要》选举34之52，《宋史》卷459《王忠民传》。

事李邦孚、虢州录事参军党尚友，其部将董巽特补武翼郎、阁门宣赞舍人。① 岳家军举行第一次北伐，董先参加郢州、襄阳府、邓州等战役，立下战功。② 宋廷建议，复襄汉后，由董先等负责防守，但岳飞并未委派他承担此项差使。③

绍兴五年，董先参加镇压杨幺军。④

绍兴六年，岳家军举行第二次北伐，董先与王贵等攻占虢州。⑤ 是年冬，董先参加对伪齐之反击战。⑥

绍兴九年，宋高宗说："岳飞军中偏裨，如董先、牛皋颇骁勇可用，但先好货，皋嗜酒，皆有所短，未可统众。"不同意两人戍守河南之地。⑦

绍兴十年，岳家军最后一次大举北伐。张宪率军复颍昌府后，由踏白军统制董先和游奕军统制姚政率本部驻守，击败金镇国大王、韩常等军之反扑。后随王贵与金朝都元帅完颜兀术（宗弼）亲率的金军主力激战，大败敌军。⑧

绍兴十一年，董先随岳飞援淮西，岳飞接到张俊和韩世忠两军之败报，说："国家了不得也，官家又不修德！"又对张宪和董先指责"张家人"、"韩家人"不中用。董先"承枢密行府差同提举一行事务"，他奉命统原岳背嵬亲军，"赴行在宿卫"。⑨ 在岳飞冤案中，秦桧胁迫董先至大理

---

① 《要录》卷75绍兴四年四月乙酉，卷80绍兴四年九月甲子。
② 《金佗稡编》卷6《鄂王行实编年》，卷16《邓州捷奏》，《会编》卷159，《要录》卷77绍兴四年六月，卷78绍兴四年七月甲子，《宋史》卷368《张宪传》。
③ 《金佗续编》卷6《措置防守襄阳随郢等州省札》，《照会措置防守已收复州郡省札》。
④ 《金佗续编》卷27黄元振编岳飞事迹载有"董统制"，即是董先。
⑤ 《金佗稡编》卷7《鄂王行实编年》，《忠正德文集》卷8《丙辰笔录》，《要录》卷105绍兴六年九月丙寅朔，《宋史》卷28《高宗纪》。又《皇宋十朝纲要》卷23载董先擒薛亨，与其他记载有异。
⑥ 《金佗稡编》卷7《鄂王行实编年》，《金佗续编》卷27黄元振编岳飞事迹，卷28《孙迪编鄂王事》，《会编》卷207《岳侯传》。
⑦ 《要录》卷132绍兴九年九月己亥，《中兴小纪》卷27绍兴九年十月戊午。
⑧ 《金佗稡编》卷8《鄂王行实编年》，卷16《陈州颍昌捷奏》，《王贵颍昌捷奏》，《金佗续编》卷28《吴拯编鄂王事》，《会编》卷207《岳侯传》，卷208《林泉野记》。
⑨ 《武汉文博》2015年第2期武汉市文物考古研究所、武汉大学历史学院《武汉蔡家嘴基地发现南宋董先墓及墓志铭考》引董先墓志铭。《京口耆旧传》卷8《汤鹏举传》载，岳飞入狱时，汤鹏举任江州知州，杀董先军中谋叛者，董先十分感激。此当发生于董先率背嵬军途经江州时。

寺作证，他显然不愿完全昧着良心，诬陷故帅。①

董先虽统背嵬军平安到行朝，也算有功。岳飞遇害后，却从原同提举一行事务降为侍卫步军司统制。绍兴十六年，董先由熙州观察使改邕州观察使，因与主管侍卫步军司公事赵密不和，离军赋闲。

绍兴十八年，龙、神卫四厢都指挥使、邕州观察使、江南东路马、步军副总管董先因过降一官，后改添差两浙西路马、步军副都总管，平江府驻扎。

绍兴十九年，董先改任鄂州驻扎御前左军统制。② 后升建宁军承宣使。③

绍兴二十六年，龙、神卫四厢都指挥使、建武军承宣使、鄂州驻扎御前选锋军统制董先因病，请求离军，改任江南西路马、步军副都总管之闲职。九月，死于鄂州。④ 宋廷追赠董先节度使。⑤

董先妻王氏，有六子三女，六子为董纲、董绍、董绶、董绅、董绂和董纶。⑥

（二八）张玘

张玘（？—公元1162年）字伯玉，河南府渑池县人。

建炎时，张玘以家财募兵抗金，从者数千人，隶属翟兴，为京西北路安抚制置司前军统制董先之副手，屡次与金军作战。

绍兴元年，金将高琼攻商州，被董先和部将张玘击败。

绍兴二年，张玘率军在渭水一带与金、伪齐军作战。董先降伪齐后，写密信告张玘，命他不发遣自己家属至开封府，以谋重归宋朝。张玘与董震杀伪齐摄虢州知州王倚，起义归宋，并击败伪齐军之进攻。

绍兴三年，翟琮率张玘等军攻入西京河南府，处决伪齐河南尹孟邦雄。董先投奔翟琮，张玘仍充董先副手，由翟琮保奏，升武翼大夫、果州

---

① 《金佗稡编》卷8《鄂王行实编年》，卷24《张宪辨》，《会编》卷207，《要录》卷143绍兴十一年十二月癸巳注，《建炎以来朝野杂记》乙集卷12《岳少保诬证断案》。关于董先作证，应以《张宪辨》之说为准。
② 《要录》卷155绍兴十六年八月庚子，卷158绍兴十八年十一月丁未，《宋会要》职官70之32—33，《会编》卷216。
③ 《樵溪居士集》卷6《赐董先辞免恩命不允诏》。
④ 《要录》卷174绍兴二十六年八月庚辰，卷175绍兴二十六年闰十月丙午，《武汉文博》2015年第2期武汉市文物考古研究所、武汉大学历史学院《武汉蔡家嘴墓地发现南宋董先墓及墓志铭考》引董先墓志铭。
⑤ 《宋会要》仪制11之24。原作"闰正月"，按当年为闰十月，今据以改。
⑥ 《武汉文博》2015年第2期武汉市文物考古研究所、武汉大学历史学院《武汉蔡家嘴墓地发现南宋董先墓及墓志铭考》引董先墓志铭。

— 336 —

团练使、陕州知州。① 李横等军战败，张玘随董先改隶岳飞。

绍兴四年，张玘参加襄汉之役。

绍兴五年，张玘参加镇压杨么军，后升拱卫大夫和亲卫大夫。

绍兴三十一年，亲卫大夫、果州团练使张玘任御营宿卫前军统制，屯兵泗州，随镇江府都统制张子盖救援海州，解除金军之包围。张玘中流矢阵亡，追赠正任容州观察使和清远军承宣使。后于临安府立庙，庙号忠勇。②

（二九）苏坚

绍兴二年，据有商、虢两州的董先，与另一支抗金义军首领李兴发生矛盾，命苏坚械送李兴至翟兴之京西北路安抚制置司，企图在中途杀害李兴，李兴逃脱，幸免于难。③

绍兴十年，岳家军最后一次大举北伐。苏坚时任武翼郎、阁门宣赞舍人、中军统领，岳飞命他权河南府事，与福昌、伊阳、永宁县一带抗金的河南府钤辖李兴取得联系。郝晸等率军克复西京河南府后，由苏坚与李兴共同驻守，"有干城牧众之功"。④

（三〇）李道

李道字行之，相州汤阴县人。⑤

建炎时，李道与其兄李旺聚众抗金，投奔宗泽。李旺因过被宗泽处斩，命李道继续掌管此军。李道后率部投奔屯襄阳府的镇抚使桑仲。

绍兴元年，桑仲命李道任随州知州，授武义郎、阁门宣赞舍人。⑥

绍兴二年，桑仲被部将霍明所杀，李横与李道起兵，为桑仲报仇，霍明自郢州逃奔德安府。⑦ 伪齐派使者招降李横和李道，他们将来使押解宋

---

① 《宋史》卷453《张玘传》，《要录》卷65绍兴三年五月丙辰，《宋会要》兵14之24，《华阳集》卷2《张玘转官》。
② 《要录》卷199绍兴三十二年五月辛亥，己未，《宋史》卷369《张子盖传》，卷453《张玘传》，《宋朝南渡十将传》卷8《张子盖传》，《宋会要》礼20之44，20之49作庙号"登勇"。
③ 《会编》卷150。
④ 《金佗稡编》卷9《遗事》，卷12《李兴吴琦转官告乞付军前给降奏》，《会编》卷204。
⑤ 《宋史》卷465《李道传》，《金佗续编》卷28《孙迪编鄂王事》。
⑥ 《会编》卷145，《要录》卷43绍兴元年三月，《宋史》卷26《高宗纪》，卷465《李道传》。
⑦ 《会编》卷150，卷151，《要录》卷53绍兴二年闰四月己未，《宋史》卷27《高宗纪》，卷465《李道传》。

廷，受到嘉奖。① 宋廷发表李道为邓、随州镇抚使，李道畏惧李横，不敢受任。② 伪齐刘豫命穆楷军进攻，被李道军击退。③ 李横和李道率兵攻德安府，不克而还。④

绍兴三年，宋廷改命武义大夫、阁门宣赞舍人李道依旧任随州知州，领遥郡武义大夫、荣州团练使。⑤ 李道招降伪齐唐州知州胡安中。⑥ 李横北伐失败，伪齐军南侵，李道弃随州南撤，单骑至江州，请求接受岳飞节制，宋廷予以批准。李道改任岳飞所部选锋军统制。⑦

绍兴四年，李道参加岳家军第一次北伐，克唐州。按宋廷指令，岳飞命李道任唐、邓、郢州、襄阳府四州都统制，负责防守。⑧

绍兴五年，因襄汉战功，宋高宗赐李道金束带一条。⑨

李道后官至遥郡復州防御使、果（？）州观察使。⑩ 绍兴十一年或绍兴十二年，李道与梁兴同守襄阳府。⑪

绍兴十三年，中侍大夫、武胜军承宣使、鄂州驻扎御前选锋军统制李道改任前军统制。⑫

---

① 《要录》卷54绍兴二年五月辛酉，《北海集》卷16《赐知随州李道奖谕敕书》，《赐武功大夫遥郡防御使襄阳府郢州镇抚使李横武义大夫兼阁门宣赞舍人邓随州镇抚使李道权知邓州桑立奖谕敕书》，《宋史》卷465《李道传》。

② 《要录》卷36建炎四年八月戊戌注，卷55绍兴二年六月辛丑，《宋史》卷27《高宗纪》，卷465《李道传》。

③ 《宋史》卷465《李道传》。

④ 《会编》卷151，《要录》卷57绍兴二年八月乙巳，《梁溪全集》卷73《乞下镇抚使令有寇盗侵犯邻镇合出兵迭出应援奏状》。

⑤ 《要录》卷62绍兴三年正月乙亥，卷63绍兴三年三月庚申，《华阳集》卷1《李道迁荣州团练使》，《宋史》卷465《李道传》。

⑥ 《要录》卷64绍兴三年四月甲午，《宋史》卷465《李道传》。

⑦ 《金佗稡编》卷5《鄂王行实编年》，卷10《措置李横等军奏》，《奏审李道牛皋军奏》，《金佗续编》卷29赵鼎《乞支钱粮赡给李横军兵》，《要录》卷69绍兴三年十月癸卯，卷71绍兴三年十二月甲午，《宋史》卷27《高宗纪》，卷465《李道传》。

⑧ 《金佗稡编》卷9《遗事》，卷10《条具荆襄相度移治及差官奏》，《金佗续编》卷6《措置防守襄阳随郢等州省札》，《照会措置防守已收复州郡省札》，《要录》卷78绍兴四年七月丁丑，《宋史》卷465《李道传》。

⑨ 《要录》卷85绍兴五年二月癸巳。又《江湖长翁文集》卷22《记岳侯事》载，岳飞委派张宪代替李道，降服湖南"盗"张平事，不知是何年月，今附注于此。

⑩ 《宋史》卷465《李道传》。据《宋史》卷89《地理志》，果州为团练州，不当有观察使，今姑以存疑。

⑪ 《北山文集》卷1《勘襄阳府疏》。

⑫ 《要录》卷149绍兴十三年六月壬辰。

绍兴二十四年，李道迁一官。① 他率部镇压武冈军瑶人杨再兴叛乱，并命将官高仲镇压朱持叛军。②

绍兴二十五年，李道落阶官，升正任保宁军承宣使，加龙、神卫四厢都指挥使。③ 后迁镇南军承宣使。④

绍兴三十年，宋廷命李道以所部移屯荆南府，四月，改任荆南府驻扎御前前军、右军统制。后因刘锜调任，李道升荆南府驻扎御前诸军都统制，并调循州摧锋军、赣州右翼军归他节制，但两军将士不服。他脱离鄂州驻扎御前诸军都统制田师中的管辖，独自成军，田师中也因而与他发生龃龉。⑤

绍兴三十一年，宋金再战，李道所部为荆襄战场重要军力之一，他与成闵、吴拱三军，计有十万兵力，然而至绍兴三十二年，荆襄宋军实际上并无多少战功可言。⑥

绍兴三十二年六月，宋廷发表龙、神卫四厢都指挥使、镇南军承宣使、荆南府驻扎御前诸军都统制李道改授捧日、天武四厢都指挥使、荆南知府。⑦

李道女李凤娘后为宋光宗皇后。⑧ 宋孝宗乾道二年，因李道"凭恃戚里，妄作"，罢荆南知府。后任荆湖北路副总管，死后追赠庆远军节度使。⑨

---

① 《要录》卷166绍兴二十四年五月丁巳。
② 《要录》卷166绍兴二十四年三月壬申，卷167绍兴二十四年九月辛亥朔，《汉滨集》卷5《论潭衡郴州桂阳军贼盗札子》，《宋史》卷31《高宗纪》，卷465《李道传》。
③ 《要录》卷168绍兴二十五年正月辛未，《宋会要》兵18之40—41，《宋史》卷31《高宗纪》，卷465《李道传》。
④ 《宋史》卷465《李道传》。
⑤ 《要录》卷185绍兴三十年四月庚午，卷187绍兴三十年十二月庚午，卷192绍兴三十一年八月甲辰，《宋史》卷31《高宗纪》，卷465《李道传》，《文定集》卷1《应诏言弭灾防盗事》。
⑥ 《会编》卷229，卷246，《要录》卷189绍兴三十一年四月甲辰，卷190绍兴三十一年五月丙申、庚子，卷195绍兴三十一年十二月己亥朔，卷198绍兴三十二年三月辛酉，《宋会要》兵14之39，42—43，19之3—4、17，《宋史》卷465《李道传》，《历代名臣奏议》卷234王质上书，《周益国文忠公集·省斋文稿》卷30《枢密使赠金紫光禄大夫汪公（澈）神道碑》。
⑦ 《要录》卷200绍兴三十二年六月己巳，《宋史》卷465《李道传》。
⑧ 《宋史》卷243《光宗慈懿李皇后传》，卷462《皇甫坦传》，又《周益国文忠公集·掖垣类稿》卷4载李道父、母、妻之封赠制词。
⑨ 《宋史》卷33《孝宗纪》，卷465《李道传》。

乾道七年，追赠李道太尉，后谥忠毅。① 绍熙时，因宋光宗即位，又对李凤娘三代实行追封。②

（三一）韩逳

绍兴二年，忠训郎韩逳为阁门祗候、孝感（今湖北孝感市）知县。李横攻德安府，韩逳运粮支援守城。③

绍兴三年，秉义郎、阁门祗候韩逳因措置营田事，转一官资，后又进一官，任復州知州。④

绍兴四年，因襄阳府等地失陷，復州便成"极边"，宋廷进修武郎、阁门祗候韩逳一官，兼阁门宣赞舍人。他向宋廷申报伪齐军事部署。⑤ 五月，岳飞兼制置復州，韩逳便成为岳飞部属。

绍兴五年，韩逳因"招辑流亡，经理郡事，备见有方"，转一官，并规定任满日再任。⑥

绍兴六年，伪齐军劫掠邓州高安镇，知州、武德郎、阁门宣赞舍人韩逳降一官。⑦ 十月，韩逳上奏，要求减免邓州赋税。⑧

绍兴八年，岳飞保奏邓州知州韩逳"措置宣力"，进一官。⑨

（三二）崔邦弼

北宋末，崔邦弼为御前弓马子弟所出身，出仕青州，参加当地勤王之师，未至开封府而还。

建炎三年，刘洪道任青州知州，用崔邦弼为将。崔邦弼曾在青州、潍

---

① 《宋会要》仪制 11 之 21，礼 58 之 95—96，《宋史》卷 465《李道传》。
② 《宋会要》仪制 12 之 10，《宋史》卷 465《李道传》。一说追封和王与福王，另一说追封楚王。
③ 《要录》卷 54 绍兴二年五月乙丑，卷 57 绍兴二年八月乙巳。
④ 《宋会要》食货 63 之 92—93，《要录》卷 64 绍兴三年四月庚子。
⑤ 《要录》卷 72 绍兴四年正月丁卯，《金佗续编》卷 5《照会伪齐已差人占据州郡省札》。
⑥ 《要录》卷 90 绍兴五年六月乙丑，《宋会要》职官 60 之 29。
⑦ 《要录》卷 104 绍兴六年八月壬戌。
⑧ 《宋会要》食货 63 之 6—7。
⑨ 《要录》卷 118 绍兴八年二月壬戌，《筠溪集》卷 5《知邓州韩逳知〔均〕州格禧措置有方各转一官》。

州一带与金军作战。刘洪道力不能守，遂放弃青州。①

建炎四年，吕颐浩任建康府路安抚大使、兼池州知州，刘洪道任安抚大使司参谋官，崔邦弼充安抚大使司部将。②

绍兴元年，吕颐浩督崔邦弼等军破盗匪张琪于饶州。③

绍兴二年，宋廷命崔邦弼等军听淮西招抚使李光"勾抽使唤"。刘洪道任鄂州知州、荆湖北路安抚使，宋廷又命崔邦弼、颜孝恭两部随同赴任。④ 因所部在途中掳掠杀人，武显大夫、吉州刺史崔邦弼贬秩二等。⑤ 鄂州乏粮，刘洪道又与崔邦弼、颜孝恭两军暂驻建昌军。⑥

绍兴三年，崔邦弼参加镇压杨幺军。⑦

绍兴四年，崔邦弼、颜孝恭两军拨归岳飞节制，参加襄汉之役。后因岳飞请求，宋廷将崔邦弼一军约三千人，正式拨属岳飞。⑧

绍兴五年，宋高宗赐岳飞荆、襄制置司统制崔邦弼金束带一条。⑨ 崔邦弼再次参加镇压杨幺军，转一官。⑩ 宋高宗诏问前任宰执战守方略，吕颐浩建议命崔邦弼等部自海上进攻京东等地。⑪

绍兴六年冬，崔邦弼军在信阳军一带屯驻，他发兵击败伪齐军之进犯。⑫ 后因军赏转官，制词中有"捐躯抗敌，屡立战多，载畴昔劳"之语。⑬

---

① 《会编》卷120，卷176吕颐浩奏，《要录》卷19建炎三年正月乙未，卷20建炎三年二月丁巳，卷21建炎三年三月，《历代名臣奏议》卷90吕颐浩奏。史载崔邦弼"子弟所出身"，据《宋史》卷34《孝宗纪》，卷368《王彦传》，《玉海》卷139和《挥麈录馀话》卷1，子弟所的全名为御前弓马子弟所。
② 《会编》卷142，《要录》卷37建炎四年九月辛丑，《宋会要》兵29之34。
③ 《要录》卷46绍兴元年七月辛酉，《景定建康志》卷48《吕颐浩传》，《宋史》卷362《吕颐浩传》。
④ 《要录》卷51绍兴二年正月壬子，二月甲戌，己丑。
⑤ 《要录》卷55绍兴二年六月丁酉。
⑥ 《梁溪全集》卷67《乞拨颜孝恭军马付本司使唤奏状》。
⑦ 《要录》卷66绍兴三年六月甲午。
⑧ 《金佗稡编》卷6《鄂王行实编年》，卷18《措置襄汉乞兵申省状》，《金佗续编》卷5《朝省行下事件省札》。崔邦弼所部兵额据《会编》卷176，《历代名臣奏议》卷90吕颐浩奏。又《会编》卷165，《要录》卷83绍兴四年十二月丁亥注引《中兴遗史》，说崔邦弼军一度拨隶马扩，恐误。
⑨ 《要录》卷85绍兴五年二月癸巳。
⑩ 《要录》卷86绍兴五年闰二月辛酉，《斐然集》卷12《崔邦弼转一官》。
⑪ 《会编》卷176，《历代名臣奏议》卷90吕颐浩奏，《要录》卷87绍兴五年三月。
⑫ 《梁溪全集》卷92《乞遣兵策应岳飞奏状》。
⑬ 《苕溪集》卷33《崔邦弼朱中兴叙复军赏转官》。

绍兴二十九年，右武大夫、吉州刺史崔邦弼任蕲州知州。①

绍兴三十一年，宋金再战，通州知州崔邦弼弃城逃遁，降两官放罢。②

（三三）颜孝恭

建炎三年，宋廷另置御营使司五军，统制颜孝恭所部即为五军之一。③闰八月，杜充任江、淮宣抚使，颜孝恭等军皆归杜充指挥。④

建炎四年，吕颐浩任建康府路安抚大使、兼池州知州，神武右副军统制颜孝恭听其"使唤"，所部于翌年取消原有的军号。⑤

绍兴元年七月，吕颐浩督颜孝恭等军破盗匪张琪于饶州。⑥是年冬至翌年，颜孝恭、郝晸两军会合岳飞部将徐庆、王万等，破石陂寨兵变首领姚达、饶青于建昌军，招降馀党李宝，杀余照。⑦颜孝恭还参与镇压虔州李敦仁叛乱。⑧

绍兴二年，颜孝恭任荆湖北路安抚使司后军统制，所部仅五、六百人，与崔邦弼军随刘洪道往鄂州赴任。⑨因鄂州乏粮，刘洪道又与崔邦弼、颜孝恭两军暂驻建昌军。⑩

绍兴三年，拱卫大夫、忠州刺史颜孝恭因平石陂寨兵变有功，升贵州团练使。⑪他奉命率本部一千九百人，参加镇压杨么叛军。⑫

绍兴四年，颜孝恭和崔邦弼军归岳飞节制，参加襄汉之役。后岳飞请

---

① 《要录》卷183绍兴二十九年十二月癸丑。
② 《会编》卷238，卷246，《要录》卷194绍兴三十一年十一月庚午，卷195绍兴三十一年十二月己亥朔，《宋史》卷32《高宗纪》。
③ 《会编》卷130。
④ 《要录》卷27建炎三年闰八月辛卯，《宋会要》刑法7之32。
⑤ 《会编》卷142，卷194《林泉野记》，《要录》卷37建炎四年九月辛丑，《宋史》卷26《高宗纪》，《金佗续编》卷5《除神武右副军统制省札》。
⑥ 《会编》卷147，《要录》卷46绍兴元年七月辛酉。
⑦ 《要录》50绍兴元年十二月甲戌，卷57绍兴二年八月甲午，卷59绍兴二年十月癸巳，《宋史》卷26，卷27《高宗纪》，《梁溪全集》卷69《乞催江东安抚大使司差那兵将会合捉杀姚达奏状》。
⑧ 《要录》卷47绍兴元年九月丙申注，卷52绍兴二年三月壬辰朔，《宋会要》兵10之28。
⑨ 《要录》卷51绍兴二年二月己丑，卷59绍兴二年十月癸巳，《梁溪全集》卷68《乞差辛企宗等军马奏状》。
⑩ 《梁溪全集》卷67《乞拨颜孝恭军马付本司使唤奏状》。
⑪ 《要录》卷65绍兴三年五月辛未，《华阳集》卷2《颜孝恭转遥郡团练使》。
⑫ 《要录》卷64绍兴三年四月戊戌，辛丑。

求将颜孝恭所部正式隶属本人统辖。①

绍兴十一年十一月，即岳飞入冤狱后，宋廷发表拱卫大夫、贵州团练使颜孝恭任随州知州。② 可知在八、九年间，颜孝恭未升一官。

（三四）张应

绍兴四年，岳家军克复襄阳府等六郡后，武翼郎、阁门宣赞舍人张应任邓州知州。③

绍兴十年，岳家军最后一次大举北伐，张应和韩清为中军将官，参加克复西京河南府等战役。④

绍兴十一年，岳飞被解除兵柄后，张应仍在背嵬军中服役。⑤

（三五）韩清

绍兴十年，岳家军最后一次大举北伐，韩清和张应为中军将官，参加克复西京河南府等战役。⑥

（三六）高青

绍兴四年，岳家军克复襄阳府等六郡后，修武郎高青任唐州知州。⑦

绍兴五年，伪齐军攻唐州湖阳县，俘武经郎、知州高青，后予释放，诏降两官。⑧

---

① 《金佗稡编》卷6《鄂王行实编年》，卷18《措置襄汉乞兵申省状》，《金佗续编》卷5《朝省行下事件省札》。
② 《要录》卷142绍兴十一年十一月乙巳。
③ 《金佗稡编》卷9《遗事》，卷11《收复唐邓信阳差官奏》，《要录》卷79绍兴四年八月甲辰。
④ 《金佗稡编》卷8《鄂王行实编年》，卷16《复西京奏》，《金佗续编》卷28《吴拯编鄂王事》，《会编》卷204，卷208《林泉野记》，《要录》卷137绍兴十年七月癸卯，《宋史》卷29《高宗纪》。又《会编》卷207《岳侯传》，《要录》136绍兴十年闰六月丁酉载郝晸、张应、韩清克郑州，系误。
⑤ 《金佗稡编》卷24《张宪辨》，《挥麈录馀话》卷2，《要录》卷143绍兴十一年十二月癸巳注载王俊诬告状。
⑥ 《金佗稡编》卷8《鄂王行实编年》，卷16《复西京奏》，《金佗续编》卷28《吴拯编鄂王事》，《会编》卷204，卷208《林泉野记》，《要录》卷137绍兴十年七月癸卯，《宋史》卷29《高宗纪》。又《会编》卷207《岳侯传》，《要录》卷136绍兴十年闰六月丁酉载郝晸、张应、韩清克郑州，系误。
⑦ 《金佗稡编》卷9《遗事》，卷11《收复唐邓信阳差官奏》，《要录》卷79绍兴四年八月甲辰。
⑧ 《要录》卷91绍兴五年七月壬午，《宋史》卷28《高宗纪》。

（三七）舒继明

舒继明（？—公元1135年）为信阳军罗山县人，"身长七尺，善骑射，矢不虚发"，"时人以金刚目之"。①

绍兴四年，岳家军克复襄阳府等六郡后，承节郎舒继明为成忠郎、阁门祗候、信阳知军。②

绍兴五年，伪齐将商元犯信阳军，舒继明率麾下十三人力战，矢尽被俘，宁死不屈，追赠修武郎，其家一人补官。③

（三八）李迪

绍兴五年，舒继明被俘遇害，岳飞命忠训郎、阁门祗候、随州兵马都监李迪继任信阳知军。④

（三九）王昇

绍兴四年，岳家军克复襄阳府等六郡后，以王昇借保义郎，任襄阳府兵马监押。⑤

（四〇）姚禾

绍兴四年，岳家军克复襄阳府等六郡后，忠训郎姚禾任襄阳府司法参军。⑥

（四一）邵俅

邵俅原为小吏，被岳飞识拔。

绍兴四年，岳家军克复襄阳府等六郡后，忠训郎邵俅借秉义郎，权签书武胜军节度判官厅公事。⑦

---

① 《要录》卷79绍兴四年八月甲辰，《舆地纪胜》卷80《信阳军》。
② 《金佗稡编》卷9《遗事》，卷11《收复唐邓信阳差官奏》，《要录》卷79绍兴四年八月甲辰，《舆地纪胜》卷80《信阳军》。
③ 《金佗稡编》卷9《遗事》，《要录》卷85绍兴五年二月，《宋史》卷28《高宗纪》，《舆地纪胜》卷80《信阳军》。
④ 《要录》卷85绍兴五年二月。
⑤ 《金佗稡编》卷11《襄阳差职官奏》。
⑥ 《金佗稡编》卷11《襄阳差职官奏》。
⑦ 《金佗稡编》卷9《遗事》，卷11《收复唐邓信阳差官奏》。据《宋史》卷85《地理志》，邓州节镇军名武胜军，邵俅的正式官衔当如正文。

（四二）祁超

宋钦宗靖康元年十二月，信德知府梁扬祖率武功郎、统制祁超等五军至北京大名府，接受河北大元帅康王赵构领导。①

靖康二年，康王大元帅府编组五军，祁超任前军统制，所部二千五百人，随康王驻东平府，又前往南京应天府即位。②

绍兴二年，亲卫大夫、鼎州团练使祁超所部五千人，任江南西路安抚大使司统制。③

绍兴五年，祁超等军参加镇压杨么叛军后，拨属岳飞。④

（四三）丘赟

丘赟（？—公元1140年）在绍兴四年任江南西路安抚制置司中军统领，参加镇压建昌军兵变。⑤

绍兴五年、六年间，丘赟一军近二千人，拨属岳飞。⑥

绍兴十年，丘赟与刘辅之、韩元、周赡、左迪、马赟、杜横、李友等在岳家军北伐时战死。岳飞上报后，宋廷追赠丘赟、刘辅之、韩元各二官，周赡、左迪、马赟、杜横各六官，李友为使臣，亦予以追赠。⑦

（四四）高道

绍兴三年，盗匪"花面兽"刘忠馀部犯分宁、武宁县，江西安抚大使司派武经郎、统领高道等军讨平，迁一官。⑧

绍兴五年，高道所部五百人参加镇压杨么叛军后，拨属岳飞。⑨

---

① 《会编》卷72。
② 《会编》卷79，卷94。
③ 《要录》卷54绍兴二年五月辛酉，卷78绍兴四年七月庚申。
④ 《梁溪全集》卷82《论江西军马札子》，卷87《措置招军画一奏状》，《斐然集》卷17《寄张德远》。
⑤ 《要录》卷78绍兴四年七月丙寅，《宋史》卷27《高宗纪》说丘赟为统制，系误。又《永乐大典》卷6524《昆陵集·乞蠲减月桩札子》也提及丘赟。
⑥ 《梁溪全集》卷82《论江西军马札子》，卷85《乞差兵将讨捕虔吉盗贼及存留李山弹压奏状》，《乞将丘赟下存留洪州军兵充亲兵奏状》，卷87《措置招军画一奏状》。
⑦ 《紫微集》卷19丘赟等赠官制。
⑧ 《要录》卷63绍兴三年二月庚戌，《宋会要》兵18之33—34。
⑨ 《梁溪全集》卷85《乞将丘赟下存留洪州军兵充亲兵奏状》。

（四五）任士安

任士安原为范琼部将。建炎三年，宋廷因范琼在北宋末助金军为逆，将他处死。任士安所部数千人改隶御营司，后随神武副军都统制辛企宗进驻福建路。

绍兴元年，范汝为叛军攻南剑州，知州张觷督武德郎任士安击败叛军。①

绍兴二年，李纲任荆湖、广南路宣抚使，统制任士安及其统领阵照、马準、李建，率所部二千五百馀人，随李纲至潭州赴任。② 任士安等军在荆湖南路招降盗匪马友馀部步谅。③

绍兴三年，武显大夫任士安因降步谅等功，加阁门宣赞舍人。④ 宋廷命任士安等军参加镇压杨么叛军，⑤ 但任士安等不服王瓛指挥，作战不力。

绍兴五年，岳飞率军前往湖湘，鞭任士安一百，以儆戒荆湖南路安抚司各统制，令任士安部充饵兵，与杨么军作战，获胜。⑥ 遥郡贵州刺史任士安因功转一官，⑦ 其部属并入岳家军。⑧ 宋高宗有旨，令岳飞自鄂州移军屯荆南府。岳飞遍问诸将，独任士安说："若往江陵，则失长江之利。"岳飞听从，遂申奏留驻鄂州。⑨

绍兴六年，宋廷批准李纲奏辟，左武大夫、吉州团练使任士安脱离岳飞管辖，改任江南西路安抚制置大使司都统制、兼统中军。⑩

---

① 《要录》卷49绍兴元年十一月癸丑，《宋史》卷379《张觷传》。
② 《要录》卷51绍兴二年二月庚午，《梁溪全集》卷65《乞拨还陈照等人兵奏状》，卷66《乞令韩世忠不拘路分前去广东招捕曹成奏状》，卷67《乞拨颜孝恭军马付本司使唤奏状》，卷69《乞拨还韩京等及胡友等两项军马奏状》，卷72《开具本司差到任仕安等兵马人数留韩京等军马奏状》。
③ 《梁溪全集》卷73《收降到马友下溃兵步谅等奏状》，卷75《讨杀本路作过溃兵了当见措置杨么等贼奏状》。
④ 《要录》卷64绍兴三年四月庚戌，《宋会要》职官34之4。
⑤ 《要录》卷66绍兴三年六月甲午，卷70绍兴三年十一月癸亥。
⑥ 《金佗稡编》卷6《鄂王行实编年》，卷16《湖寇捷奏》，《金佗续编》卷28《吴拯编鄂王事》，《会编》卷168，卷207《岳侯传》，卷208《林泉野记》，《要录》卷85绍兴五年二月壬辰，卷86绍兴五年闰二月辛酉，卷90绍兴五年六月甲辰。
⑦ 《斐然集》卷12《任士安立功转一官仍贵州刺史》。
⑧ 《斐然集》卷17《寄张德远》，《要录》卷96绍兴五年十二月庚子。又《会编》卷155载任士安部绍兴三年已并入岳家军，系误。《金佗稡编》卷18《措置襄汉乞兵申省状》载，迟至绍兴四年，岳飞仍请求并统任士安等军，而未获宋廷批准。
⑨ 《朱子语类》卷127。
⑩ 《梁溪全集》卷91《乞拨韩京等军马奏状》，卷104《与李尚书措置画一札子》。

（四六）陈照

陈照原为任士安部下统领。

绍兴二年，时陈照与另一统领马準屯驻南剑州。① 后随李纲、任士安移军荆湖南路，② 招降盗匪马友馀部步谅、安镇、翟忠等，又破盗匪刘忠馀部谭深。③

绍兴三年，陈照和马準在浏阳（今湖南浏阳市）一带拦截江南西路一股溃兵，"逼逐出境"。④

绍兴五年，武功郎、统领陈照参加镇压杨么军。此后应随任士安隶属岳飞。⑤

（四七）马準

马準原为任士安部下统领。

绍兴二年，时马準与另一统领陈照屯驻南剑州。⑥ 后随李纲、任士安移军荆湖南路，⑦ 招降和镇压盗匪马友馀部步谅、王进，李宏馀部王顺等。⑧

绍兴三年，马準和陈照在浏阳一带拦截江南西路一股溃兵，"逼逐出境"。马準又和郝晸前往茶陵县，支援韩京军，对付邓装和彭友。⑨

绍兴二年至五年，马準屡次参加镇压杨么叛军之军事行动。⑩ 此后应随任士安隶属岳飞。

---

① 《要录》卷53绍兴二年四月癸亥，《梁溪全集》卷65《乞拨还陈照等人兵奏状》。
② 《梁溪全集》卷69《乞拨还韩京等及胡友等两项军马奏状》。
③ 《梁溪全集》卷73《收降到马友下溃兵步谅等奏状》，《招降到安镇等人兵奏状》，卷75《讨杀本路作过溃兵了当见措置杨么等贼奏状》。
④ 《梁溪全集》卷120《与吕提刑第三书》，《与吕提刑第五书》。
⑤ 《金佗稡编》卷16《湖寇捷奏》。《要录》卷99绍兴六年三月丙子载，由荆湖南路制置大使改任四川制置大使的席益奏，"臣尝乞郝晸、焦元、李建、陈元等军马"戍蜀，"未蒙俞允"。按此处"陈元"当为"陈照"之误。陈照等军已并入岳家军，故宋廷不批准席益之奏请。
⑥ 《要录》卷53绍兴二年四月癸亥，《梁溪全集》卷65《乞拨还陈照等人兵奏状》。
⑦ 《梁溪全集》卷69《乞拨还韩京等及胡友等两项军马奏状》。
⑧ 《梁溪全集》卷73《收降到马友下溃兵步谅等奏状》，卷74《招降到王进等人兵奏状》，卷75《讨杀本路作过溃兵了当见措置杨么等贼奏状》。
⑨ 《梁溪全集》卷120《与吕提刑第三书》，《与吕提刑第五书》，原文作"陈照、李建等"，通观全文，"李建"系"马準"之误，李建时参加对杨么之军事行动。
⑩ 《要录》卷60绍兴二年十一月甲戌，卷70绍兴三年十一月戊寅，卷79绍兴四年八月壬寅，卷86绍兴五年闰二月辛酉，《金佗稡编》卷11《措置杨么水寇事宜奏》。

（四八）李建

李建原为任士安部下统领。

绍兴二年，时李建与任士安屯驻建州（治建安、瓯宁，今福建建瓯市）。① 后随李纲、任士安移军荆湖南路，② 招降盗匪马友馀部王进。③

绍兴二年至五年，李建屡次参加镇压杨幺叛军之军事行动。④ 此后随任士安隶属岳飞。四川制置大使席益请求将李建等军移屯四川，宋廷不予批准。⑤

绍兴六年冬，李建参加岳家军第三次北伐。⑥

后鄂州为岳飞建忠烈庙，庙中也设李建画像。⑦

（四九）郝晸

绍兴元年，郝晸隶属江南东路安抚大使吕颐浩，同安抚大使司各军破盗匪张琪于饶州。⑧ 是年冬至翌年，郝晸、颜孝恭两军会合岳飞部将徐庆、王万等，破石陂寨兵变首领姚达、饶青于建昌军。⑨ 郝晸军还参加镇压李敦仁叛乱。⑩

绍兴二年，李纲任荆湖、广南路宣抚使，请求将郝晸所部一、二千人拨属本宣抚司，得到宋廷批准。⑪ 郝晸军参加镇压盗匪李宏馀部王顺。⑫

绍兴三年，郝晸与马準军前往茶陵县，支援韩京军，对付邓装和彭

---

① 《梁溪全集》卷65《乞拨还陈照等人兵奏状》。
② 《梁溪全集》卷69《乞拨还韩京等及胡友等两项军马奏状》。
③ 《梁溪全集》卷74《招降到王进等人兵奏状》。
④ 《要录》卷60绍兴二年十一月甲戌，《梁溪全集》卷120《与吕提刑第三书》，《与吕提刑第五书》。
⑤ 《要录》卷99绍兴六年三月丙子。
⑥ 《金佗续编》卷28《孙迪编鄂王事》。
⑦ 《金佗续编》卷14《敕建忠烈庙省牒》。
⑧ 《会编》卷147，《要录》卷46绍兴元年七月辛酉。
⑨ 《要录》50绍兴元年十二月甲戌，《宋史》卷26《高宗纪》。
⑩ 《宋会要》兵10之28。
⑪ 《梁溪全集》卷67《乞拨颜孝恭军马付本司使唤奏状》，卷68《乞差辛企宗等军马奏状》，卷69《乞差杨惟忠下胡友毛佐军马奏状》，《乞拨还韩京等及胡友等两项军马奏状》，卷72《开具本司差到任安等兵马人数留韩京等军马奏状》。
⑫ 《梁溪全集》卷75《讨杀本路作过溃兵了当见措置杨幺等贼奏状》。又《要录》卷60绍兴二年十一月甲戌，《宋史》卷27《高宗纪》载郝晸招降王进，据《梁溪全集》卷74《招降到王进等人兵奏状》，郝晸并未参加此次军事行动。

友。① 武经郎、阁门宣赞舍人郝晸因平石陂寨兵变有功，升官。②

绍兴五年，郝晸随岳飞镇压杨么军，③ 转遥郡刺史。④ 时太学生侯邦为郝晸门客，向岳飞献策，郝晸怀疑侯邦说自己军中阴私，企图杀死侯邦，被岳飞及时制止。岳飞至郝晸军中作客，郝晸以"酸馅"招待，岳飞说他平生未曾吃过此种食品，命将剩馀者留下作晚食，使众人感到惊愕和惭愧。⑤ 岳飞曾于绍兴四年上奏，请求并统任士安等军，而将郝晸等军留潭州"弹压"。⑥ 至此，郝晸军正式并入岳家军。⑦ 四川制置大使席益请求将郝晸等军移屯四川，宋廷不予批准。⑧

绍兴六年，郝晸参加岳家军第二次北伐，与王贵、董先克虢州。⑨ 是年冬，郝晸参加反击伪齐军之战斗。⑩

绍兴十年，岳家军最后一次大举北伐，郝晸时任中军副统制，参加克复西京河南府等战。⑪

绍兴十一年，郝晸奉命率军往荆湖南路，镇压骆科变乱。⑫

绍兴十三年，鄂州驻扎御前中军副统制郝晸升权选锋军统制。⑬

绍兴二十四年，鄂州驻扎御前左军统制郝晸进一官。⑭

绍兴三十一年，宋金再战，成闵任湖北、京西路制置使，郝晸赂成闵黄金三百两，遂任襄阳知府，主管京西南路安抚司公事。⑮ 郝晸其实并未

---

① 《梁溪全集》卷120《与吕提刑第三书》，《与吕提刑第五书》。
② 《要录》65绍兴三年五月辛未。
③ 《金佗续编》卷28《吴拯编鄂王事》，《会编》卷168，卷208《林泉野记》，《要录》卷86绍兴五年闰二月辛酉，卷90绍兴五年六月甲辰。
④ 《斐然集》卷13《郝晸遥郡刺史》。
⑤ 《金佗续编》卷27黄元振编岳飞事迹。
⑥ 《金佗稡编》卷18《措置襄汉乞兵申省状》。
⑦ 《斐然集》卷17《寄张德远》。《会编》卷155载郝晸为任士安部属，于绍兴三年拨隶岳飞，系误。
⑧ 《要录》卷99绍兴六年三月丙子。
⑨ 《金佗稡编》卷7《鄂王行实编年》，《忠正德文集》卷8《丙辰笔录》，《要录》卷105绍兴六年九月丙寅朔，《宋史》卷28《高宗纪》。
⑩ 《会编》卷207《岳侯传》。
⑪ 《金佗稡编》卷16《复西京奏》，《会编》卷204，207《岳侯传》。《岳侯传》，《要录》卷136绍兴十年闰六月丁酉和《宋史》卷29《高宗纪》载郝晸、张应、韩清克郑州，系误。
⑫ 《要录》卷142绍兴十一年十月丁亥，《宋史》卷29《高宗纪》。
⑬ 《要录》卷149绍兴十三年六月壬辰。
⑭ 《要录》卷166绍兴二十四年五月丁巳。
⑮ 《会编》卷229，卷231，《要录》卷192绍兴三十一年九月庚辰。

立多少战功。①

绍兴三十二年，宋廷改命王宣任襄阳知府，亲卫大夫、鼎州观察使、鄂州驻扎御前左军统制郝晸"令依旧归军"。②

（五〇）王俊

王俊为济南府人（一说东平府人），充东平府雄威禁兵，因告发军兵呼千谋反，补本营副都头。

靖康元年，王俊随从范琼在开封与金军作战，中箭折落两齿，授成忠郎。王俊甚得范琼宠信，升迁至诸司正使、右军统制、同提举一行事务。

建炎三年，宋廷因范琼在北宋末助金军为逆，将他处死，王俊所部改隶御营司。③

绍兴二年，武功大夫、康州刺史王俊所部驻荆湖南路，随任士安招降盗匪马友馀部步谅。④ 李纲命王俊军屯湘阴县（今湖南湘阴县），"以备杨么"。⑤

绍兴五年，王俊参加镇压杨么军。⑥ 后并入岳家军。⑦ 王俊任前军副统制，为前军统制张宪之副手，"从战无功，岁久不迁"。

绍兴十一年，岳飞被解除兵柄。九月，王俊乘副都统制张宪前往镇江府参谒枢密使张俊之机，出首诬告张宪谋反，宋廷设置冤狱，杀害岳飞、岳云和张宪。⑧ 王俊因诬告之功，自左武大夫、果州防御使超擢正任观察使。⑨

绍兴二十二年，宋高宗和秦桧追念庐州观察使王俊诬告有功，授两浙

---

① 《会编》卷234，卷246，《宋会要》兵15之9—10。
② 《要录》卷199绍兴三十二年四月乙未。
③ 《挥麈录馀话》卷2，《会编》卷206，《要录》卷141绍兴十一年九月癸卯。
④ 《梁溪全集》卷73《收降到马友下溃兵步谅等奏状》。
⑤ 《梁溪全集》卷120《与吕提刑第三书》。
⑥ 《金佗续编》卷28《吴拯编鄂王事》，《会编》卷168，卷207《岳侯传》，卷208《林泉野记》，《要录》卷86绍兴五年闰二月辛酉，卷90绍兴五年六月甲辰。
⑦ 《斐然集》卷17《寄张德远》，其中提及"王宗"，疑为"王俊"之误。
⑧ 《金佗稡编》卷8《鄂王行实编年》，卷24《张宪辨》，《挥麈后录》卷11，《挥麈录馀话》卷2，《会编》卷206，卷207，卷207《岳侯传》，卷208《林泉野记》，《要录》卷141绍兴十一年九月癸卯，卷142绍兴十一年十一月壬戌，卷143绍兴十一年十二月癸巳注，《宋史》卷29《高宗纪》，卷368《张宪传》。
⑨ 《金佗稡编》卷8《鄂王行实编年》。据《宋史》卷89《地理志》，果州为团练州，不当设防御使，然而《鄂王行实编年》，《挥麈录馀话》卷2和《要录》卷143绍兴十一年十二月癸巳注都记载王俊为防御使，今姑以存疑。

东路马、步军副都总管之优闲职务。①

（五一）焦元

绍兴二年，统领焦元在荆湖南路，与李建、马準等部招降盗匪马友馀部王进。②

绍兴三年，焦元奉荆湖、广南路宣抚使李纲令，屯兵醴陵县（今湖南醴陵市），以防江西溃兵侵轶。③

绍兴五年，岳飞镇压杨么叛军后，焦元军应并入岳家军。四川制置大使席益请求将焦元等军移屯四川，宋廷不予批准。④

绍兴十年，岳家军最后一次大举北伐，焦元参加复西京河南府等战。⑤

绍兴三十二年，宋金再战，焦元任鄂州驻扎御前踏白军统制。正月，焦元军奉命增援蔡州。二月，焦元受伤，与赵樽撤离蔡州，升正任刺史。⑥

（五二）杜湛

建炎三年，杜湛任蔡州汝阳县尉，击败进犯蔡州的盗匪张用、田皋、刘可等部。⑦

建炎四年，程昌寓任荆南知府，以统制杜湛、统领邵宏渊等率蔡州兵二千人自随。杜湛改任权荆湖北路马、步军副总管，于松滋县破李合戎叛军，又渡江占领石首等县。⑧ 程昌寓改任鼎、澧州镇抚使、鼎州知州，杜湛率军随行，至鼎州，与杨么军为敌。⑨

绍兴元年至三年，杜湛破盗匪刘超，并与钟相军馀部杨华、杨广、周伦、杨钦、黄诚等作战，互有胜负。⑩ 因招降到刘超部属彭筠，杜湛所部

---

① 《要录》卷163绍兴二十二年四月壬辰。
② 《梁溪全集》卷74《招降到王进等人兵奏状》。
③ 《梁溪全集》卷120《与吕提刑第三书》。
④ 《要录》卷99绍兴六年三月丙子。
⑤ 《会编》卷204。
⑥ 《会编》卷249，《要录》卷196绍兴三十二年正月壬午，卷197绍兴三十二年二月丙辰，《宋会要》兵18之44。
⑦ 《要录》卷20建炎三年二月，卷28建炎三年十月丁丑，十月注引《程昌寓家传》。
⑧ 《要录》卷32建炎四年四月，《宋史》卷26《高宗纪》。
⑨ 《金佗续编》卷25《杨么事迹》。
⑩ 《金佗续编》卷25《杨么事迹》，《要录》卷61绍兴二年十二月丙辰，卷66绍兴三年六月甲午，《宋史》卷26，卷27《高宗纪》。

扩充至八千人，① 合当地乡兵则达九千人。杜湛迁官至武翼大夫、吉州刺史，任荆湖北路兵马副都监。②

绍兴四年正月，杜湛与统制王渥袭杨么军真皮寨。③ 三月，杜湛升忠州团练使，改任添差江南西路兵马钤辖。④ 六月，武功大夫、忠州团练使杜淇改任荆湖北路兵马钤辖，仍于鼎州驻军。⑤ 十二月，杜湛又与杨么军头目杨钦部作战。⑥

绍兴五年，杜湛改任张浚都督府左军统制。⑦ 岳飞镇压杨么叛军后，杜湛改隶岳飞，任黄州知州。他与通判叶介不和，叶介率僚属上告，宋廷命岳飞查实。岳飞奏杜湛"忠劳，今来止是语言疑似，别无迹状"。

绍兴七年，宋廷仍将杜湛和叶介一并罢免，杜湛降一官。⑧

（五三） 王缺子

王缺子原为杨么叛军头目，失其名。绍兴五年岳飞平杨么之叛，王缺子投降，任用为水军统制。

绍兴六年，王缺子乘岳飞"行边"，企图再次叛乱。其母派人报告参谋官薛弼，薛弼设计，命诸将擒获王缺子。⑨

（五四） 马羽

绍兴五年，马羽时任岳家军防区之权发遣蕲州知州，奏称"本州比年兵火，被害尤甚，民未归业"，请求免上供三年，得到宋廷批准。⑩

绍兴十年，岳家军最后一次大举北伐，攻占蔡州，命马羽镇守，"有干城牧众之功"。⑪

---

① 《梁溪全集》卷68《乞令岳飞且在潭州驻扎仍乞令拨还韩京等军马奏状》，卷69《乞拨还韩京等及胡友等两项军马奏状》，卷70《开具钱粮兵马盗贼人数乞指挥施行奏状》，卷71《再乞拨还韩京等军马奏状》。

② 《要录》卷71绍兴三年十二月壬午，《华阳集》卷3《杜湛转武翼大夫遥郡刺史》。

③ 《要录》卷72绍兴四年正月己未，《宋史》卷27《高宗纪》作"皮真寨"。

④ 《要录》卷74绍兴四年三月壬申，《华阳集》卷6《杜湛除遥郡团练使江西兵马钤辖》。

⑤ 《要录》卷77绍兴四年六月乙巳。

⑥ 《宋史》卷27《高宗纪》。

⑦ 《要录》卷85绍兴五年二月辛卯，卷96绍兴五年十二月庚戌注。

⑧ 《要录》卷109绍兴七年二月丁巳。

⑨ 《浪语集》卷33《先大夫行状》。按《金佗续编》卷28《孙逌编鄂王事》中之"黄缺子"，应即是此人。

⑩ 《宋会要》食货63之5。

⑪ 《金佗稡编》卷9《遗事》。

后忠州刺史马羽任辰州知州，厚待因反对和议被秦桧贬逐流放之文士王廷珪，"尊以师礼"，"遣子受业"，王廷珪说："某罪人也，将累公。"马羽说"由公获谴，其荣多矣！"①

　　绍兴三十年，右武大夫、忠州刺史、荆湖北路马、步军副总管马羽移任京西南路，兼权郢州知州。②

　　绍兴三十一年，马羽因违法骚扰民间，宋廷予以罢免。③

　　（五五）王刚

　　绍兴五年，王刚参加镇压杨么叛军。④

　　绍兴十年，岳家军最后一次大举北伐。岳飞亲军背嵬军将官王刚率背嵬使臣五十馀骑，于郾城破金军骑兵一千馀人，斩金将阿李朵孛堇。⑤

　　绍兴十一年，岳飞被解除兵柄后，左武大夫、忠州刺史王刚升一官，并率岳飞随从亲兵返鄂州。⑥

　　绍兴二十三年，拱卫大夫、忠州刺史、镇江府驻扎御前中军统制王刚因军务废弛，贪污马料钱，降三官，罢统制，"送殿前司自效"。⑦

　　绍兴二十九年，拱卫大夫、忠州刺史、殿前司统制王刚转遥郡团练使。中书舍人洪遵论管军武将十年一迁，王刚不满年限，遂不得转官。⑧

　　绍兴三十一年，宋金再战，刘锜命殿前司策应右军统制王刚出兵渡淮，败金军于清河口。金军再次进攻，王刚军败退。⑨ 后御营宿卫使杨存中命王刚出任泰州知州，戍守州城。⑩

---

① 《胡澹庵先生文集》卷29《监簿敷文王公墓志铭》，《周益国文忠公集·省斋文稿》卷29《左承奉郎直敷文阁主管台州崇道观王公（廷珪）行状》。
② 《要录》卷184绍兴三十年三月乙未。
③ 《要录》卷189绍兴三十一年三月丁亥，《宋会要》职官70之51。
④ 《会编》卷207《岳侯传》，《要录》卷90绍兴五年六月癸丑。
⑤ 《金佗稡编》卷8《鄂王行实编年》，卷16《郾城县北并垣曲县等捷奏》。
⑥ 《金佗续编》卷12《乞追回王刚所带人数旨直使唤省札》，《要录》卷140绍兴十一年五月戊申。《金佗稡编》卷24《张宪辨》，《挥麈录馀话》卷2和《要录》卷143绍兴十一年十二月癸巳注载王俊诬告状，提及"背嵬王刚"，证明王刚已返回鄂州。
⑦ 《宋会要》职官70之37。
⑧ 《要录》卷182绍兴二十九年六月壬寅，《宋史》卷373《洪遵传》，《周益国文忠公集·平园续稿》卷29《同知枢密院事赠太师洪文安公（遵）神道碑》。
⑨ 《要录》卷192绍兴三十一年八月乙卯，卷193绍兴三十一年十月甲寅，《宋史》卷32《高宗纪》，《宋会要》兵14之36。
⑩ 《会编》卷240，《要录》卷194绍兴三十一年十一月壬辰，乙未，卷195绍兴三十一年十二月甲辰。

绍兴三十二年，王刚参加海州解围之役。①

宋孝宗隆兴元年，中亮大夫、忠州团练使王刚因"治军不职，散失军器"，特降两官。②

（五六）赵不尤

赵不尤是宋朝宗室，宋太宗六世孙，初入宗学上舍，有武艺。宋钦宗靖康时，赵不尤往相州，结识岳飞，又招抚洺州一带王明义兵，同金军作战。

南宋建炎时，赵不尤率众归御营司，补武翼郎。后充岳飞部将。

绍兴五年，赵不尤参加镇压杨么叛军。

绍兴十一年，岳飞遇害后，秦桧强迫赵不尤离军，任横州知州而卒。③

（五七）赵雲

北宋靖康时至南宋绍兴初，金军破太原府，赵雲与梁兴、李进等组织义军，在河东路各地与金军战斗数百次，杀敌头目约三百馀人。金军俘其父赵福和母张氏，以平阳府路副总管的官位，进行招降。赵雲誓不降敌，于是赵福被金军杀害，张氏被囚于垣曲县。

绍兴四年，赵雲突破金与伪齐对黄河之封锁，投奔岳飞，补敦武郎。后岳飞命赵雲渡河，破垣曲县，营救其母张氏出狱。④

绍兴十年，岳家军最后一次大举北伐。赵雲与梁兴等率游击军渡黄河，转战河东与河北路，屡破金军，⑤ 转左武大夫。⑥ 岳飞被迫班师后，梁兴、赵雲等仍在北方坚持抗金，最后被迫撤回鄂州。

绍兴十二年，左武大夫、忠州刺史、御前同副统制赵雲上状，自叙经历，宋高宗诏加封其母张氏。⑦

（五八）梁兴

梁兴出身农家。北宋靖康时至南宋绍兴初，金军破太原府，梁兴与赵

---

① 《宋会要》兵19之8。
② 《宋会要》职官71之2。
③ 《会编》卷117，《水心文集》卷21《中大夫直敷文阁两浙运副赵公墓志铭》，《宋史》卷232《宗室世系表》，卷247《赵不尤传》。
④ 《要录》卷82绍兴四年十一月丙寅，《宋会要》仪制10之33，《紫微集》卷19梁兴、赵雲、李进封官制。
⑤ 《金佗稡编》卷8《鄂王行实编年》，卷16《河北颍昌诸捷奏》。
⑥ 《紫微集》卷12赵雲、李宝等转官制。
⑦ 《要录》卷82绍兴四年十一月丙寅，《宋会要》仪制10之33。

雲、李进等组织义军，在河东路各地与金军战斗数百次，杀敌头目约三百馀人，人称"梁小哥"。其父梁建和母乔氏被金军杀害。①

梁兴在太行山组织忠义保社。绍兴四年，与金将耶律马五作战。

绍兴五年，梁兴义军破神山县，又在交战中杀耶律马五和万夫长耿光禄。金朝调集大军围攻，梁兴率百馀骑突过黄河，投奔岳飞，授武经郎、閤门宣赞舍人。② 自此以后，岳飞"连结河朔"之工作得以大力开展。③ 梁兴大约在绍兴六年冬或绍兴七年春，为实施岳飞的北伐计划，又重返太行山区。

绍兴八年，梁兴军遭金将徐文攻击，返回鄂州。④

绍兴十年，岳家军最后一次大举北伐。梁兴、赵雲、李进和董荣、牛显、张峪两支游击军渡过黄河，转战河东和河北路，屡破金军。梁兴报告岳飞，北方抗金义军发展至四十万人以上，都以"岳"字作旗帜，盼望岳飞率大军早日渡河。⑤ 岳飞被迫班师后，梁兴仍在北方坚持抗金。⑥

绍兴十一年或绍兴十二年初，梁兴返回南方，与李道戍守襄阳府。⑦ 亲卫大夫、忠州刺史、御前同副统制梁兴上状，自叙经历，宋高宗诏加赠

---

① 《紫微集》卷19梁兴、赵雲、李进封官制，《东窗集》卷7追赠梁建、乔氏制，《宋会要》仪制10之20，《忠正德文集》卷8《丙辰笔录》。

② 《金佗稡编》卷7、卷8《鄂王行实编年》，卷18《梁兴夺河渡申省状》，《要录》卷93绍兴五年秋，卷97绍兴六年正月癸酉，《宋会要》兵2之59—60，《中兴小纪》卷19，《皇朝中兴纪事本末》卷35，《紫微集》卷19梁兴、赵雲、李进封官制，《大金国志校证》卷11。关于梁兴和耶律马五交战时间，《要录》卷97注引梁兴自叙状为"四年十月，与乌玛喇（清人对马五之改译）太师接战。至次年，李路渡大河，归本朝"，《金佗稡编》、《要录》卷93和《中兴小纪》与《皇朝中兴纪事本末》作绍兴五年杀马五。《金史》卷80《阿离补传》载有契丹人"金吾卫上将军耶律马五"，可知马五姓耶律。

③ 《金佗稡编》卷7《鄂王行实编年》，《金佗续编》卷7《进发至京西路添入河东及节制河北路字札》，《忠正德文集》卷8《丙辰笔录》，《要录》卷105绍兴六年九月己巳。

④ 《金史》卷79《徐文传》。

⑤ 《金佗稡编》卷8《鄂王行实编年》，卷12《李兴吴琦转官告乞付军前给降奏》，《乞乘机进兵札子》，卷16《郾城县北并垣曲县等捷奏》，《河北颍昌诸捷奏》，《金佗续编》卷14《忠愍谥议》，卷28《吴拯编鄂王事》，《会编》卷207《岳侯传》，卷208《林泉野记》。《会编》卷200载绍兴十年北伐时，梁兴已在太行山，系误。

⑥ 《金佗稡编》卷8《鄂王行实编年》，《金佗续编》卷11《令契勘梁兴见今措置事宜开具申闻省札》，《要录》卷137绍兴十年七月壬戌，《会编》卷207《岳侯传》，卷208《林泉野记》。

⑦ 《北山文集》卷1《勘襄阳府疏》。

其父母。①

绍兴十八年，鄂州驻扎御前选锋军同副统制梁兴卒。② 梁兴无子嗣，鄂州以户绝法没收其财产。荆湖北路提举常平茶盐公事傅伯成为梁兴立后嗣，又以其家财分给诸女。③

（五九）李进

北宋靖康时至南宋绍兴初，金军破太原府，李进与梁兴、赵雲等组织义军，在河东路各地与金军战斗数百次，杀敌头目约三百馀人。后投奔岳飞，补修武郎。④

绍兴十年，岳家军最后一次大举北伐。梁兴、赵雲、李进等率游击军渡黄河，转战河东等路，屡破金军。⑤

（六〇）董荣

绍兴十年，岳家军最后一次大举北伐。董荣、牛显、张峪和梁兴、赵雲、李进两支游击军渡过黄河，转战河东等路，屡破金军。⑥

（六一）牛显

绍兴十年，岳家军最后一次大举北伐。董荣、牛显、张峪等率游击军渡过黄河，转战河东等路，屡破金军。⑦

（六二）张峪

绍兴十年，岳家军最后一次大举北伐。董荣、牛显、张峪等率游击军渡过黄河，转战河东等路，屡破金军。⑧

---

① 《要录》卷97绍兴六年正月癸酉，《宋会要》仪制10之20，《东窗集》卷7追赠梁建、乔氏制。
② 《要录》卷158绍兴十八年闰八月庚申。按从梁兴死时的官衔看，他自返鄂州后，与选锋军统制李道共守襄阳府，应是一直在选锋军中任同副统制。又《夷坚丁志》卷13《梁统制》也载梁兴生前为选锋军统制。
③ 《后村先生大全集》卷167《行状·龙学行隐傅公》。
④ 《紫微集》卷19梁兴、赵雲、李进封官制。
⑤ 《金佗稡编》卷8《鄂王行实编年》，卷16《河北颖昌诸捷奏》。
⑥ 《金佗稡编》卷8《鄂王行实编年》，卷12《乞乘机进兵札子》，卷16《郾城县北并垣曲县等捷奏》，《河北颖昌诸捷奏》，《金佗续编》卷28《吴拯编鄂王事》，《会编》卷208《林泉野记》。
⑦ 《金佗稡编》卷8《鄂王行实编年》，卷16《河北颖昌诸捷奏》。
⑧ 《金佗稡编》卷8《鄂王行实编年》，卷16《河北颖昌诸捷奏》。

（六三）边俊

大约在绍兴五年，岳飞派遣边俊、李喜等将渡过黄河，加强与北方抗金义军的联系。①

（六四）李喜

大约在绍兴五年，岳飞派遣边俊、李喜等将渡过黄河，加强与北方抗金义军的联系。②

（六五）格禧

绍兴三年，武功大夫格禧时任金、房州镇抚使王彦所率八字军统制，宣抚处置使张浚命格禧率兵三千，扼守金州（治西城，今陕西安康市）和房州（治房陵，今湖北房县）。③

绍兴六年，武功大夫、商州知州、金、均、房三州都统制格禧任均州知州。④ 时均州（治武当，今湖北十堰市郧阳区东南）已属京西南路，格禧便成为岳飞部属。

绍兴八年，岳飞保奏均州知州格禧"措置宣力"，进一官。⑤

（六六）刘绍先

刘绍先字嗣祖，将门之子，知书传，稍通兵法。宋钦宗靖康时，为开封守城统制阎仅之婿。开封失守后，阎仅逃奔光州，留刘绍先以兵数千驻守，与盗匪杨进作战，颇得知州任诗厚遇。⑥

建炎三年，盗匪郦琼攻光州，刘绍先军战败，退入固始县（今河南固始县）城固守。

建炎四年二月，郦琼降于大将刘光世，固始县解围。⑦ 八月，武功大

---

① 《金佗稡编》卷8《鄂王行实编年》追述绍兴十年前事，说自边俊、李喜渡河后，"河东山寨韦诠（按：即韦寿佺）等皆敛兵固堡，以待王师"，参照《忠正德文集》卷8《丙辰笔录》绍兴六年赵鼎说，"河东山寨如韦诠忠辈"，"据险自保"，则边俊和李喜渡河大约在绍兴五年。
② 《金佗稡编》卷8《鄂王行实编年》。
③ 《会编》卷155，卷198王彦行状，《要录》卷65绍兴三年五月丙子。
④ 《要录》卷99绍兴六年三月丁酉。
⑤ 《要录》卷118绍兴八年二月壬戌，《筠溪集》卷5《知邓州韩诵知〔均〕州格禧措置有方各转一官》。
⑥ 《会编》卷137，卷143，《要录》卷25建炎三年七月甲午，武英殿聚珍本《毘陵集》卷11《跋刘绍先诗卷》，文渊阁《四库全书》本为卷10《又跋刘绍先诗卷》。
⑦ 《会编》卷137，卷143，《要录》卷31建炎四年二月甲戌朔。

夫刘绍先率部撤离光州，至江州，被知州姚舜明奏留，任兵马副钤辖。①十月，盗匪李成部将马进军犯江州，刘绍先率军拒守。②十二月，宋廷录守城之功，发表刘绍先领忠州刺史。③

绍兴元年正月，江州被围百日，粮尽援绝，刘绍先率所部开门突围。④二月，刘绍先率残部七百，投奔江南西路安抚大使朱胜非，受"勒停"处分，令往江南东路安抚大使吕颐浩军前使唤，以责后效。⑤十月，宋廷发表降官为武经大夫的刘绍先任江州知州、兼沿江安抚使。⑥

绍兴二年，蕲、黄州镇抚使孔彦舟叛降伪齐，所部统制陈彦明和郭谅率千馀人投奔刘绍先。⑦宋廷发表刘绍先任沿淮防遏使，寻罢。⑧因刘绍先曾与宰相朱胜非等有嫌隙，十月，武功大夫、忠州刺史、阁门宣赞舍人、都督府统制刘绍先被削夺兵权，任添差福州兵马钤辖之闲职。⑨

绍兴三年，因大将张俊之奏请，刘绍先任神武右军右部统领。⑩

绍兴六年五月，张俊行营中护军右军统领刘绍先任随州知州，充当岳飞部属。⑪八月，王恪取代刘绍先，任随州知州。可知刘绍先充岳飞部属为时甚短。⑫

绍兴十年六月，因金军毁约南侵，刘光世任三京等路招抚处置使，辟江南西路副总管刘绍先任中军统制。⑬

绍兴十一年，三京等路招抚处置司撤销，刘绍先人马拨属侍卫步军司。⑭

绍兴十三年，新任钦州知州刘绍先因"前任统兵官虚招效用，盗请钱

---

① 《会编》卷143，《要录》卷36建炎四年八月丙戌。
② 《会编》卷143，《要录》卷38建炎四年十月己卯，丙申，《宋史》卷452《赵士隆传》。
③ 《要录》卷40建炎四年十二月辛未。
④ 《会编》卷144，《要录》卷41绍兴元年正月戊申，《宋史》卷452《赵士隆传》。
⑤ 《要录》卷42绍兴元年二月庚午，癸巳。
⑥ 《要录》卷48绍兴元年十月庚午。
⑦ 《会编》卷151，《要录》卷55绍兴二年六月壬寅。
⑧ 《会编》卷151，《要录》卷58绍兴二年九月甲子，《宋会要》兵29之27，《宋史》卷27《高宗纪》。
⑨ 《会编》卷153，《要录》卷59绍兴二年十月乙巳，《卢溪文集》卷2《赠席元章》。
⑩ 《要录》卷67绍兴三年八月辛丑。
⑪ 《要录》卷101绍兴六年五月庚午。
⑫ 《要录》卷104绍兴六年八月甲辰。
⑬ 《会编》卷200。
⑭ 《要录》卷140绍兴十一年六月壬辰，《宝真斋法书赞》卷2《高宗皇帝马政兵事书手札御书》。

米","贷死,除名,械送廉州编管,籍其赀"。①

(六七) 王恪

绍兴四年,峡州知州、统制王恪奉镇抚使解潜令,击破"群盗"田政。②

绍兴六年八月,修武郎王恪为阁门祗候,任随州知州。③

(六八) 杨伯孙

绍兴元年四月,"京西贼"李忠攻陷商州,知州杨伯孙弃城退遁。④

绍兴六年五月,武功大夫、忠州刺史、阁门宣赞舍人、张俊江南东路宣抚使司统领杨伯孙改任郢州知州,充当岳飞部属。⑤

(六九) 李遇

绍兴六年,岳家军举行第二次北伐,王贵等攻占虢州卢氏县。岳飞派遣武翼郎李遇至临安府,向宋廷报捷。⑥

(七〇) 王莹

绍兴六年,岳飞差将官王莹率水军屯泊蕲州蕲春县蕲口镇,以屏蔽江南西路,后撤回鄂州。⑦

(七一) 贾彦

绍兴六年冬,岳家军准备将贾彦驻守商州,抵御来犯之金、齐联军。⑧

(七二) 秦祐

绍兴六年冬,伪齐军进犯信阳军,岳家军统制崔邦弼命将官秦祐于长台镇击破敌军,追赶至望明港大寨。⑨

---

① 《要录》卷149绍兴十三年六月甲辰。
② 《要录》卷73绍兴四年二月乙酉,《宋史》卷27《高宗纪》。
③ 《要录》卷104绍兴六年八月甲辰。
④ 《宋史》卷26《高宗纪》。
⑤ 《要录》卷101绍兴六年五月庚午。
⑥ 《要录》卷105绍兴六年九月丙寅朔。
⑦ 《梁溪全集》卷92《乞降旨岳飞遵依圣旨差兵屯戍江州奏状》。
⑧ 《梁溪全集》卷92《乞遣兵策应岳飞奏状》。
⑨ 《梁溪全集》卷92《乞遣兵策应岳飞奏状》。

绍兴十年，秦祐参加岳家军最后一次北伐，杀敌立功，除遥郡刺史。①

绍兴三十一年至绍兴三十二年，右武大夫、果州团练使秦祐参加对金作战，转左武大夫。②

宋孝宗隆兴元年，侍卫马军司统制秦祐隶属大将李显忠和邵宏渊，举兵北上，被金军败于宿州符离县。秦祐等率军溃逃，降四官。③

隆兴二年，侍卫马军司统制秦祐在滁河一带抵御金军。④

（七三）樊贵

绍兴十年，樊贵、李仪、刘深等参加岳家军最后一次北伐，杀敌立功，转拱卫大夫。⑤

（七四）李仪

绍兴十年，李仪参加岳家军最后一次北伐，杀敌立功，转拱卫大夫。⑥

（七五）刘深

绍兴三年，刘深时为荆湖南路安抚司统领，参加镇压杨么的军事行动。⑦

绍兴五年，刘深大约在杨么军被镇压后，隶属岳飞。

绍兴十年，刘深参加岳家军最后一次北伐，杀敌立功，转拱卫大夫。⑧

（七六）冯赛

冯赛（？—公元1149年）为辽州（治辽山，今山西左权县）人。北宋末至南宋初，冯赛与韦寿佺、李宋臣在河东路聚众抗金。建炎四年，宋廷授冯赛拱卫大夫、忠州团练使。⑨

---

① 《紫微集》卷12赵雲、李宝等转官制。
② 《周益国文忠公集·掖垣类稿》卷2范旺、王顺等转官制。
③ 《宋会要》职官71之4。
④ 《宋会要》兵14之48。
⑤ 《紫微集》卷12赵雲、李宝等转官制。
⑥ 《紫微集》卷12赵雲、李宝等转官制。
⑦ 《要录》卷64绍兴三年四月戊戌，辛丑。
⑧ 《紫微集》卷12赵雲、李宝等转官制。
⑨ 《会编》卷148，《要录》卷36建炎四年八月乙酉，《宋史》卷26《高宗纪》。关于韦寿佺和李宋臣的姓名，参据陈振先生《有关宋代抗金义军将领李宋臣的史料及其他》，载《文物》1973年第11期和《宋代社会政治论稿》，上海人民出版社，2007年。

绍兴元年，冯赛率部渡过黄河，投奔宋将邵兴（后改名邵隆）。① 他随邵兴至兴元府，破盗匪李忠于秦郊店。②

绍兴二年，冯赛所部隶属宣抚处置使张浚，③ 后"超进武阶"。④

绍兴四年，冯赛随张浚赴南宋东部行朝，改任杨沂中神武中军中部将和右部同统领。⑤

绍兴六年，冯赛已隶属岳飞，参加对伪齐作战。⑥

绍兴十年，岳家军最后一次大举北伐，冯赛参加颍昌大战。⑦

绍兴十九年，中卫大夫、忠州团练使冯赛时任添差荆湖南路兵马钤辖之闲职，卒于衡州。⑧

（七七）王敏求

绍兴七年，王敏求时任岳飞属官，于七月至"行在"建康府奏事。⑨

绍兴八年，武功大夫、阁门宣赞舍人王敏求特差湖北、京西路宣抚司往来干办军期事务，负责岳飞宣抚司与宋廷之通信。⑩

绍兴九年，王敏求继续任此差遣。⑪

绍兴十一年，岳飞被宋廷解除兵柄，任枢密副使。右武大夫、钦州刺史王敏求升左武大夫，离军，添差两浙东路兵马钤辖。⑫

绍兴十四年，因岳飞遇害，左武大夫、钦州刺史、两浙东路兵马钤辖王敏求"勒停"，于南剑州"编管"。⑬

（七八）崔虎

绍兴七年，伪齐临汝军知军崔虎向岳飞投诚。⑭

---

① 《要录》卷43绍兴元年四月。
② 《会编》卷148，《要录》卷47绍兴元年九月丁巳。
③ 《要录》卷53绍兴二年闰四月乙未。
④ 《华阳集》卷8《冯赛柴斌转官换给》。
⑤ 《要录》卷79绍兴四年八月庚寅。
⑥ 《金佗稡编》卷7《鄂王行实编年》。
⑦ 《会编》卷207《岳侯传》。
⑧ 《要录》卷160绍兴十九年七月壬午。
⑨ 《要录》卷112绍兴七年七月丁卯。
⑩ 《金佗续编》卷8《服阕除起复二字省札》，卷9《再令除落起复二字省札》。
⑪ 《金佗稡编》卷14《辞开府札子》。
⑫ 《要录》卷140绍兴十一年五月壬寅。
⑬ 《要录》卷152绍兴十四年九月甲子。
⑭ 《会编》卷182，《要录》卷117绍兴七年十一月，《宋史》卷28《高宗纪》，《宋会要》兵15之6—7。

绍兴十年，岳家军最后一次大举北伐，崔虎参加克淮宁府之战。①

（七九）胡清

绍兴八年，伪齐右武大夫、成州团练使、颍顺军知军、权镇汝军知军、马军统制胡清率官兵一千一百零八人，向岳飞投诚。②

绍兴十年，岳家军最后一次大举北伐，胡清时任选锋军副统制，参加颍昌大战。③

（八〇）李宝

李宝为兴仁府乘氏县人。南宋初，金军占领京东路后，李宝聚众三十馀人，谋杀濮州知州，未成，大约于绍兴九年南下归宋。宋廷欲将李宝遣送韩世忠军中，李宝不愿前往。岳飞来到"行在"临安府，李宝遂投奔岳飞，至鄂州充当马军。李宝思念故乡，暗中结识四十馀人，准备私渡大江北上。此事被发觉后，岳飞遂命李宝重返故土，组织抗金义军，④"李宝之众八千"。⑤

绍兴十年，金军毁约南侵，岳家军统领李宝、孙彦与曹洋、王靖、孙定等于宛亭县荆堽等地击败金军，杀死千夫长三人和四千夫长完颜鹘旋，⑥转左武大夫。⑦岳飞班师后，李宝受金将徐文攻击，⑧与曹洋等率众五千南归，沿途袭击金军纲船，抵达楚州，被韩世忠收留。宋廷发表李宝转两官，为遥郡忠州刺史。⑨李宝截发恸哭，要求重新隶属岳飞。韩世忠写信征询岳飞意见，岳飞回覆，同为国家杀敌，何分彼此，李宝遂留于韩世忠军中。⑩

---

① 《会编》卷207《岳侯传》。
② 《金佗稡编》卷18《收到胡清等申省状》，《要录》卷122绍兴八年十月辛酉，《宋会要》兵15之6—7。
③ 《金佗稡编》卷8《鄂王行实编年》，卷16《王贵颍昌捷奏》。
④ 《会编》卷200，《要录》卷132绍兴九年十月。
⑤ 《金佗稡编》卷8《鄂王行实编年》。
⑥ 《金佗稡编》卷8《鄂王行实编年》，卷19《鹘旋郎君捷报申省状》，《金佗续编》卷28《吴拯编鄂王事》，《会编》卷200、207《岳侯传》，卷208《林泉野记》，《要录》卷135绍兴十年五月辛卯，《宋史》卷29《高宗纪》。
⑦ 《紫微集》卷12赵云、李宝等转官制。
⑧ 《金史》卷79《徐文传》。
⑨ 《会编》卷204，《要录》卷138绍兴十年十月丙戌，《紫微集》卷12李宝转两官除遥郡刺史制。按李宝已为横行左武大夫，官位较高，而《要录》载其官为诸司正使最低一阶之武翼大夫、忠州刺史，互有抵牾。
⑩ 《金佗稡编》卷9《遗事》。

绍兴十一年，岳飞罢兵柄后，与张俊至楚州处置韩世忠军。时李宝戍守海州，岳飞将他召回，命他出海攻击金军。李宝率所部扬帆出海，焚登州和文登县而还。①

绍兴二十九年闰六月，武功大夫、贵州团练使、镇江府驻扎御前后军副统制李宝因与都统制刘宝不协，添差两浙西路兵马副都监，驻临安府，不厘务。② 十二月，黄祖舜举荐李宝"勇足以冠军，智足以料敌"，洪遵举荐李宝"尺籍奋身，屡书功最，双刀贾勇，冠出辈流，仁足以抚摩师徒，严足以训齐纪律"，左武大夫、忠州防御使李宝为带御器械。③

绍兴三十年，李宝任淮南西路马、步军副总管、黄州知州，改添差两浙西路副总管，平江府驻扎，兼副提督海船，负责编练水军。④

绍兴三十一年正月，侍御史汪澈建议宋廷"益李宝兵，以备海道"。⑤ 三月，因李宝与平江知府朱翌议论不合，宋廷改命洪遵任平江知府。⑥ 五月，宋廷调发两浙西路各州府与衢州、婺州禁兵弓弩手赴平江府，归李宝指挥。⑦ 六月，李宝向宋廷建议自海道出击，先发制人，歼灭金朝南下舰队，并移屯江阴军，得到宋廷批准。⑧ 八月，宋廷没收医官王继先的海船，交付李宝使用。⑨ 李宝率水军三千人，自江阴军出发北上。临行前，宋廷因李宝之求，颁发一批无品武官之空名帖、绫纸和低品武官之空名官告，以"专充激赏使用"。李宝水军途遇大风，⑩ 退泊明州关澳。九月，李宝水军自明州关澳北上。⑪ 十月，李宝水军至海州，配合魏胜等抗金义军，击

---

① 《会编》卷206，《要录》卷140绍兴十一年六月癸未。
② 《要录》卷182绍兴二十九年闰六月癸亥。
③ 《要录》卷183绍兴二十九年十二月乙亥，《历代名臣奏议》卷238洪遵奏，《宋史》卷386《黄祖舜传》。
④ 《要录》卷186绍兴三十年九月丁亥，己丑。
⑤ 《会编》卷225。
⑥ 《要录》卷188绍兴三十一年二月庚午，卷189绍兴三十一年三月己卯，《周益国文忠公集·平园续稿》卷29《同知枢密院事赠太师洪文安公（遵）神道碑》，《宋史》卷373《洪遵传》。
⑦ 《要录》卷190绍兴三十一年五月庚子。
⑧ 《会编》卷229，《要录》卷190绍兴三十一年六月丙辰，《宋史》卷370《李宝传》。
⑨ 《要录》卷192绍兴三十一年八月辛亥。
⑩ 《会编》卷231，《要录》卷192绍兴三十一年八月甲寅，《宋史》卷32《高宗纪》，卷370《李宝传》，《宋会要》兵18之41—42。
⑪ 《要录》卷192绍兴三十一年九月壬辰。

退金军。① 李宝乘胜率舟师北上，于胶西县附近海域一举歼灭准备南下之金朝水军七万馀人，开创了世界海战史上首次使用火药兵器之记录。② 宋廷超擢右武大夫、宣州观察使、添差两浙西路马、步军副总管、兼提督海船李宝为靖海军节度使、两浙东、西路、通、泰、海州沿海制置使、京东东路招讨使。宋高宗亲书"忠勇李宝"四字，以作旗帜。③

绍兴三十二年正月，李宝派遣统制王世隆联络京东路耿京、辛弃疾等领导的抗金义军。④ 宋廷命龚涛添差两浙路转运副使，专一应付李宝军钱粮。⑤ 闰二月，李宝上报胶西立功将士三千几百人名单。⑥ 李宝后又参加海州解围之战。⑦

宋孝宗隆兴元年，宋军在宿州符离县溃败后，六月，李宝兼御营统制，措置海道。⑧

隆兴二年，李宝任沿海驻扎御前水军都统制。⑨ 胡铨弹劾李宝不增援守高邮军之陈敏，李宝乃出兵渡淮，金军退去。⑩ 后李宝"罢兵"，程大昌上奏，说"此公论所谓不平"。⑪ 李宝寻卒。

---

① 《要录》卷193绍兴三十一年十月庚子朔，《宋会要》仪制10之35，兵14之36，《宋朝南渡十将传》卷4《魏胜传》，《宋史》卷32《高宗纪》，卷368《魏胜传》，卷370《李宝传》，《江苏金石志》卷13《开赵埋铭》。

② 《会编》卷237，《要录》卷193绍兴三十一年十月丙寅，《宋会要》兵14之38，43—44，19之9，《宋朝南渡十将传》卷4《魏胜传》，《宋史》卷32《高宗纪》，卷368《魏胜传》，卷370《李宝传》，《周益国文忠公集·杂著述》卷1《亲征录》，《中兴御侮录》卷上，《金史》卷5《海陵纪》，卷65《郑家传》，卷89《苏保衡传》。关于此战地点，宋方开始说是陈家岛，后又称唐岛，金方说是松林岛，以唐岛的可能性较大。

③ 《会编》卷239，《要录》卷194绍兴三十一年十一月己丑，卷195绍兴三十一年十二月辛丑，癸丑，乙卯，戊午，甲子，《宋会要》兵19之5—6，《周益国文忠公集·杂著述》卷1《亲征录》，《东窗集》卷14《李宝节度使制》，《宋史》卷32《高宗纪》，卷370《李宝传》。《要录》和《宋史》所载无浙东沿海制置使之衔，今据《周益国文忠公集》和《东窗集》补。

④ 《会编》卷249，《要录》卷196绍兴三十二年正月己丑。

⑤ 《要录》卷196绍兴三十二年正月甲午。

⑥ 《要录》卷198绍兴三十二年闰二月壬辰，《宋会要》兵18之44。

⑦ 《宋会要》兵14之41，《宋朝南渡十将传》卷4《魏胜传》，《宋史》卷368《魏胜传》，《周益国文忠公集·杂著述》卷1《亲征录》。

⑧ 《宋会要》职官32之35，兵29之12，35，36—37，《宋史》卷33《孝宗纪》。

⑨ 《宋史》卷33《孝宗纪》。

⑩ 《诚斋集》卷118胡铨行状，《周益国文忠公集·省斋文稿》卷30《资政殿学士赠通奉大夫胡忠简公神道碑》，《宋史》卷374《胡铨传》。

⑪ 《宋史》卷433《程大昌传》。

乾道二年，李宝追赠检校少保，谥忠勇。① 宋廷将胶西海战列为中兴十三次战功之一。②

（八一）孙彦

绍兴十年，金军毁约南侵，岳家军统领李宝、孙彦等于宛亭县荆埠等地击败金军，杀死千夫长三人和四千夫长完颜鹘旋。③

（八二）王靖

绍兴十年，金军毁约南侵，岳家军统领李宝率王靖等于宛亭县荆埠等地击败金军。④

（八三）孙定

绍兴十年，金军毁约南侵，岳家军统领李宝率孙定等于宛亭县荆埠等地击败金军。⑤

（八四）曹洋

绍兴十年，金军毁约南侵，岳家军统领李宝率曹洋等于宛亭县荆埠等地击败金军。⑥ 岳飞班师后，李宝与曹洋等率众南归，沿途袭击金军纲船，抵达楚州，被韩世忠收留。⑦

绍兴三十年，李宝添差两浙西路副总管，将旧部曹洋等五十名官兵自镇江府调拨平江府，归自己指挥。⑧

绍兴三十一年，李宝率舟师沿海北上，承节郎曹洋任李宝军提举一行事务，参加胶西海战，歼灭金朝水军七万馀人。曹洋乘轻舟南归报捷，特迁武经郎。⑨

---

① 《宋会要》仪制11之21，礼58之102，《宋史》卷370《李宝传》。
② 《宋会要》兵19之17。
③ 《金佗稡编》卷19《鹘旋郎君捷报申省状》，《金佗续编》卷28《吴拯编鄂王事》，《会编》卷207《岳侯传》，卷208《林泉野记》。
④ 《会编》卷200。
⑤ 《会编》卷200。
⑥ 《会编》卷200。
⑦ 《会编》卷204，《要录》卷138绍兴十年十月丙戌。
⑧ 《要录》卷186绍兴三十年九月己丑。
⑨ 《会编》卷237，《要录》卷193绍兴三十一年十月庚子朔，丙寅，194绍兴三十一年十一月己丑，卷195绍兴三十一年十二月辛丑，癸丑，《宋会要》兵14之38，《宋史》卷370《李宝传》。

（八五）孙显

绍兴十年，岳家军最后一次大举北伐。六月，统领孙显于蔡州、淮宁府之间，大败金朝裴满（排蛮）千夫长军。①

（八六）吴琦

绍兴十年，金军毁约南侵，吴琦组织军民，据陕州城拒守。闰六月，宋廷发表左武大夫、果州团练使、陕州知州吴琦兼管内安抚使。② 岳飞委派吴琦任本宣抚司选锋军副统制等差遣，因川、陕宣抚司也同时委任吴琦，故岳飞上奏，请求将吴琦所部隶属川、陕宣抚司，以求统一指挥。③ 七月，吴琦等军奉命焚毁河中府金军架设之黄河浮桥，未能成功。④ 八月，吴琦派统领侯信率部渡过黄河，于中条山柏梯谷击败金军，又入解州界，杀金千夫长乞可。⑤ 十月，金将乌鲁不、宁虎烈等进犯，十一月，金将合喜犯陕州，都被吴琦所部击退。⑥

绍兴十二年，拱卫大夫、果州团练使、陕州知州吴琦任利州路兵马钤辖、兴州知州、行营右护军选锋部统制。⑦

绍兴二十九年，翊卫大夫、忠州防御使、利州西路驻扎御前选锋军统制吴琦任洋州知州。⑧

绍兴三十年，吴琦改任巴州知州。⑨

绍兴三十一年，宋金再战，吴琦进兵至虢州板桥，与金军交锋，其子吴汉臣战死。⑩

（八七）侯信

绍兴十年，金军毁约南侵。八月，陕州知州吴琦命统领侯信率部渡过黄河，于中条山柏梯谷击败金军，又入解州界，杀金千夫长乞可，转武义

---

① 《会编》卷202，《要录》卷136绍兴十年六月丙寅。
② 《要录》卷135绍兴十年五月戊子，卷136绍兴十年闰六月戊戌，《宋会要》职官41之110。左武大夫，《金佗稡编》卷12《乞号令归一奏》作武功大夫。
③ 《金佗稡编》卷12《李兴吴琦转官告乞付军前给降奏》，《乞号令归一奏》。
④ 《要录》卷137绍兴十年七月庚戌。
⑤ 《会编》卷204，《要录》卷137绍兴十年八月戊寅，《宋会要》兵14之32—33。
⑥ 《要录》卷138绍兴十年十一月戊申，《宋会要》兵14之33，《宋史》卷29《高宗纪》。
⑦ 《要录》卷146绍兴十二年八月壬申，原作"选锋统制"，应脱"部"字。
⑧ 《要录》卷183绍兴二十九年八月癸亥。
⑨ 《要录》卷184绍兴三十年正月丁未，卷185绍兴三十年六月癸酉。
⑩ 《要录》卷194绍兴三十一年十一月乙酉。

大夫、遥郡刺史。①

（八八）李兴

李兴为孟州王屋县人，世代为农。北宋末至南宋初，李兴在怀州、卫州一带聚众抗金，后归附京西北路安抚制置使翟兴。建炎三年，李兴破杨进，补武义郎、兼阁门宣赞舍人。②

建炎四年，翟兴子翟琮与李兴破金军于泽州阳城县，擒敌将保骨字堇。③

绍兴二年，商州知州董先企图谋害李兴，李兴本人逃脱，而全家遇害。④ 后翟兴遇害，翟琮于绍兴三年南撤，伪齐军占领襄汉，李兴被迫投降伪齐。

绍兴九年，金朝归还宋朝河南之地，宋廷任命李兴为武翼大夫、阁门宣赞舍人、河南府路兵马钤辖。

绍兴十年，金军毁约南侵。李兴拒守于西京河南府，在战斗中受伤，昏仆于地，甦醒后，在河南府组织民众抗金。⑤ 时"李兴之众二千"，⑥ 李兴军收复河南府伊阳等八县和汝州等地。郝晸军克复河南府城，与李兴会合。⑦ 岳飞委派李兴兼本宣抚司左军统制，宋廷发表李兴升左武大夫、忠州团练使，任河南府知府、兼本路安抚使。⑧ 岳飞班师后，李兴在河南府屡败李成，因众寡不敌，移屯永宁县白马山寨。⑨ 李成屡次进攻山寨，被李兴击退。⑩

绍兴十一年，李兴率军民万人南归，在大章谷击退拦击之金军，抵达

---

① 《会编》卷204，《要录》卷137绍兴十年八月戊寅，《宋会要》兵14之32—33，《紫微集》卷12侯信转武义大夫遥郡刺史制。
② 《会编》卷129，《要录》卷23建炎三年五月。
③ 《会编》卷143，《要录》卷38建炎四年十月。
④ 《会编》卷150，《要录》卷51绍兴二年二月。
⑤ 《会编》卷200，《要录》卷127绍兴九年三月己亥，卷135绍兴十年五月己丑。
⑥ 《金佗稡编》卷8《鄂王行实编年》。
⑦ 《金佗稡编》卷12《李兴吴琦转官告乞付军前给降奏》，《会编》卷204，《要录》卷137绍兴十年七月癸卯，《宋史》卷29《高宗纪》。
⑧ 《金佗稡编》卷12《乞号令归一奏》，《要录》卷137绍兴十年七月丙午。李兴官衔，《乞号令归一奏》作"寄理武功大夫、博州刺史"。"寄理"为避父祖讳，名义上改用低一阶的官衔，如《金佗稡编》卷4《鄂王行实编年》说岳飞"转成忠郎，以曾大父讳，寄理保义郎"，仍与成忠郎同阶。但刺史与团练使仍差一官。
⑨ 《会编》卷204，《要录》卷137绍兴十年八月壬午、九月戊申，《宋史》卷29《高宗纪》，《金史》卷79《李成传》。
⑩ 《会编》卷204，《要录》卷138绍兴十年十二月。

鄂州。都统制王贵申报宋廷，差充左军同统制。①

（八九）孟邦傑

孟邦傑为河南府永安县人。绍兴二年，为伪齐武经大夫、阁门祇候、河南府路副总管。

绍兴三年，其兄西京留守孟邦雄被宋翟琮等军俘杀，孟邦傑领葬事。②孟邦傑接任伪齐河南尹，被翟琮派统制李吉、宋德等败于伊阳县、漫流店等地。③

绍兴八年，孟邦傑杀金朝永安知军，归宋。④

绍兴十年，岳家军最后一次大举北伐。孟邦傑时任忠义军马统制，收复永安军，又遣其将杨遇克南城军等地。⑤岳飞班师后，孟邦傑在登封县被金军战败。⑥

绍兴二十九年，武功大夫、忠州刺史孟邦傑为江南西路兵马钤辖。⑦

（九〇）杨遇

绍兴十年，岳家军最后一次大举北伐。杨遇时为忠义军马统制孟邦傑所属将官，率军克复南城军。⑧

（九一）赵俊

绍兴十年，岳家军最后一次大举北伐。卫州忠义统制赵俊领军北上，会合另一忠义统制乔握坚，收复庆源府。⑨

（九二）乔握坚

绍兴十年，岳家军最后一次大举北伐。忠义统制乔握坚与卫州忠义统制赵俊两军会合，收复庆源府。⑩

---

① 《会编》卷206，《要录》卷140绍兴十一年六月甲申，《宋史》卷29《高宗纪》。
② 《要录》卷62绍兴三年正月丁巳朔，《金石萃编》卷159《孟邦雄墓志》。
③ 《要录》卷63绍兴三年二月乙巳，《皇宋十朝纲要》卷22。
④ 《金史》卷90《张九思传》。
⑤ 《金佗稡编》卷8《鄂王行实编年》，卷16《复南城军捷奏》，《金佗续编》卷28《吴拯编鄂王事》，《会编》卷207《岳侯传》，卷208《林泉野记》。
⑥ 《金史》卷79《孔彦舟传》，《徐文传》。
⑦ 《要录》卷182绍兴二十九年闰六月丁卯。
⑧ 《金佗稡编》卷8《鄂王行实编年》，卷16《复南城军捷奏》，《金佗续编》卷28《吴拯编鄂王事》，《会编》卷208《林泉野记》。
⑨ 《金佗稡编》卷8《鄂王行实编年》，卷12《乞乘机进兵札子》。
⑩ 《金佗稡编》卷8《鄂王行实编年》，卷12《乞乘机进兵札子》。

（九三）杨成

绍兴十年，岳家军最后一次大举北伐。中军统制、提举一行事务王贵派遣将官杨成等统率军马，克复郑州。①

（九四）刘政

绍兴十年，岳家军最后一次大举北伐。中军统制、提举一行事务王贵所属准备将刘政，率军夜袭开封府中牟县金军万夫长漫独化营寨，获胜。②岳飞班师后，金将孔彦舟复取郑州，刘政被俘。③

（九五）霍坚

绍兴十年，岳家军最后一次大举北伐。郾城之战时，都训练霍坚手挽岳飞战马，劝他不要亲自出阵搏战，但岳飞挥鞭抽打霍坚之手，跃马驰突于敌阵之前。④

（九六）李璋

建炎三年，李璋原为统制扈成部将，⑤扈成被盗匪戚方杀害后，李璋归附岳飞。

绍兴十年，李璋参加岳家军最后一次北伐。⑥

绍兴十一年，岳飞被解除兵柄后，李璋仍在背嵬军中服役。⑦

绍兴十八年，右武大夫、忠州刺史李璋时任洪州兵马钤辖，因前任统兵官时，失于觉察所部军兵冒请钱粮等事，"展三年磨勘"。⑧

（九七）梁吉

绍兴十年，岳家军最后一次大举北伐。梁吉等参加郾城之战立功，转

---

① 《金佗稡编》卷8《鄂王行实编年》，卷16《郑州捷奏》，《金佗续编》卷28《吴拯编鄂王事》，《会编》卷204，卷208《林泉野记》。
② 《金佗稡编》卷8《鄂王行实编年》，卷16《漫独化捷奏》，《金佗续编》卷28《吴拯编鄂王事》。
③ 《金史》卷79《孔彦舟传》。
④ 《金佗稡编》卷8《鄂王行实编年》。
⑤ 《会编》卷135。
⑥ 《会编》卷207《岳侯传》。
⑦ 《金佗稡编》卷24《张宪辨》，《挥麈录馀话》卷2，《要录》卷143绍兴十一年十二月癸巳注载王俊诬告状。
⑧ 《宋会要》职官70之32—33。

一官。①

（九八）郝义

绍兴十年，岳家军最后一次大举北伐。郝义等十人随武赴参加商州、虢州之战立功，转两官。②

（九九）周彦

绍兴十年，周彦参加岳家军最后一次北伐。③

（一〇〇）赵秉渊

赵秉渊为易县人，原属辽朝。宋徽宗宣和四年，赵秉渊等据易州城，投降宋将刘光世。④

建炎三年，宋朝平定苗刘之变，苗傅所属赤心队降于江、浙制置使周望。赵秉渊时为赤心队将，进三官，转拱卫大夫、处州（？）观察使。⑤

绍兴元年，赵秉渊在洪州任江南西路兵马钤辖，时岳飞也驻兵洪州，有一次酒醉，几乎将赵秉渊打死。

绍兴三年，宋廷将江南西路傅选、李山等部拨隶岳飞，赵秉渊不愿隶属岳飞，利用与刘光世之旧交，改隶刘光世。⑥

绍兴四年冬，金、伪齐联军大举进攻淮南，赵秉渊时任刘光世淮西宣抚司摧锋军统制，率所部自和州南逃，纵火焚掠。⑦

绍兴五年，宋廷将中卫大夫、扬州观察使赵秉渊贬秩五等，后又再降两官，⑧ 共计贬七等。

绍兴六年，宋廷因右武大夫、果州团练使赵秉渊本人请求，责令他赴张俊江东宣抚司军前自效。⑨

绍兴十年，岳家军最后一次大举北伐。赵秉渊时任岳飞宣抚司所属胜捷军统制。七月，岳飞班师，刘永寿、史贵等便擅弃淮宁府城，因命赵秉

---

① 《紫微集》卷12梁吉等转官制。
② 《紫微集》卷12郝义等十人转官制。
③ 《会编》卷207《岳侯传》。
④ 《会编》卷9，《要录》卷23建炎三年五月庚辰，《宋会要》兵8之16。
⑤ 《要录》卷23建炎三年五月庚辰，《宋会要》兵10之24。据《宋史》卷88《地理志》，处州为军事州，不当设观察使，"处州"疑误。
⑥ 《会编》卷155，《要录》卷68绍兴三年九月丙寅，又《要录》卷96绍兴五年十二月庚子说赵秉渊所部已拨隶岳飞，系误。
⑦ 《要录》卷82绍兴四年十一月辛未。
⑧ 《要录》卷84绍兴五年正月壬子。
⑨ 《要录》卷99绍兴六年三月癸未。

渊率所部前往驻守，任知府。八月，赵秉渊与李山、史贵等军会合，击退金军进犯，弃城南归。①

（一〇一）史贵

绍兴十年，岳家军最后一次大举北伐。张宪率军夺取淮宁府后，史贵随知府刘永寿守城。七月，岳飞班师，刘永寿、史贵等便擅弃府城，受军法处分。八月，史贵随李山往淮宁府，增援守城的赵秉渊军，击退金军进犯，弃城南归。②

（一〇二）杨兴

绍兴十年，岳家军最后一次大举北伐。在淮宁府之战中，杨兴左臂中六箭，仍率官兵数十人坚持战斗，击退金军数百骑。后岳飞保奏他转武翼郎、兼阁门宣赞舍人。③

（一〇三）郭青

绍兴十二年，岳飞被害后，宋廷以田师中取代王贵，任鄂州驻扎御前诸军都统制。郭青时任统制，与傅选、李山等表示不服，请求罢职离军。④

（一〇四）柴斌

建炎四年，解潜任荆南知府，原鼎州知州王以宁的统制柴斌改隶解潜。⑤

绍兴元年，柴斌移屯四川，任利州路第三将、兴州知州，⑥后"超进武阶"。⑦

---

① 《金佗稡编》卷8《鄂王行实编年》，卷9《遗事》，卷18《论刘永寿等弃淮宁府申省状》，《差赵秉渊知淮宁府申省状》，《会编》卷204，卷207《岳侯传》，卷208《林泉野记》，《要录》卷136绍兴十年闰六月丙申，卷137绍兴十年七月壬戌，乙丑，《宋史》卷29《高宗纪》。《要录》与《会编》载，张宪率军克淮宁府之初，即以赵秉渊任知府，显然不确，应以《金佗稡编》所载为准。
② 《金佗稡编》卷8《鄂王行实编年》，卷18《论刘永寿等弃淮宁府申省状》，《差赵秉渊知淮宁府申省状》，《会编》卷204，卷207《岳侯传》，《要录》卷137绍兴十年七月壬戌，乙丑。
③ 《紫微集》卷17杨兴转官制。
④ 《会编》卷208，《要录》卷144绍兴十二年三月丁未。
⑤ 《要录》卷32建炎四年三月己酉，《鹤林集》卷15《绍兴乾淳经理荆襄淮蜀事宜》。
⑥ 《要录》卷43绍兴元年三月，卷50绍兴元年十二月辛未。
⑦ 《华阳集》卷8《冯赛柴斌转官换给》。

绍兴四年，宣抚处置使张浚自四川返南宋东部行朝，所带选锋将、武功大夫、荣州刺史、阁门宣赞舍人柴斌改任杨沂中神武中军后部同统领。①

绍兴五年，柴斌已降官为武节大夫、荣州刺史，任洋州知州。②后又升武功大夫、忠州团练使，改任金州知州，兼金、均、房三州安抚使，隶岳飞防区的襄阳府路安抚使司，后又改隶吴玠川、陕宣抚司节制。③

绍兴六年，柴斌兼营田使，④组织金、均、房三州民兵，号保胜军。⑤柴斌奏留金州通判向洌再任，得到宋廷批准。⑥宋廷令郭浩任金州知州，柴斌赴张浚都督行府任职。⑦

绍兴十年，宋廷发表柴斌任岳家军防区唐州知州，柴斌迁延不赴任，岳飞为此上奏，柴斌特降三官。⑧

（一〇五）刘锡

刘锡（？—公元1147年）字禹珪，秦州成纪县（今甘肃天水市）人。北宋边帅刘仲武之子，南宋名将刘锜之兄。建炎元年，宋廷发表阁门宣赞舍人刘锡任沧州知州。⑨

建炎二年，金军攻淄州（治淄川，今山东淄博市西南），刘锡援兵未至，淄州已被攻破。⑩

建炎三年二月，金军犯沧州（治清池，今河北沧州市东南），刘锡弃城而走。⑪七月，宣抚处置使张浚率明州观察使刘锡等前往陕西。⑫后宋廷授刘锡龙、神卫四厢都指挥使之虚衔。⑬十月，张浚任命刘锡为熙河路经略安抚使、兼熙州知州，升捧日、天武四厢都指挥使。⑭

---

① 《要录》卷74绍兴四年三月乙丑。
② 《要录》卷86绍兴五年闰二月乙卯。
③ 《会编》卷168，《要录》卷91绍兴五年七月丙子，卷99绍兴六年三月丁酉，《斐然集》卷17《寄赵相》。
④ 《要录》卷98绍兴六年二月壬寅，《宋会要》食货63之102。
⑤ 《要录》卷99绍兴六年三月戊辰朔，《宋会要》兵2之42。
⑥ 《宋会要》职官60之29。
⑦ 《要录》卷103绍兴六年七月癸巳。
⑧ 《要录》卷137绍兴十年七月庚午，《紫微集》卷13柴斌降三官制。
⑨ 《会编》卷115，卷121，《要录》卷6建炎元年六月乙酉，卷15建炎二年五月辛卯注，卷28建炎三年十月戊戌，《梁溪全集》卷179《建炎时政记》。
⑩ 《要录》卷18建炎二年十一月，十二月庚申注。
⑪ 《会编》卷121，《要录》卷20建炎三年二月戊午，《宋史》卷25《高宗纪》。
⑫ 《会编》卷130，《要录》卷25建炎三年七月庚子。
⑬ 《浮溪集》卷10《刘锡可龙神卫四厢都指挥使制》。
⑭ 《要录》卷28建炎三年十月戊戌，《北海集》卷3刘锡除捧日天武四厢都指挥使制。

建炎四年，张浚任命刘锡任都统制，与金军大战于富平县，败绩。①战后，刘锡弃德顺军，张浚责授刘锡海州团练副使，合州（治石照，今重庆合川区）安置。②

绍兴二年，宋廷召刘锡赴东部行朝。③

绍兴三年，刘锡随张浚返回南宋行朝。④

绍兴四年三月，鼎州团练使、提举江州太平观刘锡复捧日、天武四厢都指挥使、明州观察使，任主管殿前司公事。⑤ 十月，刘锡等护卫宋高宗自临安府前往平江府。⑥

绍兴五年，杨幺军的败将王瓊任主管侍卫马军司公事。刘锡奏称王瓊乃"妻妹之夫，窃虑于军政有妨嫌"，宋高宗诏不必回避。⑦ 后乃以杨沂中取代刘锡，刘锡迁静江军承宣使，任提举江州太平观之闲职。⑧

绍兴九年，刘锡任鼎州知州，⑨ 后又改任襄阳知府。鼎州和襄阳府都属岳家军防区，襄阳府尤属前沿重镇。

绍兴十一年二月，刘锡罢襄阳知府，召赴南宋行朝，⑩ 后致仕。⑪

绍兴十七年，静江军承宣使、提举江州太平观刘锡卒，赠庆远军节度使。⑫

（一〇六）杨贵

杨贵为岳飞部将，因处死军士不当，受岳飞责罚，后戴罪立功。⑬

（一〇七）蒋世雄

绍兴十一年，岳飞被解除兵柄后，部将从义郎蒋世雄授福州专管巡捉

---

① 《会编》卷142，《要录》卷37建炎四年九月癸亥，《宋史》卷26《高宗纪》。
② 《要录》卷38建炎四年十月庚午朔，卷42绍兴元年二月，卷43绍兴元年三月壬寅，《宋史》卷26《高宗纪》。
③ 《要录》卷58绍兴二年九月壬午。
④ 《要录》卷66绍兴三年六月庚寅。
⑤ 《要录》卷74绍兴四年三月乙亥，《华阳集》卷6刘锡复官权主管殿前司公事制，《北海集》卷13赐刘锡辞免恩命不允诏。
⑥ 《要录》卷81绍兴四年十月戊戌，卷82绍兴四年十一月庚午、辛未。
⑦ 《要录》卷86绍兴五年闰二月癸亥，《宋会要》职官63之13。
⑧ 《要录》卷91绍兴五年七月乙未、丙申。
⑨ 《要录》卷125绍兴九年正月庚寅，《苕溪集》卷35《刘锡知鼎州》。
⑩ 《要录》卷139绍兴十一年二月辛未。
⑪ 《东牟集》卷8《刘锡致仕制》。
⑫ 《要录》卷156绍兴十七年六月丙辰，《宋会要》仪制11之23。
⑬ 《独醒杂志》卷7。

私盐。他趁调任之际，向岳飞报告王俊诬告之事，被宋廷判刑，流放梧州（治苍梧，今广西梧州市）"编管"。①

（一〇八）何宗元

何宗元为岳飞部将，积功至修武郎。岳飞遇害后，何宗元弃官，入玉笥山隐居。②

（一〇九）杨浩

杨浩原为岳飞部将。岳飞遇害后，绍兴十三年，武功大夫、吉州刺史、阁门宣赞舍人、鄂州驻扎御前胜捷军副将杨浩坐"谤讪朝政"，除名，于昭州"编管"。③

（一一〇）邢舜举

邢舜举（公元1085—1176年）在宋徽宗大观时，由武举入仕，曾任虢州巡检。

绍兴八年，武功大夫、康州刺史邢舜举任光州知州，时光州已属岳家军防区，为岳飞部将。他历任福建路钤辖，因岳飞遇害，而被宋廷贬窜。

绍兴三十一年，随州兵马钤辖邢舜举任郢州知州。

绍兴三十二年，邢舜举罢任。后致仕，居襄阳府。

宋孝宗乾道九年，邢舜举时已八十九岁，仍然满头黑发，略无病苦，并能上马驰骋。

淳熙三年，邢舜举病卒。④

（一一一）哮张二

哮张二失其名，密州诸城县人，因金军南侵，移居鄂州，为屠户。因为友人打抱不平，杀另一屠户朱四。岳飞"嘉其志义，移檄取隶军中"，后以功补官。⑤

---

① 《建炎以来朝野杂记》乙集卷12《岳少保诬证断案》，《要录》卷143绍兴十一年十二月癸巳。
② 《独醒杂志》卷4。
③ 《要录》卷148绍兴十三年正月丁未。
④ 《要录》卷122绍兴八年九月辛丑，卷193绍兴三十一年十月辛丑，卷199绍兴三十二年四月乙未，《夷坚丁志》卷13《邢舜举》。
⑤ 《夷坚支甲》卷8《哮张二》。

（一一二）沈德

沈德为岳飞部将，官至武功大夫、成州团练使。①

（一一三）孟安

孟安为岳飞部将，有战功，乃南宋后期名将孟珙之高祖父。②

（一一四）李廷珪

李廷珪于北宋末年，原在太史局中供职，以罪编隶相州。后为岳飞部属，官至武翼郎、兴国军都巡检使。③

（一一五）王忠臣

王忠臣为岳飞部将，官居使臣，曾往楚州，给韩世忠递送书信。韩世忠命他回报，岳飞前妻刘氏在军中，嫁一押队为妻。④

以上开列的岳飞部将显然并不完整。例如杨幺叛军向岳飞投降的将领黄佐、杨钦等人，估计仍在岳家军中服役。其中杨钦在绍兴三十一年宋金战争中，曾任鄂州水军统制，率部于洪泽镇袭击金军获胜，⑤ 后又于宋孝宗乾道初镇压李金之叛，⑥ 官至都统制。⑦ 金军、伪齐军将领向岳飞投诚或被俘者，如薛亨、⑧ 李清、⑨ 王镇、崔庆、李觐、华旺、孟皋、⑩ 白安时、⑪ 李通⑫等人，估计也应在岳家军中服役。然而因笔者未见直接的实证史料，此处一概从略。至于一度暂归岳飞节制的武将，如吴锡、韩京等

---

① 《絜斋集》卷19《武翼大夫沈君墓志铭》。
② 《后村先生大全集》卷143《神道碑·孟少保》，《宋史》卷403《孟宗政传》，卷412《孟珙传》。按《金佗续编》卷26《杨幺事迹》载有捉杨幺之水手孟安，此人尚不能确定即是孟珙高祖父。
③ 《金佗续编》卷28《孙逌编鄂王事》。
④ 《会编》卷207。
⑤ 《会编》卷247，《要录》卷195绍兴三十一年十二月癸丑，《宋史》卷32《高宗纪》，《宋会要》兵14之40。
⑥ 《朱文公文集》卷97刘珙行状，《宋史》卷386《刘珙传》，《宋会要》兵13之24—25，19之16。
⑦ 《文定集》卷8赐郭振、王友直等银合夏药敕书。
⑧ 《要录》卷106绍兴六年十一月庚寅，《宋会要》兵15之8。
⑨ 《要录》卷109绍兴七年三月丙子，《宋会要》兵15之6。
⑩ 《金佗稡编》卷8《鄂王行实编年》，《要录》卷117绍兴七年十一月注。
⑪ 《会编》卷183，《要录》卷118绍兴八年正月辛丑。
⑫ 《金佗稡编》卷11《李通归顺奏》。

人，实际上并未充当正式部属，此处也不予介绍。

二、幕僚

此处虽用"幕僚"一词，其实不甚确切。在严格意义上，幕僚应是指岳飞制置司、招讨司、宣抚司等机构所属文官。此处介绍岳飞部属文武官，不能不超出制置司等机构之外，但对曾于岳家军防区内任地方官的文官，也并不逐一介绍。在此预作说明。

（一）薛弼

薛弼（公元1088—1150年）字直老，温州永嘉县（今浙江温州市）人。宋徽宗政和二年进士，历任怀州司刑曹事、杭州教授、沧州教授、桐庐知县等。金军犯开封府，薛弼赞助李纲，除光禄寺丞，后因就部署河防问题议论不和，遂退闲，主管亳州明道宫。①

建炎四年，宋高宗君臣航海至温州，薛弼向宰相吕颐浩提议皇帝暂住州廨，平价出售官产，以资助财用。薛弼后任提举淮南东路盐事。②

薛弼改任荆湖南路转运判官。绍兴五年，岳飞镇压杨幺军，薛弼出谋划策，应付钱粮，甚得岳飞赏识。③ 事后进直秘阁，岳飞奏称薛弼赏薄，又进一官。④ 薛弼因荆湖南路无牛，奏请蠲免军器所抛买牛皮、筋、角未足之数，得到宋廷批准。⑤ 他又报告当地经历大兵、大火、大旱、大饥、大雪，民不聊生，恳求蠲免赋税，赈济贫民。⑥

绍兴六年二月，薛弼取代武将王彦，任荆南知府。⑦ 三月，宋廷因成

---

① 《东莱吕太史文集》卷10《薛常州墓志铭》，《水心文集》卷22《故知广州敷文阁待制薛公墓志铭》，《浪语集》卷33《先大夫行状》，《宋史》卷380《薛弼传》。
② 《要录》卷32建炎四年三月己未，《水心文集》卷22《故知广州敷文阁待制薛公墓志铭》，《宋史》卷380《薛弼传》。
③ 《要录》卷85绍兴五年二月丙戌，卷88绍兴五年四月己酉，《宋会要》职官40之8，《水心文集》卷22《故知广州敷文阁待制薛公墓志铭》，《浪语集》卷33《先大夫行状》，《宋史》卷380《薛弼传》。
④ 《金佗稡编》卷9《遗事》，《要录》卷91绍兴五年七月丙戌，《斐然集》卷13《湖南漕薛弼湖北漕刘延年并直秘阁》，《薛弼刘延年转官》。
⑤ 《宋会要》职官16之7。
⑥ 《要录》卷98绍兴六年二月庚戌，《水心文集》卷22《故知广州敷文阁待制薛公墓志铭》，《宋史》卷380《薛弼传》。
⑦ 《要录》卷98绍兴六年二月丙辰，卷103绍兴六年七月辛巳注，《水心文集》卷22《故知广州敷文阁待制薛公墓志铭》，《浪语集》卷33《先大夫行状》，《宋史》卷380《薛弼传》，《斐然集》卷18《寄张相》。

都知府席益上奏,命薛弼整顿荆南府至川峡的马递铺。① 六月,因岳飞请求,宋廷发表直徽猷阁薛弼任湖北、京西路宣抚司参谋官。② 原杨么叛军头目王缺子为水军统制,乘岳飞出战之机,企图重新造反,被薛弼设计擒获。③ 岳飞第二次北伐后回鄂州,眼疾发作,由薛弼和参议官李若虚主管宣抚司事务。④

绍兴七年,薛弼随岳飞朝见,奏请褒崇靖康以来尽节死难之臣。宋廷发表薛弼兼张浚都督行府随军转运副使,又升直宝文阁,改任襄阳知府,措置荆、襄屯田,未赴任而罢,仍为参谋官。⑤ 岳飞因并统淮西等军,大举北伐的计划被宋廷取消,愤而辞职,全军将士人心浮动,薛弼和张宪设法抚定。⑥ 郦琼发动淮西兵变后,薛弼与李纲通信,商议岳家军屯守江州之事。⑦ 薛弼随岳飞至"行在"建康府,岳飞上奏,请求丧失生育能力的宋高宗建储,受到皇帝呵斥,宋高宗和宰相赵鼎命薛弼对岳飞进行劝解。⑧ 宋廷发表薛弼为户部员外郎,与霍蠡总领江南西路等五路财赋,负责岳飞大军的钱粮供应。⑨

绍兴八年,薛弼升直龙图阁,再任荆南知府。⑩ 他在任期内上奏,主张将"行在"迁至本府,宋高宗不予采纳。⑪

绍兴九年,薛弼设计,杀企图再次造反的抚州钤辖伍俊。⑫ 武将王彦死,其旧部曲请求在荆南府佛寺中绘像吊唁,薛弼予以批准。⑬

---

① 《宋会要》方域11之5—6。
② 《要录》卷102绍兴六年六月乙巳。
③ 《浪语集》卷33《先大夫行状》。
④ 《金佗稡编》卷14《目疾乞解军务札子》,卷18《乞致仕养疾申省状》,《金佗续编》卷7《目疾令不妨本职治事省札》。
⑤ 《要录》卷109绍兴七年二月乙卯,丁巳,三月丙子,庚寅,卷113绍兴七年八月己未。
⑥ 《要录》卷112绍兴七年七月丁卯,《水心文集》卷22《故知广州敷文阁待制薛公墓志铭》,《浪语集》卷33《先大夫行状》,《宋史》卷380《薛弼传》。
⑦ 《梁溪全集》卷129《与薛直老宝文书》。
⑧ 《金佗稡编》卷21《建储辨》,《忠正德文集》卷9《辨诬笔录》,《浪语集》卷33《先大夫行状》,《中兴小纪》卷21与《皇朝中兴纪事本末》卷40注引张戒《默记》,《要录》卷109绍兴七年二月庚子。
⑨ 《要录》卷115绍兴七年十月丙午,《宋会要》职官41之45,《宋史》卷28《高宗纪》。
⑩ 《要录》卷118绍兴八年三月庚戌。
⑪ 《浪语集》卷33《先大夫行状》。
⑫ 《要录》卷129绍兴九年六月戊寅,《水心文集》卷22《故知广州敷文阁待制薛公墓志铭》,《浪语集》卷33《先大夫行状》,《宋史》卷380《薛弼传》。
⑬ 《会编》卷198《中兴遗史》。

绍兴十年三月，宋廷发表薛弼任陕西转运使。① 六月，薛弼以荆南知府之身份，给病逝的抗金名臣李纲写祭文，深致悼念，感慨地说："志大则难行，才大则难用，谋大则难合，功大则难成。自古在昔，以是为喟，公亦如尔，非天尔耶！"② 宋廷又发表薛弼改任左司员外郎。薛弼与荆湖北路提点刑狱公事向子忞互相劾奏，向子忞罢官，薛弼也引嫌求退。七月，薛弼充秘阁修撰、虔州知州。③ 薛弼后任提举洪州玉隆观之闲职。

绍兴十一年至绍兴十二年，岳飞遇害时，张俊搜罗薛弼在虔州给岳飞的书信，指为反迹。但因薛弼与秦桧、万俟卨有旧，免受牵连。④

绍兴十三年，薛弼再任虔州知州。⑤

绍兴十四年，薛弼报告宋廷，当地发现了有"天下太平年"纹理之瑞木，以粉饰太平。⑥ 薛弼在虔州镇压"盗贼"，至有"剥皮殿撰"之号。

绍兴十五年，薛弼奉命遣返燕人武将程师回北归金朝。⑦ 宋廷发表薛弼移任广州知州，又改任福州知州。赴任后，严厉镇压管天下等"盗贼"。⑧

绍兴十七年，薛弼因允许被拘管的所谓"听读"文士钟鼎往永福县，责降一官。⑨

绍兴十八年，薛弼就离军统制、将官的待遇上奏，得到宋廷批准。他又上奏报告侯官县出现"竹实如米"，"为中兴上瑞"。⑩

绍兴十九年，薛弼移任广州知州，以张宁取代韩京，为摧锋军统制。⑪

---

① 《要录》卷134绍兴十年三月己卯，《水心文集》卷22《故知广州敷文阁待制薛公墓志铭》，《浪语集》卷33《先大夫行状》，《宋史》卷380《薛弼传》。

② 《梁溪全集》附录。

③ 《要录》卷136绍兴十年六月壬子，乙丑，卷137绍兴十年七月庚申，《卢溪文集》卷47《故左奉直大夫直秘阁向公行状》，《浪语集》卷33《先大夫行状》。

④ 《金佗稡编》卷8《鄂王行实编年》，卷21《建储辨》，《要录》卷144绍兴十二年正月戊申，《水心文集》卷22《故知广州敷文阁待制薛公墓志铭》，《浪语集》卷33《先大夫行状》，《宋史》卷380《薛弼传》。

⑤ 《要录》卷149绍兴十三年八月辛亥。

⑥ 《要录》卷151绍兴十四年四月丁亥，《宋会要》瑞异1之25，《东牟集》卷9《代宰臣以下贺瑞木表》，《宋史》卷473《秦桧传》。

⑦ 《要录》卷153绍兴十五年三月辛酉，《浪语集》卷33《先大夫行状》。

⑧ 《要录》卷153绍兴十五年五月癸丑，六月丙申，卷154绍兴十五年九月，卷155绍兴十六年五月甲戌，《水心文集》卷22《故知广州敷文阁待制薛公墓志铭》，《浪语集》卷33《先大夫行状》，《宋史》卷380《薛弼传》。

⑨ 《要录》卷156绍兴十七年十月丁巳，《宋会要》职官70之32，《东牟集》卷8《薛弼责官制》，《浪语集》卷33《先大夫行状》。

⑩ 《要录》卷157绍兴十八年二月丙申，卷158绍兴十八年闰八月丙子。

⑪ 《要录》卷159绍兴十九年六月甲寅，《浪语集》卷33《先大夫行状》。

他曾在广州写诗描写当地风貌："南县富鱼盐，沿（治）田劳少休。"①

绍兴二十年，集英殿修撰薛弼升敷文阁待制，病卒，时年六十三岁。②

（二）朱芾

朱芾，青州益都县人。北宋后期，曾于西京河南府修治肇基发祥宫，任监察御史。

建炎元年，直龙图阁朱芾任秀州知州。③

建炎二年，因朱芾在秀州"颇肆残虐"，茶酒卒徐明率众反叛，拘囚朱芾，张俊率军前往镇压。④

建炎四年，时朱芾任都大提领水军、沿江措置副使，被言者劾奏，说他曾"谄事蔡京父子，在江州轻率自肆"，罢官夺职。⑤

绍兴元年至绍兴二年，朱芾任建昌军知军，部署对石陂寨兵变和李敦仁变乱的镇压。⑥

绍兴三年五月，朱芾镇压南丰军黄琛叛乱。⑦ 九月朱芾改任虔州知州，江南东、西路宣谕刘大中奏荐朱芾。⑧

绍兴八年，广南西路转运副使朱芾出使交趾，充吊祭使。⑨

绍兴九年，朱芾除右文殿修撰。⑩

绍兴十年，时朱芾已任岳飞宣抚司参谋官，参与岳家军大举北伐的军事谋划，"虑无遗策"，转一官。⑪

绍兴十一年四月，朱芾随岳飞赴"行在"临安府。岳飞被削夺兵柄前夕，宋廷先发表朱芾充敷文阁待制，任镇江知府，旨在不让朱芾与岳飞朝

---

① 《舆地纪胜》卷89《广州》。
② 《要录》卷161绍兴二十年二月辛未，十二月，《水心文集》卷22《故知广州敷文阁待制薛公墓志铭》，《宋史》卷380《薛弼传》。关于薛弼病死月日，各书记载有异。
③ 《要录》卷11建炎元年十二月壬申，《襄陵文集》卷1《朱芾转官制》，《皇宋十朝纲要》卷15。《皇朝中兴纪事本末》卷5作"襄阳朱芾"。
④ 《要录》卷15建炎二年五月己酉。
⑤ 《要录》卷32建炎四年四月癸未。
⑥ 《要录》卷50绍兴元年十二月甲戌，卷57绍兴二年八月甲午，《宋会要》兵10之28，《宋史》卷27《高宗纪》。
⑦ 《宋史》卷27《高宗纪》。
⑧ 《要录》卷67绍兴三年八月癸巳注，卷68绍兴三年九月甲戌，卷69绍兴三年十月甲午注。
⑨ 《要录》卷118绍兴八年三月丁亥，《宋会要》蕃夷4之42—43。
⑩ 《宋会要》选举34之6。
⑪ 《紫微集》卷12王良存、朱芾转官制。

夕相处，出谋划策。① 七月，朱芾改任徽州知州。②

绍兴十二年正月，继去年岁末岳飞遇害后，朱芾受罗汝楫弹劾而罢官，制词说朱芾"早预选抡，屡更任使。意其详练，俾参军旅之谋；庶无诡随，少副朝廷之委。而乃阿谀希宠，喑默保身，阙然裨补之劳，坐阅贯盈之恶"。③ 五月，又因朱芾和李若虚"窃议时政"，"不自循省，唱为浮言"，自左中大夫责授左朝奉郎、军器少监，邵武军（治邵武，今福建邵武市）"居住"。④

（三）卢宗训

卢宗训出身三省吏胥，即堂吏之家。绍兴三年，宋廷发表卢宗训任荆湖南路提举茶盐公事，受殿中侍御史常同弹劾，说他性资凶暴，遂罢官。⑤ 绍兴四年，宰相朱胜非庇护卢宗训，推荐于岳飞，任制置司参议官。岳飞鄙薄其为人，又改任德安知府，后以赃盗罢官。⑥

（四）陈子卿

绍兴三年，左朝请大夫陈子卿任江州知州。⑦

绍兴四年八月，陈子卿向宋廷报告岳家军复邓州。⑧ 十二月，岳飞保奏陈子卿任本制置司参议官。⑨

绍兴五年五月，陈子卿罢官，改任主管台州崇道观之闲职。⑩

（五）李若虚

李若虚为洺州曲周县人，北宋末死难的李若水之次兄。宋钦宗靖康

---

① 《要录》卷140绍兴十一年四月庚寅。
② 《新安志》卷9。
③ 《要录》卷144绍兴十二年正月戊申，《宋会要》职官70之25，《东窗集》卷12《朱芾落敷文阁待制知徽州制》，《新安志》卷9，《宋史》卷380《薛弼传》，《罗汝楫传》。
④ 《要录》卷145绍兴十二年五月甲辰，六月乙酉，《宋会要》职官70之25。
⑤ 《要录》卷71绍兴三年十二月丙午。
⑥ 《要录》卷79绍兴四年八月甲辰，《斐然集》卷15《再论朱胜非》，《历代名臣奏议》卷182胡寅奏。
⑦ 《要录》卷69绍兴三年十月己丑。
⑧ 《要录》卷79绍兴四年八月癸未。
⑨ 《要录》卷83绍兴四年十二月丁丑。
⑩ 《要录》卷89绍兴五年五月戊子。

时，李若虚尚未出仕。①

南宋初年，李若虚因抚恤而入仕，曾任秀州司户参军。②

绍兴三年，右承务郎李若虚任司农寺丞，殿中侍御史常同论李若虚"人物粗恶"，旋罢。③

绍兴五年五月，宋廷发表右承务郎李若虚取代陈子卿，任岳飞制置司参议官。④ 时李若虚途经荆湖南路永州祁阳县浯溪，参观中兴磨崖，题诗曰："元颜文字照浯溪，神物于今常护持。崖边尚有堪磨处，留刻中兴第二碑。"⑤ 表述了自己的志向。十二月，李若虚兼提点荆湖北、襄阳府路招讨司屯田公事。⑥

绍兴六年二月，因岳飞上奏，宋廷发表右宣义郎李若虚任京西南路提举兼转运、提刑公事。⑦ 三月，李若虚上申宋廷，岳飞母死丁忧。⑧ 九月，岳飞第二次北伐后回鄂州，目疾发作，由参谋官薛弼和参议官李若虚主管宣抚司事务。⑨ 十一月，李若虚将岳家军俘获之伪齐骁将薛亨押送"行在"平江府，擢荆湖北路转运判官。⑩

绍兴七年，侍御史周秘论李若虚"止尝历秀州司户一考"，"尤为超躐"，仍复为岳飞宣抚司参议官。⑪ 岳飞因并统淮西等军，大举北伐的计划被宋廷取消，愤而辞职。王贵和李若虚前往庐山东林寺，敦请岳飞出山复职。⑫

绍兴八年四月，右宣教郎李若虚改任军器监丞。枢密副使王庶往江、淮措置边事，奏举李若虚任枢密行府谘议参军。⑬ 十二月，李若虚改任户

---

① 《会编》卷82，《要录》卷70绍兴三年十一月庚申说李若虚乃李若水之兄。《宋史》卷446《李若水传》载有李氏兄弟户贯。《忠愍集》卷1《上吴少宰书》："双亲垂白，二兄三弟，既有妇，又有子矣。"又《宋会要》职官63之13："将作监丞李若〔谷〕言：'昨除司农寺丞，以本寺卿李若虚系臣亲弟。'"则李若虚当为次兄。又《要录》卷2建炎元年二月丙子载，谢宁劝李若水说："侍郎父母春秋高，兄弟众，仰侍郎以生。"则李若虚等应尚未出仕。
② 《要录》卷108绍兴七年正月乙酉。
③ 《要录》卷70绍兴三年十一月庚申。
④ 《要录》卷89绍兴五年五月戊子。
⑤ 《八琼室金石补正》卷91《浯溪题刻·李若虚诗》。
⑥ 《宋会要》食货63之99。
⑦ 《金佗稡编》卷7《鄂王行实编年》，《要录》卷98绍兴六年二月辛亥。
⑧ 《金佗续编》卷29赵鼎《乞起复》。
⑨ 《金佗稡编》卷14《目疾乞解军务札子》，卷18《乞致仕养疾申省状》。
⑩ 《要录》卷106绍兴六年十一月庚寅。
⑪ 《要录》卷108绍兴七年正月乙酉。
⑫ 《会编》卷178，《要录》卷112绍兴七年七月丁卯。
⑬ 《要录》卷119绍兴八年四月辛酉，壬戌，丙寅。

部员外郎。①

绍兴九年,右通直郎、户部员外郎李若虚以枢密行府参议的身份,随签书枢密院事楼炤前往陕西宣谕,途经开封、洛阳等地,备见山河残破的景象。② 十一月,李若虚任司农少卿。③

绍兴十年,金军毁约南侵。李若虚奉宋廷之命,前往制止岳飞北伐,岳飞不愿听从,李若虚自愿承担矫诏之罪,支持岳飞进军。④ 七月,李若虚返回"行在"临安府,报告宋廷:"敌人不日授首矣,而所忧者他将不相为援。"⑤ 十二月,李若虚升司农卿。⑥

绍兴十一年,岳飞率军援淮西,李若虚前往岳飞军中,后随岳飞返回"行在"临安府。岳飞被削夺兵柄前夕,宋廷先发表李若虚充秘阁修撰,任宣州知州,旨在不让李若虚与岳飞朝夕相处,出谋划策。⑦

绍兴十二年正月,继去年岁末岳飞遇害后,李若虚受罗汝楫弹劾,罢官夺职,制词说:"奸人败谋,即申邦宪,馀党附会,难逭刑章。以尔凡陋,本无他能,每恣轻儇,殊乏素行。顷预军谘之列,专为利禄之图。诞谩不根,好荛自口,甘奴隶之鄙态,曾市廛之弗为。豢成狡兔之谋,卒陷鸣枭之恶。"⑧ 五月,又因李若虚"窃议时政","不自循省,唱为浮言",送徽州"羁管"。⑨

李若虚死于贬所。宋孝宗为岳飞平反后,因其孙李机请求,宋廷为李若虚追复原官。⑩

(六) 高颖

高颖为河南府河南县人。宋徽宗宣和六年进士。北宋亡,高颖隐于民间,"陷伪十年,固穷守节"。

绍兴九年,金朝将河南之地归宋,签书枢密院事楼炤举荐高颖,宋高

---

① 《要录》卷124绍兴八年十二月丁巳。
② 《西征道里记》。
③ 《要录》卷133绍兴九年十一月戊寅朔。
④ 《金佗稡编》卷2高宗手诏,卷8《鄂王行实编年》,《会编》卷202,《要录》卷136绍兴十年六月乙丑,《宋史》卷29《高宗纪》。
⑤ 《要录》卷137绍兴十年七月丁未,卷144绍兴十二年正月戊申。
⑥ 《要录》卷138绍兴十年十二月丁亥。
⑦ 《要录》卷140绍兴十一年四月庚寅。
⑧ 《会编》卷207,《要录》卷144绍兴十二年正月乙巳、戊申,《东窗集》卷14《李若虚落秘阁修撰制》,《宋史》卷380《薛弼传》《罗汝楫传》。
⑨ 《要录》卷145绍兴十二年五月甲辰,《宋会要》职官70之25。
⑩ 《宋会要》职官76之71。

宗诏左承奉郎高颖任国子监丞。①

绍兴十年六月，高颖任工部员外郎。② 九月，因岳飞奏请，左承议郎高颖任司农少卿，兼湖北、京西宣抚司参议官，以"裨赞岳飞十年连结河朔之谋"。③

绍兴十一年，岳飞被削夺兵柄后，七月，高颖罢司农少卿，退闲返鄂州。④ 八月，高颖添差福建路安抚大使司参议官，限自鄂州三日前往赴任。⑤ 十一月，岳飞入狱后，高颖除名，象州（治阳寿，今广西象州县）"编管"。⑥

绍兴二十五年，秦桧死，宋廷令高颖"逐便"，复左承议郎。时高颖已死于贬所。

宋孝宗为岳飞平反，宋廷亦为高颖"追复"。⑦

（七）胡闳休

胡闳休（？—公元1151年）字良敬，开封人。宋徽宗宣和初，入太学，与陈东等为挚友，著兵书二卷。宋钦宗靖康时，补承信郎，参加抗金斗争。

大约在绍兴四年、五年间，岳飞辟保义郎胡闳休任主管机宜文字，因镇压杨么叛军有功，进成忠郎。承信郎、保义郎和成忠郎均为武阶，后兼任正将。

绍兴六年，胡闳休为岳飞起草声讨伪齐刘豫之檄文。

绍兴十一年岁末，岳飞遇害。胡闳休"发愤，杜门佯疾"。

绍兴二十一年，胡闳休病卒。⑧

---

① 《要录》卷132绍兴九年九月戊子，卷142绍兴十一年十一月辛酉，《宋会要》选举34之52。
② 《要录》卷136绍兴十年六月庚午。
③ 《要录》卷137绍兴十年九月乙卯，《金佗续编》卷10《令措置河北河东京东三路忠义军马省札》，卷11《令遣发参议官高颖措置三路忠义军马省札》。
④ 《要录》卷141绍兴十一年七月辛丑，《宋会要》职官70之23—24。
⑤ 《要录》卷141绍兴十一年八月癸酉。
⑥ 《要录》卷142绍兴十一年十一月辛酉。
⑦ 《要录》卷170绍兴二十五年十二月丁丑、丙申，《宋会要》职官76之71。
⑧ 《宋史》卷368《胡闳休传》，《新安文献志》卷40胡闳休《代岳制使飞移河南郡县讨刘豫檄》，卷77《胡制机闳休传》。按《新安文献志》所载，胡闳休为徽州婺源县人，其户贯与《宋史》本传有异。又绍兴六年二月撰写檄文时，岳飞任招讨使，而非制置使，檄文又见《金佗稡编》卷19《奉诏移伪齐檄》。

（八）黄纵

黄纵（公元1101—1159年）字循圣，苏州人，北宋后期，其父黄策曾于宋徽宗即位之初上书言事，列名元符末上书"邪等"的"党籍"。黄纵遂不得参加科举考试。

绍兴元年，黄纵向宋廷上缴籍没蔡京家所藏之宋哲宗时官史，并上书建议为宋哲宗废后，即隆祐皇太后举行典礼。

绍兴二年，父黄策死，黄纵居家丁忧。

绍兴五年二月，岳飞辟赵九龄为幕僚，赵九龄不赴，而荐举黄纵代行。岳飞辟黄纵主管机密，随军赴潭州。荆湖南路制置大使席益向岳飞致贺，说他曾在中书后省审阅二千多件上书，都不如黄纵的论兵书。岳飞借补黄纵从事郎。黄纵参加镇压杨么的谋划，并亲自招降杨钦，授昌州文学。

绍兴七年，岳飞因并统淮西等军，大举北伐的计划被宋廷取消，一度愤而辞职。黄纵深感事无可为，也向岳飞辞职归乡。

绍兴八年、九年，黄纵身居田野，仍向宋廷上书，反对将"行在"自建康府后撤临安府，反对与金朝议和。

绍兴十一年，岳飞遇害后，黄纵对故帅痛悼不已。

后黄纵又出任淮南西路安抚司准备差遣、提点刑狱司幹办公事等。绍兴二十九年，病卒，时年五十九岁。

其子黄元振主要依据黄纵的回忆，编录了岳飞的部分事迹。[①]

（九）于鹏

绍兴五年二月，岳飞部将武功郎于鹏升武显大夫。[②]

绍兴六年六月，岳飞保奏湖北、京西宣抚司幹办公事于鹏为邓州知州。[③] 是年冬，于鹏仍充幹办官，向守卫前沿的王贵传达岳飞指令。[④]

绍兴七年春，武功大夫、辰州刺史、兼阁门宣赞舍人、湖北、京西宣抚司幹办官于鹏随岳飞前往南宋行朝，经岳飞举荐，宋高宗令中书后省策试，降等换授文资。

[①] 《金佗续编》卷27黄元振编岳飞事迹，《文定集》卷22《黄君墓志》，《要录》卷44绍兴元年五月己亥，卷76绍兴四年五月庚申。

[②] 《要录》卷85绍兴五年二月癸巳。

[③] 《要录》卷102绍兴六年六月乙巳。

[④] 《梁溪全集》卷92《乞遣兵策应岳飞奏状》。

绍兴八年，于鹏授右朝散大夫。①

绍兴十一年，岳飞被削夺兵柄后，右朝议大夫、直秘阁于鹏等仍随从岳飞。八月，宋廷发表于鹏添差广南东路安抚司参议官，强迫他离开岳飞。② 在岳飞冤狱中，于鹏被诬代岳飞写信给张宪，策动谋反，流放万安军（治万宁，今海南万宁市）"编管"。③

（十）孙革

绍兴四年，岳家军复襄汉后，岳飞奏承信郎、神武后军准备差遣孙革改换文资，为右承奉郎、签书襄阳府节度判官厅公事。④

绍兴十一年，岳飞被削夺兵柄后，右朝散郎孙革等仍随从岳飞。八月，宋廷发表孙革添差兴化军通判，强迫他离开岳飞。⑤ 在岳飞冤狱中，孙革被诬代岳飞写信给张宪，策动谋反，流放浔州（治桂平，今广西桂平市）"编管"。⑥

（十一）严致尧

严致尧（公元1107—1162年）字正之，吉州太和县（今江西泰和县）人。严致尧曾参加科举考试而落第。

绍兴三年，严致尧投奔岳飞，参加镇压吉州叛军。此后他又参与岳飞历次军事行动之谋划，积功升官七阶。

绍兴十一年，岳飞遇害后，严致尧被迫退隐，聚书教子，自号龙洲居士。

绍兴三十二年，严致尧病卒，时年五十六岁。⑦

---

① 《金佗稡编》卷14《乞免立新班札子》，《要录》卷109绍兴七年三月庚辰，《宋会要》职官61之22。
② 《要录》卷141绍兴十一年八月己卯。
③ 《金佗稡编》卷8《鄂王行实编年》，卷24《张宪辨》，《建炎以来朝野杂记》乙集卷12《岳少保诬证断案》，《要录》卷143绍兴十一年十二月癸巳，《宋史》卷29《高宗纪》，卷368《张宪传》。
④ 《金佗稡编》卷9《遗事》，卷10《条具荆襄相度移治及差官奏》，《要录》卷78绍兴四年七月丁丑。
⑤ 《要录》卷141绍兴十一年八月己卯。
⑥ 《金佗稡编》卷8《鄂王行实编年》，卷24《张宪辨》，《建炎以来朝野杂记》乙集卷12《岳少保诬证断案》，《要录》卷143绍兴十一年十二月癸巳，《宋史》卷368《张宪传》。
⑦ 《周益国文忠公集·平园续稿》卷37《龙洲居士严君（致尧）墓碣》。

（十二）韩之美

韩之美为德安府安陆县人。建炎元年，德安知府陈规辟韩之美为属官，击退盗匪党忠等。①

绍兴三年二月，因措置农事宣力，陈规保奏右通直郎、德安府节度推官韩之美等各转一官资。② 四月，德安府、復州、汉阳军镇抚使司幹办公事韩之美升直秘阁，代陈规任德安知府。③ 九月，因韩之美上奏，宋廷特免德安府上供钱物两年以上。④

绍兴四年正月，时因襄阳府、郢州等失守，韩之美"守境无虞"，转一官。⑤ 四月，韩之美离任，召赴南宋行朝。⑥ 十一月，宋廷发表韩之美任全州通判。⑦

绍兴八年，韩之美时任黄州知州，修建苏轼遗迹雪堂。⑧

绍兴十年，韩之美时任岳飞宣抚司幹办公事，参加郾城大战，转右朝议大夫。⑨

（十三）夏珙

绍兴二年，宣教郎夏珙权陕西路都转运司判官公事。⑩

绍兴八年，岳飞保奏荆湖北路转运判官夏珙职事修举，宋廷发表夏珙升转运副使。⑪

绍兴十年，新任利州路转运副使夏珙因前任荆湖北路转运副使时，"科买竹木，役使军兵，修盖第宅"，放罢。⑫

绍兴十二年，因岳飞冤狱之牵连，直秘阁夏珙"勒停，送见居州军邻州羁管"。⑬

---

① 《要录》卷1建炎元年正月壬寅，卷4建炎元年四月辛巳。
② 《宋会要》食货63之92—93。
③ 《要录》卷64绍兴三年四月庚寅。
④ 《宋会要》食货63之4。
⑤ 《要录》卷72绍兴四年正月癸酉，《华阳集》卷5《韩之美李恪各转一官》。
⑥ 《要录》卷75绍兴四年四月丙午。
⑦ 《要录》卷82绍兴四年十一月癸酉。
⑧ 《夷坚丁志》卷18《齐安百咏》，《东坡雪堂》。
⑨ 《紫微集》卷12韩之美转官制。
⑩ 《要录》卷53绍兴二年闰四月己未。
⑪ 《要录》卷118绍兴八年二月壬戌，《宋会要》食货49之43，《筠溪集》卷5《湖北运判夏珙职事修举特令再任》。
⑫ 《宋会要》职官70之22。
⑬ 《要录》卷145绍兴十二年五月甲辰。

绍兴二十五年，秦桧死，宋廷令除名、勒停前右朝请郎、直秘阁、南剑州编管人夏琪"逐便"。①

（十四）王良存

绍兴四年，宰相赵鼎开都督府，辟太府寺丞王良存任幹办公事。②

绍兴五年，太府寺丞王良存上奏，建议令各地将地区专法上报，得到宋廷批准。③ 八月，王良存建议各地对所拘囚之罪人进行复查审核。宋廷发表王良存任度支员外郎。④

绍兴六年，王良存时任司勋郎官，随宋高宗往平江府。⑤

绍兴九年，王良存在岳家军中负责钱粮供应，赵士㒟、张焘往西京河南府朝谒北宋皇陵，宋廷令王良存支付费用。⑥

绍兴十年，岳家军最后一次大举北伐。王良存以"应办钱粮有劳效"，除直徽猷阁。⑦

绍兴十一年，岳飞率军援淮西，宋廷命江南西路漕臣和京西南路转运副使王良存"应副钱粮"。⑧

绍兴十二年，因岳飞冤狱之牵连，直徽猷阁、添差夔州路安抚司参议官王良存"勒停，送见居州军邻州羁管"。⑨

绍兴二十五年，秦桧死，宋廷令勒停前右朝散大夫、直徽猷阁、大宁监（今四川巫溪县）羁管人王良存"逐便"。⑩

（十五）党尚友

党尚友为河南府河南县人，贡士出身。绍兴三年，党尚友为商、虢、陕州镇抚司幹办官，差往南宋行朝奏事，补右文林郎。⑪

---

① 《要录》卷170绍兴二十五年十二月丁丑。
② 《要录》卷79绍兴四年八月己丑。
③ 《要录》卷87绍兴五年三月甲戌朔。
④ 《要录》卷92绍兴五年八月壬寅朔，甲寅，《斐然集》卷12《王良存度支员外郎》。
⑤ 《忠正德文集》卷8《丙辰笔录》。
⑥ 《金佗续编》卷9《合用修工费用令王良存于大军钱内支省札》，《免亲往祗谒陵寝省札》。
⑦ 《紫微集》卷12王良存、朱带转官制。
⑧ 《金佗稡编》卷3高宗手诏，《石林奏议》卷14《奏遵禀分定逐路漕臣应副张俊等军马钱粮草料状》。
⑨ 《要录》卷144绍兴十二年二月乙丑朔，卷145绍兴十二年五月甲辰。
⑩ 《要录》卷170绍兴二十五年十二月丁丑。
⑪ 《要录》卷64绍兴三年四月丁亥，《宋会要》兵15之3。

绍兴四年，董先奏，党尚友因差往行朝奏事，其母、妻、子、女悉陷于伪齐，宋廷命党尚友特循二资。① 岳家军复襄汉后，以右承直郎党尚友为右宣教郎、邓州通判。②

绍兴六年，岳飞奏举右宣义郎、邓州通判党尚友充本宣抚司幹办公事。③

绍兴十一年，岳飞被削夺兵柄后，右奉议郎党尚友等仍随从岳飞。八月，宋廷发表党尚友为广南西路安抚司参议官，强迫他离开岳飞。④

绍兴十二年，因岳飞冤狱之牵连，党尚友"勒停，送见居州军邻州羁管"。⑤

（十六）张节夫

张节夫字子亨，相州安阳县人。绍兴元年，迪功郎张节夫任荆湖东路安抚司随军钱粮官，奉命往曹成军中，曹居再次叛变，张节夫等遁去。⑥

绍兴八年，左迪功郎、德安府节度推官张节夫招降伪齐蔡州知州刘永寿等，转左承务郎。⑦

绍兴九年正月，张节夫为岳飞写表，谢与金朝讲和赦，申述了收地两河，唾手燕云之宏誓大愿，传诵一时。⑧

绍兴十一年，岳飞被削夺兵柄后，左宣教郎张节夫等仍随从岳飞。八月，宋廷发表张节夫任南剑州通判，强迫他离开岳飞。⑨

绍兴十二年，因岳飞冤狱之牵连，张节夫也被"勒停"，送邵武军"羁管"，又因朱芾亦流放此地，移送建昌军"羁管"。⑩

（十七）孔戊

绍兴四年，岳飞遣属官孔戊往南宋行朝奏事，宋高宗下诏特改京官。⑪

---

① 《要录》卷75绍兴四年四月乙酉。
② 《金佗稡编》卷9《遗事》，卷11《收复唐邓信阳差官奏》，《要录》卷79绍兴四年八月甲辰。
③ 《要录》卷107绍兴六年十二月乙未。
④ 《要录》卷141绍兴十一年八月己卯。
⑤ 《要录》卷145绍兴十二年五月甲辰。
⑥ 《会编》卷192，《要录》卷49绍兴元年十一月壬戌。
⑦ 《要录》卷118绍兴八年正月辛丑注，卷121绍兴八年八月戊辰，《宋会要》兵15之6。
⑧ 《会编》卷192，《要录》卷125绍兴九年正月丙戌。
⑨ 《要录》卷141绍兴十一年八月己卯。
⑩ 《要录》卷145绍兴十二年五月甲辰，六月乙酉。
⑪ 《要录》卷81绍兴四年十月戊戌。

绍兴七年，宋廷发表右奉议郎、鄂州通判孔戊任汉阳军知军。①

绍兴十一年，岳飞被削夺兵柄后，右朝奉郎孔戊等仍随从岳飞。八月，宋廷发表孔戊为江南西路安抚司参议官，强迫他离开岳飞。②岳飞遇害后，孔戊当亦受牵连与迫害。

（十八）朱梦说

朱梦说字肖隐，严州桐庐县人，博学多识。宋徽宗政和五年至七年，朱梦说曾上书言事，痛陈时弊。宣和二年，"编管池州"。

宋钦宗靖康时，召朱梦说为太学生，在开封城中参加吴革领导的抗金斗争。③

南宋初，朱梦说登进士第，累迁泰州军事推官。岳飞闻其贤名，辟为本制置司干办公事。朱梦说随岳飞入朝，看到宋廷"尚禽色之乐，多无用之物"，"上无良相，朝乏贤臣"，而根本不以"二圣播迁"、"中原陷没"、"万民涂炭"为意，便上书御史中丞辛炳，责备他不进行规谏。辛炳无可奈何，将朱梦说的书信上奏宋高宗。宋高宗十分不悦，强令岳飞辞退朱梦说。绍兴四年，朱梦说仍回泰州任军事推官。④

（十九）侯邦

侯邦是北宋后期太学生。南宋初年，充荆湖南路统制郝晸门客。绍兴五年，岳飞镇压杨么叛军时，侯邦献策，黄纵遂推荐于岳飞。郝晸怀疑侯邦说自己军中阴私，企图杀死侯邦，被岳飞及时制止，将侯邦招致自己幕下。⑤

（二〇）王处仁

王处仁原为小吏。绍兴七年，王处仁主管岳飞宣抚司往来军期机速公文，而无稽迟，后补武阶承节郎。⑥

绍兴十一年，进奏官王处仁向蒋世雄和岳飞转告王俊诬告之事，受岳

---

① 《要录》卷116绍兴七年闰十月癸未。
② 《要录》卷141绍兴十一年八月己卯。
③ 《会编》卷41，卷81，卷159，卷160，《要录》卷2建炎元年二月乙亥，《宋史》卷22《徽宗纪》。
④ 《会编》卷159，《要录》卷78绍兴四年七月戊辰。军事推官，《要录》作军事判官。
⑤ 《金佗续编》卷27黄元振编岳飞事迹。
⑥ 《紫微集》卷19王处仁出职补承节郎制。

飞冤案之株连，被流放连州"编管"。①

（二一）智浃

智浃字巨源，汾州人，出身官宦之家，知书有识，性不喜阿随，好直言，为岳飞幕客。

绍兴十一年，岳飞入狱后，智浃上书，为岳飞鸣冤叫屈。秦桧等遂诬智浃受岳云贿赂，带书信给张宪，"决臀杖二十"，流放袁州"编管"。智浃在袁州因不堪凌虐而死。②

（二二）王大节

王大节是四川人，为岳飞幕客。绍兴三年、四年间，王大节奉命往伪齐策反李成，投奔刘麟皇子府为属官。他接到金、齐联军南侵的消息，返回南宋报告，授武阶承节郎、阁门祗候。③

（二三）巩濚

巩濚为岳飞随军转运使之属官。绍兴十年，岳家军最后一次大举北伐，巩濚以应付钱粮转两官。④

绍兴二十五年，巩濚时任沅州（治卢阳，今湖南芷江侗族自治县）军事判官，知州李景山和通判丁涛交恶，巩濚又从中挑拨离间，三人同时罢官。⑤

（二四）杨光凝

绍兴十年，岳家军最后一次大举北伐。左修职郎杨光凝时任岳飞宣抚司准备差遣，在郾城之战中有功，转两官，⑥升左从事郎。按其官衔中之"左"字，应为进士出身。

---

① 《建炎以来朝野杂记》乙集卷12《岳少保诬证断案》，《要录》卷143绍兴十一年十二月癸巳注。
② 《金佗稡编》卷24《张宪辨》，《建炎以来朝野杂记》乙集卷12《岳少保诬证断案》，《会编》卷208，《要录》卷143绍兴十一年十二月癸巳注，卷144绍兴十二年正月戊申。
③ 《会编》卷161，《要录》卷80绍兴四年九月壬申注。
④ 《紫微集》卷12巩濚转两官制。
⑤ 《要录》卷168绍兴二十五年六月壬寅，《中兴小纪》卷36作"巩淙"。
⑥ 《紫微集》卷13杨光凝、吴师中转官制。

（二五）吴师中

绍兴十年，岳家军最后一次大举北伐。左修职郎吴师中时任岳飞宣抚司准备差遣，在郾城之战中有功，转五官，[1] 升左承直郎。按其官衔中之"左"字，应为进士出身。

（二六）张遹

张遹为岳飞幕僚，参加抗金战争，有军功。因宋廷降金乞和，张遹离开岳飞幕府，任岳州巴陵知县，累官至朝请大夫、永州通判。[2]

（二七）胡褒

胡褒为温州人，以布衣随从岳飞，任制置司干办公事，"定群盗，仅得官以死"。[3]

（二八）舒卞

舒卞为明州奉化县（今浙江奉化市）人。舒卞于建炎时，曾参加抗金斗争。岳飞闻其名，招请为幕僚。[4]

（二九）沈作喆

沈作喆字明远，号寓山，湖州德清县（今浙江德清县）人，为南宋初执政沈与求之宗族，[5] 秦桧党羽沈该之侄。

绍兴五年，沈作喆进士登第。

绍兴十一年，沈作喆时任岳飞幕僚。岳飞罢官，沈作喆为他起草谢表说："功状蔑闻，敢遂良田之请；谤书狎至，犹存息壤之盟。"触怒秦桧。[6]

绍兴二十六年，时秦桧已死，沈该任左丞相，沈作喆出任江南西路转运司属官。[7]

绍兴三十一年至绍兴三十二年，左奉议郎沈作喆赋《哀扇工歌》，反映民间疾苦，触怒洪州知州魏良臣，加以其他罪名，降三官。后沈作喆曾

---

[1]《紫微集》卷13杨光凝、吴师中转官制。
[2]《渭南文集》卷38《朝奉大夫直秘阁张公墓志铭》。
[3]《止斋先生文集》卷47《胡少宾墓志铭》。
[4]《舒文靖公类稿》附录卷中《宜州通判舒元质墓志铭》。
[5]《寓简》卷5称沈与求为"宗人"，沈作喆之户贯依《宋史》卷372《沈与求传》。
[6]《寓简》卷8。
[7]《南涧甲乙稿》卷14《送沈明远序》。

出使金朝，不得志而卒。著有《寓简》传世。①

（三〇）李启

李启任岳家军中回易官，善于理财，佐岳飞军用甚多，而本人平时唯穿着布衣草鞋，雨天也躬亲操劳，生活俭朴。②

（三一）傅时中

傅时中为洪州进贤县（今江西进贤县）人。他"解儒服，以事戎行"。傅时中追随岳飞，"转战许、洛之间，屡以捷告"。岳飞遇害后，傅时中"为之感慨愤激，弃其官勋，以归故里"。他后易从八品文官从政郎。③

（三二）王辅

王辅为蔡州上蔡县（今河南上蔡县）人。官至左朝奉大夫，曾任彭山县（今四川眉山市彭山区）知县，因贪污罢官，遂投奔岳飞。岳飞仍予以厚待。

绍兴十一年、十二年间，岳飞遇害时，王辅命其子王孝忠上书，指斥岳飞为奸凶。秦桧喜，遂将王辅擢任普州（治安岳，今四川安岳县）知州。④

绍兴十九年，左朝散大夫王辅改任合州知州。⑤

后王辅之子王孝忠和王孝廉在四川胡作非为，被潼川府路转运判官史聿逮捕，王辅忧惧而卒。王孝忠和王孝廉于绍兴二十三年谋据成都府叛乱，伏诛。⑥

（三三）姚岳

姚岳字崧卿，京兆府人。南宋初，陕西陷落，姚岳逃奔四川，于绍兴二年考中流寓进士。

岳飞因本人姓岳，母亲姓姚，见到前往南宋行朝的姚岳后，大喜，辟为属官。绍兴十一年，岳飞遇害后，姚岳便否认曾为岳飞幕僚。

---

① 《梅磵诗话》卷上，《清波别志》卷上，《直斋书录解题》卷20，《文献通考》卷245《经籍考》。
② 《会编》卷191。
③ 《朱文公文集》卷84《跋进贤傅君行实》，《勉斋先生黄文肃公文集》卷35《笃孝傅公墓志铭》。
④ 《会编》卷207，《要录》卷144绍兴十二年正月戊申。
⑤ 《要录》卷159绍兴十九年三月戊申、己酉。
⑥ 《要录》卷165绍兴二十三年八月丙寅。

绍兴二十五年，左朝散郎姚岳向秦桧建议，说岳州"以叛臣故地，又与其姓同"，于是遂改岳州为纯州，其节镇名岳阳军为华容军。①

绍兴三十年，主管台州崇道观姚岳任荆门军知军。②

绍兴三十一年，荆、襄宣谕使汪澈至荆门军（治长林，今湖北荆门市），见左朝奉大夫、知军姚岳训练民兵有方，上奏举荐，宋廷命姚岳再任。③

绍兴三十二年，左朝散大夫姚岳任京西路转运判官。④ 宋孝宗即位后，汪澈上奏建议由姚岳负责修复襄阳府长渠和木渠，得到宋廷批准。⑤

虞允文任湖北、京西路制置使，发现姚岳抑勒百姓耕种营田，遂上奏罢耕。⑥ 隆兴二年十一月，姚岳任淮南西路随军转运副使。⑦

乾道元年，左朝请大夫、淮南路转运判官姚岳妄言当地蝗虫抱草木而死，降一官，罢任。⑧

乾道三年，姚岳时任户部郎官，因言者论列，罢任。⑨

---

① 《会编》卷234，《要录》卷61绍兴二年十二月壬寅注，卷168绍兴二十五年六月癸卯。
② 《要录》卷185绍兴三十年七月乙酉。
③ 《会编》卷234，《要录》卷193绍兴三十一年十月戊申。
④ 《要录》卷199绍兴三十二年五月乙巳。
⑤ 《要录》卷200绍兴三十二年十一月辛酉，《宋会要》食货8之4—5，《周益国文忠公集·省斋文稿》卷30《枢密使赠金紫光禄大夫汪公（澈）神道碑》。
⑥ 《宋朝南渡十将传》卷7《虞允文传》。
⑦ 《宋会要》食货49之45。
⑧ 《宋会要》职官71之11，瑞异1之27，《宋史》卷33《孝宗纪》，卷62《五行志》。
⑨ 《宋会要》职官71之17。

跋

蒙张吉霞先生等之盛情厚意，欲为我的岳飞与宋高宗传出第三版。看校样的第三遍，正好是2012年6月末至8月中，时处三伏，盛暑难熬。我这个年过七旬的老人不得不强抓时间，除外出、家务、接待等时间支出外，每天五时起床，六时半左右工作，直到下午五时许。但自己也深知年龄不饶人，每看一至二页，必须休整一下。不仅是审读校样，还审改新近打字的两传记电子稿。直到完工以后，方觉长长地舒一口气，可以高枕安卧一夜了。但此次劳作却因经费困难，未得印书，其好处是大致完成了两传记的电子稿，而前两版都是凭手写稿排印的。

张吉霞先生等来取校样时，顺便谈及我是怎么学史的。愿藉此机会说一点。记得当时人们一般只认为学历史无非是死记硬背而已，往往看不起。自己却在高中时发生了兴趣。当时有的高中生是因数理化不好，就学文科。我倒不是如此，直至老年，自己只觉得电视剧、流行歌曲之类无味，还是愿意看点大自然、自然科学、军事技术之类的电视。

然而自己刚入了治史之门，方知学史决不是像以前想象那样，只是一连串历史故事而已。在社会科学诸学科中，中华古史学无疑是专业性最强，基本训练费时费力，而要求最高的学科。写史学作品，犹如进入地雷阵，稍一不慎，就必定会留下挂彩的硬伤，而无法抹掉。但自己年过五旬，又才理解到西方史家克罗齐所说，"一切真历史都是当代史"的道理。尽管自己写作时尚未完全明确必须"理解过去，透视现在，指点未来"，而两部传记仍是依此思路写就的。

应当指出，近些年来，史学界出现一种怪现象，或曰新潮，就是为历史上的民族投降主义叫好喝彩。例如有人写书撰文，曲意强辩，否认秦桧是奸细，转弯抹角，称颂卑辱之至的绍兴和议，要为卖国贼宋高宗和秦桧翻案。卖国贼洪承畴降清，被某人称之为"弃暗投明"。我的回答是"弃暗投暗"。今天看来，明朝的综合国力其实非东北兴起的后金与清朝可比，但经历了三百年专制主义中央集权的等级授职制下腐败的积累，整个官僚军事机构烂透了，极大地戕害了明朝实力的发挥，尽管崇祯帝在主观上尚有振兴的强烈愿望,而在李自成等军与清军的内外夹击下,确已到了不亡何待的地步。说洪承畴"弃暗",是客观事实。但反过来说,清朝所进行的,无疑是一场残酷的民族战争。清军入关后的大肆屠戮,留发不留头的政策,扬州十日,嘉定三屠,圈地运动之类,当然是应当批判和否定的。这些血与火的史实,都深刻地反映了清朝政权的阶级本质,剖析此类史实,怎么能脱离马克思主义的阶级论和国家论。当然,我并不想否定清朝对中华民族发展所作的某些贡献,该肯定的必须肯定,该否定的也必须否定。洪承畴投降卖国,甘当清朝残害同胞的帮凶,说是"投明",就完全不顾起码的史实。最近又出现在洪承畴家乡为之立纪念碑的活动,搞得乌烟瘴气,岂非是咄咄怪事。王春瑜先生说得好,此类在抗战时就是典型的汉奸理论,治史者没有一点正义感,是搞不好历史研究的。人们对历史上的人和事的不同评价,其实还是源于现实不同的人生道路。有时真令人不解,有的人竟如此热衷于为宋高宗、秦桧之流评功,如此热衷于贬损伟大的爱国民族英雄岳飞,是何居心?此类"学者"依他们的"意识形态主宰",所鼓吹和崇尚的,无非是历史领域的虚无主义和实惠主义,宋高宗、秦桧、洪承畴一流所代表的投降哲学和腐恶传统;他们所要贬损和否定的,却正是中华民族的爱国正气和优秀传统。否定民族英雄,岂不是否定中华民族,否定我们的历史?中华民族在世界上人口最多,但如果没有岳飞、文天祥、于谦、袁崇焕、林则徐、孙中山等许多中华英雄传承和发扬的爱国正气,我们的民族岂不成为一个断了脊梁骨的民族?中华民族如依那些"学者"之说教,不知自尊自强不息为何物,而将宋高宗之流的偷生苟安的人生哲学奉为最高理念,还有何希望可言?但决然无此可能。至于此类作品能否辉耀史坛,令人想到一句古诗:"蚍蜉撼大树,可笑不自量。"①

---

① 《全唐诗》卷34。韩愈《调张籍》。

图书在版编目（CIP）数据

岳飞新传 / 王曾瑜著. —北京：中国书籍出版社，
2016.6（2019.9重印）
ISBN 978-7-5068-5454-2

Ⅰ.①岳… Ⅱ.①王… Ⅲ.①岳飞（1103～1142）
—传记 Ⅳ.①K825.2

中国版本图书馆CIP数据核字（2016）第047742号

岳飞新传

王曾瑜　著

策划编辑	安玉霞
责任编辑	安玉霞　刘　路
责任印制	孙马飞　马　芝
封面设计	中尚图
出版发行	中国书籍出版社
地　　址	北京市丰台区三路居路97号（邮编：100073）
电　　话	（010）52257143（总编室）（010）52257140（发行部）
电子邮箱	chinabp@vip.sina.com
经　　销	全国新华书店
印　　刷	三河市顺兴印务有限公司
开　　本	710毫米×1000毫米　1/16
字　　数	425千字
印　　张	25.75
版　　次	2016年4月第1版　2019年9月第4次印刷
书　　号	ISBN 978-7-5068-5454-2
定　　价	49.80元

版权所有　翻印必究